高职高专“十二五”规划教材

21世纪高职高专能力本位型系列规划教材·物流管理系列

U1020996

电子商务物流基础与实训(第2版)

主　编　邓之宏

副主编　房巧红　陈代江

刘小红　郭向阳

北京大学出版社

PEKING UNIVERSITY PRESS

内 容 简 介

本书从电子商务与物流的基本概念及相互关系出发，系统地介绍了电子商务物流的概念及其功能要素、电子商务物流配送中心和物流模式、物流信息技术和自动化技术及设备在电子商务中的应用，并展现了电子商务物流的新理论、新技术和新设备。本书既是校际合作的成果，又是校企合作的产物，通过与企业开展校企合作，引入了企业先进的第三方物流教学系统和 3D 仓储配送系统作为每一课题的实训演示部分，力图将先进的物流理念、软件平台和实践经验有机融入各个章节中，从而有效提高学生的动手能力和实践技能。

本书可作为高职高专电子商务、物流管理等相关专业的教学用书，也可作为本科院校相关专业的参考用书，同时对企、事业单位从事电子商务与物流管理、进行技术研究的人员也具有一定的参考价值。

图书在版编目(CIP)数据

电子商务物流基础与实训/邓之宏主编. —2 版. —北京：北京大学出版社，2014.4

(21 世纪高职高专能力本位型系列规划教材·物流管理系列)

ISBN 978-7-301-24034-2

Ⅰ. ①电… Ⅱ. ①邓… Ⅲ. ①电子商务—物流—物资管理—高等职业教育—教材 Ⅳ. ①F713.36②F252

中国版本图书馆 CIP 数据核字(2014)第 050269 号

书　　　名：电子商务物流基础与实训(第 2 版)

著作责任者：邓之宏　主编

策 划 编 辑：李彦红

责 任 编 辑：蔡华兵

标 准 书 号：ISBN 978-7-301-24034-2/TP·1326

出 版 发 行：北京大学出版社

地　　　址：北京市海淀区成府路 205 号　100871

网　　　址：http://www.pup.cn　新浪官方微博：@北京大学出版社

电 子 信 箱：pup_6@163.com

电　　　话：邮购部 62752015　发行部 62750672　编辑部 62750667　出版部 62754962

印　刷　者：北京鑫海金澳胶印有限公司

经　销　者：新华书店

787 毫米×1092 毫米　16 开本　16.5 印张　381 千字

2008 年 1 月第 1 版

2014 年 4 月第 2 版　2017 年 9 月第 3 次印刷(总第 5 次印刷)

定　　　价：33.00 元

前　言

随着互联网的迅速普及，电子商务也蓬勃兴起，给整个经济和社会生活带来了深刻的变革，对于流通领域也不例外。以网络经济为平台的电子商务正在引发和推动着一次新的“流通革命”。电子商务中每一笔交易的完成，都会伴随着物流、资金流和信息流的流通。由于信息技术的发展和应用，资金流和信息流都可以有效地通过网络来实现，但最终的资源配置，仍需通过商品实体的转移来实现。物流是实施电子商务的根本保障，同时，电子商务又是现代物流的发展方向，两者将随着信息技术的发展而逐渐趋于融合。电子商务打破了区域和国界的限制，开辟了广阔的网上商务市场，作为保证电子商务运作的现代物流将具备巨大的发展空间。电子商务为物流的发展带来新的机遇的同时，也使得物流本身面临着一些新的挑战。

对于企业来说，如何在网络时代创立自己的物流模式和管理方式，有效地开展经营活动，寻找新的商机，跟上时代的发展潮流，已成为一个既现实而又迫切需要解决的问题。对于政府来说，如何在网络时代制定出科学合理的物流政策，促进电子商务物流的发展，将对整个国民经济的发展起着重要作用。在电子商务这个大环境下，了解和掌握物流管理的基本理论与实操技能，对促进电子商务和物流的和谐发展，具有重要的理论和现实意义。

关于本课程

随着全球经济一体化进程的加快以及信息技术的飞速发展，物流产业逐渐成为我国21世纪的重要产业和国民经济新的增长点。电子商务的兴起，迫切需要物流活动的支持和配合，使得物流成为一项极为重要的经济活动。电子商务环境呈现信息化、自动化、网络化、智能化、柔性化的特点，给物流提出了新的要求。如何适应电子商务环境下客户快速变化的需求，是电子商务给物流管理者带来的新课题。

电子商务物流就是在电子商务环境下，依靠计算机技术、互联网技术、电子商务技术等信息技术所进行的物流(活动)，也就是利用电子商务技术(主要是指计算机技术、信息技术)对传统物流管理进行改造，实现企业内和企业间物流资源共享和优化配置的物流方式。电子商务物流管理是融合管理学、经济学和信息技术等学科的新型交叉学科，学科之间相互融合，互为补充，以实现商务活动中商流、物流、信息流、资金流四位一体。

通过电子商务物流课程的学习，有助于学生理解电子商务物流管理的基本理论，掌握电子商务环境下物流管理的主要业务流程，熟悉物流运作的基本方法和技能，了解各种先进的信息技术和设备在物流领域的应用过程，以适应市场对电子商务物流人才的需求。

关于本书

本书是深圳信息职业技术学院国家骨干高职院校电子商务重点专业建设成果，也是深圳信息职业技术学院第三批教材重点资助项目。目前，国内已经出版了多套高职高专电子商务物流教材，这些教材对于普及电子商务物流知识，推动电子商务物流教学改革起到了很好的促进作用。但是，这些电子商务物流教材真正体现电子商务特点的并不多，它们没有注重电子商务和物流的融合，对实训环节也较为忽视。本书汲取了现有教材的优点，向读者全面而系统地介绍了电子商务环境下的现代物流管理，力求内容新颖、结构完整、概念清晰、深入浅出，突出实用性强。本书具有以下特色：

(1) 校企合作，联合编写工学结合、实用性教材。本书是跨校合作的成果，由深圳信息职业技术学院、重庆电力高等专科学校以及重庆师范大学等院校具有丰富教学经验的教学一线教师编写而成，同时也是校企合作的产物，与深圳国泰安信息技术有限公司物流教育事业部联合编写。根据高职高专教育的特点，本书紧密结合了电子商务和物流管理的实践，增加了模拟现代物流过程的实训环节，突出了电子商务物流的实际技能及其企业应用。

(2) 课程教学体系具有创新性和科学性。本书内容结构体现了电子商务物流自身的特点和发展规律，基本涵盖了电子商务物流的相关领域。本书每个课题包括教学提示——介绍每个课题的缘起以及在全书中的地位；教学要求——指点学生应理解和掌握的关键知识和技能；案例导入——每个课题都筛选了部分电子商务物流运作中的典型案例作引子，通过对案例的介绍与分析，使读者能够更深入、更感性地理解与每个课题相关的电子商务物流运作模式；课题正文——结合高职高专教育教学的特点，对相关的知识点使用企业案例进行了描述；实践部分——精选与每个课题直接相关的深圳国泰安信息技术有限公司先进的信息系统作为实训环节，进行流程演示；思考练习题——提供了各种形式的练习题，对每个课题的理论知识进行强化训练。

(3) 利用网络课程平台提供丰富的教学资源配套服务。本书主编基于多年的电子商务物流教学经验，建立了“电子商务物流”网络课程。该网络课程是主编所在学校第一批 Blackboard 网络课程建设项目，自 2006 年以来，先后经过了建设和应用优化阶段，学校的验收结果为优秀，并获得了首批网络课程建设优秀奖。通过近 7 个学期的循环使用，该网络课程的访问量始终位于学校网络课程访问量前列，教学效果良好。该网络课程可以为本书提供配套的、及时更新的电子课件、电子教案、多媒体视频、在线练习等资源，为读者提供一个相互交流、资源共享的环境。

(4) 理论与实务并重。本书在介绍电子商务物流理论的同时，注重理论教学的实践化，对关键的理论知识点使用企业案例进行再现和描述。各个课题都有开篇案例和结尾的电子商务物流实训部分，尤其是利用国泰安信息技术有限公司开发的先进的物流系统对现代物流过程进行实操演示，极大地丰富了实务部分的教学内容，使本书具有高职高专教育实用性强的特点，适合进行理论与实务的一体化课堂教学。

如何使用本书

本书内容可按照 56 学时安排，基础理论部分推荐学时分配为：课题一 4 学时，课题二 6 学时，课题三 6 学时，课题四 6 学时，课题五 10 学时，课题六 8 学时；实训部分推荐学时分配为：课题一 1 学时，课题二 4 学时，课题三 4 学时，课题四 2 学时，课题五 2 学时，课题六 3 学时。用书教师可根据不同的使用专业和教学条件灵活安排学时。购置了国泰安信息技术有限公司第三方物流教学系统和 3D 仓储配送系统的学校，可以安排学生上机模拟实训，具体时间可以酌情增减。

本书配套资源

本书配套资源包括教学大纲、教学计划、电子课件、习题答案和实训指导等，可在北京大学出版社第六事业部网站(http:// www.pup6.com)上下载。也可以关注该网站的动向，参与或分享网站资源的精彩。或者联系本书主编，索取 Blackboard 网络课程的试用账号和密码，进入网络课程获取电子课件、电子教案、多媒体视频、在线练习等丰富的教学资源。

推荐阅读书目

1．“电子商务物流”网络课程，http://bb.sziit.edu.cn/.
2．王小宁．电子商务物流管理．北京：北京大学出版社，2012.
3．付淑文．电子商务物流应用实务．北京：北京大学出版社，2013.
4．刘磊．电子商务物流．北京：电子工业出版社，2013.
5．吴健．电子商务物流管理．北京：清华大学出版社，2009.
6．章承林．电子商务物流管理与实训．北京：经济科学出版社，2008.

本书编写队伍

本书由深圳信息职业技术学院的邓之宏担任主编，负责策划和统稿，并编写课题一、课题六和各个课题的实训部分；国泰安信息技术有限公司工商管理事业部群总经理房巧红负责提供国泰安第三方物流教学系统和3D仓储配送系统相关资料并对实训流程演示部分的编写给予指导；重庆师范大学的陈代江编写课题二和课题四；重庆电力高等专科学校的刘小红编写课题五；深圳信息职业技术学院的郭向阳编写课题三；国泰安信息技术有限公司物流教育事业部助总魏庄品、经理岳洋也对本书实训部分的编写给予了大力的支持与指导。

全书由重庆大学经济与工商管理学院教授、博士生导师、中国互联网协会网络营销认证委员会专家邵兵家主审；全国高技术产业化协作组织深圳专家委员会专家、深圳市荣格生物化学有限公司总经理、香港中立贸易有限公司执行董事孙会喜参与了初稿的修订工作，提供了大量的实战案例并提出了许多宝贵的建设性意见；中国物流采购联合副会长、北京工商大学商学院何明珂教授也对书稿审阅倾注了大量心血。

本书的顺利付梓，也要感谢深圳信息职业技术学院商务管理学院所提供的优质教学环境，以及部门领导、同事的大力支持！

本书在编写过程中，借鉴了国内外大量的出版物和网络资料，由于篇幅限制，没有在文中一一注明，只在最后的参考文献中列出。在此，谨向各位学者表示由衷的敬意和感谢！由于电子商务物流的不断发展和编者的水平有限，本书尚有许多不足和遗漏之处，恳请广大读者批评指正，也恳请各院校授课教师在教学过程中相互交流、资源共享，主编电子信箱 109573864@qq.com。

邓之宏
2013 年 10 月

目　录

课题一　电子商务物流概述 1

第一部分　案例与分析 2

第二部分　课题学习引导 4

1.1　现代物流概述 4

1.1.1　物流的含义 5

1.1.2　物流的价值 6

1.1.3　物流的分类 8

1.1.4　物流活动的基本要素 9

1.1.5　现代物流经典理论 10

1.2　电子商务与物流的关系 12

1.2.1　物流对电子商务的影响 12

1.2.2　电子商务对物流的影响 14

1.3　电子商务物流的概念 16

1.3.1　电子商务物流的产生背景 16

1.3.2　电子商务物流的定义 17

1.4　电子商务物流的特点与发展趋势 18

1.4.1　电子商务物流的特点 18

1.4.2　电子商务物流的发展趋势 19

第三部分　课题实践部分 21

一、课题实训 21

二、思考练习题 26

课题二　物流系统及其功能要素 28

第一部分　案例与分析 29

第二部分　课题学习引导 30

2.1　物流系统 30

2.1.1　物流系统概述 30

2.1.2　物流系统的组成 31

2.1.3　物流系统的特点 32

2.1.4　物流系统的目标 33

2.2　运输 34

2.2.1　运输概述 34

2.2.2　运输的功能 35

2.2.3　运输的方式 36

2.2.4　运输合理化 41

2.3　配送 42

2.3.1　配送概述 43

2.3.2　配送种类 43

2.3.3　配送方法 45

2.3.4　配送管理 46

2.4　仓储 47

2.4.1　仓储概述 48

2.4.2　仓储的种类 48

2.4.3　仓储的功能 50

2.4.4　仓储管理 52

2.5　产品包装 55

2.5.1　包装概述 55

2.5.2　包装的基本功能 55

2.5.3　包装的类型 56

2.5.4　包装器材 58

2.6　装卸搬运 59

2.6.1　装卸搬运概述 59

2.6.2　装卸搬运的作用 59

2.6.3　装卸搬运的分类 60

2.6.4　装卸搬运合理化 61

2.7　流通加工 63

2.7.1　流通加工概述 63

2.7.2　流通加工的地位和作用 64

2.7.3　流通加工的类型 65

2.7.4　流通加工合理化 67

第三部分　课题实践部分 68

一、课题实训 68

二、思考练习题 75

课题三　电子商务物流配送中心 78

第一部分　案例与分析 79

第二部分　课题学习引导 80

3.1　电子商务物流配送 80

3.1.1　电子商务物流配送概述 80

3.1.2　电子商务物流配送的特征 81

3.1.3　电子商务物流配送的优势 82

3.2 电子商务物流配送中心概述 82
3.2.1 配送中心的概念 82
3.2.2 电子商务下新型配送中心的特征 83
3.2.3 电子商务下新型配送中心运作的类型 84
3.2.4 电子商务下新型配送中心应具备的条件 88
3.3 电子商务物流配送中心的作业流程 89
3.3.1 配送中心的一般作业流程 89
3.3.2 配送中心的特殊作业流程 92
3.4 电子商务配送中心的库存控制 94
3.4.1 配送中心库存的重要性 94
3.4.2 库存管理的任务 94
3.4.3 库存成本控制的内容 95
3.4.4 库存成本控制的具体措施 97
3.5 电子商务物流配送中心的规划与设计 99
3.5.1 电子商务物流配送中心的选址 99
3.5.2 电子商务物流配送中心的规划 101
3.5.3 电子商务物流配送中心的设计 103
第三部分 课题实践部分 106
一、课题实训 106
二、思考练习题 111

课题四 电子商务物流模式 115

第一部分 案例与分析 116
第二部分 课题学习引导 117
4.1 传统物流模式及其弊端 117
4.1.1 传统物流的概况 117
4.1.2 电子商务物流与传统物流的区别 117
4.1.3 传统物流存在的问题 119
4.2 电子商务物流的基本模式 121
4.2.1 自营物流 121
4.2.2 物流联盟模式 122
4.2.3 第三方物流 123
4.3 电子商务下第三方物流 127
4.3.1 物流一体化 127
4.3.2 电子商务下第三方物流的发展 127
4.4 电子商务下新型物流 130
4.4.1 第四方物流 130
4.4.2 电子物流 133
4.4.3 绿色物流 136
4.5 电子商务物流业务流程重组 140
4.5.1 业务流程重组概述 140
4.5.2 电子商务物流系统的再构造 141
第三部分 课题实践部分 143
一、课题实训 143
二、思考练习题 153

课题五 电子商务物流信息技术 156

第一部分 案例与分析 157
第二部分 课题学习引导 159
5.1 条形码技术 159
5.1.1 条形码技术概述 159
5.1.2 商品条形码 162
5.1.3 物流条形码 164
5.1.4 条形码在物流中的应用 166
5.2 电子数据交换技术(EDI) 167
5.2.1 EDI 概述 167
5.2.2 EDI 的工作原理 169
5.2.3 EDI 的标准 170
5.2.4 EDI 在物流中的应用 170
5.3 射频识别技术(RFID) 173
5.3.1 RFID 概述 173
5.3.2 RFID 的构成 173
5.3.3 RFID 的工作原理 174
5.3.4 RFID 在物流中的应用 174
5.4 地理信息系统(GIS) 179
5.4.1 GIS 概述 179
5.4.2 GIS 的发展 180
5.4.3 GIS 的组成和功能 181
5.4.4 GIS 在物流中的应用 183
5.5 全球定位系统(GPS) 185
5.5.1 GPS 概述 185

5.5.2　GPS 的组成......186
5.5.3　GPS 导航与定位原理......187
5.5.4　GPS 在物流中的应用......188
5.6　智能交通系统(ITS)......191
5.6.1　ITS 概述......191
5.6.2　ITS 的功能......192
5.6.3　ITS 的效益......194
5.6.4　ITS 在物流中的应用......196
第三部分　课题实践部分......198
一、课题实训......198
二、思考练习题......203

课题六　电子商务物流自动化技术及设备......208

第一部分　案例与分析......209
第二部分　课题学习引导......210
6.1　物流自动化概述......210
6.1.1　物流自动化的概念......210
6.1.2　物流自动化的内容......211
6.1.3　物流自动化系统的结构......212
6.1.4　物流自动化系统的层次......212
6.2　自动化立体仓库......213
6.2.1　自动化立体仓库概述......214
6.2.2　自动化立体仓库的分类......216
6.2.3　自动化立体仓库的构成......217
6.2.4　自动化立体仓库的设计......218
6.3　物流自动化设备......221
6.3.1　储存设备......221
6.3.2　输送设备......226
6.3.3　搬运设备......229
6.3.4　自动起重设备......232
6.3.5　自动分拣设备......233
6.3.6　集装单元化设备......236
第三部分　课题实践部分......242
一、课题实训......242
二、思考练习题......250

参考文献......253

课题一 电子商务物流概述

教学提示

从 20 世纪 90 年代中后期以来，以互联网在经济活动中的应用为主要表现形式的电子商务取得了快速的发展，对人类社会的发展与进步产生着越来越重要的影响。随着电子商务的进一步推广与应用，物流对电子商务活动的影响日益明显。在电子商务的发展过程中，人们发现作为支持有形商品网上商务活动的物流，不仅已成为有形商品网上商务活动的一个障碍，而且也已成为有形商品网上商务活动能否顺利进行的一个关键因素。物流与电子商务发展的关系极为密切，它既是电子商务交易活动不可缺少的基本环节，又是电子商务发展的重要领域。近年来，在客户需求的拉动、技术进步的推动以及物流产业自身发展需要的驱动等多方面力量的作用下，现代物流业正迎来一个新的发展阶段——电子商务物流时期。电子商务物流以其在物流速度、物流服务质量和物流成本等方面的显著优势，昭示着现代物流业未来发展的方向。

教学要求

通过本课题的学习，要求学生了解物流的含义、物流的价值、物流的分类、物流活动的基本要素、现代物流的经典理论，了解和掌握电子商务和物流之间的关系，掌握电子商务物流的概念及其内涵、电子商务物流的特点和发展趋势。

第一部分　案例与分析

案例导入

亚马逊——电子商务物流运作的典范

全球最大的网上书店——亚马逊网上书店从2002年年底开始盈利，这是全球电子商务发展的福音。美国亚马逊网上书店自1995年7月在美国开业以来，经历了7年的发展历程。到2002年年底全球已有220个国家的4000万网民在亚马逊网上书店购买了商品，亚马逊为消费者提供的商品总数已达到40多万种。随着近几年来电子商务发展受挫，许多追随者纷纷倒地落马之时，亚马逊却顽强地活了下来并脱颖而出，创造了令人振奋的业绩：2002年第三季度的净销售额达8.51亿美元，比上年同期增长了33.2%；2002年前3个季度的净销售额达25.04亿美元，比上年同期增长了24.8%。虽然2002年前3个季度还没有盈利，但净亏损额为1.52亿美元，比上年同期减少了73.4%，2002年第四季度的销售额为14.3亿美元，实现净利润300万美元，是第二个盈利的季度。亚马逊的扭亏为盈无疑是对B2C电子商务公司的巨大鼓舞。

为什么在电子商务发展普遍受挫时亚马逊的旗帜不倒？是什么成就了亚马逊今天的业绩？亚马逊的快速发展说明了什么？带着这一连串的疑问和思索探究亚马逊的发展历程后，我们惊奇地发现，正是被许多人称为是电子商务发展“瓶颈”和最大障碍的物流拯救了亚马逊，是物流创造了亚马逊今天的业绩。那么对亚马逊的生存和发展经历的研究带给现在的企业哪些有益的启示呢？

启示一：物流是亚马逊促销的手段

在电子商务举步维艰的日子里，亚马逊推出了创新、大胆的促销策略——为顾客提供免费的送货服务，并且不断降低免费送货服务的门槛。到目前为止，亚马逊已经3次采取此种促销手段。前两次免费送货服务的门槛分别为99美元和49美元，2002年8月亚马逊又将免费送货的门槛降低一半，开始对购物总价超过25美元的顾客实行免费送货服务，以此来促进销售业务的增长。免费送货极大地激发了人们的消费热情，使那些对电子商务心存疑虑、担心网上购物价格昂贵的网民们迅速加入亚马逊消费者的行列，从而使亚马逊的客户群扩大到了4000万人。由此产生了巨大的经济效益：2002年第三季度书籍、音乐和影视产品的销量较上年同期增长了17%。物流对销售的促进和影响作用，“物流是企业竞争的工具”在亚马逊的经营实践中得到了最好的诠释。

启示二：开源节流是亚马逊促销成功的保证

如前所述，亚马逊盈利的秘诀在于给顾客提供的大额购买折扣及免费送货服务。然而此种促销策略也是一柄双刃剑：在增加销售的同时产生巨大的成本。如何消化由此而带来的成本呢？亚马逊的做法是在财务管理上不遗余力地削减成本：减少开支、裁减人员，使用先进便捷的订单处理系统降低错误率，整合送货和节约库存成本等。通过降低物流成本，相当于以较少的促销成本获得更大的销售收益，再将之回馈于消费者，以此来争取更多的顾客，形成有效的良性循环。当然，这对亚马逊的成本控制能力和物流系统都提出了很高的要求。此外，亚马逊在节流的同时也积极寻找新的利润增长点，比如，为其他商户在网上出售新旧商品和与众多商家合作，向亚马逊的客户出售这些商家的品牌产品，从中收取佣金。这样便使亚马逊的客户可以一站式地购买众多商家的品牌商品，以及原有的书籍、音乐制品和其他产品，既向客户提供了更多的商品，又以其多样化选择和商品信息吸引众多消费者前来购物，同时自己又不增加额外的库存风险，可谓一举多得。这些有效的开源节流措施是亚马逊低价促销成功的重要保证。

启示三：完善的物流系统是电子商务生存与发展的命脉

电子商务是以现代信息技术和计算机网络为基础进行的商品和服务交易，具有交易虚拟化、透明化、成本低、效率高的特点。在电子商务中，信息流、商流、资金流的活动都可以通过计算机在网上完成，唯独物流要经过实实在在的运作过程，无法像信息流、资金流那样被虚拟化。因此，作为电子商务组成部分的物流便成为决定电子商务效益的关键因素。在电子商务中，如果物流滞后、效率低、质量差，则电子商务经济、方便、快捷的优势就不复存在。所以完善的物流系统是决定电子商务生存与发展的命脉。分析众多电子商务企业经营失败的原因，在很大程度上是缘于物流上的失败。而亚马逊的成功也正是得益于其在物流上的成功。亚马逊虽然是一个电子商务公司，但它的物流系统十分完善，一点也不逊色于实体公司。由于有完善、优化的物流系统作为保障，它才能将物流作为促销的手段，并有能力严格地控制物流成本和有效地进行物流过程的组织运作。在这些方面亚马逊同样具有许多独到之处。

(1) 在配送模式的选择上采取外包的方式。在电子商务中，亚马逊将其国内的配送业务委托给美国邮政和 UPS，将国际物流委托给国际海运公司等专业物流公司，自己则集中精力去发展主营和核心业务。这样既可以减少投资，降低经营风险，又能充分利用专业物流公司的优势，节约物流成本。

(2) 将库存控制在最低水平，实行零库存运转。亚马逊通过与供应商建立良好的合作关系，实现了对库存的有效控制。亚马逊的库存图书很少，维持库存的只有 200 种最受欢迎的畅销书。一般情况下，亚马逊是在顾客买书下了订单后，才从出版商那里进货。购书者以信用卡向亚马逊支付书款，而亚马逊却在图书售出 46 天后才向出版商付款，这就使得它的资金周转比传统书店要顺畅得多。由于保持了低库存，亚马逊的库存周转速度很快，并且从 2001 年以来越来越快。2002 年第三季度库存平均周转次数达到 19.4 次，而世界第一大零售企业沃尔玛的库存周转次数也不过在 7 次左右。

(3) 降低退货比率。虽然亚马逊经营的商品种类很多，但由于对商品品种选择适当，价格合理，商品质量和配送服务等能满足顾客需要，所以保持了很低的退货比率。传统书店的退书率一般为 25%，高的可达 40%，而亚马逊的退书率只有 0.25%，远远低于传统的零售书店。极低的退货比率不仅减少了企业的退货成本，也保持了较高的顾客服务水平，并取得了良好的商业信誉。

(4) 为邮局发送商品提供便利，减少送货成本。在送货中亚马逊采取一种被称为“邮政注入”的方式减少送货成本。所谓“邮政注入”，就是使用自己的货车或由独立的承运人将整卡车的订购商品从亚马逊的仓库送到当地邮局的库房，再由邮局向顾客送货。这样就可以免除邮局对商品的处理程序和步骤，为邮局发送商品提供便利条件，也为自己节省了资金。据一家与亚马逊合作的送货公司估计，靠此种“邮政注入”方式节省的资金相当于头等邮件普通价格的 5%～17%，十分可观。

(5) 根据不同商品类别建立不同的配送中心，提高配送中心作业效率。亚马逊的配送中心按商品类别设立，不同的商品由不同的配送中心进行配送。这样做有利于提高配送中心的专业化作业程度，使作业组织简单化、规范化，既能提高配送中心作业的效率，又可降低配送中心的管理和运转费用。

(6) 采取“组合包装”技术，扩大运输批量。当顾客在亚马逊的网站上确认订单后，就可以立即看到亚马逊销售系统根据顾客所订商品发出的是否有现货，以及选择的发运方式、估计的发货日期和送货日期等信息。如前所述，亚马逊根据商品类别建立不同配送中心，所以顾客订购的不同商品是从位于美国不同地点的不同配送中心发出的。由于亚马逊的配送中心只保持少量的库存，所以在接到顾客订货后，亚马逊需要查询配送中心的库存，如果配送中心没有现货，就要向供应商订货。因此会造成同一张订单上商品有的可以立即发货，有的则需要等待。为了节省顾客等待的时间，亚马逊建议顾客在订货时不要将需要等待的商品和有现货的商品放在同一张订单中。这样在发运时，承运人就可以将来自不同顾客、相同类别而且配送中心也有现货的商品配装在同一货车内发运，从而缩短顾客订货后的等待时间，也扩大了运输批量，提高运输效率，降低运输成本。

完善的发货条款、灵活多样的送货方式及精确合理的收费标准，体现出亚马逊配送管理的科学化与规范化。

亚马逊的发货条款非常完善，在其网站上，顾客可以得到以下信息：拍卖商品的发运、送货时间的估算、免费的超级节约发运、店内拣货、需要特殊装卸和搬运的商品、包装物的回收、发运的特殊要求、发运费率、发运限制、订货跟踪等。

亚马逊为顾客提供了多种可供选择的送货方式和送货期限。在送货方式上有以陆运和海运为基本运输方式的“标准送货”，也有空运方式。送货期限方面，根据目的地是国内还是国外的不同，以及所订的商品是否有现货而采用标准送货、2 日送货和 1 日送货等。根据送货方式和送货期限及商品品类的不同，采取不同的收费标准，有按固定费率收取的批次费，也有按件数收取的件数费，亦有按重量收取的费用。

所有这些都表明亚马逊配送管理上的科学化、法制化和运作组织上的规范化、精细化，为顾客提供了方便、周到、灵活的配送服务，满足了消费者多样化需求。亚马逊以其低廉的价格、便利的服务在顾客心目中树立起了良好的形象，增加了顾客的信任度，并增强了其对未来发展的信心。

总之，亚马逊带给我们的启示很多，其中最重要的一点就是物流在电子商务发展中起着至关重要的作用。有人将亚马逊的快速发展称为“亚马逊神话”，如果中国的电子商务企业在经营发展中能将物流作为企业的发展战略，合理地规划企业的物流系统，制定正确的物流目标，有效地进行物流的组织和运作，那么对中国的电子商务企业来讲，亚马逊式的神话将不再遥远。

第二部分　课题学习引导

1.1　现代物流概述

现代物流作为一个新兴产业，在近 20 年来越来越受到人们的重视，在世界经济一体化趋势日益明显的当今社会，它已经形成了一股潮流在世界范围内涌动。本节将从物流的概念和内涵、物流的价值、物流的分类、物流活动的基本要素、现代物流的经典理论等方面对现代物流进行概述。

1.1.1 物流的含义

物流的概念最早是在美国形成的，1915 年，阿奇·萧在《市场流通中的若干问题》一书中就提到物流一词，并指出“物流是与创造需求不同的一个问题”。因为在 20 世纪初，西方一些国家已出现生产大量过剩、需求严重不足的经济危机，企业因此提出了销售和物流的问题，此时的物流指的是销售过程中的物流，被称为 Physical Distribution(PD)，译成中文是“实物分配”或“货物配送”。1935 年，美国销售协会阐述了“实物分配”的概念：“实物分配是包含于销售之中的物质资料和服务，在从生产地到消费地的流动过程中伴随的种种经济活动。”1963 年，物流的概念被引入日本，当时的物流被理解为“在连接生产和消费间对物资履行保管、运输、装卸、包装、加工等功能，以及作为控制这类功能后援的信息功能，它在物资销售中起到了桥梁的作用”。

在第二次世界大战中，围绕战争供应，美国军队建立了“后勤”(Logistics)理论，并将其用于战争活动中。其中所提出的“后勤”，是指将战时物资生产、采购、运输、配给等活动作为一个整体进行统一布置，以求战略物资补给的费用更低、速度更快、服务更好。后来把 Logistics 一词转用于物资的流通中，这时，物流就不单纯是考虑从生产者到消费者的货物配送问题，而且还要考虑从供应商到生产者对原材料的采购，以及生产者本身在产品制造过程中的运输、保管和信息等各个方面，全面地、综合性地提高经济效益和效率的问题。因此，现代物流是以满足消费者的需求为目标，把制造、运输、销售等市场情况统一起来考虑的一种战略措施，这与传统物流把它仅看作是“后勤保障系统”和“销售活动中起桥梁作用”的概念相比，在深度和广度上又有了进一步的含义。现在欧美国家把物流称作 Logistics 的多于称作 Physical Distribution 的。Logistics 包含生产领域的原材料采购、生产过程中的物料搬运与厂内物流、销售物流(Physical Distribution)，可见其外延更为广泛。

目前，国内外物流的概念很多，可以从不同的角度对其进行定义，最具代表性的定义有以下几种：

(1) 成立于 1963 年的美国物流管理协会(Council of Logistics Management，CLM)是举世公认的物流研究和管理机构，成立以来一直致力于推动物流业的发展，为物流从业人员提供教育的机会和相关信息。美国物流管理协会先后多次根据经济与社会的发展情况，并结合物流业自身的发展，对“物流”进行相应的定义。早期的定义是：物流是“为满足消费者需求而进行的对原材料、中间库存、最终产品及相关信息，从起始地到消费地的有效流动及存储的计划、实施与控制的过程”。在 1992 年，该协会把原来定义中的“原材料、中间库存、最终产品”修改为“产品、服务”，从而使得物流的范围变得更加广阔。

2005 年 1 月 1 日，原来的美国“物流管理协会”正式更名为“供应链管理专业人员委员会(Council of Supply Chain Management Professionals，CSCMP)”，对物流的定义也再次“刷新”为：“物流是以满足客户需求为目的，对商品、服务和相关信息从起始点到消费点的流动和储存进行有效率、有效果地计划、执行和控制的供应链过程”。这一新的定义包含这样几层意思：物流的基本目的是为了满足客户对物流服务的需要；物流的对象包括商品、服务和相关信息；物流管理的内容是对物流全过程进行计划、执行和控制；物流是供应链流程的基本组成部分。

(2) 7R 定义法：恰当的产品(Right Product)、恰当的数量(Right Quantity)、恰当的条件(Right Condition)、恰当的地点(Right Place)、恰当的时间(Right Time)、恰当的顾客(Right Customer)

和恰当的成本(Right Cost)。物流系统的内在特征在目的上表现为实现物流的效率化和效果化、较低成本和较优服务，在原则上表现为实现 7R。

(3) 我国“物流”概念主要是通过两种途径从国外引进的：一是在 20 世纪 80 年代初随“市场营销”理论的引入而从欧美传入；二是“Physical Distribution”从欧美传入日本并被译为日文“物流”，20 世纪 80 年代初，我国从日本直接引入“物流”这一概念，沿用至今。国内对物流的较新且较为权威的定义是 2006 年由全国物流标准化技术委员会和全国物流信息管理标准化技术委员会提出并归口的《中华人民共和国国家标准物流术语》(GB/T 18354—2006，后文简称《物流术语》)。按照该标准的解释，“物流”是“物品从供应地向接收地的实体流动过程。根据实际需要，将运输、储存、装卸、搬运、包装、流通加工、配送、信息处理等基本功能实施有机结合”；“物流活动”(Logistics Activity)是“物流过程中的运输、储存、装卸、搬运、包装、流通加工、配送等功能的具体运作”；“物流管理”(Logistics Management)是“为以合适的物流成本达到用户满意的服务水平，对正向及反向的物流过程及相关信息进行的计划、组织、协调与控制”。

尽管物流的概念多种多样，然而就其内涵而言，大体体现在以下 5 个方面：

(1) 物流是物品物质实体的流动。

(2) 物流的主体是供给者和需求者。供给者包括生产者和经营者，需求者包括一般消费者、业务需求者和产业需求者。

(3) 物流是物品从供应地向接收地的实体流动，即它是一种满足社会需求的活动，是一种经济活动。

(4) 物流包括运输、搬运、储存、保管、包装、装卸、流通加工和物流信息处理等基本功能活动。

(5) 物流包括空间位置的移动、时间位置的移动以及形状性质的变动，因而通过物流活动，可以创造物品的场所价值、时间价值和加工附加价值。

1.1.2 物流的价值

物流不仅仅是“物”和“流”的简单组合，更重要的在于，它是在一定的军事、经济、社会条件下的组合，从而达到某种军事、经济、社会的要求，这些要求主要是通过物流所创造的价值来体现的。物流的价值主要包括场所价值、时间价值和加工附加价值 3 个方面。

1. 场所价值

“物”从供给者到需求者之间有一段空间差。供给者和需求者之间往往处于不同的场所，由于改变这一场所而创造的价值称作“场所价值”。

物流创造场所价值是由现代社会产业结构、社会分工所决定的，主要原因是供给和需求之间的空间差，商品在不同地理位置有不同的价值，通过物流将商品由低价值区转到高价值区，便可获得价值差，即“场所价值”。场所价值有以下几种具体形式：

(1) 从集中生产场所流入分散需求场所创造价值。现代化大生产的特点之一，往往是通过集中的、大规模的生产以提高生产效率，降低成本。在一个小范围集中生产的产品可以覆盖大面积的需求地区，有时甚至可覆盖一个国家乃至若干个国家。通过物流将产品从集中生产的低价位区转移到分散于各处的高价位区，有时可以获得很高的利益。例如，现代生产中钢铁、水泥、煤炭等原材料生产往往以几百万甚至几千万吨的大量生产密集在一个地区，汽车生产有时也可达百万辆以上，这些产品、车辆都需通过物流流入分散需求地区，物流的“场所价值”也依此决定。

(2) 从分散生产场所流入集中需求场所创造价值。和上面一种情况相反的情况在现代社会中也不少见，例如，粮食是在分散的田地个别生产出来的，而一个大城市的需求却相对大规模集中，一个大汽车厂的零配件生产也分布得非常广，但却集中在一个大厂中装配，这也形成了分散生产和集中需求，物流便因此取得了场所价值。

(3) 从甲地生产流入乙地需求创造场所价值。现代社会中供应与需求的空间差比比皆是，十分普遍，除了大生产所决定之外，有不少是自然地理和社会发展因素决定的，例如，农村生产粮食、蔬菜而异地于城市消费，南方生产荔枝而异地于各地消费，北方生产高粱而异地于各地消费等。现代人每日消费的物品几乎都是由相距一定距离甚至十分遥远的地方生产的。这么复杂交错的供给与需求的空间差都是靠物流来弥合的，物流也从中取得了利益。这就是与一般力学运动十分不同的取得“场所价值”的运动。

2. 时间价值

“物”从供给者到需要者之间有一段时间差，由于改变这一时间差而创造的价值，称作“时间价值”。时间价值通过物流获得的形式有以下几种：

(1) 缩短时间创造价值。缩短物流时间，可获得多方面的好处，如减少物流损失、降低物流消耗、加快物的周转、节约资金等。物流时间越短，资本周转越快，表现出资本的较高增值速度。现代物流学着重研究的一个课题，就是如何采取技术的、管理的、系统的方法，来尽量缩短物流的宏观时间和有针对性地缩短微观物流时间，从而取得高的时间价值。从全社会物流的总体来看，加快物流速度、缩短物流时间，是物流必须遵循的一条经济规律。

(2) 弥补时间差创造价值。经济社会中，需求和供给普遍地存在着时间差，有很多例子能够说明这个问题。粮食生产有严格的季节性和周期性，即使人类已有了改造自然的能力，创造人工条件使粮食种植不受季节影响，但周期性仍是改变不了的。这就决定了粮食的集中产出，但是人们的消费是一年 365 天，天天有所需求，因而供给和需求之间出现时间差。

例如，水泥工厂一旦点火，生产就必须连续进行，每时、每天都在生产产品，但是其消费却带有一定时间间隔的集中性。尤其在地球南北两个近极区，建筑施工有很强的季节性，存在适合施工季节的集中需求，这也出现了时间差。凌晨磨制的鲜豆浆在上午出售；前日采摘的菜、果在次日出售等，都说明供给与需求之间存在时间差，可以说这是一种普通的客观存在，正是有了这个时间差，商品才能取得自身最高价值，才能获得十分理想的效益。但是商品本身是不会自动弥合这个时间差的，如果没有有效的方法，集中生产出来的粮食除了当时的少量消耗外，就会损坏掉、腐烂掉，而在非产出时间，人们就会找不到粮食吃；如果没有有效的方法，集中施工季节就会出现水泥供给不足，造成停工待料，而其他不在消费季节生产出的水泥便会无处可放，最终损失掉。

物流便是以科学的、系统的方法弥补，有时是改变这种时间差，以实现其“时间价值”。

(3) 延长时间差创造价值。在某些具体物流中也存在人为地、能动地延长物流时间来创造价值的情况。例如，配合待机销售的物流便是一种有意识地延长物流时间、增加时间差来创造价值的。当然，一般来讲，这是一种特例，不是普遍的规律现象。

3. 加工附加价值

物流也可以创造加工附加价值，或称为物流的形态效用。加工是生产领域常用的手段，并不是物流的本来职能。但是，现代物流的一个重要特点是，物流主体根据自己的优势从事一定的补充性的加工活动，这种加工活动不是创造商品的主要实体形成商品主要功能和使用价值的，而是带有完善、补充、增加性质的加工活动，这种活动必然会形成劳动对象的附加价值。例如，在物流中心，通过改变包装形态与发送批量等，或者把托盘上的米粉分装至每个顾客的容器中，可以创造价值。虽然在创造加工附加价值方面，物流不是主要责任者，其所创造的价值也不能与时间价值和场所价值比拟，但这毕竟是现代物流有别于传统物流的重要方面。

1.1.3 物流的分类

社会经济领域中的物流活动无处不在，对于各个领域的物流，虽然其基本要素都存在且相同，但由于物流对象、目的、范围、范畴不同，便形成了不同的物流类型。在对物流的分类标准方面目前还没有统一的看法，主要的分类方法有以下4种。

1. 宏观物流和微观物流

宏观物流是指社会再生产总体的物流活动。这种物流活动的参与者是构成社会总体的大产业、大集团，宏观物流研究的是社会再生产总体物流、产业或集团的物流活动和物流行为。

微观物流是消费者、生产者企业所从事的实际的、具体的物流活动，如企业物流、生产物流、供应物流、销售物流、回收物流、废弃物物流、生活物流等。

2. 社会物流和企业物流

社会物流是指超越一家一户的、以一个社会为范畴、面向社会为目的的物流。这种社会性很强的物流往往是由专门的物流承担人承担的，社会物流的范畴是社会经济大领域。社会物流研究再生产过程中随之发生的物流活动，研究国民经济中的物流活动，研究如何形成服务于社会，面向社会，又在社会环境中运行的物流，研究社会中物流体系结构和运行，因此具有宏观性和广泛性。

企业物流是从企业角度上研究与之有关的物流活动，是具体的、微观的物流。企业物流可细分为企业生产物流、企业供应物流、企业销售物流、企业回收物流、企业废弃物物流。

(1) 企业生产物流。企业生产物流指企业在生产工艺中的物流活动。这种物流活动是与整个生产工艺过程伴生的，实际上已构成了生产工艺过程的一部分。企业生产过程的物流大体为：原料、零部件、燃料等辅助材料从企业仓库或企业的“门口”开始，进入到生产线的开始端，再进一步随着生产加工过程逐个环节地流通，在流通的过程中，本身被加工，同时产生一些废料、余料，直到生产加工终结，再流至产成品仓库，便终结了企业生产物流过程。

(2) 企业供应物流。企业为保证本身生产的节奏，不断组织原材料、零部件、燃料、辅助材料供应的物流活动，这种物流活动对企业生产的正常、高效进行起着重大作用。企业供应物流不仅要保证供应，而且还要以最低成本、最少消耗来组织物流活动。

(3) 企业销售物流。企业销售物流是企业为保证本身的经营效益，不断伴随销售活动，将产品所有权转给用户的物流活动。在现代社会中，市场是一个完全的买方市场，因此，销售物流活动便带有极强的服务性，以满足买方的需求，最终实现销售。在这种市场前提下，销售往往以送达用户并经过售后服务才算终止，因此，销售物流的空间范围很大。

(4) 企业回收物流。企业在生产、供应、销售的活动中总会产生各种边角余料和废料，这些东西回收是需要伴随物流活动的，而且在一个企业中，回收物品处理不当，往往会影响整个生产环境，甚至影响产品质量，也会占用很大空间，造成浪费。

(5) 企业废弃物物流。企业废弃物物流是指对企业排放的无用物进行运输、装卸、处理等的物流活动。

3. 国际物流和区域物流

国际物流是现代物流系统发展快、规模大的一个物流领域，国际物流是伴随和支撑国际间经济交往、贸易活动和其他国际交流所发生的物流活动。

相对于国际物流而言，一个国家范围内的物流、一个城市的物流和一个经济区域的物流称为区域物流。

4. 一般物流和特殊物流

一般物流指物流活动的共同点和一般性，物流活动的一个重要特点是涉及全社会、各企业，因此物流系统的建立及物流活动的开展必须有普遍的适用性。

带有特殊的制约因素、应用领域、管理方式、劳动对象、机械装备特点的物流，皆属于特殊物流范围。特殊物流可进一步细分为：按劳动对象的特殊性有水泥物流、石油及油品物流、煤炭物流、危险品物流等；按数量及形体不同有多品种、少批量、多批次产品物流，超长超大产品物流等；按服务方式及服务水平不同有“门到门”的一贯物流、配送等；按装备及技术不同有集装箱物流、托盘物流等；按组织方式有加工物流等。

1.1.4 物流活动的基本要素

物流活动的要素除了实现物质、商品空间移动的输送以及时间移动的保管这两个中心要素外，还有为使物流顺利进行而开展的流通加工、包装、装卸搬运、信息等要素。这些基本要素有效地组合、连接在一起，相互制约，形成密切相关的一个系统，能合理、有效地实现物流系统的总目标。

(1) 输送。输送一般可分为运输和配送。关于两者的区分有许多不同的观点，但一般认为，所有物品的移动都是运输，运输是指用设备和工具将物品从一个地点向另一地点运送的物流活动，而配送是指在经济合理区域范围内，根据用户要求，对物品进行拣选、加工、包装、分割、组配等作业，并按时送达指定地点的物流活动。一般来说，在物流系统中，运输处在配送的前面，先实现物品长距离的位置转移，然后由配送完成短距离的输送。

(2) 保管。保管包括堆存、保管、保养、维护等活动。对保管活动的管理，要求正确确定库存数量，明确仓库以流通为主还是以储备为主，合理确定保管制度和流程。对库存物品采取有区别的管理方式，力求提高保管效率，降低损耗，加速物资和资金的周转。

(3) 流通加工。流通加工又称流通过程的辅助加工活动，是指物品在从生产地到使用地的过程中，根据需要施加包装、分割、计量、分拣、刷标签、检标签、组装等简单作业的总称。这种加工活动不仅存在于社会流通过程，也存在于企业内部的流通过程中。所以，流通加工实际上是在物流过程中进行的辅助加工活动。企业、物资部门、商业部门为了弥补生产过程中加工程度的不足，更有效地满足用户或本企业的需求，更好地衔接产需，往往需要进行这种加工活动。

(4) 包装。包装是指为在物流过程中保护产品，方便储运，促进销售，按一定技术方法而采用的容器、材料和辅助物等的总体名称；也指为了达到上述目的而采用容器、材料和辅助物的过程中，施加一定的技术、方法等的操作活动。包装是包装物及包装操作的总称，一般可分为为保持商品的品质而进行的工业包装和为吸引消费者、提高商品价值、传递信息等以销售为目的的商业包装。包装既是生产的终点，又是企业物流的起点。

(5) 装卸搬运。装卸是指物品在指定地点以人力或机械装入或卸下，而搬运是指在同一场所内，对物品进行以水平移动为主的物流作业。装卸和搬运既有区别又有联系，装卸主要指货物在空间产生的以垂直方向为主的位移；而搬运则是指货物在小范围内发生的短距离水平位移。在物流活动中，装卸活动是频繁发生的。

(6) 物流信息。物流信息包括进行与上述各项活动有关的计划、预测、动态(运量、收、发、存数)的信息及有关的费用信息、生产信息、市场信息等。收集、整理和利用与物流相关的信息，目的在于保障物流活动能有效、顺利地进行。与物流信息密切相关的是物流信息系统，该系统不但要收集尽可能多的信息，提供给物流经理以便他们做出有效的决策，还要与企业中销售、财务等部门的信息系统共享信息，然后将有关的综合信息传至公司最高领导，帮助领导进行战略决策。

1.1.5 现代物流经典理论

1. 商物分离理论

商物分离理论是物流科学赖以生存的先决条件。商物分离是指流通中的两个组成部分的商业流通，各自按照自己的规模和渠道独立运动。社会进步使流通从生产中分离出来之后，并没有结束分化及分工的深入和继续。现代化的分工和专业化是向一切经济领域延伸的。第二次世界大战以后，流通过程中上述两种不同形式出现了更明显的分离，从不同形式逐渐变成了两个有一定独立运动能力的不同运动过程，这就是所谓的“商物分离”，即商流和物流的分离。商流是指商品价值的运动，主要解决商品所有权的问题；物流是指使用价值的运动，主要解决商品实体的运动问题。分离的类型可以表现为商流中转、物流直达；商流在前、物流在后；物流在前、商流在后；只有商流、没有物流等。

2. 黑大陆和冰山学说

著名的管理学权威彼得·德鲁克曾经讲过：“流通是经济领域里的黑大陆”，其意思泛指大流通，但是，由于流通领域中物流活动的模糊性尤其突出，是流通领域中人们更认识不清的领域，所以，“黑大陆”学说现在主要转向针对物流而言。“黑大陆”学说主要是指人们尚未认识、尚未了解，在黑大陆中，如果理论研究和实践探索照亮了这块黑大陆，那么摆在人们面前的可能是一片不毛之地，也可能是一片宝藏之地。“黑大陆”学说是对20世纪中经济学界存在的愚昧思想的一种反对和批判，指出在当时资本主义繁荣和发达的状况下，科学技术和经济发展都没有止境；“黑大陆”学说也是对物流本身的正确评价。这个领域未知的东西还很多，理论和实践都还不成熟。

物流冰山学说是日本早稻田大学西泽修教授提出来的。他在研究物流成本时发现，现行的财务会计制度和会计核算方法都不能掌握物流费用的实际情况，因而人们对物流费用的了解是一片空白，甚至有很大的虚假性，他把这种情况比作“物流冰山”。冰山的特点是大部分沉在水面之下，而露出水面的仅是冰山一角。如图1.1所示，物流便是一座冰山，其中沉在水面以下的是看不到的黑色区域，而看到的不过是物流的一部分。西泽修用物流成本的具体分析论证了德鲁克的“黑大陆”学说，事实证明，物流领域的方方面面对人们而言还不是清楚的，在黑大陆和冰山的水下部分正是物流尚未开发的领域，正是物流的潜力所在。

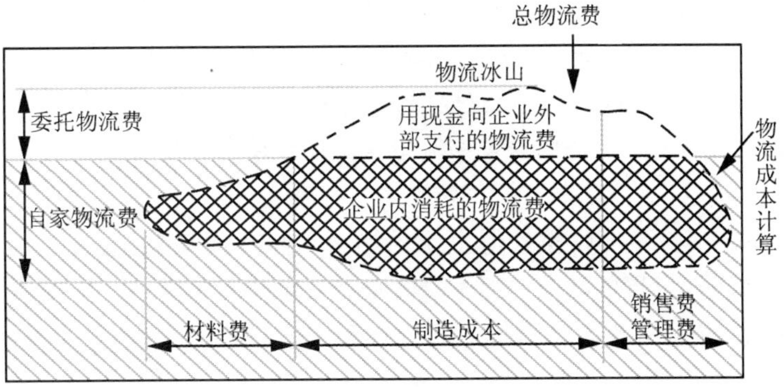

图 1.1 物流冰山学说示意图

3. 第三利润源学说

“第三利润源”是对物流潜力及效益的描述。从历史发展来看，人类历史曾经有过两个大量提供利润的来源：第一个是资源领域；第二个是人力领域。在这两个利润源越来越小、利润开拓越来越困难的情况下，物流领域的潜力被人们所重视，按时间序列被排为“第三利润源”。“第三利润源”注重生产力的不同要素，第一个利润源的挖掘对象是生产力中的劳动对象，第二个利润源的挖掘对象是生产力中的劳动者，第三个利润源则主要挖掘生产力中劳动工具的潜力，与此同时又挖掘劳动对象和劳动者的潜力，因而更具全面性。

4. 效益背反学说和物流的整体观念

“效益背反”是物流领域中很经常也很普遍的现象，是这一领域中内部矛盾的反映和表现。效益背反指的是物流的若干功能化和利益发生的同时，必然会存在另一个或另几个功能要素的利益损失，反之也是如此。这是一个此消彼长、此盈彼亏的现象，虽然在许多领域中这种现象都是存在的，但在物流领域中，这个问题尤其严重。

5. 物流的供应链管理

供应链的含义是从开始经过生产、分配、销售最后到达用户，这不是孤立的行为，而是一定流量的环环相扣的“链”，供应链上的各环节都有不同的利益和观念，各功能之间存在天生的冲突也是难以避免的，但是由于现代管理和现代技术可以提供总体的信息使各个环节共享，因而可大大扩展视野，使人们能够从总体上管理整个链条，而不是如同过去那样只是管理各环节之间的接口，或只是管理其中的一部分链接。供应链管理实际上就是把物流和企业的全部活动作为一个统一的过程来管理。

6. 成本中心说、服务中心说、利润中心说和战略说

成本中心说的含义是物流在整个企业的战略中，只对企业营销活动的成本发生影响，物流是企业成本重要的生产点。因而，解决物流的问题并不主要是为搞合理化、现代化，也不是主要在于支持保障其他活动，而主要是通过物流管理和物流的一系列活动降低成本。所以，成本中心说既是指主要成本的产生点，又是指降低成本的关注点，物流是“降低成本的宝库”等说法正是这种认识的形象描述。

服务中心说代表了欧美一些国家学者对物流的认识。该学说认为，物流活动的作用并不在于企业节约了消耗，降低了成本或增加了利润，而是在于提高企业对用户的服务水平，进而提

高了企业的竞争力。因而，他们在使用描述物流的词汇上选择了后勤一词，特别是强调其服务保障的功能。通过物流的服务保障，企业以其整体能力来压缩成本和增加利润。

利润中心说的含义是物流可以为企业提供大量直接和间接的利润，是形成企业经营利润的主要活动。非但如此，对国民经济而言，物流也是国民经济创利的主要活动。物流的这一作用被表述为“第三利润源”。

战略说是当前非常盛行的说法，实际上学术界和产业界越来越多的人已经逐渐认识到，物流更具有战略性，是企业发展的战略，而不是一项具体的操作性任务。应该说这种看法把物流放在了很高的位置上，企业战略是什么呢？是生存和发展。物流会影响企业整体的生存和发展，而不仅是在哪个环节搞得合理一些，省一些费用。

1.2 电子商务与物流的关系

电子商务和物流之间相互促进、相互影响，电子商务在改变传统产业的同时，物流业也不可避免地受到影响，而物流体系的完善将会进一步推动电子商务的发展。

1.2.1 物流对电子商务的影响

1. 物流是电子商务的重要组成部分

当电子商务概念产生于美国时，美国的物流管理技术通过利用各种机械化、自动化工具及计算机和网络通信设备，早已日臻完善。同时，美国作为一个发达国家，其技术创新的本源是需求，即所谓的需求拉动技术创新。作为电子商务前身的电子数据交换技术(EDI，见 1.4.1 节介绍)的产生是为了简化烦琐、耗时的订单处理过程，以加快物流的速度，提高物资的利用率。电子商务的提出最终是为了解决信息流、商流和资金流处理上的烦琐对现代化物流过程的延缓，从而进一步提高现代化物流速度。

因此，广义的电子商务概念提出了包括物流电子化过程的电子商务概念，指出电子商务是实施整个贸易活动的电子化。电子化的对象是整个交易过程，不仅包括信息流、商流、资金流，而且包括物流；电子化的工具也不仅指计算机和网络通信技术，而且包括叉车、自动导向车、机械手臂等自动化工具。

可见，从根本上来说，物流电子化应是电子商务概念的组成部分，缺少了现代化的物流过程，电子商务过程就不完整。

2. 物流是电子商务概念模型的基本要素

电子商务概念模型是对现实世界中电子商务活动的一般抽象描述，它由电子商务实体、电子市场、交易事务和信息流、商流、资金流、物流等基本要素构成。如图 1.2 所示，在电子商务概念模型中，电子商务实体是指能够从事电子商务的客观对象，它可以是企业、银行、商店、政府机构和个人等。电子市场是指电子商务实体从事商品和服务交换的场所，它由各种各样的商务活动参与者，利用各种通信装置，通过网络连接成一个统一的整体。交易事务是指电子商务实体之间所从事的具体商务活动的内容，如询价、报价、转账支付、广告宣传、商品运输等。

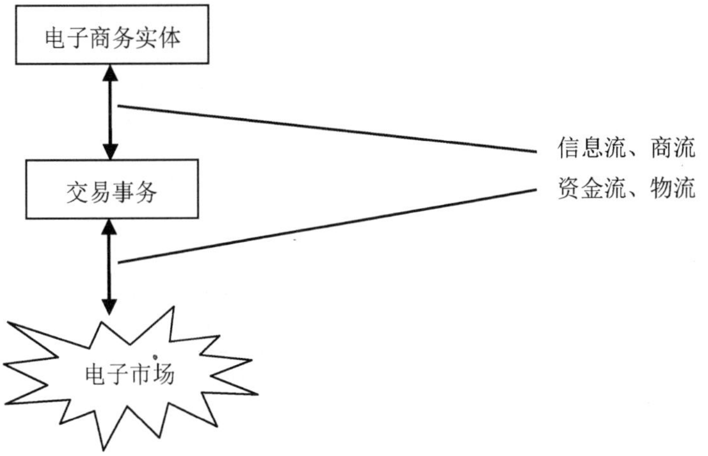

图 1.2 电子商务的概念模型

电子商务中的任何一笔交易都包含着几种基本的“流”，即信息流、商流、资金流、物流。其中信息流、商流和资金流的处理都可以通过计算机和网络通信设备实现。物流作为四流中最为特殊的一种，是指物质实体(商品或服务)的流通过程，具体指运输、储存、配送、装卸、保管、物流信息管理等各种活动。对于少数商品和服务来说，可以直接通过网络传输的方式进行配送，如各种电子出版物、信息咨询服务、有价信息软件等。而对于大多数商品和服务来说物流仍要经由物理方式传输，但由于一系列机械化、自动化工具的应用，准确、及时的物流信息对物流过程的监控，将使物流的流动速度加快、准确率提高，能有效地减少库存，缩短生产周期。

在电子商务概念模型的建立过程中，要强调信息流、商流、资金流和物流的整合。其中，信息流最为重要，它在一个更高的位置上实现对流通过程的监控。

3. 物流是实现电子商务的保证

电子商务的一般流程如图 1.3 所示，其中“送货、产品接收”也即物流过程，是实现电子商务的重要环节和基本保证。

(1) 物流保障生产。无论在传统的贸易方式下，还是在电子商务方式下，生产都是商品流通之本，而生产的顺利进行需要各类物流活动的支持。生产的全过程从原材料的采购开始，便要求有相应的供应物流活动，将所采购的材料准备到位，否则，生产就难以进行；在生产的各工艺流程之间，也需要原材料、半成品的物流过程，即所谓的生产物流，以实现生产的流动性；部分余料、可重复利用物资的回收，就需要所谓的回收物流；废弃物的处理则需要废弃物物流。可见，整个生产过程实际上就是系列化的物流活动。

(2) 物流服务于商流。在商流活动中，商品所有权在购销合同签订的那一刻起，便由供方转移到需方，而商品实体并没有因此而移动。在传统的交易过程中，除了非实物交割的期货交易，一般的商流都必须伴随相应的物流活动，即按照需方(购方)的需求将商品实体由供方(卖方)以适当的方式、途径向需方(购方)转移。而在电子商务下，消费者通过上网单击购物，完成了商品所有权的交割过程，即商流过程。但电子商务的活动并未结束，只有商品和服务真正转移到消费者手中，商务活动才告以终结。

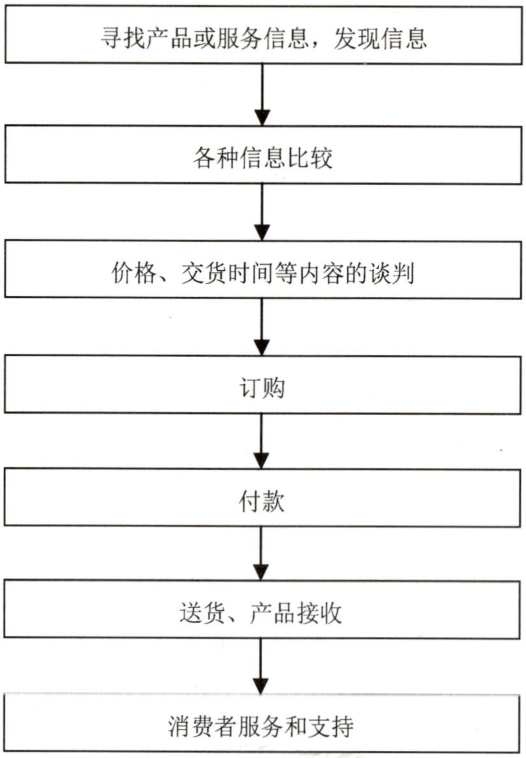

图 1.3　电子商务的一般流程

(3) 物流是实现“以顾客为中心”理念的根本保证。电子商务的出现在最大程度上方便了最终消费者。消费者不必再跑到拥挤的商业街，一家又一家地挑选自己所需的商品，而只要坐在家里，在 Internet 上搜索、查看、挑选，就可以完成购物过程。但试想，如果消费者所购的商品迟迟不能送到，或者商家所送并非自己所购，那消费者还会选择网上购物吗？物流是电子商务中实现以“以顾客为中心”理念的最终保证，缺少了现代化的物流技术，电子商务给消费者带来的购物便捷等于零，消费者必然会转向他们认为更为安全的传统购物方式，网上购物就没有存在的必要了。

由此可知，物流是电子商务重要的组成部分。必须摒弃原有的“重信息流、商流和资金流的电子化，而忽视物流电子化”的观念，大力发展现代化物流，以进一步推广电子商务。

1.2.2　电子商务对物流的影响

1. 电子商务将改变人们传统的物流观念

电子商务作为一个新兴的商务活动，它为物流创造了一个虚拟性的运动空间。在电子商务的状态下，人们在进行物流活动时，物流的各种职能及功能可以通过虚拟化的方式表现出来，在这种虚拟化的过程中，人们可以通过各种组合方式寻求物流的合理化，使商品实体在实际的运动过程中，达到效率最高、费用最省、距离最短、时间最少的功能。

2. 电子商务将改变物流的运作方式

(1) 电子商务可使物流实现网络的实时控制。传统的物流活动在其运作过程中，不管其是以生产为中心，还是以成本或利润为中心，其实质都是以商流为中心，从属于商流活动，因而物流的运动方式是紧紧伴随着商流来运动的。而在电子商务下，物流的运作是以信息为中心的，信息不仅决定了物流的运动方向，而且也决定着物流的运作方式。在实际运作过程中，通过网络上的信息传递，人们可以有效地实现对物流的实时控制，实现物流的合理化。

(2) 网络对物流的实时控制是以整体物流来进行的。在传统的物流活动中，虽然也有依据计算机对物流进行实时控制的情况，但这种控制都是以单个的运作方式来进行的。例如，在实施计算机管理的物流中心或仓储企业中，所实施的计算机管理信息系统大多是以企业自身为中心来管理物流的。而在电子商务时代，网络全球化的特点可使物流在全球范围内实施整体的实时控制。

3. 电子商务将改变物流企业的经营形态

(1) 电子商务将改变物流企业对物流的组织和管理。在传统经济条件下，物流往往是从某一企业来进行组织和管理的，而电子商务则要求物流从社会的角度来实行系统的组织和管理，以打破传统物流分散的状态。这就要求企业在组织物流的过程中，不仅要考虑本企业的物流组织和管理，而且更重要的是要考虑全社会的整体系统。

(2) 电子商务将改变物流企业的竞争状态。在传统经济活动中，物流企业之间存在着激烈的竞争，这种竞争往往是依靠本企业提供优质服务、降低物流费用等方面来进行的。在电子商务时代，这些竞争内容虽然依然存在，但有效性却大大降低了。原因在于电子商务需要一个全球性的物流系统来保证商品实体的合理流动，对于一个企业来说，即使它的规模再大，也是难以达到这一要求的。这就要求物流企业相互联合起来，在竞争中形成一种协同竞争的状态，以实现物流高效化、合理化、系统化。

4. 电子商务将促进物流基础设施的改善，并促进物流技术与物流管理水平的提高

(1) 电子商务将促进物流基础设施的改善。电子商务高效率和全球性的特点，要求物流也必须达到这一目标。而物流要达到此目标，良好的交通运输网络、通信网络等基础设施则是最基本的保证。

(2) 电子商务将促进物流技术的进步。物流技术主要包括物流硬技术和软技术。物流硬技术是指在组织物流过程中所需的各种材料、机械和设施等；物流软技术是指组织高效率的物流所需的计划、管理、评价等方面的技术和管理方法。从物流环节来考察，物流技术包括运输技术、保管技术、装卸技术、包装技术等。物流技术水平的高低是实现物流效率高低的一个重要因素，要建立一个适应电子商务运作的高效率物流系统，加快提高物流的技术水平则有着重要的作用。

(3) 电子商务将促进物流管理水平的提高。物流管理水平的高低直接决定和影响着物流效率的高低，也影响着电子商务高效率优势的实现问题。只有提高物流的管理水平，建立科学合理的管理制度，将科学的管理手段和方法应用于物流管理当中，才能确保物流的畅通进行，实现物流的合理化和高效化，促进电子商务的发展。

5. 电子商务对物流人才提出了更高的要求

电子商务不仅要求物流管理人员具有较高的物流管理水平，而且也要求其具有较丰富的电子商务知识，并在实际的运作过程中，能有效地将二者有机地结合在一起。

1.3 电子商务物流的概念

本节首先以网上 72h 的“生存实验”引出电子商务物流产生的背景，然后再从不同角度阐述电子商务物流的概念内涵。

1.3.1 电子商务物流的产生背景

因电子商务发展引起的物流问题是著名的网上 72h 的生存实验。在这一实验中，人们发现了影响电子商务发展的一个重要因素——物流问题，尤其是费尽周折填好订单后漫长的等待，使电子商务的跨时域优势也丧失殆尽。

实例 1-1

中国首届“72h 网络生存”测试

英国微软实验室曾经进行过一次“网络生存”实验，4 位参与者被分别关在不同的屋子里，只穿着一件浴袍，手上只有一张 500 英镑的信用卡，可以上网，要度过漫长的 100h。实验结果是 4 个人毫发未损地活了下来，而且生活得与平时同样精彩，可以买东西，可以通过电子邮件、聊天工具与外界交流，打游戏和学习等。

中国在 1999 年 9 月 3 日到 6 日，模仿微软实验室“网络生存”实验，也进行了首届“72h 网络生存”测试，分别在北京、上海和广州同时进行，共有 12 人参与了实验。12 名参加网络生存测试的志愿者，是从全国 5068 位报名者中经网民投票选定的，男女各占一半。年龄最大的 35 岁，最小的 18 岁；学历最高的是研究生，最低的高中还未毕业；网龄最长的已有 4 年，最短的是一位代号为 5077 的北京志愿者，他的网龄和每周上网时间几乎为零。为公平起见，三地测试者均不能在其居住地受测，而是通过抽签决定到另外两个城市中的一个进行受测。因此，3 日上午他们乘班机分赴各地。

此次实验的规则为：酒店标准房，基本的生活工具(起居设备、沐浴设备)，没有生活饮水，没有电话、电视等电器，有一个“没有内存”的冰箱，卫生间中只有厕纸，以及一台可以上网的计算机。测试者不能携带任何物品进入房间，主办者提供了 1500 元现金以及限额 1500 元的信用卡，还有当地 ISP 的上网账号和密码。直至测试结束，测试者不能离开房间，他必须通过网络获取食物、水以维生。当生存不成为问题之后，测试者可以尝试通过网络获取或满足生活上或者精神上的需求。

测试现场装备有摄像机和 Webcam(网上摄像机)，详细记录测试者每天的活动内容及上网记录。主办单位将依测试者的网络购物能力、网络社交能力、网络应用能力及网络学习能力等项目进行评判，优胜者将获得最高 5000 元的奖励。

这样的测试不单是对 400 万中国网民网上生存能力的测试，也是对 ISP 和 ICP 服务质量的测试，更具体的，是对网上销售商反应速度和银行对电子货币受理、确认速度的测试。也就是说，要探讨中国互联网络在我们的生活中扮演着什么样的角色？

“网络生存”的第二天，大家都在折腾着学习如何网上购物。此前声称要争取透支的北京选手梁于阳的钱已经花得差不多了，而 18 岁的 5077 号，则在一天一夜未进食后退出了测试。

大多数测试者都花出去了钱，还没收到货。在上海的张崧用中行的卡在上海找到了唯一一家能用这张卡的商家，填了一大堆的材料，总算成功了，然后，他收到回复——非常感谢你成功地订购，我们将在5～7个工作日内送货到你家。他做了一个表示无奈的符号……

72h的“网上生存”实验引发了以下电子商务环境下的物流问题：

(1) 在网上交易的情况下，物流如何保证商品尽快送到客户手中，即如何有效地实现网上交易商品的交割问题。

(2) 物流运作的问题。在网上交易的情况下，交易双方如何选择物流的运作模式。

(3) 在确定了物流运作模式之后，如何以较低的成本并在较短的时间内实现物流的运作。

以上是由网上交易，也即电子商务所引发的物流问题，如何在当今信息化浪潮的时代背景下，充分利用现代信息技术，特别是计算机技术、互联网技术等来促进和实现物流的发展，成为物流发展的一个热点问题。

在此背景下，产生了电子商务物流这一概念。之后，人们在物流实践活动中，不断地将计算机技术、互联网络技术等信息技术引入到物流活动中，促进了电子商务物流的发展。

1.3.2　电子商务物流的定义

电子商务作为一种新的数字化生存方式，代表着未来的贸易、消费和服务方式。电子商务物流的概念是伴随着电子商务技术和社会需求的发展而出现的，它是辅之以电子商务真正的经济价值实现不可或缺的重要组成部分。

对电子商务物流目前尚无统一的定义，主要有以下两种观点：

(1) 电子商务物流是指利用计算机技术、互联网技术、电子商务技术等信息技术所进行的物流活动，即物流企业的电子商务化。

(2) 电子商务物流就是为电子商务服务的物流或者是面向电子商务的物流，即为电子商务这一新兴行业相配套的物流。

结合上述观点，可以从更广义的角度去理解这一个概念，电子商务物流就是在电子商务环境下，依靠计算机技术、互联网技术、电子商务技术等信息技术所进行的物流(活动)，也就是利用电子商务技术(主要是指计算机技术、信息技术)对传统物流管理进行改造，实现企业内和企业间物流资源共享和优化配置的物流方式。电子商务物流的目标是通过现代科学技术的运用，在电子商务条件下，实现物流的高效化和低成本化，促进物流产业的升级以及电子商务和国民经济的发展。电子商务物流的本质是实现物流的信息化和现代化，也就是指物流和配送企业采用网络化的计算机技术和现代化的硬件设备、软件系统及先进的管理手段，针对社会需求，严格地、守信用地按用户的订货要求，进行一系列分类、编配、整理、分拣、配货等理货工作，定时、定点、定量地交给没有范围限度的各类用户，满足其对商品的需求。

从上述的定义可以看出，电子商务物流不但实现了信息流、商流、资金流的电子化、网络化，而且实现了物流配送系统的网络化，物流管理的科学化、电子化，以及物流设施的机械化、自动化，使物流的流动速度加快、准确率提高。这样既能有效地减少库存，缩短生产周期，加速资金周转，提高物流效率，降低物流成本，又提高了物流服务的质量，更好地满足用户多品种、小批量、多批次的需求特点。

1.4　电子商务物流的特点与发展趋势

电子商务物流由于采用了先进的网络信息技术，给全球物流带来了新的发展，具有一系列传统物流所无法比拟的特点，而且，电子商务物流的发展趋势和前景也是比较明朗的。

1.4.1　电子商务物流的特点

1. 信息化

电子商务时代，物流信息化是电子商务的必然要求。物流信息化表现为物流信息的商品化、物流信息收集的数据库化和代码化、物流信息处理的电子化和计算机化、物流信息传递的标准化和实时化、物流信息存储的数字化等。因此，条码技术(Barcode)、数据库技术(Database)、电子订货系统(Electronic Ordering System，EOS)、电子数据交换(Electronic Data Interchange，EDI)、快速反应(Quick Response，QR)及有效的客户反映(Effective Customer Response，ECR)、企业资源计划(Enterprise Resource Planning，ERP)等技术与观念在我国的物流中将会得到普遍的应用。信息化是一切的基础，没有物流的信息化，任何先进的技术设备都不可能应用于物流领域，信息技术及计算机技术在物流中的应用将会彻底改变世界物流的面貌。

2. 自动化

自动化的基础是信息化，自动化的核心是机电一体化，自动化的外在表现是无人化，自动化的效果是省力化，另外还可以扩大物流作业能力、提高劳动生产率、减少物流作业的差错等。物流自动化的设施非常多，如条码/语音/射频自动识别系统、自动分拣系统、自动存取系统、自动导向车、货物自动跟踪系统等。这些设施在发达国家已广泛用于物流作业流程中，而在我国由于物流业起步晚，发展水平低，自动化技术的普及还需要相当长的时间。

3. 网络化

物流领域网络化的基础也是信息化，这里指的网络化有两层含义：一是物流配送系统的计算机通信网络，物流配送中心与供应商或制造商的联系要通过计算机网络，另外与下游顾客之间的联系也要通过计算机网络通信，例如，物流配送中心向供应商提出订单这个过程，就可以使用计算机通信方式，借助于增值网(Value-Added Network，VAN)上的EOS和EDI来自动实现，物流配送中心通过计算机网络收集下游客户订货的过程也可以自动完成；二是组织的网络化，即所谓的企业内部网(Intranet)。

物流的网络化是物流信息化的必然，是电子商务下物流活动的主要特征之一。当今世界，Internet等全球网络资源的可用性及网络技术的普及为物流的网络化提供了良好的外部环境，物流网络化不可阻挡。

4. 智能化

这是物流自动化、信息化的一种高层次应用，物流作业过程大量的运筹和决策，如库存水平的确定、运输(搬运)路径的选择、自动导向车的运行轨迹和作业控制、自动分拣机的运行、物流配送中心经营管理的决策支持等问题，都需要借助于大量的知识才能解决。在物流自动化的进程中，物流智能化是不可回避的技术难题。可喜的是，专家系统、机器人等相关技术在国际上已经有比较成熟的研究成果。为了提高物流现代化的水平，物流的智能化已成为电子商务下物流发展的一个新趋势。

5. 柔性化

柔性化本来是为实现“以顾客为中心”的理念而在生产领域提出的，但要真正做到柔性化，即真正地能根据消费者需求的变化来灵活调节生产工艺，没有配套的柔性化物流系统是不可能达到目的的。20 世纪 90 年代，国际生产领域纷纷推出弹性制造系统(Flexible Manufacturing System，FMS)、计算机集成制造系统(Computer Integrated Manufacturing System，CIMS)、制造资源系统(Manufacturing Requirement Planning，MRP)、ERP 以及供应链管理的概念和技术，这些概念和技术的实质是将生产、流通进行集成，根据需求端的需求组织生产，安排物流活动。因此，柔性化的物流正是适应生产、流通与消费的需求而发展起来的一种新型物流模式。这就要求物流配送中心根据消费需求“多品种、小批量、多批次、短周期”的特色，灵活组织和实施物流作业。

1.4.2　电子商务物流的发展趋势

电子商务时代，由于企业销售范围的扩大，企业和商业销售方式及最终消费者购买方式的转变，送货上门等业务成为一项极为重要的服务业务，促进了物流行业的兴起。物流行业是指能完整提供物流机能服务，以及运输配送、仓储保管、分装包装、流通加工等以收取报偿的行业，主要包括仓储企业、运输企业、装卸搬运、配送企业、流通加工业等。信息化、全球化、多功能化和一流的服务水平已成为电子商务下物流企业追求的目标。

1. 多功能化——物流业发展的方向

在电子商务时代，物流发展到集约化阶段，一体化的配送中心不单提供仓储和运输服务，还必须开展配货、配送和各种提高附加值的流通加工服务项目，也可按客户的需要提供其他服务。现代供应链管理即通过从供应者到消费者供应链的综合运作，使物流达到最优化。企业追求全面系统的综合效果，而不是单一的、孤立的片面观点。

作为一种战略概念，供应链也是一种产品，而且是可增值的产品。其目的不仅仅是降低成本，更重要的是提供用户期望以外的增值服务，以产生和保持竞争优势。从某种意义上讲，供应链是物流系统的充分延伸，是产品与信息从原料到最终消费者之间的增值服务。

供应链系统物流完全适应了流通业经营理念的全面更新。因为，以往商品经由制造、批发、仓储、零售各环节间的多层复杂途径，最终到消费者手里。而现代流通业已简化为由制造经配送中心而送到各零售点。它使未来的产业分工更加精细，产销分工日趋专业化，大大提高了社会的整体生产力和经济效益，使流通业成为整个国民经济活动的中心。

另外，在这个阶段有许多新技术，如准时制工作法(Just In Time，JIT)。又如销售时点信息管理系统(Point Of Sale，POS)，商店将销售情况及时反馈给工厂的配送中心，有利于厂商按照市场调整生产，以及同配送中心调整配送计划，使企业的经营效益跨上一个新台阶。

2. 一流的服务——物流企业的追求

在电子商务下，物流业是介于供货方和购货方之间的第三方，是以服务作为第一宗旨的。从当前物流的现状来看，物流企业不仅要为本地区服务，而且还要进行长距离的服务。因为客户不但希望得到很好的服务，而且希望服务点不是一处，而是多处。因此，如何提供高质量的服务便成了物流企业管理的中心课题。应该看到，配送中心离客户最近，联系最密切，商品都是通过它送到客户手中的。

配送中心应在概念上变革，由“推”到“拉”。配送中心应更多地考虑“客户要我提供哪些服务”，从这层意义上讲，它是“拉”(Pull)，而不是仅仅考虑“我能为客户提供哪些服务”，即“推”(Push)。例如，有的配送中心起初提供的是区域性的物流服务，以后发展到提供长距离服务，而且能提供越来越多的服务项目。又如，配送中心派人到生产厂家“驻点”，直接为客户发货。越来越多的生产厂家把所有物流工作全部委托给配货中心，从根本意义上讲，配送中心的工作已延伸到生产厂里去了。

如何满足客户的需要把货物送到客户手中，就要看配送中心的作业水平了。配送中心不仅与生产厂家保持紧密的伙伴关系，而且直接与客户联系，能及时了解客户的需求信息，并沟通厂商和客户双方，起着桥梁作用。优质和系统的服务使物流企业与货主企业结成战略伙伴关系(或称策略联盟)，一方面有助于货主企业的产品迅速进入市场，提高竞争力，另一方面则使物流企业有稳定的资源，对物流企业而言，服务质量和服务水平正逐渐成为比价格更为重要的选择因素。

3. 信息化——现代物流业的必由之路

在电子商务时代，要提供最佳的服务，物流系统必须要有良好的信息处理和传输系统。良好的信息系统能提供极好的信息服务，以赢得客户的信赖。在电子商务环境下，由于全球经济的一体化趋势，当前的物流业正向全球化、信息化、一体化发展。

实例 1-2

海尔物流——“一流三网”模式

海尔物流管理系统可以用“一流三网”来概括。“一流”是指以订单信息流为中心；“三网”分别是全球供应链资源网络、全球用户资源网络和计算机信息网络。围绕订单信息流这一中心，将海尔遍布全球的分支机构整合在统一的物流平台之上，从而使供应商和客户、企业内部信息网络这“三网”同时开始执行，同步运动，为订单信息流的增值提供支持。

商品与生产要素在全球范围内以空前的速度自由流动。EDI 与 Internet 的应用使物流效率的提高更多地取决于信息管理技术，计算机的广泛应用提供了更多的需求和库存信息，提高了信息管理科学化水平，使产品流动更加容易和迅速。物流信息化包括商品代码和数据库的建立、运输网络合理化、销售网络系统化和物流中心管理电子化建设等，目前还有很多工作有待实施。可以说，没有现代化的信息管理，就没有现代化的物流。

4. 全球化——物流企业竞争的趋势

20 世纪 90 年代早期，电子商务的出现加速了全球经济的一体化，致使物流企业的发展达到了国际化。

实例 1-3

中国台湾地区计算机业“全球运筹式产销模式”

中国台湾地区的计算机业在 20 世纪 90 年代创造出了“全球运筹式产销模式”，这种模式是按照客户订单组织生产，生产采取分散形式，即将全世界的计算机资源都利用起来，采取外包的形式将一台计算机的所有零件、元器件、芯片的生产外包给世界各地的制造商，然后通过全球的物流网络将这些零件、元器件、芯片发往同一个物流配送中心进行组装，由该物流配送中心将组装的计算机迅速发给客户。

全球化的物流模式使企业面临着新的问题，如仓库建设问题、运输问题、运送货物问题、建设配送中心问题、服务问题、管理问题等。例如，日本在美国开设了很多分公司，而两国存在着不小的差异，势必会碰到如何管理的问题。

此外，还有信息共享问题。很多企业有不少企业内部的秘密，物流企业很难与之沟通。因此，如何建立信息处理系统，以及时获得必要的信息，对物流企业来说是个难题。同时，在将来的物流系统中，能否做到尽快将货物送到客户手里，是提供优质服务的关键之一。客户要求发出订单后，第二天就能得到货物，而不是口头上说的“可能何时拿到货物”。同时，客户还会考虑所花费用与所得到的服务是否相称，是否合适。

全球化战略的趋势使物流企业和生产企业更紧密地联系在一起，形成了社会大分工。生产厂商集中精力制造产品、降低成本、创造价值；物流企业则花费大量时间、精力从事物流服务。物流企业的满足需求系统比原来更进一步了。例如，在配送中心里，对进口商品的代理报关业务、暂时储存、搬运和配送，必要的流通加工，从商品进口到送交消费者手中的服务实现一条龙。

5. 标准化——现代物流合理化的基础

物流标准化是物流现代化管理的必要条件和重要体现，它是以整个物流系统为出发点的，这个系统包括运输、储藏、搬运装卸、包装、流通加工、物流信息管理、物流网络、在库管理、物流组织管理、物流成本的管理和控制等。物流标准化以整个物流系统中的每一项具体的、重复性的事物或概念为对象(包括技术、管理、工作方面对象)，通过指定标准、组织标准和对标准的实施进行监督，达到整个系统的协调统一，以获得最佳秩序和经济效益。建立和实施物流标准化，主要是因为物流标准化是实现物流管理现代化的重要手段和必要条件，它可以保证整个物流系统功能的发挥，从而保证物品在流通过程中的质量完好性，以最终降低物流成本而增强企业的市场竞争力。由于物流标准化的重要性，国际物流业界一直都在探索标准化措施，可以说物流标准化是今后物流发展的重要趋势之一。

第三部分 课题实践部分

一、课题实训

1. 淘宝网推荐物流模式简介

淘宝网是亚洲最大的网络零售商圈，致力于打造全球首选网络零售商圈，由阿里巴巴集团于 2003 年 5 月 10 日投资创办。到现在为止，淘宝网上使用推荐物流的用户已经达到了 70%，这被认为是推荐物流模式的成功。淘宝的推荐物流不仅仅是一种物流策略，更彰显着马云的远大目标：以淘宝的名义将庞大的卖家联合起来与速递公司谈合作，为的是建立一个全国性的物流中央处理系统，提供银行、保险之外的第三方服务。

作为亚洲最大的 C2C 网站，其在 C2C 领域的领先地位目前尚无人撼动。作为电子商务网站，淘宝以“轻公司”为标榜，因此，淘宝一直采取物流外包等措施。专业人士表示，如果标榜“轻公司”的电子商务企业连基础性服务快递物流都跟不上，将无法承受“轻公司”之“轻”。“轻公司”的特点决定了淘宝物流的特殊性，尽管淘宝并没有自己的物流体系，但却以自己的方式做着努力，“推荐物流”就是淘宝独特的物流策略。这种方式就是：淘宝与物流公司签约，签约的物流公司进入淘宝的推荐物流企业行列，这些物流企业便可直接通过与淘宝对接的信息平台接受其用户的订单。

淘宝网相关负责人表示，淘宝网在挑选合作物流公司时，主要看对方能否提供最具竞争力的价格、能否覆盖尽可能大的服务区域以及能否提供最优质的服务质量。物流公司要进入淘宝的推荐物流行列，必须是网络成熟、排名前十的企业，而且服务范围尽量是全国范围内的。在进入淘宝的“推荐物流”行业后，物流公司必须与淘宝签订相关协议，约定服务价格、内容和方式，以及非常优惠的赔付条款，并规定由淘宝监控和督促物流公司对于投诉和索赔的处理。

目前，淘宝的推荐物流企业包括中国邮政、圆通速递、宅急送、申通快递、E 邮宝、韵达快运和天天快递等。由于与淘宝合作的物流企业素质的不均衡，淘宝还决定引入“物流保险”，以保障商品在配送领域的安全。

淘宝网称，使用推荐物流能够加强淘宝对物流的控制力，因为使用推荐物流后，淘宝可以对相应物流公司的物流配送情况进行监督，推荐物流也可以为用户提供更好的服务和更优惠的价格。一旦出现差错，比如发生破损等情况，淘宝接到投诉后，便会监督物流公司的投诉和理赔情况，这样也会降低淘宝用户索赔的难度。

目前，淘宝与推荐物流公司之间的信息平台对接已初步完成。用户在淘宝网上达成交易后，如果使用“推荐物流”，便可以直接在线发送订单，经确认后，物流公司就会上门取货，而且买家和卖家还可以随时跟踪订单。

淘宝与物流公司缔结协议，约定用户通过推荐物流流程选择物流服务可以享受的相关服务和保障。以下条款所约定的，是依据淘宝推荐物流准入制度，按照推荐物流流程，通过推荐物流网上定制物流服务的参与方可以享受的权利和应履行的义务。

(1) 推荐物流用户的权利和义务。

① 使用淘宝推荐物流可享受淘宝与物流公司约定的协议价格以及赔付政策，也可按照自己与物流公司约定的内容执行。

② 可享受物流公司提供的带有淘宝推荐物流相关标识的面单、纸箱、胶带纸等。

③ 可在平台上跟踪物流订单的状态和详细配送情况。

④ 通过推荐物流平台网上定制物流服务，需提供准确、真实、有效的揽收和配送信息，并允许通过淘宝物流平台将相关信息传递给物流公司。

⑤ 使用推荐物流时，用户必须正确填写推荐物流平台要求的每笔物流订单的运单号及相关信息。

⑥ 用户可在约定时间内对物流公司发起投诉，在物流公司给出最终处理意见后的 30 天内，用户可对处理结果提出异议并申明理由，过期将不再受理。

(2) 物流公司的权利和义务。

① 物流公司向用户提供有偿服务，收费标准按照物流公司与用户的约定进行。

② 物流公司应承担由于其服务质量问题而给用户带来的一切损失。

③ 揽收货物前，需确认淘宝物流平台所传输的物品的基本信息，未正确履行该义务所带来的风险，由物流公司承担。

④ 按淘宝要求及合作协议约定使用带有淘宝推荐物流相关标识的面单、印章、纸箱、胶带纸等。

⑤ 物流公司应按照淘宝推荐物流平台准入制度向用户提供服务，并向用户公示此服务义务内容。

⑥ 及时更新物流订单信息，并保证信息的及时有效性。

⑦ 因不可抗力所造成的损失，物流公司不承担赔偿责任，但物流公司有义务协助用户进行索赔。

(3) 淘宝的权利和义务。

① 淘宝有权对恶意使用推荐物流服务的用户进行处罚。

② 淘宝将公示合作的物流公司及其相关信息，当与某物流公司终止合作时，淘宝也应及时将情况公示给用户。

③ 淘宝网有权监督物流公司的服务情况，并督促物流公司解决用户使用推荐物流产生的投诉。

④ 淘宝不对物流公司的服务承担担保或连带责任。如因物流公司的原因造成用户的损失及任何行政部门的调查、处罚或第三方的索赔、诉讼，全部法律责任由物流公司承担。

2. 实训目的和内容

(1) 掌握淘宝网推荐物流使用规则。

(2) 掌握淘宝网卖家单件商品发货流程。

(3) 掌握淘宝网卖家批量发货流程。

3. 实训操作指导

如果淘宝卖家使用推荐物流公司发货，可以选择线上下单，使货物获得更多安全保障。

(1) 在线发送订单——单件发货的发货流程。

对“已卖出的宝贝”或者“等待发货的列表”中的宝贝单击【发货】按钮，如图 1.4 和图 1.5 所示。

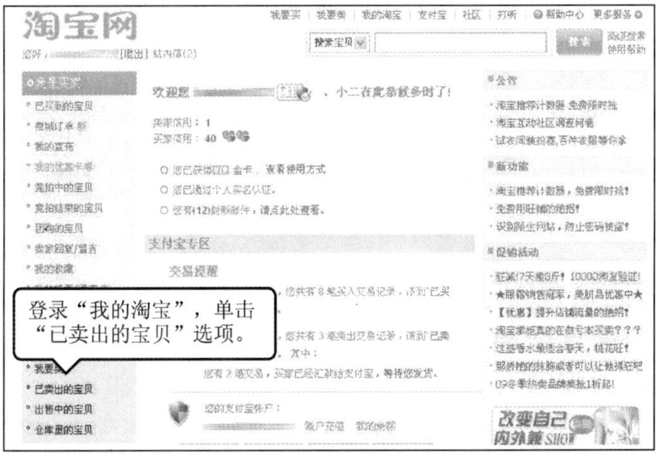

图 1.4　进入“已卖出的宝贝”列表

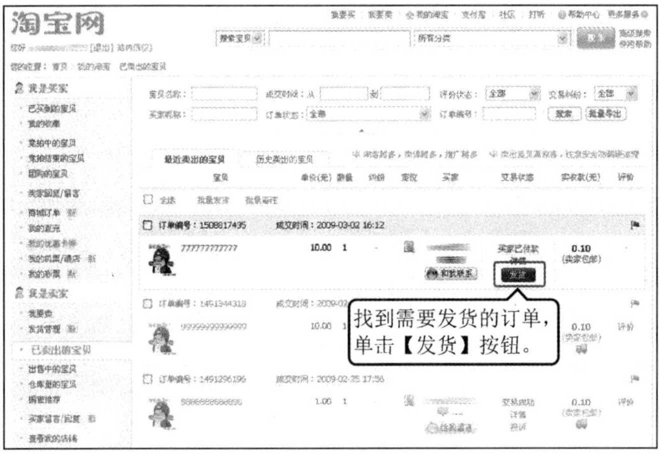

图 1.5　选择发货

核实买家的收货地址及揽件地址与时间，让物流公司上门取货。单击要选择的物流公司后的【选择】按钮，如图 1.6 所示，选择在线发送订单。确认后，淘宝将通知物流公司上门取货。注意，如果卖家填写了正确的运单号后确认，交易状态就会变为“卖家已发货”。如果卖家下单时没有运单号，也可以在物流公司取件后再填写 F 运单号，如图 1.7 所示。

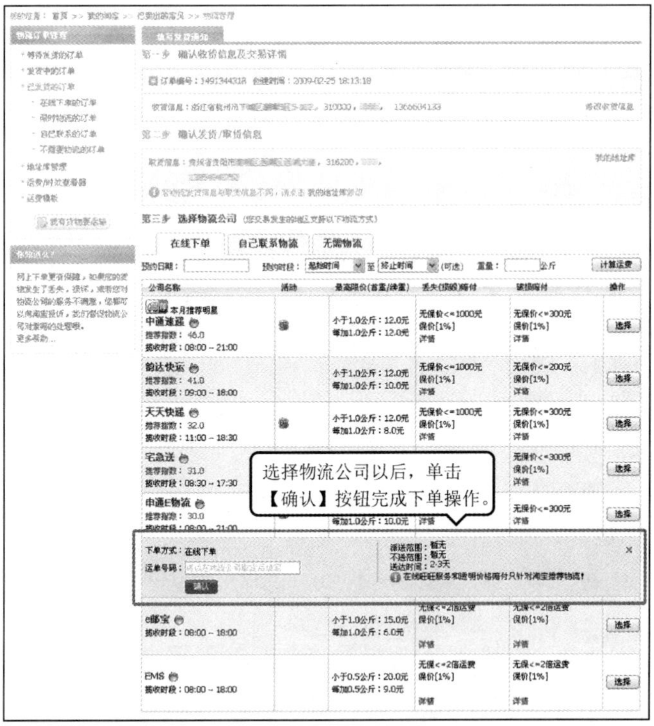

图 1.6　在线下单

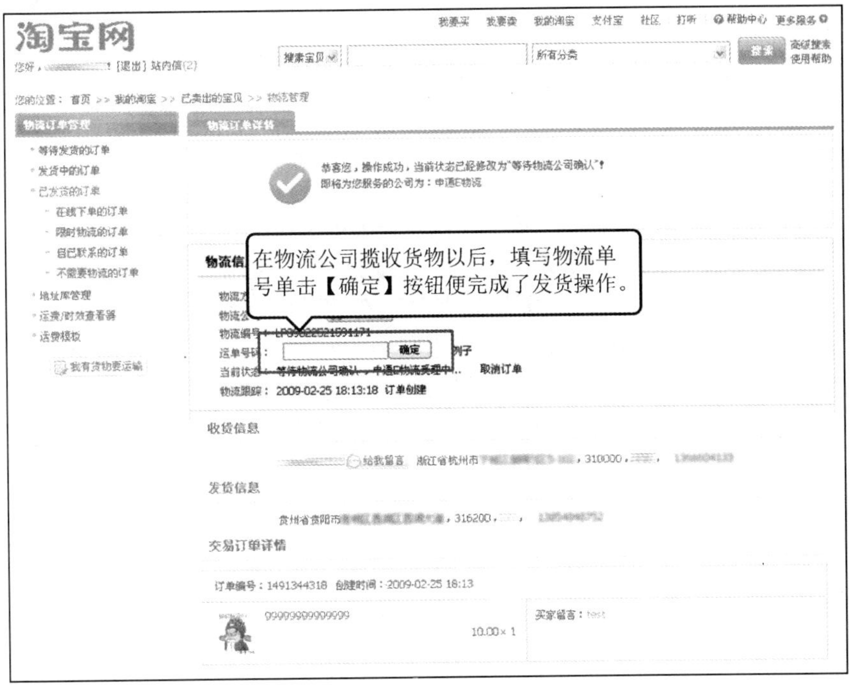

图 1.7　填写物流单号

(2) 在线发送订单——批量发货的发货流程。

在等待发货的列表中批量选中发货商品，勾选后单击【批量确认】按钮，如图 1.8 所示。

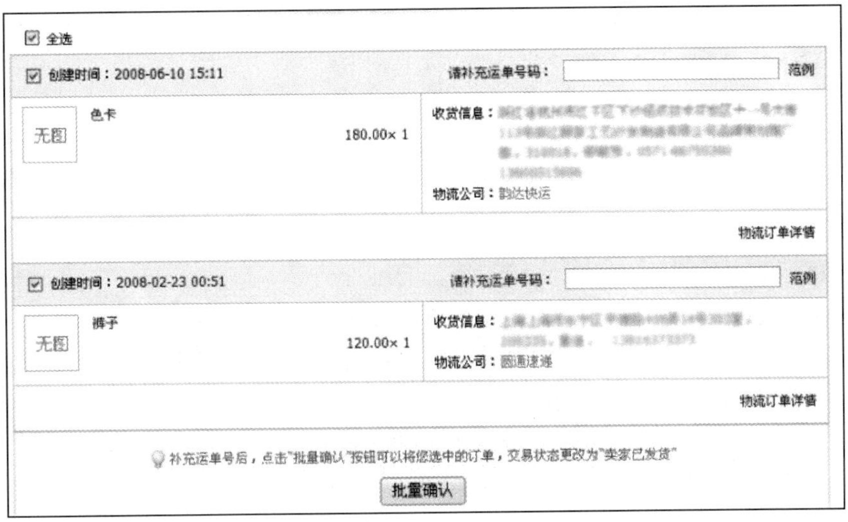

图 1.8　批量发货

在批量发货的订单页面上确认发送订单的相关信息(包括物流公司、地址信息等)，选择“在线发送订单”选项后确认，淘宝将会通知物流公司上门取货。

二、思考练习题

1. 填空题

(1) 在我国《物流术语》中，物流被定义为：物品从供应地向接收地的____________过程。根据实际需要，将运输、储存、____________、____________、____________、____________、____________、信息处理等基本功能实施有机结合。

(2) 物流主要有以下几种分类方法：宏观物流和____________物流、____________物流和企业物流、____________物流和区域物流、一般物流和____________物流等。

(3) 电子商务环境下，物流具有以下一些新的特点：信息化、__________、__________、____________、____________等。

(4) 实物配送的英文是____________，简称____________。

(5) 后勤管理的英文是____________。

(6) 物流的价值主要包括____________、____________、____________。

(7) 商流是指__________的运动，主要解决__________的问题；物流是指__________的运动，主要解决____________的问题。

(8) 电子商务中的任何一笔交易，都包含着几种基本的“流”，即信息流、商流、资金流、____________。

2. 选择题

(1) 物流概念最先由(　　)提出。

A．日本　　B．美国　　C．德国　　D．荷兰

(2) 下列关于物流的说法不正确的是(　　)。

A．物品从供应地向接收的实体流动过程

B．物品从接收地向供应地的实体流动过程

C．为了满足顾客而对原材料、半成品、成品及其相关信息从产地到消费地有效率的移动和保管进行计划、实施、统管的过程

D．从物流的定义可以知道，通过运输、储存、装卸、搬运、包装、流通加工、配送、信息处理等基本功能，物流活动可以实现物品包括空间和时间的位置移动以及形态性质的变动

(3) “物流管理”这一名词最早出现在(　　)领域。

A．生产企业管理　　B．军火物资管理

C．流通企业管理　　D．仓库管理

(4) 下列关于物流的说法不正确的是(　　)。

A．社会发展初期，商流与物流是统一的，随着生产力的发展，商流与物流逐渐分离

B．在当今高度发达的市场经济环境中，物流发生的同时，物品所有权也随之转让了

C．在一定条件下，商流与物流分离可以降低物流成本

D．采取赊销购物方式，会引起物流在前、商流在后的物流分离形式

(5) 生产与流通之间的关系是(　　)。

A．生产与流通之间是互为决定的关系

B．流通规模决定生产规模，生产对流通有反作用

C．生产与流通之间没有关系

D．生产规模决定流通规模，流通对生产有反作用

3．名词解释

(1) 物流

(2) 企业物流

(3) 物流活动的基本要素

(4) 商物分离理论

(5) 效益背反说

(6) 电子商务物流

4．简答题

(1) 现代物流与传统物流相比，具有哪些特征？

(2) 简述物流的价值。

(3) 简述电子商务与物流的关系。

(4) 电子商务下物流的特点及其发展趋势是什么？

课题二　物流系统及其功能要素

教学提示

物流系统是实现电子商务销售过程的最终环节，物流具有运输、仓储、装卸搬运、包装、流通加工、配送和信息处理等功能。其中，运输、仓储和配送解决了供给者和需求者之间在位置和时间上的分隔，完善了物流系统的服务功能，创造出了空间效用和时间效用。包装、流通加工是物流系统中形成物流增值效应的主要功能要素，创造了形质效用。装卸搬运在物流过程中是必不可少的，它更多的是加速商品流通速度，但同时也是增加成本的功能要素。

教学要求

通过本课题的学习，要求学生了解电子商务物流系统的概念、组成要素和特点，了解和掌握运输、配送、仓储、产品包装、装卸搬运以及流通加工这些物流系统功能要素的基本概念及其在物流中的功能、地位和作用。

第一部分 案例与分析

案例导入

戴尔别具一格的电子商务物流系统构建

电子商务已风靡全球，有些公司利用它已取得很好的成效，在这方面可以首推戴尔(Dell)公司。该公司在商用桌面 PC 市场上已成为第一大供应商，其销售额每年以 40%的增长率递增，是该行业平均增长率的两倍。Dell 公司成绩的取得，用其总裁迈克尔·戴尔的话而言，是归功于对物流电子商务化的巧妙运用。图 2.1 所示为 Dell 中国网站首页。

图 2.1 Dell 中国网站首页

1. Dell 的电子商务化物流

Dell 是通过国际互联网和企业内部网进行销售的。在日常的经营中，Dell 仅保持两个星期的库存(行业标准超过 60 天)，其存货一年可周转 30 次以上。基于这些数字，Dell 的毛利率和资本回报率也是相当高的，分别是 21%和 106%。这些都是 Dell 实施电子商务化物流后取得的物流效果。以下是它的电子商务化物流运作的流程。

(1) 订单处理。在这一步，Dell 要接收消费者的订单。消费者可以拨打 800 免费电话，也可以通过 Dell 的网上商店进行订货。Dell 首先检查订单项目是否填写齐全，然后检查订单的付款条件，并按付款条件将订单分类。采用信用卡支付方式的订单将被优先满足，其他付款方式则要更长时间才能得到付款确认。只有确认支付完款项的订单才会立即自动发出。零部件的订货将转入生产数据库中，订单也随即转到生产部门进行下一步作业。用户订货后，可以对产品的生产过程、发货日期甚至运输公司的发货状况等进行跟踪。

(2) 预生产。Dell 在正式开始生产之前，需要等待零部件的到货，这就叫做预生产。预生产的时间因消费者所订的系统不同而不同，主要取决于供应商的仓库中是否有现成的零部件。

(3) 配件准备。当订单转到生产部门时，所需的零部件清单也就自动产生，相关人员将零部件备齐传送到装配线上。

(4) 配置。组装人员将装配线上传来的零部件组装成计算机，然后进入测试过程。

(5) 测试。检测部门对组装好的计算机用特制的测试软件进行测试，通过测试的机器送到包装间。

(6) 装箱。测试完后的计算机被放到包装箱中，同时要将鼠标、键盘、电源线、说明书及其他文档一同装入相应的卡车运送给顾客。

(7) 配送准备。一般在生产过程结束的次日完成送货准备，但大订单及需要特殊装运作业的订单可能花的时间要长些。

(8) 发运。将顾客所订货物发出，并按订单上的日期送到指定的地点。戴尔设计了几种不同的送货方式，由顾客订货时选择。一般情况下，订货将在 2～5 个工作日送到订单上的指定地点，即送货上门，同时提供免费安装和测试服务。

2. 电子商务化物流给 Dell 带来的好处

使用电子商务化物流后，Dell 一方面可以先拿到用户的预付款和运费；另一方面，Dell 是在货运公司将货运到后才与其结算运费。也就是说，Dell 既占压着用户的流动资金，又占压着物流公司的流动资金；Dell 的竞争对手一般保持着几个月的库存，但 Dell 按订单生产的方式没有库存风险，使其具有只保持几天库存的水平，这些因素使 Dell 的年均利润率超过对手 50%。

无论何种销售方式，首先必须对用户有好处。Dell 的电子商务型直销方式对用户的价值包括：一是可以满足个性化的用户需求；二是 Dell 精简的生产、销售、物流过程可以省去一些中间成本，使价格因此较低；三是用户可以享受到完善的售后服务，包括物流、配送服务等。

决定 Dell 直销系统成功与否的关键之一，是要建立一个覆盖面较大、反应迅速、成本适合的物流网络和系统。

Dell 开创了电子商务物流的先河。如何实现电子商务物流已是目前企业所面临的普遍问题，而是否具有完善、高效的物流系统，能否提供电子商务物流增值服务，现在已成为衡量一个企业物流是否真正具有竞争力的标准。

第二部分　课题学习引导

2.1　物流系统

本节将从物流系统的概念、物流系统的组成、物流系统的特点、物流系统的目标等方面进行概述，从而使读者对物流系统有个初步的认识和了解。

2.1.1　物流系统概述

系统是由相互作用和相互依赖的若干组成部分结合而成的具有特定功能的有机整体，而且这个整体又是它从属的更大的系统的组成部分。换句话说，系统是同类或相关事物按一定的内在联系组成的整体。

物流系统是指在一定的时间和空间里，由所需位移的物资、包装设备、装卸搬运机械、运输工具、仓储设施、人员、通信联系等若干相互制约的动态要素所构成的具有特定功能的有机整体。物流系统的目的是实现物资的空间效益和时间效益，在保证社会再生产顺利进行的前提下，实现各种物流环节的合理衔接，并取得最佳的经济效益。物流系统是社会经济大系统的一个子系统或组成部分。

物流系统与一般系统一样，具有输入、转换和输出三大功能。通过输入和输出使物流系统与社会环境进行交换，并相互依存。输入包括人、财、物和信息；输出可以包括效益、服务、环境的影响以及信息等；而实现输入到输出转换的则是电子商务物流的各项管理活动、技术措施、设备设施和信息处理等。物流系统的基本结构如图 2.2 所示。

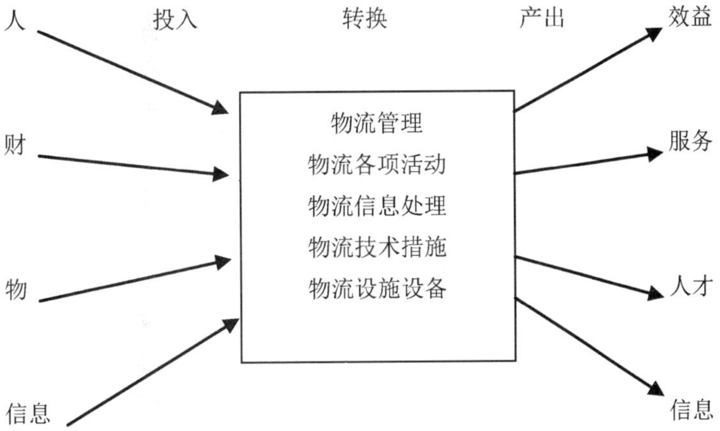

图 2.2　物流系统的基本结构

2.1.2　物流系统的组成

1. 物流系统的对象

物流系统的“物”，即物流系统的对象。关于物流系统获得的对象，较多一致的看法是指实体物品，其内容通常包括以下几个方面：

(1) 物资。一般专指生产资料，有时也泛指全部物质资料，较多指工业品生产资料。其与物流中的“物”区别在于，物资中包含相当一部分不能发生物理性位移的生产资料，这一部分不属于物流学研究的范畴，如建筑设施、土地等。另外，属于物流对象的各种生活资料，又不能包含在作为生产资料理解的物资概念之中。

(2) 物料。是我国生产领域中的一个专门概念。生产企业习惯将除最终产品之外的，在生产领域流转的一切材料(不论其来自生产资料还是生活资料)，燃料，零部件，半成品，外协件以及生产过程中必然产生的边、角、余料，废料及各种废弃物统称为物料。物料也具有可运动性质，是物流中“物”的一部分。

(3) 货物。是我国交通运输领域中的一个专门概念。交通运输领域将其经营的对象分为两大类，一类是人，另一类是物，除人之外，物的这一类统称为货物。“货物”既然是交通运输的经营对象，必然具有可运输之性质，但它也只是物流中“物”的一部分。

(4) 商品。商品和物流的“物”是互相包含的。商品中的一切可发生物理性位移的物质实体，也即商品中凡具有可运动要素及物质实体要素的，都是物流研究的物。

(5) 物品。是生产、办公、生活领域常用的一个概念，在生产领域中，一般指不参加生产过程，不进入产品实体，而仅在管理等领域使用的与生产相关或有时完全无关的物质实体，如办公用品等。在这些领域中，物流中所指之“物”，就是通常所称的物品。

总之，物流中所称的“物”，是物质资料中同时具备物质实体特点和可以进行物理性位移的那一部分物质资料，无论它们处在哪个领域，哪个环节。

也有的观点认为物流活动的对象还应包括“人”，认为旅客运输同货物运输一样，都是物流活动，它们对物流系统的设计、运作、管理的原理和要求相同，只是旅客运输对物流系统的要求更高。

2. 物流系统的组成要素

(1) 流体。即物流活动所具体指向的对象，主要是指实体物品，如再扩大一点，也可以包括人。

(2) 载体。即承载“物”的设备以及这些设备据以运作的设施。载体可分为两类：一类载体指基础设施，如铁路、公路、水路、港口、车站、机场等，它们大多数是固定的；另一类载体是设备，即以第一类载体为基础，直接承载并运送流体的设备，如车辆、船舶、飞机、装卸搬运设备等，它们大多数是可以移动的。

(3) 流向。指某一物流活动要指向的目标，如运输活动的目的地、配送活动的对象等。

(4) 流量。指特定物流活动数量的规定性，如运输数量、储存的数量、配送的货物结构与数量等。

(5) 流速。指特定物流活动时间的规定性，如必须在多长时间内完成或间隔多长时间提供一次，或在某一特定时间提供等。

(6) 流程。指特定物流活动距离的规定性，如运输的路程等。

流体、载体、流向、流量、流速和流程这6个要件称为物流的六要素。任何物流系统都有这6个要素，同时这六要素之间有极强的内在联系。从“流”的角度看，任何一个具体的物流业务可以分解为这6个要素的结合。物流的六要素中的每一个要素都需要进行以物流系统作为一个整体进行总体集成和优化，任何一个要素的目标由物流系统的整体目标来确定，各要素达到的目的相互配合，使整体目标最优化，因此需要进行系统的集成和优化。

2.1.3 物流系统的特点

物流系统具有一般系统所共有的特点，即整体性、相关性、目的性、环境适应性等。此外，由于其规模庞大、结构复杂、目标众多，所以物流系统还具有其他一些特点。

1. 物流系统是一个人—机系统

物流系统由人和形成劳动手段的设备、工具组成。表现为物流劳动者运用运输设备、装卸搬运机械、仓库、港口、车站等设施，作用于物资的一系列生产活动。人是系统的主体。要把发挥人的主观能动性放在首位。

2. 物流系统是一个大跨度系统

一是地域跨度大，二是时间跨度大。现代社会中，企业间物流常会跨越不同地域，国际物流的地域跨度更大。通常采取存储的方式解决产需之间的矛盾，这样时间跨度也很大，因而管理难度大，对信息的依赖程度高。

3. 物流系统是一个可分系统

物流系统可以分解成若干相互关联的子系统，子系统的多少和层次阶数，随着人们对物流系统的认识和研究的深入而不断扩充，系统和子系统之间、子系统和子系统之间，存在时间、空间、资源利用方面的联系，也存在总目标、总费用、总的运行结果等方面的联系。

4. 物流系统是一个动态系统

物流系统连接多个企业和用户，随需求、供应、渠道、价格等的不同，系统内的要素及系统的运行经常发生变化。物流系统是一个满足社会需要、适应环境能力的动态系统。为适应经常变动的社会环境，必须对物流系统的组成部分经常修改、完善，要求物流系统具有足够的灵活性及可改变性。

5. 物流系统是一个复杂性系统

物流系统的运行对象、物，遍及全社会物质资源，资源的大量化和多样化带来物流系统的复杂性。大量的人力、物力和财力资源的组织和合理利用是一个非常复杂的问题。物流活动中，始终贯穿着大量的物流信息，如何把大量的信息收集好、处理好并为物流活动服务，是一个非常复杂的问题。

6. 物流系统是一个多目标系统

物流系统的总目标是实现宏观和微观的经济效益，但是物流系统的要素之间经常存在“效益背反现象”，处理不当会导致总体性能的恶化，需要用系统的观点处理这一复杂系统。

2.1.4 物流系统的目标

1. 服务目标

物流系统是“桥梁、纽带”作用的流通系统的一部分，它具体地连接着生产与再生产、生产与消费，因此要求有很强的服务性。物流系统采取送货、配送等形式，就是其服务性的体现。在技术方面，近年来出现的“准时供货方式”、“柔性供货方式”等，也是其服务性的表现。

2. 快速、及时目标

及时性不但是服务性的延伸，也是流通对物流提出的要求。快速、及时既是一个传统目标，更是一个现代目标。其原因是随社会大生产发展，这一要求更加强烈了。在物流领域采取的诸如直达物流、多式联运、实时控制等管理和技术，就是这一目标的体现。

3. 节约目标

节约是经济领域的重要规律，在物流领域中除流通时间的节约外，由于流通过程消耗大而又基本上不增加或提高商品使用价值，所以依靠节约来降低投入，是提高相对产出的重要手段。在物流领域推行的集约化方式，提高单位物流的能力，采用的各种节约、省力、降耗措施，也是节约这一目标的体现。

4. 规模化目标

以物流规模作为物流系统的目标来追求“规模效益”。生产领域的规模生产是早已为社会所承认的。由于物流系统比生产系统的稳定性差，所以难于形成标准的规模化模式。物流发展的实践，已证明了很多类型的物流企业，只有达到一定的经营规模，才能发挥较好的经济效益，如物流中心、配送中心等。

5. 库存调节目标

库存调节性是服务性的延伸，也是宏观调控的要求，当然，也涉及物流系统本身的效益。在物流领域中正确确定库存方式、库存数量、库存结构、库存分布就是这一目标的体现。

2.2 运　　输

在物流系统中，运输实现了商品的位置移动，解决了商品的供给者和需求者之间在空间上的背离，创造了商品的空间效用。企业为了使商品的实体转移能够顺利地进行，就必须了解各种运输方式的特征及组织管理商品运输的具体内容。

2.2.1 运输概述

1. 运输的基本概念

运输是指在现有的运输基础设施上利用各种运输设备和工具，将物品从一个地点移动到另一个地点改变其空间位置的物流活动，其中包含了集货、分配、搬运、中转、装入、卸下、分散等一系列操作。

从运输的对象来分类，可分为货物运输和旅客运输。物流系统主要的运输对象是货物运输；从运输的范畴来分类，可分为干线运输、支线运输、二次运输和厂内运输；从运输的作用来分类，可分为集货运输和配送运输；从运输的协作程度来分类，可分为一般运输和多式联运；从运输的方式来分类，可分为铁路运输、公路运输、水路运输、航空运输和管道运输 5 种运输方式。

由于市场的广阔性，商品的供给和需求在同一个地方进行的数量越来越少，更多的是商品集中生产，然后分散消费，特别是在电子商务中，这一现象更加突出。因此，为了实现商品的价值和使用价值，使商品的交易过程能够顺利完成，必须经过运输这一环节，把商品从生产地运到消费地，以满足社会消费的需要和进行商品的再生产。如果将各级供应商、生产商、仓库以及客户看作是物流系统的固定节点，那么商品的运输正是连接这些节点的纽带，是商品在系统中流动的载体。由此，可以把运输称为物流系统的动脉。

2. 运输的基本原理

(1) 规模经济。规模经济的特点是随着运输规模的增长，使每单位重量的运输成本下降。这是由于运输规模越大，分摊到单位重量商品的固定成本(固定成本包括接收运输订单的行政管理费用、运输设备和工具的购置费用、装卸的时间、开票等产生的费用以及管理设备费用等)越少，而单位重量商品的变动成本则保持不变，从而使每单位的运输成本越低。例如，在火车装载的铁路运输中，货物整车装运(车辆满载装运)的每单位重量成本低于零担装运(也即利用部分车辆能力进行装运)；铁路、水路运输的每单位重量运输成本低于航空、公路运输的每单位重量运输成本。

(2) 距离经济。距离经济的特点是指每单位距离的运输成本随距离的增加而减少。距离经济的合理性类似于规模经济。尤其是在铁路或水路的直达运输中，运输设备装卸所发生的费用是相对固定的，而这一费用又分摊每单位距离的费用。因此运输的距离越长，可以使固定费用平均分摊给更多的里程，导致每千米支付的总费用越低。

3. 运输的关键因素

电子商务企业面对客户可提供多种运输服务，最终客户选择何种运输方式，取决于运输服务的关键因素：运输成本、运输时间、货物的损耗。

(1) 运输成本。运输成本就是指物品在两个地理位置间的运输所支付的所有费用。如果是自有运输，运输成本主要包含燃油成本、人工成本、维修成本、运输设备和工具的折旧费用以及相应的管理成本等项目。如果是雇佣第三方物流公司实现运输，运输成本则包含物品在两点间运输产生的运费、保险费或货物备用费等。不同的运输服务成本相差很大，电子商务物流系统的设计，应该利用能把系统的总成本降低到最低限度的运输。

(2) 运输时间。运输时间是评价运输服务最重要的指标之一。运输时间指标主要包含平均运送时间和运送时间的变化率。平均运送时间是指货物从起始地运送到目的地所花费的平均时间。从平均运送时间可以衡量货物运输的快慢程度。

运送时间的变化率，指各种运输方式下多次运输出现的时间变化。即便是运输任务相同、起始地和目的地相同、运输方式相同，也可能造成每次运输的时间耗费不同，这是因为货物在运输途中可能受到天气、交通拥挤、中途经停次数、装卸搬运工具等影响。通过运送时间的变化率可以衡量运输服务的不确定性。

运输速度和运输成本之间也符合效益背反说，运输速度是属于服务性的指标，运输服务越是快速，实际支付的运输成本也就越高。因此，选择何种最合理的运输方式，最主要的是考虑如何平衡其服务的速度和成本。

(3) 货物的损耗。每个运输公司、每种运输方式安全运输货物的能力不同，所以运输中是否对货物有损坏或灭失的记录，就成为选择运输公司或运输方式的重要因素，这是评价运输服务可靠性的重要指标。

2.2.2　运输的功能

1. 物品的转移

无论物品处于哪种形式，是原材料、零部件、装配件、半成品，还是制成品，也不管是在制造过程中将被转移到下一阶段，还是更接近最终的顾客，运输都是必不可少的。运输的主要功能就是物品的位置移动。在组织合理的物品运输时，应了解 3 个问题。首先，应尽量缩短运输时间。当今的各种供应链战略，如准时化(JIT)和快速响应(QR)等业务存在的前提是依靠先进合理的运输组织和运输方式。其次，降低运输成本，在运输过程中，需要耗费大量的燃油费用，需要支付驾驶员劳动报酬、运输设备和工具的运行费用，以及相应杂费和行政管理费用分摊。此外，还要考虑因产品灭失损坏而必须弥补的费用。因此在考虑运输成本的范畴时，应力求节约运输成本。最后，运输直接和间接地使用环境资源。在直接使用方面，运输是能源的主要消费者之一；在间接使用环境资源方面，由于运输造成拥挤、空气污染和噪声污染而产生环境费用。随着环保概念的不断深入，运输业需要在防止环境污染方面加强力度。

运输的主要目的就是要以最短的时间、最低的运输和环境资源成本，将产品从供给地转移到需求地。此外，产品灭失损耗也必须是最低的，同时产品转移所采用的方式必须能满足顾客有关交付履行和装运信息的可得性等方面的要求。

2. 物品的储存

对物品进行临时储存是一项特殊的运输功能，也就是将运输车辆临时作为储存设施。然而，如果转移中的物品需要储存，但在短时间内(如几天后)又将重新转移的话，那么，该物品在仓库卸下来和再装上去的成本，也许会超过储存在运输工具中每天支付的费用。在仓库空间有限的情况下，利用运输车辆储存也许不失为一种可行的选择。可以采取的一种方法是，将产品装到运输车辆上去，然后采用迂回线路或间接线路运往其目的地。对于迂回线路来说，转移时间将大于比较直接的线路。当起始地或目的地仓库的储存能力受到限制时，这样做是合情合理的。在本质上，这种运输车辆被用作一种临时储存设施，但它是移动的，而不是处于闲置状态。概括地说，如果用运输工具储存产品可能是昂贵的，但当需要考虑装卸成本、储存能力限制，或延长前置时间的能力时，那么从物流总成本或完成任务的角度来看或许是正确的。

2.2.3 运输的方式

运输设备主要有火车、汽车、轮船、飞机、管道等，相应的运输方式有铁路运输、公路运输、水路运输、航空运输及管道运输。每一种运输方式所能提供的服务内容和服务质量各不相同，因而每一种运输方式的运输成本、运输速度和货物损耗也各不相同。采用何种运输方式应根据自身的需求综合各方面因素考虑。

1. 铁路运输

铁路最显著的特点是载运质量大、运营成本低、能源消耗少，不但在大宗、大流量的中长以上距离的客货运输方面具有绝对优势，而且在大流量、高密度的城际中短途旅客运输中具有很强的竞争优势，是最适合中国经济地理特征和人们收入水平的区域骨干运输方式。图 2.3、图 2.4 为铁路运输及其装箱过程。

图 2.3 铁路运输

图 2.4 铁路运输装箱

铁路运输是现代化运输中的主要运输方式，特别是中长距离运输实现的必要条件。铁路运输的优势表现在下列 4 个方面：

(1) 运输的准确性和连续性强。铁路运输由于在钢轨上运行，几乎不受气候影响，一年四季可以不分昼夜地进行定期的、有规律的、准确的运转，保证运输的正常运转。

(2) 运输速度比较快。铁路货运速度每昼夜可达几千千米，一般货车可达 100km/h 左右，远远高于海上运输。2007 年 4 月，我国铁道部举行新闻发布会介绍第六次全国铁路大提速情况，货运列车的速度提高到了 120km/h。京沪高铁最高时速可达 300km 以上。日本最新研究的新型磁悬浮列车的运行速度可达到 580km/h。

(3) 运输能力强。铁路一列货物列车一般能运送 3000～5000t 货物，我国生产的 6000 马力内燃机车，在非电气化区段可以牵引 5000t 的货物列车；生产的“和谐号”电力机车，牵引能达到 5000～5500t，远远高于航空运输和汽车运输。

(4) 运输成本较低。在整个铁路运输成本中，投资到设备、站点、轨道等方面的固定成本高，占运输总成本的 50%～60%，但这部分成本随着运输量和运输距离的增加，其单位重量的运输固定成本降低。另一部分则是可变成本，包含人员工资、燃油、润滑油和维护成本，这部分成本会随着运输量和运输距离比例变化，占运输总成本的 30%～40%。因此铁路运输适合大批量货物的中长距离运输。铁路运输费用仅为汽车运输费用的十几分之一到几分之一；运输耗油约是汽车运输的 1/20。

铁路运输的劣势表现在下列 3 个方面：

(1) 初期投资大。铁路运输需要铺设轨道、建造桥梁和隧道，建路工程艰巨复杂；需要消耗大量钢材、木材；占用土地，其初期投资大大超过其他运输方式。

(2) 建设周期和投资回收期长。据统计，修建 1000km 的铁路，建设周期需要 3～5 年，而投资回收期需要 30 年左右。

(3) 线路固定，灵活性差。铁路运输是固定的线路和站点，货物运输必须按照既定的线路行驶，不能实现“门到门”服务。

从目前来看，随着高速公路运输业的发展，铁路运输在运输行业中所占比例有下降的趋势，但是铁路运输仍然是中长距离、大批量货物运输的主力。

2. 公路运输

公路运输是在公路上运送旅客和货物的运输方式，是交通运输系统的组成部分之一，主要承担短途客货运输。公路运输现代所用工具主要是汽车，因此，公路运输一般指汽车运输。在地势崎岖、人烟稀少、铁路和水运不发达的边远和经济落后地区，公路为主要运输方式，起着运输干线作用。图 2.5 所示的是公路集装箱运输，图 2.6 所示的是公路一般运输。

图 2.5 公路集装箱运输

图 2.6 公路一般运输

公路运输的优势表现在下列 5 个方面：

(1) 适应性强。一般汽车都能在山区及高原地带、严寒酷暑季节、风雪雾中运行，受地理条件、天时气候、水旱灾害等限制较小，较之铁路、水路、航空有适应性强、运行范围广的特性。

(2) 机动灵活。由于公路运输网一般比铁路、水路网的密度要大十几倍，分布面也广，因此公路运输车辆可以“无处不到、无时不有”。公路运输在时间方面的机动性也比较大，车辆可随时调度、装运，各环节之间的衔接时间较短。公路的灵活性体现在汽车的载重吨位有小(0.25～1t)有大(200～300t)，既可以单个车辆独立运输，也可以由若干车辆组成车队同时运输，满足多种运输需要。

(3) 可实现“门到门”、“库到库”运输。由于汽车容载货物的体积较小，中途可以不需要换装，除了可以运行在分布较广的路网外，还可以使运输深入到工厂企业、码头港口、农村乡间、城市居民住宅等地，即可以把旅客和货物从始发地门口直接运送到目的地门口，实现“门到门”、“库到库”的直达运输。这是其他 4 种运输方式无法比拟的特点。

(4) 在中、短距离运输中，运送速度较快。在中、短距离运输中，由于公路运输可以实现“门到门”、“库到库”直达运输，中途不需要倒运、转乘就可以直接将客货运达目的地，所以与其他运输方式相比，其客、货在途时间较短，运送速度较快。

(5) 与铁路、水路、航空等运输方式结合运输集散物品。公路运输在地区公路运输网的基础上与铁路、水路和航空路线相配合，构成全国综合运输体系。在这个运输体系中，公路运输担负着铁路、水路和航空运输的起始地和目的地的商品集散任务。同时对于一些铁路、水路尚不发达的地区，公路运输还承担着长途路线运输任务。在企业内部运输和城市内部的商品配送中均占有重要地位。

公路运输的劣势主要表现在下列两个方面：

(1) 运量较小，运输成本较高。公路运输尽管在设施、站点等投入的固定成本相对较少，但其花费的人员工资、燃油燃料、车辆、轮胎的维修费用、过路过桥费用等可变成本较大，加之运输量较小，因此，除了航空运输，就是汽车运输成本最高了。

(2) 安全性较低，污染环境较大。据统计，自汽车诞生以来，已经吞吃掉 3000 多万人的生命，特别是 20 世纪 90 年代开始，死于汽车交通事故的人数急剧增加，平均每年达 50 多万。这个数字超过了艾滋病、战争和结核病人每年的死亡人数。汽车所排出的尾气和引起的噪声也严重地威胁着人类的健康，是大城市环境污染的最大污染源之一。

3. 水路运输

水路运输是以船舶为运输工具、以港口或港站为运输基地、以水域(海洋、河、湖)为运输活动范围的客货运输方式。水路运输通常又可以分为海洋运输和内河运输。在过去的时间里，水路运输的市场份额有所增长，大批产品如谷物、煤炭、石油、钢铁矿石等的运输适合成本更低的水路运输。水路运输主要用于长距离、低价值、高密度、便于机械设备搬运的货物运输。图 2.7 所示的是水路运输中的集装箱船运输，图 2.8 所示的是水路运输中的油轮运输。

水路运输的优势主要表现在下列 3 个方面：

(1) 运输能力强。集装箱的载重量从 0.7 万～5 万吨；散装船一般在 5 万～10 万吨；油船在 20 万～30 万吨；大型油船可达到 50 万吨。一条万吨级船舶的载重量可相当于 50t 重货车 250～300 辆，5～6 列火车的载重量。

(2) 运输成本低。水路运输主要利用江、河、湖泊和海洋的“天然航道”来进行。水上航道四通八达，通航能力几乎不受限制。投入的船舶、设备、站点等固定成本较低，单位变动成本也很低。因此水路运输的运输成本最低。

图 2.7　集装箱船运输

图 2.8　油轮运输

(3) 水路运输是开展国际贸易的主要方式，是发展经济和友好往来最主要的交通工具。远洋运输在我国对外经济贸易方面占重要地位，我国有超过 90%的外贸货物采用远洋运输，是发展国际贸易的强大支柱。

水路运输的劣势表现在下列两个方面：

(1) 受自然条件限制大。码头装卸和行船受到天气、水位等多种自然因素的影响，难以保证全年顺利通航。

(2) 运输速度慢。货物在途时间长，待运时间长，增加货主的流动资金占有量。一般来说，水路运输速度要比铁路运输慢 1～2 倍。

4. 航空运输

航空运输是使用飞机、直升机及其他航空器运送人员、货物、邮件的一种运输方式。航空运输是最新的，也是发展最快的运输方式。航空运输具有快速、机动的特点，是现代旅客运输，尤其是远程旅客运输的重要方式；为国际贸易中的贵重物品、鲜活货物和精密仪器运输不可或缺。航空运输装货如图 2.9 所示。

图 2.9　航空运输装货

航空运输的优势主要表现在下列 3 个方面：

(1) 运送速度快。从航空运输开始之日起，就以快速而著称。到目前为止，飞机仍然是最快捷的交通工具，常见的喷气式飞机的经济巡航速度大都在 850～900km/h。快捷的交通工具大大缩短了货物在途时间，对于那些易腐烂、变质的鲜活商品，时效性、季节性强的报刊、节令性商品，抢险、急救品的运输，这一特点显得尤为突出。可以说，快速加上全球密集的航空运输网络，才有可能使从前可望而不可即的鲜活商品开辟远距离市场，使消费者享有更多的利益。运送速度快，在途时间短，也使货物在途风险降低，因此许多贵重物品、精密仪器也往往采用航空运输的形式。

(2) 不受地面条件影响。航空运输利用天空这一自然通道，深入内陆地区，不受地理条件的限制。对于地面条件恶劣、交通不便的内陆地区非常合适，有利于当地资源的出口，促进当地经济的发展。航空运输使本地与世界相连，对外的辐射面广，而且航空运输相比较公路运输与铁路运输占用土地少，对寸土寸金、地域狭小的地区发展对外交通无疑是十分适合的。

(3) 安全性较高。世界各航空公司发生严重事故的风险率约为三百万分之一。航空公司的运输管理制度也比较完善，货物的破损率较低，如果采用空运集装箱的方式运送货物，则更为安全。

航空运输的劣势主要表现在下列 3 个方面：

(1) 运输成本高。航空运输的运输成本比公路运输高 2～3 倍，比铁路运输高 12～15 倍。在 5 种运输方式中其运输费用是最高的，不适合运输低价值货物。

(2) 运载能力弱。飞机的舱容有限，对大件货物或大批量货物的运输有一定的限制。

(3) 飞机飞行安全容易受恶劣气候影响。

5. 管道运输

管道运输是用管道作为运输工具的一种长距离输送液体和气体物资的运输方式，是一种专门由生产地向市场输送石油、煤和化学产品的运输方式，是统一运输网中干线运输的特殊组成部分。管道运输所运货物大多属于燃料一类，主要有油品(包括原油、成品油、液化烃等)、天然气、二氧化碳气体、煤浆及其他矿浆等。管道运输与其他运输方式最大的不同是：管道既是运输工具(但并不移动)，又是运输通道，驱动方式是用机泵给货物以压能，使货物本身连续不断地被运送。图 2.10 所示为中东石油管道运输，图 2.11 所示为液化石油气管道运输。

图 2.10　中东石油管道运输

图 2.11　液化石油气管道运输

管道运输的优势主要表现在下列 3 个方面：

(1) 运输能力大，连续性强。例如，一条直径为 630mm 的油管道，年运输能力可达 1500 万吨，相当于一条单线铁路的运输能力。两条直径为 720mm 的油管道，年运输能力可达 4000 万吨，相当于一条复线铁路的运输能力，并且管道能够每周 7 天，每天 24h 不受外界影响连续地输送。

(2) 运输工程量小，占地少。管道运输只需要铺设管线，修建泵站，土石方工程量比修建铁路小得多，而且在平原地区大多埋在地下，不占农田。

(3) 运输适应性强。管道运输不易受天气的影响，可以全天候地均衡运输，并且由于所输送的货物为液体或气体，不像产成品那样易受损害，因此管道运输的损耗小、成本低、安全可靠。运输过程中，无噪声、污染少，有利于环境保护。

管道运输的劣势主要表现在下列两个方面：

(1) 专用性强，只能运输石油、天然气及固体料浆(如煤炭等)，但是，在它占据的领域内，具有固定可靠的市场。

(2) 管道起输量与最高运输量间的幅度小，因此，在油田开发初期，采用管道运输困难时，还要以公路、铁路、水路运输作为过渡。

2.2.4　运输合理化

运输是物流中最重要的功能要素之一，物流合理化在很大程度上依赖于运输合理化。组织网络交易商品的运输，在起始地和目的地之间往往有多条运输线路，存在多种运输方式。物流运输合理化的目的，是在保证商品及时、安全运输的前提下，如何有利于提高物流公司的综合运输水平，降低运输成本。物流运输合理化标志的确立，必须符合这一基本目的要求。因此，组织商品合理运输，必须从实际的交通条件出发，根据商品流通的客观规律，合理选择运输线路和运输工具，保证运输任务的完成。因此，必须加强运输环节的联系，做到环节紧扣，密切协作，使商品合理运输的工作得以顺利进行。

运输合理化是一个系统分析过程，常采用定性与定量相结合的方法，对运输的各个环节和总体进行分析研究，研究的内容和方法主要有以下几点。

1. 减少动力投入，增加运输能力

在运输过程中做到少投入、多产出，走高效益之路。运输的投入体现在能耗和基础设施的建设上，在设施建设已定型和完成的情况下，应尽量减少能源投入，从而大大节约运费，降低单位货物的运输成本，达到合理化的目的。例如，在铁路运输中，在机车能力允许的情况下，应多加挂车皮；在内河运输中，将驳船编成队行，由机运船顶推前进；在公路运输中，实行汽车挂车运输，以增加运输能力等。

2. 提高实载率

所谓实载率，一是指单车实际载重与运距之乘积和标定载重与行程里程之乘积的比率，是安排单车、单船运输时判断装载合理与否的重要指标；二是指车船的统计指标，即在一定时期内车船实际完成的货物周转量(以吨千米计)占车船载重吨位与行驶公里之乘积的百分比。在计算车船行驶的公里数时，不但包括载货行驶，也包括空驶。提高实载率如进行配载运输等，可以充分利用运输工具的额定能力，减少空驶和不满载行驶的时间，减少浪费从而求得运输的合理化。

3. 实行铁路、公路分流

它要求在公路运输经济里程范围内，或者经过论证，超出通常平均经济里程范围，也尽量利用公路。其合理化程度表现在：一是用公路分流后可以使比较紧张的铁路运输得到某种程度的缓解，从而使这一区段的运输能力增强；二是充分利用公路从门到门和在中途运输中速度快且灵活机动的优势，实现铁路运输服务难以达到的水平。

4. 尽量发展直达运输

直达运输是追求运输合理化的重要形式，其对合理化的追求要点是通过减少中转过载换载，从而提高运输速度，省却装卸费用，降低中转货损。直达的优势，尤其是在一次运输批量和用户一次需求量达到了一整车时表现最为突出。此外，在生产资料、生活资料运输中，通过直达，建立稳定的产销关系和运输系统，也有利于提高运输的计划水平，考虑用最有效的技术来实现这种稳定运输，从而大大提高运输效率。

5. 发展社会化的运输系统

运输社会化的含义是发展运输的大生产优势，实行专业化分工，打破物流企业自成运输体系的状况。单个物流公司车辆自有，自我服务，不成规模，且运量需求有限，难于自我调剂，因而经常容易出现空缺、运力选择不当、不能满载等浪费现象，且配套的接、发货设施、装卸搬运设施也很难有效地运行，所以浪费颇大。实行运输社会化，可以统一安排运输工具，避免迂回、倒流、空驶、运力选择不当等多种不合理形式，不但可以追求组织效益而且可以追求规模效益，所以发展社会化的运输体系是运输合理化的非常重要的措施。

6. 配载运输

配载运输是指充分利用运输工具载重量和容积，合理安排装载的货物及运载方法以求得合理化的一种运输方式。配载运输也是提高运输工具实载率的一种有效形式。配载运输往往是轻重商品的混合配载，在以重质货物运输为主的情况下，同时搭载一些轻泡货物，如海运矿石、黄沙等重质货物，捎运木材、毛竹等，铁路运矿石、钢材等重物上面搭运轻泡农、副产品等。在基本不增加运力投入，基本不减少重质货物运输的情况下，解决了轻泡货的搭运，因而效果显著。

7. 发展特殊运输技术和运输工具

依靠科技进步是运输合理化的重要途径。例如，专用散装及罐车，解决了粉状、液状物运输损耗大、安全性差等问题；袋鼠式车皮，大型半挂车解决了大型设备整体运输问题；“滚装船”解决了车载货的运输问题；集装箱船比一般船能容纳更多的箱体，集装箱高速直达车船加快了运输速度等，都是通过用先进的科学技术来实现合理化。

8. 通过流通加工，使运输合理化

有不少产品，由于产品本身形态及特性问题，很难实现运输的合理化，如果进行适当加工，就能够有效解决合理运输问题。例如，将造纸材在产地预先加工成干纸浆，然后压缩体积运输，就能解决造纸材运输不满载的问题；轻泡产品预先捆紧包装成规定尺寸，装车就容易提高装载量；水产品及肉类预先冷冻，就可提高车辆装载率并降低运输损耗。

2.3 配　　送

配送是电子商务中实现的重要保障，配送中心是开展配送活动的物质技术基础，掌握配送及配送中心的作用、目标及管理，对于从事电子商务物流的人员来说是十分必要的。

2.3.1 配送概述

我国《物流术语》对配送的定义是：在经济合理区域范围内，根据用户要求，对物品进行必要的拣选、加工、包装、分割、组配等作业，并按时送达客户指定地点的物流活动。日本1991年版的《物流手册》表述为：生产厂到配送中心之间的物品空间移动叫“运输”，从配送中心到顾客之间的物品空间移动叫“配送”。

人们在很长的一段时间认为配送就是送货，是属于运输范畴的。但从性质上来讲，配送与运输是有明显区别的，这种区别主要表现在以下几个方面：

(1) 从活动过程来看，配送并不是简单地把货物送达给顾客，其中还包括对货物进行仓储、拣选、包装或加工、组配等一系列工作，几乎包括了所有的物流活动要素，比单纯的运输要复杂得多。

(2) 从技术水平来看，配送需要现代化的信息技术和装备作为保障。配送在规模、水平、效率、速度、质量等方面也区别于旧的送货形式。条形码、电子代码、GPS、GIS等相关技术以及支撑这些技术的设备的应用，大大提高了现代企业的配送质量。

(3) 从活动距离来看，配送的距离短、批量小、品种多、时间要求高，因而送货的主要运输工具是汽车，形式单一。而一般货物的运输由于距离的不限，因此形式多样，甚至还可以采取联运的方式。

2.3.2 配送种类

为满足不同产品、不同企业、不同流通环境的要求，可以采用各种形式的配送。配送的种类根据不同的划分标准有不同的类型。

1. 按配送商品的种类和数量分类

1) 少品种大批量配送

这种配送适用于需要数量较大的商品，单独一种或少数品种就可以达到较大运输量，可实行整车运输，这种商品往往不需要再与其他商品进行搭配，可由专业性很强的公司实行这种配送。此种配送形式主要适用于大宗货物，如煤炭等。

2) 多品种少批量配送

按用户要求，将所需的各种商品(每种商品需要量不大)配备齐全，凑成整车后由配送中心送达用户手中。日用商品的配送多采用这种方式。多品种、少批量的配送，适应了现代消费多样化、需求多样化的新观念。

2. 按配送时间及数量分类

1) 定时配送

定时配送是指按规定时间间隔进行配送，如数天或数小时一次等，每次配送的品种及数量可按计划执行，也可在配送之前以商定的联络方式(如电话、计算机终端输入等)通知配送品种及数量。这种方式时间固定，易于安排工作计划、计划使用车辆，对客户来讲，也易于安排接货力量(如人员、设备等)。但是，由于配送物品种类经常变化，配货、装货难度较大，在要求配送数量变化较大时，也会使配送运力安排出现困难。定时配送包括日配、隔日配送、周配送、旬配送、月配送、准时配送等。

2) 定量配送

定量配送是指按规定的批量在指定的时间范围内进行配送。这种方式数量固定，备货工作较为简单，可以按托盘、集装箱及车辆的装载能力规定配送的定量，能有效利用托盘、集装箱等集装方式，也可做到整车配送，配送效率较高。由于时间不严格限定，可以将不同客户所需物品凑成整车后配送，运力利用也较好。对客户来讲，每次接货都处理同等数量的货物，有利于人力、物力的准备。

3) 定时定量配送

定时定量配送是指按照规定配送时间和配送数量进行配送。这种方式兼有定时、定量两种方式的优点，但特殊性强，计划难度大，适合采用的对象不多，不是一种普遍的方式。

4) 即时配送

即时配送是完全按客户突然提出的配送要求的时间和数量随即进行配送的方式，是有很高的灵活性的一种应急的方式。采用这种方式的品种可以实现保险储备的零库存，即用即时配送代替保险储备。

3. 按配送的组织形式分类

1) 集中配送

集中配送就是由专门从事配送业务的配送中心对多个用户开展配送业务。集中配送的品种多、数量大，一次可同时对同一线路中几家用户进行配送，其配送的经济效益明显，是配送的主要形式。

2) 共同配送

共同配送是由几个物流据点共同协作制订的计划，共同组织车辆设备，对某一地区的用户进行配送。在具体执行配送作业计划时，可以共同使用配送车辆，提高车辆实载率，提高配送经济效益和效率，有利于降低配送成本。

3) 分散配送

分散配送是由商业零售网点对小量、零星商品或临时需要的商品进行的配送业务。这种配送适合于近距离、多品种、少批量的商品的配送。

4) 加工配送

在配送中心进行必要的加工，这种配送方式将流通加工和配送一体化，使加工更有计划性，配送服务更趋完善。

4. 按配送的职能形式分类

1) 销售配送

批发企业建立的配送中心多开展这项业务。批发企业通过配送中心把商品批发给各零售商店的同时，也可与生产企业联合，生产企业可委托配送中心储存商品，按厂家指定的时间、地点进行配送。若生产厂家是外地的，则可以采取代理的方式，促进厂家的商品销售，还可以为零售商店提供代存、代供配送服务。

2) 供应配送

它是大型企业集团或连锁店中心为自己的零售店所开展的配送业务。它们通过自己的配送中心或与消费品配送中心联合进行配送，零售店与供方变为同一所有者的公司各部门内部的业务，从而减少了许多手续，缓和了许多业务矛盾，各零售店在订货、退货、增加经营品种上也得到更多的便利。

3) 销售与供应相结合的配送

配送中心与生产厂家及企业集团签订合同，负责一些生产厂家的销售配送，又负责一些企业集团的供应配送。配送中心具有上连生产企业的销售配送、下连用户的供应配送两种职能，实现配送中心与生产企业及用户的联合。

4) 代存代供配送

用户将属于自己的商品委托配送中心代存、代供，有时还委托代订，然后组织配送，这种配送在实施前不发生商品所有权的转移，配送中心只是用户的代理人，商品在配送前后都属于用户所有。配送中心仅从代存、代理中获取收益。

2.3.3 配送方法

1. 配货作业方法

配货是配送工作的第一步，根据各个用户的需求情况，首先确定需要配送货物的种类和数量，然后在配送中心将所需货物挑选出来，即所谓的分拣。分拣工作可采用自动化的分拣设备，也可以采用手工方式，这主要取决于配送中心的规模及其现代化的程度。配货作业有两种基本形式：分货方式和拣选方式。

(1) 分货方式(又叫播种方式)。分货方式是将需配送的同一种货物，从配送中心集中搬运到发货场地，然后再根据各用户对该种货物的需求量进行二次分配。这种方式适用于货物易于集中移动且对同一种货物需求量较大的情况。

(2) 拣选方式(又叫摘取方式)。拣选方式是在配送中心分别为每个用户拣选其所需货物，此方法的特点是配送中心的每种货物的位置是固定的，对于货物类型多、数量少的情况，这种配货方式便于管理和实现现代化。

2. 配送车辆的配装

1) 车辆配装

由于配送作业本身的特点，配送工作所需车辆一般为汽车。在装车时，既要考虑车辆的载重量，又要考虑车辆的容积，使车辆的载重和容积都能得到有效的利用，配送车辆配装技术要解决的主要问题就是在充分保证货物质量和数量完好的前提下，尽可能提高车辆在容积和载货两方面的装载量。

2) 车辆配装的原则

(1) 为了减少或避免差错，尽量把外观相近、容易混淆的货物分开装载。

(2) 重不压轻，大不压小，轻货应放在重货上面，包装强度差的应放在包装强度好的上面。

(3) 尽量做到“后送先装”。由于配送车辆大多是后开门的厢式货车，故先卸车的货物应装在车厢后部，靠近车厢门，后卸车的货物装在前部。

(4) 货与货之间，货与车辆之间应留有空隙并适当衬垫，防止货损。

(5) 不将散发臭味的货物与具有吸臭性的食品混装。

(6) 尽量不将散发粉尘的货物与清洁货物混装。

(7) 切勿将渗水货物与易受潮货物一同存放。

(8) 包装不同的货物应分开装载，如板条箱货物不要与纸箱、袋装货物堆放在一起。

(9) 具有尖角或其他突出物的货物应和其他货物分开装载或用木板隔离，以免损伤其他货。

(10) 装载易滚动的卷状、桶状货物时，要垂直摆放。

(11) 装货完毕，应在门端处采取适当的稳固措施，以防开门卸货时，货物倾倒造成货损或人身伤亡。

3. 配送路线的确定原则

配送路线是指各送货车辆向各个用户送货时所要经过的线路。配送路线合理与否对配送速度、车辆的合理利用和配送费用都有直接影响，因此配送线路的优化问题是配送工作的主要问题之一。以下列出配送线路优化的主要目标和约束条件。

(1) 确定目标。目标的选择是根据配送的具体要求、配送中心的实力及客观条件来定，可以有多种选择方案。

① 以效益最高为目标。它是指计算时以利润的数值最大化为目标值。

② 以成本最低为目标。它是以节约、资源消耗最低为目的。

③ 以路程最短为目标。它是指如果成本与路程相关性较强，而和其他因素是微相关时，可以选择以路程最短为目标值。

④ 以吨千米数最小为目标。

⑤ 以准确性最高为目标。它是指准时和数量、品种的准确，这是配送中心重要的服务指标。

(2) 确定配送路线的约束条件。

① 满足所有收货人对货物品种、规格、数量的要求。

② 满足收货人对货物送达时间范围的要求。

③ 在允许通行的时间段内进行配送。

④ 各配送路线的货物量不得超过车辆载重量的限制。

⑤ 在配送中心现有运力允许的范围内。

2.3.4 配送管理

由于配送中心的类型不同，所以各个配送中心作业的管理侧重点也有所不同。大部分配送中心执行的作业流程如图2.12所示。

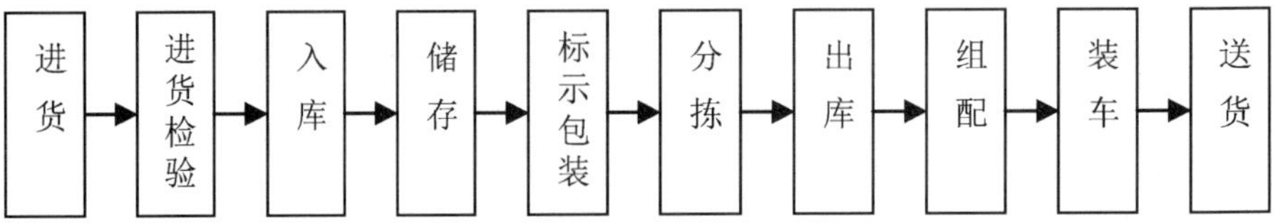

图2.12 配送中心一般作业流程图

总的来说，配送中心的作业管理主要有入库作业管理、在库保管作业管理、加工作业管理、理货作业管理和配货作业管理。

1. 入库作业管理

入库作业主要包括收货、检验和入库3个流程。收货是指连锁店总部的进货指令向供货厂商发出后，配送中心对运送的货物进行接收。检验活动包括核对采购订单与供货商发货单是否相符、开包检查商品有无损坏、商品分类、所购商品的品质与数量比较等。经检查准确无误后方可在厂商发货单上签字将商品入库，并及时登记有关入库信息，转达采购部，经采购部确认后开具收货单，从而使已入库的商品及时进入可配送状态。

2. 在库保管作业管理

商品在库保管的主要目的是加强商品养护，确保商品质量安全，同时还要加强储位合理化工作和储存商品的数量管理工作。商品储位可根据商品属性、周转率、理货单位等因素来确定。储存商品的数量管理，则需依靠健全的商品账务制度和盘点制度。商品储位合理与否、商品数量管理精确与否，将直接影响商品配送作业效率。

3. 加工作业管理

加工作业管理主要是指对即将配送的产品或半成品按销售要求进行再加工，包括 5 个方面的内容：一是分割加工，如对大尺寸产品按不同用途进行切割；二是分装加工，如将散装或大包装的产品按零售要求进行重新包装；三是分选加工，如对农副产品按质量、规格进行分选，并分别包装；四是促销包装，如促销赠品搭配；五是贴标加工，如粘贴价格标签，打制条形码。加工作业完成后，商品即进入可配送状态。

4. 理货作业管理

理货作业是配货作业最主要的前置工作，即配送中心接到配送指示后，及时组织理货作业人员，按照出货优先顺序、储位区域、配送车辆趟次、门店号、先进先出等方法和原则，把配货商品整理出来，经复核人员确认无误后，放置到暂存区，准备装货上车。

5. 配货作业管理

(1) 制订配送计划。配送计划是根据配送的要求，事先做好全局筹划并对有关职能部门的任务进行安排和布置。全局筹划主要包括：制订配送中心计划；规划配送区域；规定配送服务水平等。制订具体的配送计划时应考虑以下几个要素：连锁企业各门店的远近及订货要求，如品种、规格、数量及送货时间、地点等；配送的性质和特点以及由此决定的运输方式、车辆种类；现有库存的保证能力；实时的交通条件。根据这些决定配送时间，选定配送车辆，规定装车货物的比例和最佳配送路线、配送频率。

(2) 配送计划的实施。配送计划制订后，需要进一步组织落实，完成配送任务。首先应做好准备工作。配送计划确定后，将到货时间、到货品种、规格、数量以及车辆型号通知各门店做好接车准备；同时向各职能部门，如仓储、分货包装、运输及财务等部门下达配送任务，各部门做好配送准备。

然后组织配送发运。理货部门按要求将各门店所需的各种货物进行分货及配货，然后进行适当的包装，并详细标明门店名称、地址、送达时间以及货物明细。按计划将各门店货物组合、装车，运输部门按指定的路线运送到各门店，完成配送工作。

如果门店有退货、调货的要求，则应将退、调商品随车带回，并完成有关单证手续。

2.4 仓 储

商品生产与商品消费在时间上的矛盾是客观存在的，这一矛盾不会因为电子商务的发展而消失，相反会因电子商务快速性的特点会显得更加突出。为了解决上述矛盾和实现目的，除了运用快速的运输和配送外，还需要企业保持完善的仓储系统，以便能够应付客户的紧急需要。仓储是物流系统中一个不可缺少的组成部分。

2.4.1 仓储概述

1. 仓储的概念

仓储是指通过仓库对物资进行储存和保管。“仓”即仓库，为储存物品的设施，可以是房屋建筑、洞穴、大型容器或特定的场地等具有存放和保护物品功能的场所。“储”即储存、储备，表示收存以备使用，具有收存、保管、交付使用的意思。

2. 仓储活动的性质

(1) 仓储活动的生产性。仓储活动性质是属于生产性质，无论是处在生产领域还是处在流通领域，其生产性质是不变的。这是因为以下几点：

① 仓储活动是社会再生产中不可缺少的一环。任何产品的生产过程，只有当产品进入消费后才算终结，因为产品的使用价值只有在消费中才能实现。而产品从脱离生产到进入消费，一般情况下都要经过运输和储存，所以说商品的储存和运输一样，都是社会再生产过程的中间环节。

② 仓储活动具有三要素。商品仓储活动和其他物质生产活动一样，具有生产三要素，即劳动者、劳动资料和劳动对象，三者缺一不可。物质生产过程，就是劳动者借助于劳动资料，作用于劳动对象的过程。商品仓储活动同样具有生产三要素，劳动者——仓库作业人员；劳动资料——各种仓库设施和设备；劳动对象——储存保管的商品。商品仓储活动是仓库作业人员借助于仓储设施，对商品进行收发保管的过程。

③ 仓储活动中的某些环节，实际上已经构成生产过程的一个组成部分。例如，卷板在储存中的碾平及切割、原木的加工、零部件的配套、机械设备的组装等都是为投入使用做准备，其生产性更为明显。

(2) 仓储活动的非生产性。仓储活动具有生产性质，但它与一般的物质生产活动相比，又是非生产性，主要表现在以下几个方面：

① 仓储活动所消耗的物化劳动和活劳动，不改变劳动对象的功能、性质和使用价值，只是保持和延续其使用价值。

② 仓储活动本身并不生产产品，被储存保管物品的使用价值并不因保管劳动的消耗而增加，但商品经过保管之后，它的价值是增加的。这是因为商品仓储活动的一切劳动消耗，包括一定数量的原材料和适当的机械设备相配合，这部分消耗要追加到物品的价值中去，从而导致物品价值的增加。

③ 作为仓储活动的产品——仓储劳务，同服务一样，其生产过程和消费过程是同时进行的，既不能储存也不能积累。

2.4.2 仓储的种类

1. 根据仓储的经营主体划分

(1) 企业自营仓储。电子商务企业拥有包括生产性企业和流通性企业的自营仓储。生产企业自营仓储主要是为生产企业使用自有的仓库设施，并对生产使用的原材料、生产的中间产品、最终产品实施储存保管的行为，此种仓储方式易于控制，作业灵活，能提高电子商务企业的市场形象。但是投资太大，设施利用率低，其储存的对象也较为单一。流通企业自营仓储，则为第三方物流企业以其拥有的仓储设施，对其经营的商品进行仓储保管的行为，仓储对象品种较多，设施利用率高，其目的为支持销售。

(2) 商业营业仓储。仓储经营人以其拥有的仓储设施，向社会提供商业性仓储服务的仓储行为。仓储经营人与存货人通过订立仓储合同的方式建立仓储关系，并且依据合同约定提供服务和收取仓储费。商业营业仓储的目的是为了在仓储活动中获得经济回报，实现经营利润最大化。它包括采取提供货物仓储服务和提供仓储场地服务。

(3) 公共仓储。公共仓储是公用事业的配套服务设施，为车站、码头提供仓储配套服务。其运作的主要目的是为了保证车站、码头的货物作业，具有内部服务的性质，处于从属地位。但对于存货人而言，公共仓储也适用于营业仓储的关系，只是不独立订立仓储合同，而是将仓储关系列在作业合同之中。

(4) 战略储备仓储。国家根据国防安全、社会稳定的需要，对战略物资实行储备而产生的仓储。战略储备由国家政府进行控制，通过立法、行政命令的方式进行。战略储备特别重视储备品的安全性，且储备时间较长。战略储备物质主要有粮食、油料、能源、有色金属、淡水等。

2. 根据仓储的对象划分

(1) 普通物品仓储。普通物品仓储为不需要特殊保管条件的物品仓储，包括一般的生产物质、日用百货、五金器具等杂货类物品，不需要针对货物设置特殊的保管条件，采取无特殊装备的通用仓库或货场存放货物。

(2) 特殊物品仓储。这是指在保管中有特殊要求和需要满足特殊条件物品的仓储。如危险物品仓储、冷库仓储、粮食仓储等。特殊物品仓储一般为专用仓储，是根据物品的物理、化学、生物特性，以及法规规定进行仓库建设和实施管理。

3. 按仓储功能划分

(1) 储存仓储。储存仓储为物品较长时期存放的仓储。由于物品存放时间长，存储费用低廉就很有必要，储存仓储一般在较为偏远的地区进行。储存仓储的物品较为单一，品种少，但存量较大。由于物品存期长，储存仓储特别注重对物品的质量保管。

(2) 物流中心仓储。物流中心仓储是以物流管理为目的的仓储活动，是为了实现有效的物流管理，对物流的过程、数量、方向进行控制的环节，为实现物流时间价值的环节。一般在一定经济地区的中心、交通较为便利、储存成本较低处进行。物流中心仓储品种较少，批量较大进库，一定批量分批出库，整体上吞吐能力强。

(3) 配送仓储。配送仓储也称为配送中心仓储，是商品在配送交付消费者之前所进行的短期仓储，是商品在销售或者供生产使用前的最后储存，并在该环节进行销售或使用的前期处理。配送仓储一般在商品的消费经济区间内进行，能迅速地送达消费和销售。配送仓储物品品种繁多，批量少，需要一定量进货、分批少量出库操作，往往需要进行拆包、分拣、组配等作业，主要目的是为了支持销售，注重对物品存量的控制。

(4) 运输转换仓储。运输转换仓储是衔接不同运输方式运输转换的仓储。在不同运输方式的相接处进行，如港口、车站库等场所进行的仓储，是为了保证不同运输方式的高效衔接，减少运输工具的装卸和停留时间。运输转换仓储具有大进大出的特性，货物存期短，注重货物的周转作业效率和周转率。

4. 按仓储物的处理方式划分

(1) 保管式仓储。保管式仓储是以保管物原样保持不变的方式所进行的仓储。保管式仓储也称为纯仓储，存货人将特定的物品交由保管人进行保管，到期保管人将原物交还存货人。保管物除了所发生的自然损耗和自然减量外，数量、质量、件数不发生变化。保管式仓储又分为仓储物独立保管仓储和将同类仓储物混合在一起的混藏式仓储。

(2) 加工式仓储。加工式仓储是保管人在仓储期间根据存货人的要求对保管物进行一定加工的仓储方式。保管物在保管期间，保管人根据委托人的要求，对保管物进行外观、形状、成分构成、尺度等进行加工，使仓储物发生委托人所希望的变化。

(3) 消费式仓储。消费式仓储是指保管人在接受保管物时，同时接受保管物的所有权，保管人在仓储期间有权对仓储物行使所有权。在仓储期满时，保管人将相同种类、品种和数量的替代物交还给委托人。消费式仓储特别适合于保管期较短(如农产品)、市场供应(价格)变化较大的商品的长期存放，具有一定的商品保值和增值功能，是仓储经营人利用仓储物开展经营的增值活动，已成为仓储经营的重要发展方向。

2.4.3 仓储的功能

1. 经济利益

1) 堆存

仓储设施最明显的功能就是用于保护货物及整齐地堆放产品。其经济利益来源于通过堆存克服商品产销在时间上的隔离(如季节生产但需全年消费的粮食)，克服商品生产在地点上的隔离(如甲地生产、乙地销售)，克服商品产销量的不平衡(如供过于求)等来保证商品流通过程的连续性。

2) 拼装

拼装是仓储的一项经济利益，通过这种安排，拼装仓库接收来自一系列制造工厂指定送往某一特定顾客的材料，然后把它们拼装成单一的一票装运，其好处是有可能实现最低的运输费率，并减少在某收货站台处发生拥塞的现象。图 2.13 说明了仓库的拼装流程。

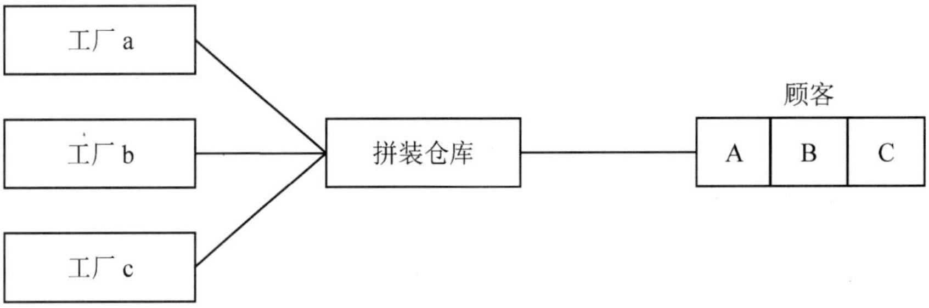

图 2.13　拼装作业

拼装的主要利益是在一个特定的市场地区，把几票小批量装运的物流流程结合起来。拼装仓库可以由单独一家厂商使用，也可以由几家厂商联合起来共同使用出租方式的拼装服务。通过这种拼装，每一个单独的制造商或托运人都能够享受到物流总成本低于其各自分别直接装运的成本。

3) 分类和交叉

分类作业与拼装作业相反。分类作业接收来自制造货物，并把它们装运到个别的顾客处去。图 2.14 说明了这种分类流程。分类仓库或分类站把组合订货分类或分割成个别的订货，并安排当地的运输部门负责递送。由于长距离运输转移的是大批量装运，所以运输成本相对比较低，进行跟踪也不太困难。

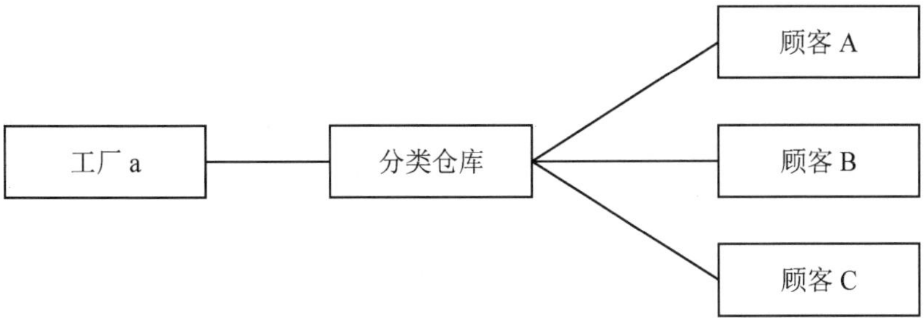

图 2.14 分类作业

当涉及多个制造商和多个顾客时，就需要采取交叉作业，如图 2.15 所示。在这种情况下，交叉站台从多个制造商处运来整车的货物后，如果有标签的，就按顾客进行分类，如果没有标签的，则按地点进行分配。然后，产品就像“交叉”一词的意思那样穿过“站台”装上指定去适当顾客处的拖车，一旦该拖车装满了来自多个制造商的组合产品后，它就被放行运往零售店去。由于所有的车辆都进行了充分装载，所以更有效地利用了站台设施，使站台装载利用率达到最大程度。

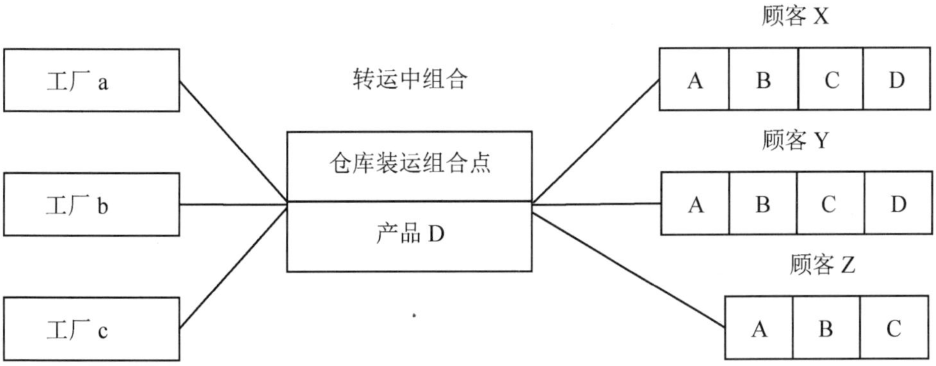

图 2.15 交叉站台作业

4) 加工/延期

仓库还可以通过承担加工或参与少量的制造活动，用来延期或延迟生产。具有包装能力或加标签能力的仓库可以把产品的最后一道生产一直推迟直到该产品的需求时为止。例如，蔬菜可以在制造商处加工，制成罐头“上光”。上光是指还没有贴上标签的罐头产品。一旦接到具体的顾客订单，仓库就能够给产品加上标签，完成最后一道加工，并最后敲定包装。

加工/延期提供了两个基本经济利益：第一，风险最小化，因为最后的包装要等到敲定具体的订购标签和收到包装材料时完成；第二，通过对基本产品(如罐头)使用各种标签和包装配置，可以降低存货水平。于是，降低风险与降低存货水平相结合，往往能够降低物流系统的总成本，即使在仓库包装的成本要比在制造商的工厂处包装更贵。

2. 服务利益

在物流系统中通过仓储获得的服务利益应该从整个物流系统来分析。例如，在一个特许安排一个仓库来服务于某个特定的市场可能会增加成本，但也有可能增加市场份额、收入和毛利。通过仓库实现的5个基本服务利益分别是：现场储备、配送分类、组合、生产支持以及市场形象。

1) 现场储备

在实物配送中经常使用现场储备，尤其是那些产品品种中有产品具有高度季节性的制造商偏好这种服务。例如，农产品供应商常常向农民提供现场储备服务，以便在销售旺季把产品堆放到最接近关键顾客的市场中去，销售季节过后剩余的存货就被撤退到中央仓库中去。

2) 配送分类

提供配送分类服务的仓库为制造商、批发商或零售商所利用，按照对顾客订货的预期，对产品进行组合储备。配送分类仓库可以使顾客减少其必须打交道的供应商数目，并因此改善了仓储服务。此外，配送分类仓库还可以对产品进行拼装以形成更大的装运批量，并因此降低运输成本。

3) 组合

除了涉及几个不同的制造商的装运外，仓库组合类似于仓库分类过程。当制造工厂在地理上被分割开来时，通过长途运输组合，有可能降低整个运输费用和仓库需要量。在典型的组合运输条件下，从制造工厂装运整车的产品到批发商处，每次大批量的装运可以享受尽可能低的运输费率。一旦产品到达了组合仓库时，卸下从制造工厂装运来的货物后，就可以按照每一个顾客的要求或市场需求，选择每一种产品的运输组合。

通过运输组合进行转运，在经济上通常可以得到特别运输率的支持，即给予各种转运优惠。组合之所以被分类为服务利益，是因为存货可以按照顾客的精确分类进行储备。

4) 生产支持

仓库可以向装配工厂提供稳定的零部件和材料供给。由于较长的前置时间，或使用过程中的重大变化，所以对向外界采购的基础上进行安全储备是完全必要的。对此，大多数总成本解决都建议，经营一个生产支持仓库，以经济而又适时的方式，向装配厂供应加工材料、零部件和装配件。

5) 市场形象

尽管市场形象的利益也许不像其他服务利益那样明显，但是它常常被营销经理看作是地方仓库的一个主要优点。地方仓库比起距离远的仓库，对顾客的需求反应更敏感，提供的递送服务更便捷。

2.4.4 仓储管理

1. 仓储管理的概念

仓储管理简单来说就是对仓库及仓库内的物质所进行的管理，是仓储机构为了充分利用所具有的仓储资源，提供高效的仓储服务所进行的计划、组织、控制和协调过程。具体来说，仓储管理包括仓储资源的获得、经营决策、商务管理、作业管理、仓储保管、安全管理、人事劳动管理、经济管理等一系列管理工作。

2. 仓储管理的基本任务

(1) 充分利用市场手段合理配置仓储资源。市场经济最主要的功能是通过市场的价格和供求关系调节经济资源的配置。市场配置资源是以实现资源最大效益为原则，这也是企业经营的目的。配置仓储资源也应依据所配置的资源能获得最大效益为原则。仓储管理就需要营造本仓储机构的局部效益空间，吸引资源的进入。具体任务包括：根据市场供求关系确定仓储的建设；依据竞争优势选择仓储地址；以生产差别产品决定仓储专业化分工和确定仓储功能；以所确定的功能决定仓储布局；根据设备利用率决定设备配置等。

(2) 组建高效率仓储管理组织，提高管理效率。仓储管理组织是开展有效仓储管理的基本条件，是一切管理活动的保证和依托。物流系统诸要素特别是人的要素只有在良好组织的基础上才能发挥其作用，实现整体的力量。仓储管理组织需围绕着仓储经营的目标，以实现仓储经营的最终目标为原则，依据管理幅度、因事设岗、责权对等的原则，建立结构简单、分工明确、互相合作和促进的管理机构和管理队伍。仓储内部大都实行直线职能管理制度或者事业部制的管理组织结构。随着计算机网络的应用普及，管理机构趋向于向少层次的扁平化发展。

(3) 开展仓储经营活动，满足社会需要。商务工作是仓储对外的经济联系，包括市场定位、市场营销、交易和合同关系、客户服务、争议处理等。仓储商务是经营仓储生存和发展的关键工作，是经营收入和仓储资源充分利用的保证。从功能来说，商务管理是为了实现收益最大化，但是作为社会主义的仓储管理，必须遵循社会主义的不断满足社会生产和人民生活需要的生产原则，最大限度地提供仓储产品，满足市场需要。满足市场需要包括数量上满足和质量上满足两个方面。仓储管理者还要不断掌握市场的变化发展，不断开展创新，提供适合经济发展的仓储产品。

(4) 以高效、低成本组织仓储活动。仓储作业包括货物入仓、堆存、出仓的作业，仓储物验收、理货交接，在仓储期间的保管照料、质量维护、安全防护等。仓储作业的组织遵循高效、低耗的原则，充分利用机械设备、先进的保管技术、有效的管理手段，实现仓储快进、快出，提高仓储利用率，降低成本。仓储管理的核心在于充分使用先进的生产技术和手段，建立科学的生产作业制度和操作规程，实行严格的监督管理，采取有效的员工激励机制。

(5) 加强自身建设，树立仓储企业良好形象。在现代物流管理中，对服务质量的高度要求、对合作伙伴的充分信任使得作为物流环节仓储的企业形象建立极为必要，具有良好形象的仓储经营人才能在物流体系中占一席之地，适应现代物流的发展。

(6) 与时俱进，提高仓储管理水平。仓储管理的动态化和管理变革，既可以促进管理的提高，提高仓储效益，也可能因为脱离实际、不同于人们的惯性思维或者形而上学，使管理的变革失败，甚至趋于倒退，不利于仓储的发展。因而仓储管理的变革需要有制度性的变革管理，通过科学的论证，广泛汲取先进的管理经验，针对本企业的客观实际进行管理。

(7) 以人为本，提高仓储企业员工素质。没有高素质的员工队伍，就没有优秀的企业。企业的一切行为都是人的行为，是每一个员工履行职责的行为表现。员工的精神面貌表现了企业的形象和企业文化。仓储管理的一项重要工作就是不断提高员工的素质，根据企业形象建设的需要加强对员工的约束和激励。

3. 仓储管理控制方法

1) ABC 分类法

社会中的每个企业都具有成千上万种物品的库存。如果企业把精力和资金全部都放在所有品种的库存上，势必使库存管理的效益低下。因此有必要对库存的品种进行分类，以便能对不同的库存物品实施不同的库存管理方法。一般 ABC 分类法是物流仓储管理控制的一种常用的方法。

(1) ABC 分类法的基本原则。ABC 分类法主要来源于帕累托定律的 80/20 现象。帕累托定律指出：样本总体中大多数事件的发生源于为数不多的关键因素。因此，ABC 分类法就是将仓储物品按重要程度分为 A 类(重点管理)、B 类(一般管理)和 C 类(不太重要的管理)3 个等级，然后针对不同等级的物品分别进行不同的管理和控制，见表 2-1。

表 2-1　ABC 分类管理表

分　　类	库存品种数占总库存品种数	年耗用金额占总库存金额	管理方式	订货方式
A	15%～20%	75%～80%	最严格的管理，防止缺货，采用连续库存管理系统	计算每种物品的订货量，采用定期订货方式
B	20%～25%	10%～15%	严格程度介于 A 类和 C 类之间，将若干 B 类物品合并订购，采用非强制库存系统	采用定量订货方式
C	60%～65%	5%～10%	不需要花费太多精力进行管理，集中订货	每半年或一年集中订货

(2) ABC 分类法的实施步骤。

步骤一，收集数据和处理数据。企业需要收集各种库存物品的数据，包括销售品种数目、每种物品的单价和年耗用金额等。时间段可以根据企业实际的需要，定义在月或一段时间，计算出各库存品种的年度库存总金额和相关库存管理参数。

步骤二，编制 ABC 分析表。将各库存品种占用资金的大小顺序排列，分别计算库存金额累积百分比和品种数累积百分比。根据已计算的年库存金额的累计百分比，按照 ABC 库存分类法基本原则，对库存进行分类。

步骤三，绘制分析图。根据以上数据绘制 ABC 库存分析图。将各库存品种占用资金的大小顺序排列，分别计算库存金额累积百分比和品种数累积百分比。

ABC 分类管理的优点是减轻了仓储管理的工作量。它把“重要的少数”与“不重要的多数”区别开来，使企业把管理的重点放在重要的少数上，从而既加强了管理，实现控制，又节约了成本。

2) 经济订货批量法

大部分开展网上业务的电子商务企业需要储存一些商品。当交易发生时，发出货物则使得仓库的商品减少，到一定的时候又必须补充，才能维持继续经营。库存因为客户需求而减少，又因为再次补货而增加。

每次订购多少数量才最合适呢？这一问题的解决主要从仓储的成本来考虑。每次订货数量过多，商品销售速度慢，造成积压会占压企业大部分资金，造成资金周转困难，同时还要支付大量的储存成本；每次订货数量过少，又容易造成缺货，缺货势必会影响企业服务水平，并进一步影响企业的效益。因此对于每种物品必须使得每次订购数量合理，才能使企业在仓储管理这一环节中，尽可能用最低的成本满足客户的需求。

经济订货批量(Economic Order Quantity，EOQ)是指能够使一定时期购、存库存商品的相关总成本最低的每批订货数量，如图 2.16 所示。企业购、存库存商品的相关总成本包括购买成本、相关订货费用和相关储存成本之和。当企业按照经济订货批量来订货时，可实现订货成本和储存成本之和的最小化。经济订货批量是固定订货批量模型的一种，可以用来确定电子商务企业一次订货(外购或自制)的数量。

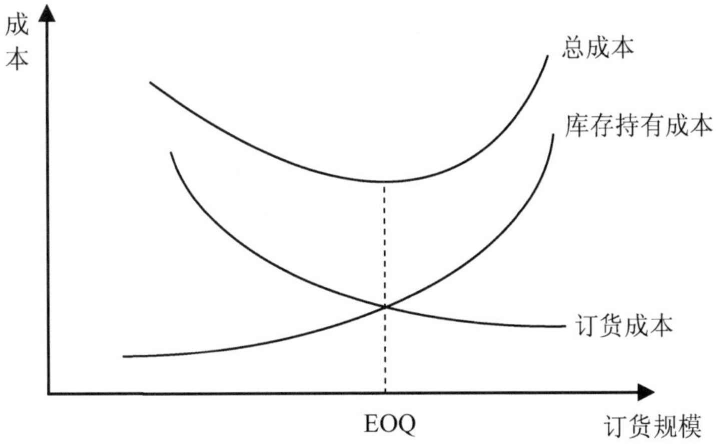

图 2.16 经济订货批量的确定

2.5 产品包装

本节主要介绍包装的概念、包装的基本功能、包装的类型和包装器材。

2.5.1 包装概述

包装是所用包装材料以及包装技术操作方法的总称，是为了在流通过程中保护商品、方便储运和促进销售，而按照一定的技术方法，使用容器、材料以及辅助物等将物品包封并予以适当的装饰和标志工作的总和。

在社会的再生产过程中，商品包装处于生产过程的末尾和物流过程的开端。传统的生产观念认为商品包装是生产过程的最后一个环节，所以在实际的生产过程中，商品包装的设计都是从生产的角度来考虑的，但是这样却不能满足物流的需要。在电子商务下的现代物流领域中，包装在物流过程中所起的作用随着客户个性化需求的出现而显得更为重要。现在一般都把商品包装看作是物流过程的起点。

2.5.2 包装的基本功能

(1) 保护商品(无声的卫士)。包装最基本的功能。保护商品的包装不能简单地理解这是给商品一个防止外力入侵的外壳，实际上保护商品的意义是多重的。

① 包装不仅要防止商品物理性的损坏，如防冲击、防震动、耐压等，而且包括各种化学性及其他方式的损坏。如啤酒瓶的深色可以保护啤酒少受到光线的照射，不变质。还有各种复合膜的包装，可以在防潮、防光线辐射等几方面同时发挥作用。

② 包装不仅要防止由外到内的损伤，也要防止由内到外产生的破坏。如化学品的包装如果不达到要求而渗漏，就会对环境造成破坏。

③ 包装对产品的保护还有一个时间的问题，有的包装需要提供长时间甚至几十年不变的保护，如红酒。而有的包装可以用简单的方式设计制作，以便销毁。

(2) 方便物流(无声的助手)。便于运输和装卸，便于保管与储藏，便于携带与使用，便于回收与废弃处理。

① 时间方便性。科学的包装能为人们的活动节约宝贵的时间，如快餐、易开包装等。

② 空间方便性。包装的空间方便性对降低流通费用至关重要，尤其对于商品种类繁多、周转快的超市来说，是十分重视货架的利用率的，因而更加讲究包装的空间方便性。规格标准化包装、挂式包装、大型组合产品拆卸分装等，这些类型的包装都能比较合理地利用物流空间。

③ 省力方便性。按照人体工程学原理，结合实践经验设计的合理包装，能够节省体力，使人产生一种现代生活的享乐感。

(3) 促进销售(无声的推销员)。这是包装设计最主要的功能之一。在超市中，标准化生产的产品云集在货架上，不同厂家的商品只有依靠产品的包装展现自己的特色，这些包装都以精巧的造型、醒目的商标、得体的文字和明快的色彩等艺术语言宣传自己。

促销功能以美感为基础，现代包装要求将“美化”的内涵具体化。包装的形象不仅体现出生产企业的性质与经营特点，而且体现出商品的内在品质，能够反映不同消费者的审美情趣，满足他们的心理与生理的需求。

2.5.3 包装的类型

1. 按包装在整个物流中的功能划分

(1) 运输包装。运输包装又称商品的大包装或外包装，主要以满足保护和方便功能为目的，是运输、装卸、搬运和储存过程中常采用的包装方法，具有保障商品安全，方便储运装卸和加速交接与点验等作用。

运输包装主要以实用和费用低廉为主，因此运输包装具有容积大，结构坚固，标志清晰，搬运方便等特点。在 B2B 的商务模式中，运输包装是很重要的。对于企业间的货物运输，包装是否美观不重要，重要的是能否保障商品在运输、装卸搬运和储存过程中质量不受损失，同时分摊到每运输单位的成本又低廉。因此合理的运输包装方法应做到在不影响质量的前提下，压缩轻泡商品体积，大型货物拆装，形状相似的商品套装，并加衬垫缓冲材料等。

(2) 销售包装。销售包装又称小包装或内包装，是直接用各种材料和包装技术包装商品后，并同商品一起销售给消费者的包装。

销售包装主要以保护和促进销售功能为目的。其特点是：能够保护商品，美化商品，宣传商品，便于商品陈列展销，便于消费者识别、选购、携带和使用，是商品附加价值增加的手段。在 B2C 的商务模式中，销售包装应该是最重要的，企业在进行网上销售时，不仅需要展示商品，同时也需要展示该商品的包装，因为只有消费者在全方位了解商品的状况后，才能激起消费者的购买欲望。同时随着网络客户个性化需求的增多，企业将朝着柔性的包装发展。

传统销售包装的类型很多，一般可按其主要功能来分，有使用方便的包装方式，有便于选购、携带和陈列展销的包装方式等。具体有：收缩包装、贴体包装、速冻包装、保鲜包装、隔热包装、真空包装、充气包装、无菌包装、防虫包装、防潮包装、防震包装、防锈包装、喷雾包装、易拉瓶包装、按钮包装、可食包装、蒸煮包装、礼品包装、透明包装、开窗包装、携带式包装、可折叠包装、展开式包装、悬挂式包装、配套包装、组合包装等。

2. 按包装材料划分

商品包装必然会用到各式各样的包装材料，不同的包装材料达到包装的效果也是有所差别的。因此在选择包装材料时应遵循质优、体轻、面广、合理、节约、无毒、无害、无污染的原则。包装材料很多，常用的包装材料有纸及纸制品、塑料、木材、金属、玻璃、纤维材料以及其他材料等。各种包装箱如图 2.17 所示，集装箱如图 2.18 所示。

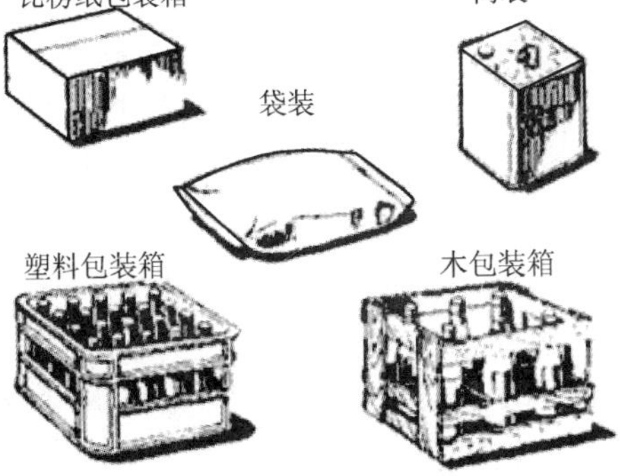

图 2.17 各种包装箱

图 2.18 集装箱

(1) 纸及纸制品包装。现代社会中大部分包装材料是纸及纸制品，其用量约占整个包装材料的 40%左右。常用的有牛皮纸、玻璃纸、植物羊皮纸、沥青纸、油纸、蜡纸、板纸以及瓦楞纸箱等。其最大的优点是轻便、无味无毒、卫生性好、强度适宜、易于黏合印刷、便于机械化生产、不会造成公害、取材容易、价格低廉等。缺点是撕破强度低，易变形。纸制包装形式有纸板箱、瓦楞纸箱、纸盒、纸袋、纸桶、纸筒、纸杯、纸盘及纸浆模制包装等。

(2) 塑料制品包装。塑料包装是指各种以塑料为材料制成的包装的统称。常用的塑料包装材料有聚乙烯、聚丙烯、聚氯乙烯、聚苯乙烯、聚酯等。塑料包装具有质轻、透明、不同的强度和弹性、折叠及封合方便、防水防潮、防渗漏、易于成形、可塑性与气密性好、防震、防压、防碰撞、耐冲击、化学稳定性能好、易着色、可印刷、成本低等优点。但塑料难于降解，易造成环境污染。其包装主要形式有：塑料桶、塑料软管、塑料盒、塑料瓶、塑料薄膜、塑料编织袋等。

(3) 木材制品包装。木材是较早时期就采用的包装材料。其特点是强度高、坚固、耐压、耐冲击、化学、物理性能稳定、易于加工、不污染环境等，是大型和重型商品常用的包装材料。木材包装形式主要有：木箱、木桶、木匣、木轴和木夹板、纤维板箱、胶合板箱、托盘等。现在由于木材来源较少，尽可能采用其他材料替代。

(4) 金属制品包装。常用的金属有黑白铁皮、马口铁、钢板、铝板、铝合金、铝箔等。其特点是：结实牢固、耐碰撞、不透气、不透光、不透水、抗压、机械强度优良。其主要有：金属桶、金属盒、罐头听、金属软管、油罐、钢瓶等，多用于机器、液体、粉状、糊状等商品的包装。

(5) 玻璃制品包装。玻璃属无机硅酸盐制品，主要指利用耐酸玻璃瓶和耐酸陶瓷瓶对商品进行包装。其特点是：透明、清洁、美观、有良好的机械性能和化学稳定性、易封闭、价格较便宜、可多次周转使用、资源丰富。玻璃包装容器常见的有瓶、罐、缸等。玻璃包装广泛用于酒类、饮料、罐头、调味品、药品、化妆品、化学试剂等商品的销售包装。

(6) 纤维织物包装。纤维织物包装主要有麻袋、维纶袋、布袋、布包等，适合盛装颗粒状和粉状商品。其优点是：强度大、轻便、耐腐蚀、易清洗、不污染商品和环境、便于回收利用等。

(7) 其他材料包装。其他材料包装主要有以树条、竹条、柳条编的筐、篓、箱以及草编的蒲包、草袋等，具有可就地取材、成本低廉、透气性好的优点，适宜包装生鲜商品、部分土特产品和陶瓷产品等。

3. 按包装保护操作划分

按照商品的包装保护操作来划分，可将包装分为防震包装、防破损包装、防锈包装、防霉包装、防虫包装以及危险品包装。

2.5.4 包装器材

1. 对包装器材的基本要求

由于受到被包装商品的性能、流通方式及环境条件的影响，所以对包装的器材就提出了基本要求，即应有足够的安全、保护性能、适宜的加工和方便性能。

用作包装的容器与材料应对水分、气体、光线和热量等有一定的阻挡能力，并应对被包装商品有一定的机械保护能力，即可抗冲击、振动、压力等。在安全方面，包装器材应具有防静电、防虫鼠害的能力，包装材料本身的化学性质应稳定，并且毒性小。包装材料应易于加工，可以通过大规模生产制成包装容器，并易于实现包装作业的机械化、自动化。包装容器应满足一定的方便要求，便于装卸搬运、运输、存储及回收，容器规格应标准化。

2. 包装器材的发展趋势

材料科学、工业技术和文化艺术的发展决定了包装器材是不断发展的。复合材料、复塑材料和新材料将是包装材料发展的大趋势。新包装技术、新包装材料和新包装方法将使包装容器从形式到功能进一步科学化、系列化、适用化，尤其是组合包装方法的运用，将使包装容器在追求降低成本的同时，向着力求节省材料、节省空间、构造简单、大小适当、重视安全的方向发展。随着环境保护意识的加强，开发无公害包装材料以及制造可再生利用的包装容器成为了一个重要的课题。

3. 包装器材应遵循的原则

(1) 包装器材应符合被包装物的特性。根据被包装物的种类、性能、价值、形态、体积和重量等，在实现包装功能的基础上，应以降低成本和方便作业为目的来选择包装器材。运输包装中，贵重、易碎、易破损物资，包装容器应坚实，用材上应予以保证；一般物资包装器材的选择，只要有一定防护功能、方便功能即可。

(2) 包装器材应与包装类别相协调。运输包装、销售包装在包装器材的选择上不大相同。运输包装器材的选择着重于包装的防护、储存和运输性能，不太注重美观、促销等问题。销售包装器材的选择着重于商品信息的传递、促销功能。一般在包装器材的选择上，销售包装常用纸袋、纸盒、纸箱、瓷瓶、玻璃瓶和易拉罐，而运输包装常用托盘、集装箱、木箱、大纸箱和铁皮等。

(3) 包装器材应适应流通的需要。包装器材应保证被包装的商品在经过流通和销售的各个环节之后，最终能保质保量地到达消费者手中。因此，要求包装器材性能良好，在运输、堆码、装卸搬运中，包装器材的强度、阻热隔热性、吸湿性不随气候变化而变化；在日光、空气、温湿度和酸碱盐作用下，不发生化学变化，有抗老化、抗腐蚀的能力。

(4) 包装器材应有防盗和促进销售的功能。选择包装器材时，应从包装器材的结构与强度上做防盗准备，结构应牢固，封缄严密；同时包装器材应能起到宣传商品、刺激购买欲、促进销售的作用。

实例 2-1

节省资金、降低成本——宝洁公司包装小巧门

(1) 将洗发水瓶设计成方形，这样减少了占用空间，每箱可以节约 29 美分。

(2) 对洗衣粉包装重新进行设计，在不减少每袋重量的同时缩小了袋子的尺寸，每箱中可装的洗衣粉由原来的 12 袋变为 24 袋，从而减少了搬运和运输费用。后来该公司引进了一种更小的包装，使同样尺寸的箱子里可以装相对更多数量的洗衣粉。

2.6　装 卸 搬 运

本节主要论述装卸搬运的概念、装卸搬运方式、装卸搬运的设施和设备以及装卸搬运合理化。

2.6.1　装卸搬运概述

装卸是指在同一地域范围内(如车站周围、工厂周围、仓库内部等)以改变货物的存放、支承状态的活动，搬运是在同一地域范围内以改变“物”的空间位置的活动，两者全称为装卸搬运。有时候或在特定场合，单称“装卸”或单称“搬运”也包含了“装卸搬运”的完整含义。

在习惯使用中，物流领域(如铁路运输)常将装卸搬运这一整体活动称作“货物装卸”；在生产领域中常将这一整体活动称作“物料搬运”。实际上，活动内容都是一样的，只是领域不同而已。在实际操作中，装卸与搬运是密不可分的，两者是相伴发生的。搬运的“运”与运输的“运”的区别之处在于，搬运是在同一地域的小范围内发生的，而运输则是在较大范围内发生的，两者是量变到质变的关系，中间并无一个绝对的界限。

2.6.2　装卸搬运的作用

装卸搬运活动在整个物流过程中占有很重要的位置。一方面，物流过程各环节之间以及同一环节不同活动之间，都是以装卸作业有机结合起来的，从而使物品在各环节、各种活动中处于连续运动或所谓流动；另一方面，各种不同的运输方式之所以能联合运输，也是由于装卸搬运才使其形成。在生产领域中，装卸搬运作业已成为生产过程中不可缺少的组成部分，成为直接生产的保障系统，从而形成装卸搬运系统。由此可见，装卸搬运是物流活动得以进行的必要条件，在全部物流活动中占有重要地位，并发挥着重要作用。

1. 装卸搬运直接影响物流质量

因为装卸搬运是使货物产生垂直和水平方向上的位移，货物在移动过程中受到各种外力作用，如振动、撞击、挤压等，容易使货物包装和货物本身受损，如损坏、变形、破碎、散失、流溢等，装卸搬运损失在物流费用中占有一定的比重。

2. 装卸搬运直接影响物流效率

物流效率主要表现为运输效率和仓储效率。在货物运输过程中，完成一次运输循环所需的时间，在发运地的装车时间和在目的地的卸车时间占有不小的比重，特别是在短途运输中，装卸车时间所占比重更大，有时甚至超过运输工具运行时间，所以缩短装卸搬运时间，对加速车船和货物周转具有重要作用。在仓储活动中，装卸搬运效率对货物的收发速度和货物周转速度产生直接影响。

3. 装卸搬运直接影响物流安全

由于物流活动是物的实体的流动，在物流活动中确保劳动者、劳动手段和劳动对象安全非常重要。装卸搬运特别是装卸作业，货物要发生垂直位移，不安全因素比较多。实践表明物流活动中发生的各种货物破失事故、设备损坏事故、人身伤亡事故等，相当一部分是装卸过程中发生的。特别是一些危险品在装卸过程中如违反操作规程进行野蛮装卸，很容易造成燃烧、爆炸等重大事故。

4. 装卸搬运直接影响物流成本

装卸搬运是劳动力借助于劳动手段作用于劳动对象的生产活动。为了进行此项活动，必须配备足够的装卸搬运人员和装卸搬运设备。由于装卸搬运作业量较大，它往往是货物运量和库存量的若干倍，所以所需装卸搬运人员和设备数量亦比较大，即要有较多的活动和物化劳动的投入，这些劳动消耗要记入物流成本，如能减少用于装卸搬运的劳动消耗，就可以降低物流成本。

2.6.3 装卸搬运的分类

1. 按装卸搬运实行的物流设施、设备对象分类

(1) 仓库装卸配合出库、入库、维护保养等活动进行，并且以堆垛、上架、取货等操作为主。

(2) 铁路装卸是对火车车皮的装进及卸出，特点是一次作业就实现一车皮的装进或卸出，很少有像仓库装卸时出现的整装零卸或零装整卸的情况。

(3) 港口装卸包括码头前沿的装船，也包括后方的支持性装卸搬运，有的港口装卸还采用小船在码头与大船之间“过驳”的办法，因而其装卸的流程较为复杂，往往经过几次的装卸及搬运作业才能最后实现船与陆地之间货物过渡的目的。

(4) 汽车装卸一般一次装卸批量不大，但由于汽车的灵活性，可以减少搬运活动，从而直接、单纯利用装卸作业达到车与物流设施之间货物过渡的目的。

2. 按装卸搬运的机械及机械作业方式分类

(1) “吊上吊下”方式。采用各种起重机械从货物上部起吊，依靠起吊装置的垂直移动实现装卸，并在吊车运行的范围内或回转的范围内实现搬运或依靠搬运车辆实现小搬运。由于吊起及放下属于垂直运动，这种装卸方式属垂直装卸。

(2) 叉上叉下方式。采用叉车从货物底部托起货物，并依靠叉车的运动进行货物位移，搬

运完全靠叉车本身，货物可不经中途落地直接放置到目的处。这种方式垂直运动不大，主要是水平运动，属水平装卸方式。

(3) 滚上滚下方式。它主要是指港口装卸的一种水平装卸方式。利用叉车或半挂车、汽车承载货物，连同车辆一起开上船，到达目的地后再从船上开下，称“滚上滚下”方式。利用叉车的滚上滚下方式，在船上卸货后，叉车必须离船，利用半挂车、平车或汽车，则拖车将半挂车、平车拖拉至船上后，拖车开下离船而载货车辆连同货物一起运到目的地，再原车开下或拖车上船拖拉半挂车、平车开下。滚上滚下方式需要有专门的船舶，对码头也有不同要求，这种专门的船舶称“滚装船”。

(4) 移上移下方式。在两车之间(如火车、汽车)进行靠接，然后利用各种方式，不使货物垂直运动，而靠水平移动从一个车辆上推移到另一车辆上，称移上移下方式。移上移下方式需要使两种车辆水平靠接，因此，对站台或车辆货台需进行改变，并配合移动工具实现这种装卸。

(5) 散装散卸方式。它主要是指对散装物进行装卸。一般从装点直到卸点，中间不再落地，这是集装卸与搬运于一体的装卸方式。

3. 按装卸搬运的作业特点分类

(1) 连续装卸。主要是同种大批量散装或小件杂货通过连续输送机械，连续不断地进行作业，中间无停顿，货间无间隔。在装卸量较大、装卸对象固定、货物对象不易形成大包装的情况下适于采取这一方式。

(2) 间歇装卸。有较强的机动性，装卸地点可在较大范围内变动，主要适用于货流不固定的各种货物，尤其适于包装货物、大件货物，散粒货物也可采取此种方式。

4. 其他分类方式

按被装物的主要运动形式分类，可分垂直装卸、水平装卸两种形式。

按装卸搬运对象分类，可分成散装货物装卸、单件货物装卸、集装货物装卸等。

2.6.4 装卸搬运合理化

1. 减少无效装卸

无效装卸的含义是在装卸搬运中，消耗于有用货物以外的多余劳动力。在常见的装卸搬运操作中，无效装卸具体反映在以下几个方面：

(1) 反复过多的装卸次数。在货物的整个物流过程中，货损发生的主要环节是装卸环节。在物流过程中，装卸作业必须是反复进行。因此从发生的频率来讲，超过任何其他活动，所以过多的装卸次数必然导致损失的增加。从发生的费用来看，一次装卸的费用相当于几十千米的运输费用，因此，每增加一次装卸，费用就会有较大比例的增加。此外，装卸也会大大减缓整个物流的速度，是降低物流速度的重要因素。

(2) 过重、过大的包装装卸。如果货物的包装过重、过大，在装卸时势必消耗较大的劳动，这一消耗不是必须的，因而形成无效劳动。

(3) 无效物质的装卸。进入物流过程的货物，有时混杂着没有使用价值或对客户来讲使用价值不符的各种掺杂物，如煤炭中的矸石、矿石中的表面水分、石灰中的未烧熟石灰及过烧石灰等。在反复装卸时，实际对这些无效物质反复消耗劳动，因而形成无效装卸。

由此可见，装卸搬运如能减少上述无效装卸，就可以大大节约装卸劳动，使装卸合理化。

2. 充分利用重力和消除重力影响，进行节能装卸

利用重力是通过利用货物本身的重量，进行有一定落差的装卸，以减少或根本不消耗装卸的动力，这是合理化装卸的重要方式。例如，从卡车、铁路货车卸货时，利用卡车与地面或小搬运车之间的高度差，使用溜槽、溜板之类的简单工具，可以依靠货物本身重量，从高处自动滑到低处，这就无须消耗动力。如果采用吊车、叉车将货物从高处卸到低处，其动力消耗虽比从低处装到高处小，但是仍需消耗动力。两者比较后，利用重力进行无动力消耗的装卸显然是合理的。

消除或削弱重力的影响也会求得减轻体力劳动及其他劳动消耗的合理性。例如，在进行两种运输工具的换装时，可以采取落地装卸方式，即将货物从甲工具卸下并放到地上，一定时间之后，或搬运一定距离之后再从地上装到乙工具之上，这样起码在“装”时，要将货物举高，这就必须消耗改变位能的动力。如果进行适当安排，将甲、乙两工具进行靠接，从而使货物平移，从甲工具转移到乙工具上，这就能有效消除重力影响，实现合理化。

在人力装卸时，一装一卸需要爆发力，而搬运一段距离，这种负重行走要持续抵抗重力的影响，同时还要行进，因而体力消耗很大，容易出现疲劳的环节。所以，人力装卸时如果能配合简单机具，做到“持物不步行”，则可以大大减轻劳动量，做到合理化。

3. 充分利用设备实现规模装卸

装卸也存在规模效益问题，主要表现在一次装卸量或连续装卸量要达到充分发挥机械最优效率的水准。为了更多地降低单位装卸工作量的成本，只有达到一定规模，才会有最优效果。因此在追求规模效益的方法中，主要是通过各种集装实现间断装卸时一次操作的最合理装卸量，从而使单位装卸成本降低，也通过散装实现连续装卸的规模效益。

4. 提高物的装卸活性

装卸搬运中物的活性含义是指从物的静止状态转变为装卸搬运运动状态的难易程度。如果其很容易转变为下一步的装卸搬运，而不需过多做装卸搬运前的准备工作，则活性就高；如果其难于转变为下一步的装卸搬运，则活性低。为了对活性有所区别，并能有计划地提出活性要求，使每一步装卸搬运都能按一定活性要求进行操作，对于不同放置状态的货物做了不同的活性规定，这就是“活性指数”，分为0～4共5个等级。

散乱堆放在地面上的货物，进行下一步装卸必须要进行包装或打捆，或者只能一件件操作处置，因而不能立即实现装卸或装卸速度很慢，这种全无预先处置的散堆状态，定为“0”级活性；将货物包装好或捆扎好，然后放置于地面，在下一步装卸时可直接对整体货载进行操作，因而活性有所提高，但操作时需支起、穿绳、挂索，或支垫入叉，因而装卸搬运前预操作要占用时间，不能取得很快的装卸搬运速度，活性仍然不高，定为“1”级活性；将货物形成集装箱或托盘的集装状态，或对已组合成捆、堆或捆扎好的货物，进行预垫或预挂，装卸机具能立刻起吊或入叉，活性有所提高，定为“2”级活性；将货物预置在搬运车、台车或其他可移动挂车上，动力车辆能随时将车、货拖走，这种活性更高，定为“3”级；如果货物就预置在动力车辆或传送带上，即刻进入运动状态，而不需做任何预先准备，活性最高，定为“4”级。装卸搬运活性指数与物流作业难度之间的关系见表2-2。

表 2-2　装卸搬运活性指数与物流作业难度之间的关系

活性指数	0	1	2	3	4
货物状态	散放于地的货物	存放在普通容器中的货物	存放在托盘或集装箱上的货物	放置在车辆上的货物	放置在输送机上的货物
作业难度	由大到小				

5. 提高物的运输活性

装卸搬运操作有时是直接为运输服务，下一步直接转入运输状态，因而只有进行合理的装卸操作，将货物预置成容易转入运输的状态，装卸搬运才称得上合理。对这种活性的质量用货物的运输活性指数表示。很明显，运输活性越高，货物越容易进入运输状态，可以带来直接缩短运输时间的效果。

实例 2-2

“六无改善法”

日本物流界为了改善商品装卸搬运和整个物流过程的效率，提出了一种叫做“六无改善法”的物流原则，具体的内容叙述如下：

(1) 不让等——也就是要求通过合理的安排使得作业人员和作业机械闲置的时间为零，实现连续的工作，发挥最大的效用。

(2) 不让碰——也就是通过机械化、自动化设备的利用，使得作业人员在进行各项物流作业的时候，不直接接触商品，减轻人员的劳动强度。

(3) 不让动——也就是说通过优化仓库内的物品摆放位置和自动化工具的应用，减少物品和作业人员移动的距离和次数。

(4) 不让想——也就是说通过对于作业的分解和分析，实现作业的简单化、专业化和标准化，从而使得作业过程更为简化，减少作业人员的思考时间，提高作业效率。

(5) 不让找——也就是通过详细的规划，把作业现场的工具和物品摆放在最明显的地方，使作业人员在需要利用设备的时候，不用去寻找。

(6) 不让写——也就是通过信息技术、条码技术的广泛应用，真正地实现无纸化办公，降低作业的成本，提高作业的效率。

2.7 流 通 加 工

本节主要论述流通加工的概念、流通加工的作用和流通加工的合理化。

2.7.1 流通加工概述

流通加工是货物从生产地到使用地的流通过程中，为了满足客户需求、促进销售、维护产品质量和提高物流效率，而施加的包装、分割、计量、分拣、刷标志、拴标签、组装等简单作业的总称。

流通加工与一般的商品流通、生产加工相比，在加工方法、加工组织、生产管理方面并无显著区别，但在加工对象、加工程度方面差别就非常大，其差别主要有以下5个方面。

1. 加工对象的差别

流通加工的对象是进入流通过程的商品，具有商品的属性，以此来区别多环节生产加工中的一环。流通加工的对象是商品，生产加工的对象是原材料、零配件、半成品，而不是最终产品。

2. 加工程度的差别

流通加工程度所进行的一般都是简单加工，而不是复杂加工。一般来讲，如果必须进行复杂加工才能形成人们所需的商品，那么，这种复杂加工应专设生产加工过程，生产过程理应完成大部分加工活动，流通加工对生产加工则是一种辅助及补充。特别需要指出的是，流通加工绝不是对生产加工的取消或代替。

3. 创造价值的差别

从价值观点看，生产加工的目的在于创造价值及使用价值，而流通加工则是在完善其使用价值的条件下提高商品的附加价值。

4. 加工责任人的差别

流通加工的组织者是从事流通工作的人，能密切结合流通的需要进行这种加工活动，从加工单位来看，流通加工由商业或物资流通企业完成，而生产加工则由生产企业完成。

5. 加工目的的差别

商品生产是为交换和消费而生产的，流通加工的一个重要目的是为了消费(或再生产)所进行的加工，这一点与商品生产有共同之处。但是流通加工有时候也是以自身流通为目的的，纯粹是为流通创造条件，这种为流通所进行的加工与直接为消费进行的加工从目的来讲是有区别的，这又是流通加工不同于一般生产的特殊之处。

随着经济增长，国民收入增多，顾客的需求出现多样化，这就促使必须在流通领域中开展流通加工。目前，如欧美、日本等经济发达地区或国家的物流中心、配送中心或仓库经营中都大量存在流通加工业务。

2.7.2 流通加工的地位和作用

1. 流通加工在物流中的地位

1) 有效地完善了流通

流通加工在实现时间效用和场所效用这两个重要功能方面，确实不能与运输和保管相比，因而，流通加工不是物流的主要功能要素。另外，流通加工的普遍性也不能与运输、保管相比，流通加工不是对所有物流活动都是必需的。但这绝不是说流通加工不重要，实际上它也是不可轻视的，它具有补充、完善、提高与增强的作用，能起到运输、保管等其他功能要素无法起到的作用。所以，流通加工的地位可以描述为：提高物流水平，促进流通向现代化发展。

2) 物流的重要利润来源

流通加工是一种低投入、高产出的加工方式，往往以简单加工解决大问题。实践中，有的流通加工通过改变商品包装，使商品档次升级而充分实现其价值；有的流通加工可将产品利用率大幅提高 30%，甚至更多。这些都是采取一般方法以期提高生产率所难以做到的。实践证明，流通加工提供的利润并不亚于从运输和保管中挖掘的利润，因此说流通加工是物流业的重要利润来源。

3) 在国民经济中也是重要的加工形式

流通加工在整个国民经济的组织和运行方面是一种重要的加工形式，对推动国民经济的发展、完善国民经济的产业结构具有一定的意义。

2. 流通加工的作用

1) 提高原材料利用率

通过流通加工进行集中下料，将生产厂商直接运来的简单规格产品，按用户的要求进行下料。例如，将钢板进行剪板、切裁；木材加工成各种长度及大小的板、方材等。集中下料可以优材优用、小材大用、合理套裁，明显地提高原材料的利用率，有很好的技术经济效果。

2) 方便用户

用量小或满足临时需要的用户，不具备进行高效率初级加工的能力，通过流通加工可以使用户省去进行初级加工的投资、设备、人力，方便了用户。目前发展较快的初级加工有：将水泥加工成生混凝土，将原木或板材、方材加工成门窗，钢板预处理、整形等加工。

3) 提高加工效率及设备利用率

在分散加工的情况下，加工设备由于生产周期和生产节奏的限制，设备利用时松时紧，使得加工过程不均衡，设备加工能力不能得到充分发挥。而流通加工面向全社会，加工数量大，加工范围广，加工任务多。这样可以通过建立集中加工点，采用一些效率高、技术先进、加工量大的专门机具和设备，一方面提高了加工效率和加工质量，另一方面还提高了设备利用率。

2.7.3　流通加工的类型

1. 为适应多样化需要的流通加工

生产部门为了实现高效率、大批量的生产，其产品往往不能完全满足用户的要求。这样，为了满足用户对产品多样化的需要，同时又要保证高效率的大生产，可将生产出来的单一化、标准化的产品进行多样化的改制加工。例如，对钢材卷板的舒展、剪切加工；平板玻璃按需要规格的开片加工；木材改制成枕木、板材、方材等加工。

2. 为方便消费、省力的流通加工

根据下游生产的需要将商品加工成生产直接可用的状态。例如，根据需要将钢材定尺、定型，按要求下料；将木材制成可直接投入使用的各种型材；将水泥制成混凝土拌合料，使用时只需稍加搅拌即可使用等。

3. 为保护产品所进行的流通加工

在物流过程中，为了保护商品的使用价值，延长商品在生产和使用期间的寿命，防止商品在运输、储存、装卸搬运、包装等过程中遭受损失，可以采取稳固、改装、保鲜、冷冻、涂油等方式。例如，水产品、肉类、蛋类的保鲜、保质的冷冻加工、防腐加工等；丝、麻、棉织品的防虫、防霉加工等。还有，如为防止金属材料的锈蚀而进行的喷漆、涂防锈油等措施，运用手工、机械或化学方法除锈；木材的防腐朽、防干裂加工；煤炭的防高温自燃加工；水泥的防潮、防湿加工等。

4. 为弥补生产领域加工不足的流通加工

由于受到各种因素的限制，许多产品在生产领域的加工只能到一定程度，而不能完全实现终极的加工。例如，木材如果在产地完成成材加工或制成木制品的话，就会给运输带来极大的困难，所以在生产领域只能加工到圆木、板、方材这个程度，进一步的下料、切裁、处理等加工则由流通加工完成；钢铁厂大规模的生产只能按规格生产，以使产品有较强的通用性，从而使生产能有较高的效率，取得较好的效益。

5. 为促进销售的流通加工

流通加工也可以起到促进销售的作用。比如，将过大包装或散装物分装成适合依次销售的小包装的分装加工；将以保护商品为主的运输包装改换成以促进销售为主的销售包装，以起到吸引消费者、促进销售的作用；将蔬菜、肉类洗净切块以满足消费者要求等。

6. 为提高加工效率的流通加工

许多生产企业的初级加工由于数量有限，加工效率不高。而流通加工以集中加工的形式，解决了单个企业加工效率不高的弊病。它以一家流通加工企业的集中加工代替了若干家生产企业的初级加工，促使生产水平有一定的提高。

7. 为提高物流效率、降低损失的流通加工

有些商品本身的形态使之难以进行物流操作，而且商品在运输、装卸搬运过程中极易受损，因此需要进行适当的流通加工加以弥补，从而使物流各环节易于操作，提高物流效率，降低物流损失。例如，造纸用的木材磨成木屑的流通加工，可以极大提高运输工具的装载效率；自行车在消费地区的装配加工可以提高运输效率，降低损失；石油气的液化加工，使很难输送的气态物转变为容易输送的液态物，也可以提高物流效率。

8. 为衔接不同运输方式的流通加工

在干线运输和支线运输的结点设置流通加工环节，可以有效解决大批量、低成本、长距离的干线运输与多品种、少批量、多批次的末端运输和集货运输之间的衔接问题。在流通加工点与大生产企业间形成大批量、定点运输的渠道，以流通加工中心为核心，组织对多个用户的配送，也可以在流通加工点将运输包装转换为销售包装，从而有效衔接不同目的的运输方式。例如，散装水泥中转仓库把散装水泥装袋、将大规模散装水泥转化为小规模散装水泥的流通加工，就衔接了水泥厂大批量运输和工地小批量装运的需要。

9. 生产—流通一体化的流通加工

依靠生产企业和流通企业的联合，或者生产企业涉足流通，或者流通企业涉足生产，形成的对生产与流通加工进行合理分工、合理规划、合理组织，统筹进行生产与流通加工的安排，这就是生产—流通一体化的流通加工形式。这种形式可以促成产品结构及产业结构的调整，充分发挥企业集团的经济技术优势，是目前流通加工领域的新形式。

10. 为实施配送进行的流通加工

这种流通加工形式是配送中心为了实现配送活动，满足客户的需要而对物资进行的加工。例如，混凝土搅拌车可以根据客户的要求，把沙子、水泥、石子、水等各种不同材料按比例要

求装入可旋转的罐中。在配送路途中，汽车边行驶边搅拌，到达施工现场后，混凝土已经均匀搅拌好，可以直接投入使用。

2.7.4 流通加工合理化

流通加工合理化的含义是实现流通加工的最优配置，不仅做到避免各种不合理加工，使流通加工有存在的价值，而且做到最优的选择。

为避免各种不合理现象，对是否设置流通加工环节，在什么地点设置，选择什么类型的加工，采用什么样的技术装备等，需要做出正确抉择。

实现流通加工合理化主要考虑以下 5 个方面。

1. 加工与配送相结合

这是将流通加工设置在配送点中，一方面按配送的需要进行加工，另一方面加工又是配送业务流程中分货、拣货、配货之一环，加工后的产品直接投入配货作业，这就无须单独设置一个加工的中间环节，使流通加工有别于独立的生产，而使流通加工与中转流通巧妙结合在一起。同时，由于配送之前有加工，可使配送服务水平大大提高。这是当前对流通加工做合理选择的重要形式，在煤炭、水泥等产品的流通中，这种方式已表现出较大的优势。

2. 加工与配套相结合

在对配套要求较高的流通中，配套的主体来自各个生产单位，但是，完全配套有时无法全部依靠现有的生产单位，进行适当流通加工，可以有效促成配套，大大提高流通的桥梁与纽带的能力。

3. 加工与合理运输相结合

流通加工能有效衔接干线运输与支线运输，促使两种运输方式的合理化。利用流通加工，在支线运输转干线运输或干线运输转支线运输时必须停顿的环节，不进行一般的支转干或干转支，而是按干线或支线运输合理的要求进行适当加工，从而大大提高运输及运输转载水平。

4. 加工与合理商流相结合

通过加工有效促进销售，使商流合理化，也是流通加工合理化的考虑方向之一。通过加工和配送的结合，提高了配送水平，强化了销售，是加工与合理商流相结合的一个成功的例证。此外，通过简单地改变包装加工，形成方便的购买量，通过组装加工解决用户使用前进行组装、调试的难处，都是有效促进商流的例子。

5. 加工与节约资源相结合

节约能源、节约设备、节约人力、节约耗费是流通加工合理化重要的考虑因素，也是目前我国设置流通加工、考虑其合理化的较普遍形式。

是否能实现社会和企业本身的效益，而且是否取得了最优效益是对于流通加工合理化的最终判断。对流通加工企业而言，它与一般生产企业一个重要不同之处是流通加工企业更应树立社会效益为第一的观念，它只有在补充完善为己任前提下才有生存的价值。

第三部分　课题实践部分

一、课题实训

1. 国泰安第三方物流教学系统配送管理实训

深圳市国泰安信息技术有限公司(后文简称为“国泰安”，网址为 http://www.gtaedu.com/，首页如图 2.19 所示)开发的第三方物流管理教学软件主要是以现代物流企业信息管理系统中的商务管理、仓储管理、配送管理、运输管理、结算管理、统计报表等实践过程为主要部分，结合了这些物流信息系统国际和国内标准以及实际业务运作和实际物流教学的一套模拟教学系统。使用者可通过该系统完整的仓储、配送、运输、客户、商务、结算等管理流程的操作，了解现代物流企业中的仓储、配送、运输、客户、商务、结算等管理作业的基本功能和运作过程，从而将物流基础原理和操作过程与物流信息管理系统对物流业务的操作和控制结合起来，提高老师和学生理论实践相结合的能力，提高老师和学生对物流信息管理系统的理解和操作能力，以形成互动式教学、模拟性教学和实践性教学。该系统可让学生充分进行客户需求、商务解析、货物入库、在库、出库、配送作业操作、车辆调度处理等流程的实际演练，理解物流各个环节的操作原理和逻辑关系，同时系统提供每个业务环节的过程演示，以加深用户对物流管理流程、系统设计思想和企业业务模式的理解。关于国泰安第三方物流教学系统的整体功能和流程将在课题四的实训中予以详细展示，本实训只重点介绍配送业务模块的流程。

图 2.19　深圳国泰安信息技术有限公司首页

配送业务在第三方物流系统中占有相当重要的地位，是第三方物流系统的核心部分，选择正确有效的配送方式和配送策略是降低现代企业物流成本的关键。虽然配送业务复杂多变，但总体上业务流程不变，该软件的配送模块从总体业务出发，给出了配送最佳的理论实践，结合适当的上机实践就可让学生充分掌握配送知识。此部分业务流程如图 2.20 所示。

图 2.20　国泰安第三方物流教学软件配送管理流程图

2. 实训目的和内容

(1) 掌握国泰安第三方物流教学系统配送管理模块入仓管理流程。

(2) 掌握国泰安第三方物流教学系统配送管理模块出仓管理流程。

3. 实训操作指导

由于篇幅有限，本实训只重点描述国泰安第三方物流教学软件配送管理模块中的入仓管理和出仓管理流程，其他相关部分需要使用者结合课题四中的实训和使用手册进行设置。例如，在进行配送管理操作之前，应该对商务管理模块中的基础数据、客户管理、合约管理等进行设置，也需要对配送管理模块中的工厂和物料进行设置，本实训部分未予详细展示。

1) 入仓管理流程

入仓的过程是比较复杂的，首先收到客户的入仓货物清单和订车单，然后在系统里面打印出货物清单交给仓管员，同时将订车单转给运输部门，进行车辆的调度。货物到达，需要卸载货物，检查货物是否无误，确认无误之后才可以将货物放到某仓位。一切处理完毕，入仓完成。

根据这个流程，系统将入仓分为入仓作业、订车作业、卸车作业、验货作业、安排仓位和入仓确认 6 个步骤，如图 2.21 所示。

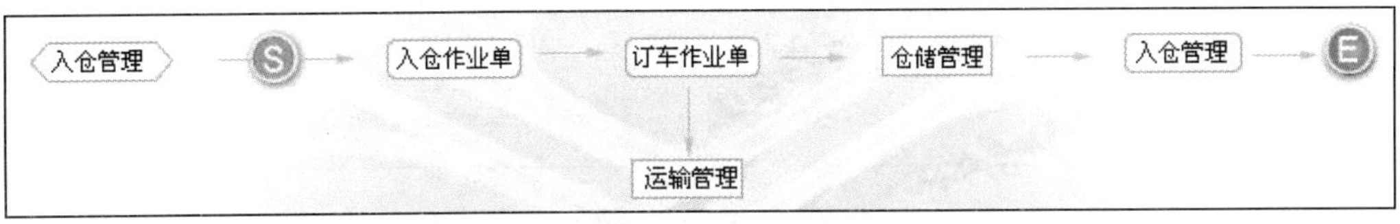

图 2.21　配送管理模块入仓管理流程图

步骤一，入仓作业。入仓作业主要是将本次入仓的资料录入处理，打印出部件清单，以供仓管员验货核对。

步骤二，订车作业。订车作业是将客户的订车单传给运输部门，以便安排车辆(也可以客户自己安排车辆运输)。

步骤三，卸车作业。卸车作业过程中，系统会自动计算出本批货物的总体积和总重量，然后计算出卸车的工作量，从而产生卸车费用。

步骤四，验货作业。验货作业是用于记录货物入仓时的情况，验货员可以根据实际情况记录货物正常或者异常情况等。

步骤五，安排仓位。由于安排仓位需要和实际的操作经验相结合，因此仓管员将货物分配到具体的仓位之后，操作员再负责将该仓位进行录入。

步骤六，入仓确认。入仓确认之后本次入仓的货物才会加入到系统数据里面，即入仓确认之后才可以在系统里面查询或者操作本次入仓的货物。

注意：以上 6 个步骤，其中入仓资料、配车、确认为配送部门的处理程序，而卸车、验货、分配仓位为仓储部门的处理程序。

(1) 入仓作业。

① 功能描述：本模块主要是将客户的入仓资料录入系统，进入入仓处理流程，流程相关业务在完成前，单列表中该业务环节标示为“N”，完成后标示为“Y”，如图 2.22 所示。

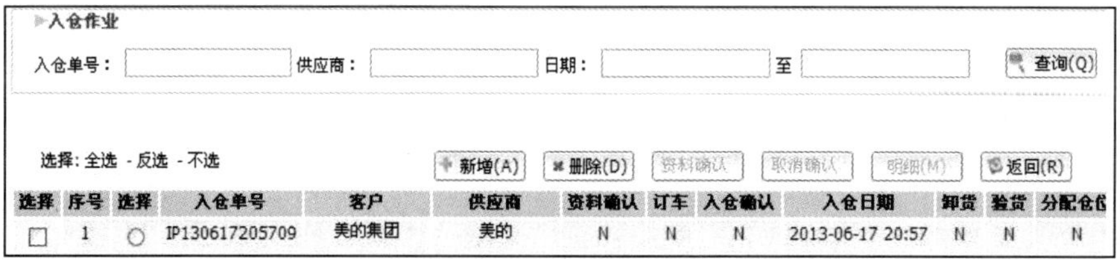

图 2.22　入仓作业单

② 操作方法：选择【入仓管理→入仓作业单】，进入入仓作业的处理模块。初始显示系统中所有入仓单的分页列表显示。

录入一份新的入仓单，入仓单分为表头和明细两部分。

入仓单表头：单击列表右上角的【新增】按钮，如图 2.23 所示，进入入仓单新增界面，系统会自动产生一个入仓单号(这个单号可以更改)，操作员需要选择本次入仓属于哪个合同客户，哪个供应商，哪个购买商等基本内容，单击【保存】按钮，系统会自动关闭新增窗口，返回列表界面，该入仓单即会在列表区显示出来。

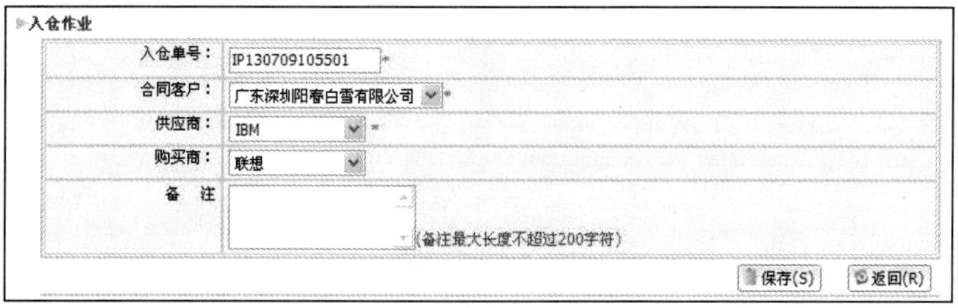

图 2.23　新增入仓作业单

修改表头：单击列表中需要修改的入仓单相应的功能按钮【编辑】，进入表头编辑界面，完成修改单击【保存】按钮。

入仓明细：单击列表中入仓单相应的功能按钮【明细】，进入入仓明细录入界面，如图 2.24

所示。系统将自动列出所有属于该客户、该供应商、该购买商的部件，操作员只需要进行选择，然后输入入仓数量、PO 号、DO 号等，其余的信息系统自动显示(因为部件维护已经做好)。单击【保存】按钮保存即可。返回入仓界面，入仓单部件清单已经输入完毕。单击【确认】按钮，入仓资料输入完毕。

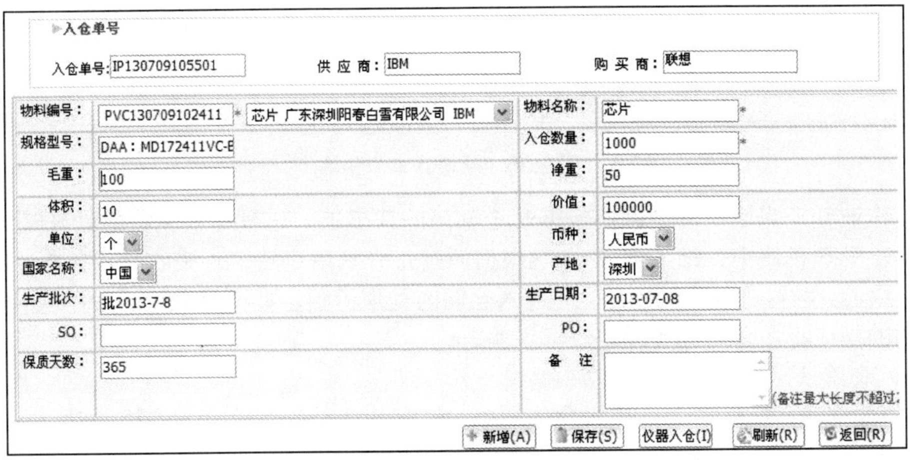

图 2.24　入仓明细

入仓单物料清单已经输入完毕。返回入仓作业单列表界面，单击所处理的单相应的【资料确认】按钮，进行资料确认，入仓资料输入完毕。

(2) 订车作业。

入仓作业单处理完毕(入仓资料确认)，进入第二步——单击【订车作业单】按钮进入订车作业界面，如图 2.25 所示。

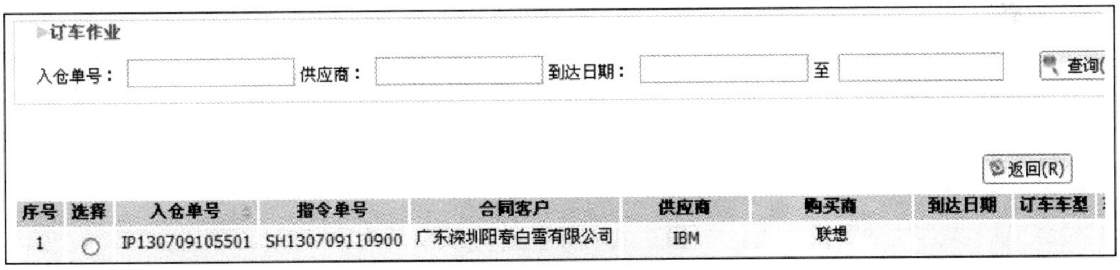

图 2.25　订车作业

① 功能描述：货物入仓前的运输有两种情况：第一种是客户提供订车单，委托本公司运输。本公司可以安排自己的车辆承运或者选择外包的运输公司进行承运。第二种是客户自己运输。系统会根据货物的数量联系到物料资料计算出本次入仓的总体积和总重量，然后根据计算出的数据安排车辆为何种吨车或者柜车，然后将订车单传到运输部门进行具体的车辆调度操作。

② 操作方法：选择列表中未订车的入仓单，如图 2.26 所示，可以看到订车信息已经显示出来，除了指令单号是系统自动产生，总体积和总毛重由系统计算出以外，其余的资料都可以进行修改。订车性质分为委托和客户两种，“委托”表示由本公司负责承运，会产生运输费用，“客户”则表示由客户自己运输，不产生运输费用。

操作员核对好资料之后单击【提交】按钮，订车单即传到运输部门，由他们进行具体的调度工作。

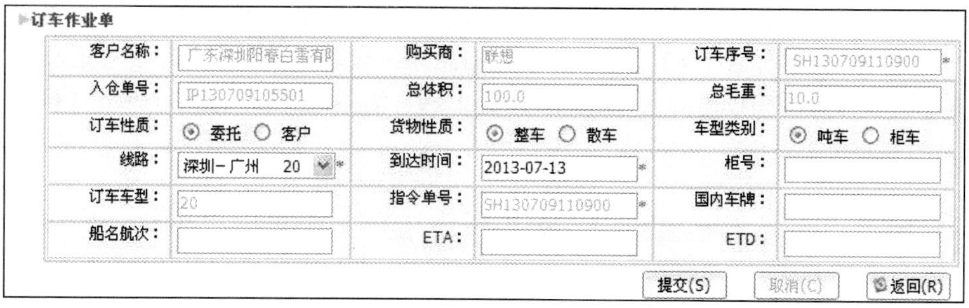

图 2.26　新增订车作业单

订车作业处理完毕，运输部门根据配送部门的订车单，进行运输流程的处理(具体操作在后面的运输管理模块中详细说明)，车辆根据调度指令到指定的地点去收货，并将收好的物料运回物流中心，物料进入物流中心，即进入仓储的处理流程，即开始装卸、检验、安排仓位等，这些具体的操作将在仓储业务模块进行说明。

(3) 入仓确认。

① 功能描述：配送中心处理入仓作业单、订车作业单，运输部门安排调度，仓储部门完成装卸，检验、安排仓位这些入仓流程之后，业务流回到配送中心，同时过程中产生的单证也回到配送中心，至此入仓操作已基本完成，但是入仓的货物资料还没有加入到数据库中，即现在系统认为没有该批货物在库。需要在本模块对入仓的所有流程进行确认审核，这些数据才会加入到数据库，才可以在系统里面对这批货物进行查询、出库等操作。

② 操作方法：单击【入仓确认】按钮进入如图 2.27 所示界面，操作员核对所有入仓资料无误之后，单击【确认】按钮即完成入仓确认的操作，如图 2.28 所示。

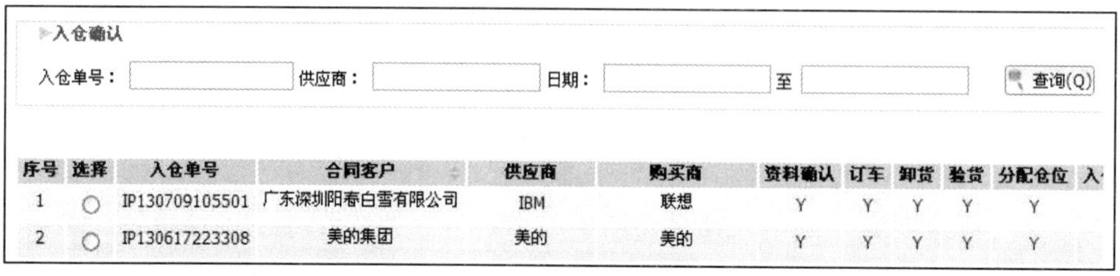

图 2.27　入仓确认界面

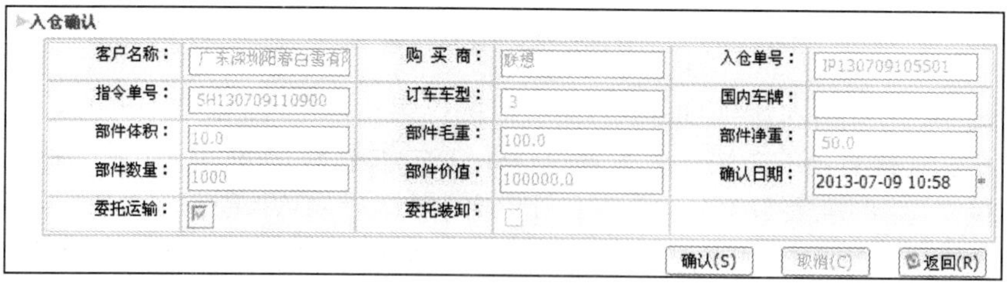

图 2.28　入仓确认

2) 出仓管理流程

出仓操作和入仓操作的流程是比较类似的，不过出仓操作要简单一些。首先，接到客户的出货清单，操作员根据此清单在系统里面打印出选货单，交给仓管员进行选货。同时，将订车单交给运输部门，进行车辆的调度。选货完毕，将货物装上车，然后就可以将货物运出了。直到运达目的地，此次出仓才算完成。

根据这个流程，系统将出仓分为 5 个流程，除了“拣货作业”外，剩下的 4 个步骤都与入仓操作的相关步骤操作相似。

步骤一，拣货作业。包括人工拣货和自动拣货两种情况。主要作业环节是拣货作业单录入、单证打印等，其中拣货作业单分为表头和明细两部分，拣货的范围是从库存中选择物料。

步骤二，装车作业。主要作业环节为装车资料录入、单证打印等，其中装车资料分为表头和明细两部分，装车的物料范围是已经过拣货操作存放于集货区中的物料。

步骤三，订车作业。主要作业环节为订车作业单录入，根据出仓资料、配送线路、选择车型、车牌等信息向运输部门发出订车指令。

步骤四，装卸处理。录入出仓装卸作业单，即输入出仓装卸作业量。

步骤五，出仓确认。对出仓进行确认，出仓的货物资料才会从数据库里面扣除。

出仓作业这 5 个步骤中，其中拣货作业单录入、装车资料录入、订车作业单录入、出仓确认为配送部门的处理程序，而拣货单证打印、装车资料单证打印、出仓装卸为仓储部门的处理程序。

(1) 拣货作业。

① 人工拣货。

a．功能描述：出仓之前，会收到客户的出仓清单或订单，根据实际情况，可以进入订单处理流程。或者客户的出仓清单是通过网上下单进行，那么进入订单处理流程审核客户出仓清单，直接产生拣货指令，然后仓管员根据指令进行拣货。另一种情况是调度员在系统外部进行订单的处理操作，生成适合系统的出仓清单，并将相应资料录入系统，操作员需要把出仓货物清单交给仓管员，由仓管员将货物准备好。

系统将拣货操作独立出来，操作员在出仓操作的时候不需要进行货物的录入操作，系统将拣货单上的货物调过来，操作员只需要在这里进行选择即可。该操作大大地减少了操作员的工作量，也大大地降低了出错的几率。

b．操作方法：拣货操作界面分为列表区和编辑区两个部分，如图 2.29 所示。列表区会列出所有拣货单，编辑区主要是维护拣货单资料。

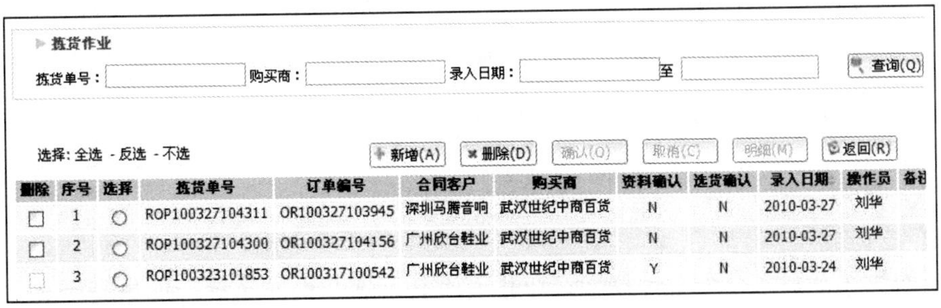

图 2.29　拣货作业

首先，单击【新增】按钮，进入新增拣货单模式，系统会自动产生拣货单号(可以修改)，操作员只需要选择客户和购买商的名称即可，然后单击【保存】按钮，拣货单即产生，此时在列表区可以看到产生的拣货单。

其次，选中拣货单，单击【明细】按钮，进入部件录入界面。界面分为 3 个部分：第一部分是查询条件录入区，如果客户有要求具体出哪一批货物，操作员就可以在这里录入查询的条件，然后就可以在入仓货物清单区域得到该批货物，进行拣货操作；第二部分是入仓货物清单区，这里会列举出属于该客户、该购买商的所有在库货物清单，操作员可以在这些清单中直接选择货物，双击该货物，系统将提示货物的库存，填写需要出货的数量，然后确认，此货物即进入拣货单；第三部分是拣货清单区域，只要是从入仓货物清单中选出要出库的货物，都会转到本区域。也可以在选货清单区域选中某货物双击，该货物就会取消拣货，返回入仓货物清单中。

最后，返回拣货界面，单击【确认】按钮，就可以打印出拣货单给仓管员进行拣货操作。

② 自动拣货。

客户下达拣货清单时，不指定货物的具体批次信息，仅给出出仓的货物、货物数量，以及出库原则。该模块针对这种实际情况，可以自动选择出库批次。如图 2.30 所示，选择拣货单号，单击【确认】按钮完成拣货，也可以单击【明细】按钮查看拣货的具体情况。

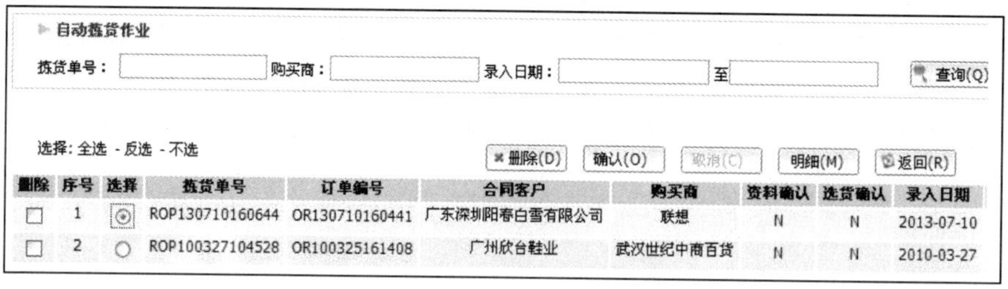

图 2.30　自动拣货

(2) 装车作业。

① 功能描述：本操作是装车作业的初始操作。装车资料分为表头和明细两部分，装车的物料范围是已经过拣货操作存放于集货区中的物料。

② 操作方法：如图 2.31 所示，选择出仓单号，可以单击【明细】按钮查看装车资料，没有问题单击【确认】按钮。

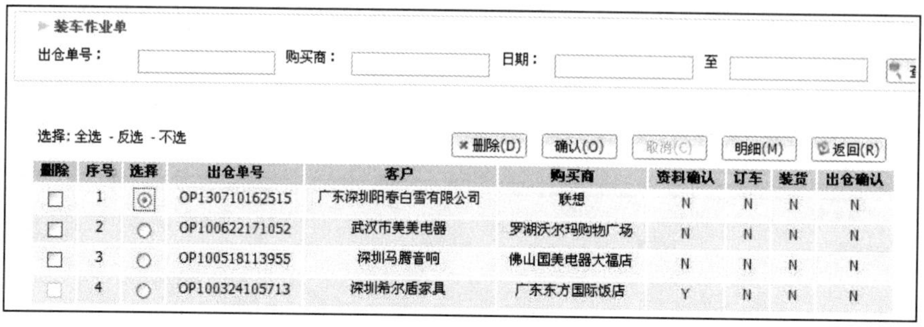

图 2.31　装车作业

(3) 订车作业。

① 功能描述：与入仓配车一样，订车也有委托和客户两种选择。如果是委托，表示客户要求由我们帮他们运输，有运输费用产生；如果是客户，表示客户将自己派车运输，不用产生运输费用。系统会将订车资料传到运输部门，由运输部门负责调度车辆。

② 操作方法：系统已经将本次出仓货物的总体积和总重量计算出来，并根据这些数据给出了一个建议车型。由配车界面可知，很多资料系统都已经自动提取给我们，如图 2.32 所示，操作员只需要对相关资料进行选择，然后单击【提交】按钮，该订车单就会传到运输部门。

(4) 装卸处理。

订车作业完成后，进入运输处理流程，运输部门安排好车辆，仓储部门根据出仓清单，进行相应的装卸作业处理，装卸处理流程将在后面的仓储业务模块中详细说明。

图 2.32　订车作业

(5) 出仓确认。

① 功能描述：到此为止，出仓操作已经基本完成，但是出仓的货物资料还没有从数据库中扣除，即现在系统认为该批货物仍然在库。需要在本模块对出仓的所有流程进行确认，这些数据才会从数据库里面扣除。

② 操作方法：单击【出仓确认】按钮进入如图 2.33 所示界面，操作员核对所有出仓资料无误之后，单击【确认】按钮即完成出仓确认的操作。

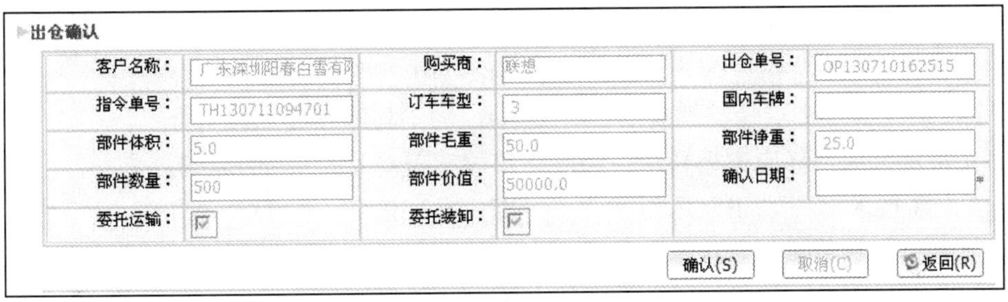

图 2.33　出仓确认

二、思考练习题

1．填空题

(1) 电子商务物流系统就是指企业运用网络化的技术和现代化的____________、软件系统及先进的管理手段，通过一系列包装、____________、装卸搬运、仓储、____________、配送等工作，定时、定点、定量地交给没有地域范围限制的各类用户，满足其对商品的需求。

(2) 物流系统与一般系统一样，具有输入、____________和输出三大功能。

(3) 运输方式有铁路运输、____________、水路运输、航空运输及____________。

(4) 运输具有规模经济，规模经济的特点是随着____________的增长，使每单位重量的运输成本下降。

(5) 配送中心的作业管理主要有____________、在库保管作业管理、加工作业管理、理货作业管理和____________。

(6) 日本 1991 年版的《物流手册》表述：生产厂到配送中心之间的物品空间移动叫“____________”，从配送中心到顾客之间的物品空间移动叫“____________”。

(7) 经济订货批量的英文是____________，简称____________。

(8) 包装的功能有保护商品、____________、____________。

(9) 装卸搬运按照机械作业方式分为吊上吊下、____________、滚上滚下、____________。

2. 选择题

(1) 用黑白铁、马口铁制成的包装容器对商品进行包装属于(　　)。

A. 纤维容器包装　　B. 复合材料包装
C. 木制包装　　D. 金属容器包装

(2) ABC 库存管理法中，最严格管理的是(　　)。

A. A 类库存品　　B. B 类库存品
C. C 类库存品　　D. A 和 C 类库存品

(3) 水路运输最大的优点是(　　)。

A. 机动、灵活　　B. 运输能力大
C. 可靠性高　　D. 运输单一

(4) 以下属于按照货物形态进行装卸的是(　　)。

A. 卡车装卸　　B. 散装装卸
C. 叉车装卸　　D. 间隔装卸

(5) 以下不属于加工合理化的是(　　)。

A. 加工与配送相结合　　B. 加工与节约资源相结合
C. 加工与合理运输相结合　　D. 加工与库存成本相结合

(6) 包装技术的选择应遵循科学、经济、牢固、美观和(　　)的原则。

A. 高技术　　B. 适用　　C. 标准化　　D. 一次性

(7) 下列包装属于按包装技术分的有(　　)。

A. 防湿包装　　B. 硬包装　　C. 运输包装　　D. 出口包装

(8) ABC 分类法就是根据库存品的年耗用金额的大小，把库存品划分为 A、B、C 三类。其中 B 类库存品其年耗用金额占总库存金额的(　　)。

A. 5%～10%　　B. 10%～15%　　C. 15%～20%　　D. 20%～25%

(9) (　　)长期以来被看作物流活动的两大支柱。

A. 仓储和配送　　B. 运输和装卸
C. 仓储和运输　　D. 运输和配送

(10) 生产商品的目的是创造价值，流通加工是在生产的基础上增加商品的(　　)。

A. 质量价值　　B. 销售价值　　C. 附加价值　　D. 使用价值

(11) 包装按功能分为(　　)。(多选)

A. 运输包装　　B. 防湿包装
C. 储藏包装　　D. 销售包装
E. 外包装

3. 判断题

(1) 现代商品包装是实现现代物流、加速商品流通的必要条件及手段。　　(　　)

(2) 从运费来看，运费在全部物流费中占最高的比例，一般综合分析计算社会物流费用，运输费在其中占接近 25%的比例。　　(　　)

(3) 装卸和搬运是等同的。　　(　　)

(4) 铁路运输的主要优点是灵活性强，铁路建设周期短，投资较低，易于因地制宜，对收到站设施要求不高。 (　　)

(5) 流通加工大多是复杂加工，而生产加工多数是简单加工。 (　　)

(6) 联合运输是指由两家以上运输企业或用两种以上运输方式共同将某一批物品运送到目的地的运输方式。 (　　)

(7) 在物流中不合理运输是完全可以避免的。 (　　)

(8) 现代的观念中，仓库被看作是一种存储设施，仅仅负担着存储产品的功能，它增加了整个物品的配送成本，并产生了额外的仓库作业成本。 (　　)

(9) 为了保证商品供应，生产企业应在销地建立自有仓库。 (　　)

(10) 装卸搬运是指在一定地域范围内进行的，以改变货物存放状态和空间位置为主要内容和目的的物流活动。通常情况，货物存放状态和空间位置密不可分。 (　　)

(11) 装卸搬运是物流系统中最基本的功能要素之一，存在于货物运输、储存、包装、流通加工和配送等过程中，贯穿于物流作业的始末。 (　　)

(12) 包装的目的就是保护产品，便于储存和运输。 (　　)

(13) 按包装功能可分为工业包装和商业包装。工业包装也称为运输包装，其目的是保证商品在运输、保管、装卸搬运过程中保持商品的完好。 (　　)

(14) 产品包装处于生产的始点，又是进入流通领域商品物流链的终点。 (　　)

4. 名词解释

(1) 电子商务物流系统

(2) 运输

(3) 共同配送

(4) 仓储

(5) 包装

(6) 装卸活性

(7) 流通加工

5. 简答题

(1) 简述物流系统的六大组成要素。

(2) 简述 ABC 分类法的实施步骤。

(3) 配送中心的职能有哪些？

(4) 简述配货作业的方法。

(5) 简述配送的种类。

(6) 简述仓储的功能。

(7) 简述公路运输的优劣势。

(8) 简述包装器材应遵循的原则。

(9) 简述包装的基本类型。

(10) 简述装卸搬运合理化的措施。

课题三 电子商务物流配送中心

教学提示

现代物流配送是备货、储存、分拣及配货、包装、加工、配装、运输等物流基本功能要素的集合。一方面，以计算机网络为基础的电子商务催化着传统物流配送的革命；另一方面，物流配送的水平又成为电子商务发展的关键所在。物流配送中心是实施物流配送的重要场所和手段。

教学要求

通过本课题的学习，要求学生了解配送的概念和内涵、配送的分类、配送活动的基本环节和组织过程，了解和掌握电子商务和配送之间的关系，掌握电子商务物流下配送中心的作业流程和配送中心的规划与设计。

第一部分　案例与分析

案例导入

沃尔玛的配送中心

沃尔玛1945年诞生于美国。在它创立之初，由于地处偏僻小镇，几乎没有哪个分销商愿意为它送货，于是不得不自己向制造商订货，然后再联系货车送货，效率非常低。在这种情况下，沃尔玛的创始人山姆·沃尔顿决定建立自己的配送组织。1970年，沃尔玛的第一家配送中心在美国阿肯色州的一个小城市本顿维尔建立，这个配送中心供货给4个州的32个商场，集中处理公司所销商品的40%。

沃尔玛配送中心的运作流程是：供应商将商品的价格标签和UPC条形码(统一产品码)贴好，运到沃尔玛的配送中心。配送中心根据每个商店的需要，对商品就地筛选，重新打包，从“配区”运到“送区”。

由于沃尔玛的商店众多，每个商店的需求各不相同，这个商店也许需要这样一些种类的商品，那个商店则有可能又需要另外一些种类的商品，沃尔玛的配送中心根据商店的需要，把产品分类放入不同的箱子当中。这样，员工就可以在传送带上取到自己所负责的商店所需的商品。那么在传送的时候，他们怎么知道应该取哪个箱子呢？传送带上有一些信号灯，有红的，绿的，还有黄的，员工可以根据信号灯的提示来确定箱子应被送往的商店，并来拿取这些箱子。这样，所有的商店都可以在各自所属的箱子中拿到需要的商品。

在配送中心内，货物被成箱地送上激光制导的传送带，在传送过程中，激光扫描货箱上的条形码，全速运行时，只见纸箱、木箱在传送带上飞驰，红色的激光四处闪射，将货物送到正确的卡车上，传送带每天能处理20万箱货物，配送的准确率超过99%。

20世纪80年代初，沃尔玛配送中心的电子数据交换系统已经逐渐成熟。到了20世纪90年代，它购买了一颗专用卫星，用来传送公司的数据及其信息。这种以卫星技术为基础的数据交换系统的配送中心将自己与供应商及各个店面实现了有效连接，沃尔玛总部及配送中心在任何时间都可以知道每一个商店现在有多少存货，有多少货物正在运输过程当中，有多少货物存放在配送中心等；同时还可以了解某种货品上周卖了多少，去年卖了多少，并能够预测将来能卖多少。沃尔玛的供应商也可以利用这个系统直接了解自己的商品昨天、今天、上周、上个月和去年的销售情况，并根据这些信息来安排组织生产，保证产品的市场供应，同时使库存降低到最低限度。

由于沃尔玛采用了这项先进技术，配送成本只占其销售额的3%，其竞争对手的配送成本则占到销售额的5%，仅此一项，沃尔玛每年就可以比竞争对手节省下近8亿美元的商品配送成本。20世纪80年代后期，沃尔玛从下订单到货物到达各个店面需要30天，现在由于采用了这项先进技术，这个时间只需要两三天，大大提高了物流的速度和效益。

从配送中心的设计上看，沃尔玛的每个配送中心都非常大，平均占地面积大约有11万平方米，相当于23个足球场。一个配送中心负责一定区域内多家商场的送货，从配送中心到各家商场的路程一般不会超过一大行程，以保证送货的及时性。配送中心一般不设在城市里，而是在郊区，这样有利于降低用地成本。

沃尔玛的配送中心虽然面积很大，但它只有一层，之所以这样设计，主要是考虑到货物流通的顺畅性。有了这样的设计，沃尔玛就能让产品从一个门进，从另一个门出。如果产品不在同一层就会出现许多障碍，如电梯或其他物体的阻碍，产品流通就无法顺利进行。

沃尔玛配送中心的一端是装货月台，可供30辆卡车同时装货，另一端是卸货月台，可同时停放135辆大卡车。每个配送中心有600～800名员工，24小时连续作业，每天有160辆货车开来卸货，150辆车装好货物开出。

在沃尔玛的配送中心，大多数商品停留的时间不会超过48小时，但某些产品也有一定数量的库存，这些产品包括化妆品、软饮料、尿布等各种日用品，配送中心根据这些商品库存量的多少进行自动补货。到现在，沃尔玛在美国已有30多家配送中心，分别供货给美国18个州的3000多家商场。

沃尔玛的供应商可以把产品直接送到众多的商店中，也可以把产品集中送到配送中心，两者相比较，显然集中送到配送中心可以使供应商节省很多钱。所以在沃尔玛销售的商品中，有87%左右是经过配送中心的，而沃尔玛的竞争对手仅能达到50%的水平。由于配送中心能降低物流成本50%左右，沃尔玛能比其他零售商向顾客提供更廉价的商品，这正是沃尔玛迅速成长的关键所在。

第二部分　课题学习引导

3.1　电子商务物流配送

物流配送作为现代物流的一个主要功能要素，在社会经济发展中起着越来越重要的作用。电子商务技术的飞速发展对配送产业的影响也与日俱增，电子商务物流配送逐步成为新型物流配送的主导方向。

3.1.1　电子商务物流配送概述

1. 电子商务对传统物流配送的影响

(1) 电子商务为传统的物流配送观念带来了深刻的革命。传统的物流配送企业需要置备大面积的仓库，而电子商务系统网络化的虚拟企业将散置在各地的分属不同所有者的仓库通过网络系统连接起来，使之成为“虚拟仓库”，进行统一管理和调配使用，服务半径和货物集散空间都放大了。这样的企业在组织资源的速度、规模、效率和资源的合理配置方面都是传统的物流配送所不可比拟的，相应的物流观念也必须是全新的。

(2) 网络对物流配送的实时控制代替了传统的物流配送管理程序。一个先进系统的使用会给企业带来全新的管理方法。传统的物流配送过程是由多个业务流程组成的，受人为因素影响和时间影响很大。网络的应用可以实现整个过程的实时监控和实时决策。新型的物流配送业务流程都是由网络系统连接的，当系统的任何一个神经末端收到一个需求信息的时候，该系统都可以在极短的时间内做出反应，并可以拟订详细的配送计划，通知各环节开始工作。这一切工作都是由计算机根据人们事先设计好的程序自动完成的。

(3) 物流配送的持续时间在网络环境下会大大缩短，对物流配送速度提出了更高的要求。在传统的物流配送管理中，由于信息交流的限制，完成一个配送过程的时间比较长，但这个时间随着网络系统的介入会变得越来越短，任何一个有关配送的信息和资源都会通过网络管理在几秒钟内传到有关环节。

(4) 网络系统的介入简化了物流配送过程。传统物流配送整个环节极为烦琐，在网络化的新型物流配送中心里，可以大大缩短这一过程。在网络支持下的成组技术可以在网络环境下更加淋漓尽致地被使用，物流配送周期会缩短，其组织方式也会发生变化；计算机系统管理可以使整个物流配送管理过程变得简单和容易；网络上的营业推广可以使用户的购物和交易过程变得更有效率、费用更低，可以提高物流配送企业的竞争力；随着物流配送业的普及和发展，行业竞争的范围和残酷性大大增加，信息的掌握、信息的有效传播和其易得性使用传统的方法获得超额利润的时间和数量会越来越少；网络的介入使人们不再是机器、数字和报表的奴隶，人的潜能得到充分发挥，自我实现的需求成为多数员工的工作动力。

2. 电子商务物流配送的含义

电子商务物流配送就是信息化、现代化、社会化的物流配送。具体来讲，就是指配送企业采用网络化的计算机技术和现代化的硬件设备、软件系统及先进的管理手段，针对社会需求严格地、守信用地按用户的订货要求进行一系列分类、编配、整理、分工、配货等理货工作，定时、定点、定量地交给没有范围限度的各类用户，满足其对商品的需求。

可以看出，这种新型的物流配送是以一种全新的面貌，成为流通领域革新的先锋，代表了现代市场营销的主方向。新型物流配送能使商品流通较传统的物流配送方式更容易实现信息化、自动化、现代化、社会化、智能化、合理化、简单化，使货畅其流，物尽其用，既减少了生产企业库存，加速了资金周转，提高了物流效率，降低了物流成本，又刺激了社会需求，有利于整个社会的宏观调控，也提高了整个社会的经济效益，促进了市场经济的健康发展。

3.1.2 电子商务物流配送的特征

1. 虚拟性

电子商务物流配送的虚拟性来源于网络的虚拟性。通过借助现代计算机技术，配送活动已由过去的实体空间拓展到了虚拟网络空间，实体作业节点可以虚拟信息节点的形式表现出来；实体配送活动的各项职能和功能可在计算机上进行仿真模拟，通过虚拟配送，找到实体配送中存在的不合理现象，从而进行组合优化，最终使实体配送过程达到效率最高、费用最少、距离最短、时间最少的目标。

2. 实时性

虚拟性的特性不仅能够有助于辅助决策，让决策者获得高效的决策信息支持，而且可以实现对配送过程的实时管理。配送要素数字化、代码化之后，突破了时空制约，配送业务运营商与客户均可通过共享信息平台获取相应配送信息，从而在最大程度上减少各方之间的信息不对称，有效地缩小配送活动过程中的运作不确定性与环节间的衔接不确定性，打破以往配送途中的“失控”状态，做到全程的“监控配送”。

3. 个性化

个性化配送是电子商务物流配送的重要特性之一。作为“末端运输”的配送服务，它所面对的市场需求是“多品种、少批量、多批次、短周期”的，小规模的频繁配送将导致配送企业的成本增加，这就必须寻求新的利润增长点，而个性化配送正是这样一个开采不尽的“利润源泉”。电子商务物流配送的个性化体现为“配”的个性化和“送”的个性化。“配”的个性化主要指通过配送企业在流通节点(配送中心)根据客户的指令对配送对象进行个性化流通加工，从而增加产品的附加价值；“送”的个性化主要是指依据客户要求的配送习惯、喜好的配送方式等为每一位客户制定量体裁衣式的配送方案。

4. 增值性

除了传统的分拣、备货、配货、加工、包装、送货等作业以外，电子商务物流配送的功能还向上游延伸到市场调研与预测、采购及订单处理，向下延伸到物流咨询、物流方案的选择和规划，库存控制决策，物流教育与培训等附加功能，从而为客户提供具有更多增值性的物流服务。

3.1.3 电子商务物流配送的优势

1. 能够实现货物的高效配送

在传统的物流配送企业内，为了实现对众多客户大量资源的合理配送，需要大面积的仓库来用于存货，并且由于空间的限制，存货的数量和种类受到了很大的限制。而在电子商务系统中，配送体系的信息化集成可以使虚拟企业将散置在各地、分属不同所有者的仓库通过网络系统连接起来，使之成为“集成仓库”，进行统一调配和协调管理，服务半径和货物集散空间都放大了。这种情况下，货物配置的速度、规模和效率都大大提高，使货物的高效配送得以实现。

2. 能够实现配送的适时控制

传统的物流配送过程是由多个业务流程组成的，各个业务流程之间依靠人来衔接和协调，这就难免受到人为因素的影响，问题的发现和故障的处理都会存在时滞现象。而电子商务物流配送模式借助于网络系统可以实现配送过程的适时监控和适时决策，配送信息的处理、货物流转的状态、问题环节的查找、指令下达的速度等都是传统的物流配送无法比拟的，配送系统的自动化程序化处理、配送过程的动态化控制、指令的瞬间到达都使配送的适时控制得以实现。

3. 物流配送过程得到了简化

传统物流配送的整个环节由于涉及主体的众多及关系处理的人工化，所以极为烦琐。而在电子商务物流配送模式下，物流配送中心可以使这些过程借助网络实现简单化和智能化。例如，计算机系统管理可以使整个物流配送管理过程变得简单和易于操作；网络平台上的营业推广可以使用户购物和交易过程变得效率更高、费用更低；物流信息的易得性和有效传播使用户找寻和决策的速度加快、过程简化。很多过去需要较多人工处理、耗费较多时间的活动都因为网络系统的智能化而得以简化，这种简化使物流配送工作的效率大大提高。

3.2 电子商务物流配送中心概述

本节将重点介绍电子商务物流配送中心的概念、特征和类型。

3.2.1 配送中心的概念

配送中心的形成及发展是有其历史原因的，日本经济新闻社的《输送的知识》一书将此说成是物流系统化和大规模化的必然结果；《变革中的配送中心》一文则这样说：“由于用户在货物处理的内容上、时间上和服务水平上都提出了更高的要求，为了顺利地满足用户的这些要求，就必须引进先进的分拣设施和配送设备，否则就建立不了正确、迅速、安全、廉价的作业体制。因此，在运输业界，大部分企业都建造了正式的配送中心。”

可见，配送中心的建设是基于物流合理化和发展市场两个需要的。配送中心是物流领域中社会分工、专业分工进一步细化之后产生的。在新型配送中心没有建立起来之前，配送中心现在承担的有些职能是在转运型节点中完成的，以后一部分这类中心向纯粹的转运站发展，以衔接不同的运输方式和不同规模的运输，一部分则增强了“送”的职能，而后又向更高级的“配”的方向发展。

日本《市场用语词典》对配送中心的解释是：它是一种物流节点，它不以储藏仓库这种单一的形式出现，而是发挥配送职能的流通仓库，也称作基地、据点或流通中心。配送中心的目的是降低运输成本、减少销售机会的损失，为此建立设施、设备并开展经营、管理工作。

《物流手册》对配送中心的定义是：配送中心是从供应者手中接受多种大量的货物，进行倒装、分类、保管、流通加工和情报处理等作业，然后按照众多需要者的订货要求备齐货物，以令人满意的服务水平进行配送的设施。

学者王之泰对配送中心的定义是：配送中心是从事货物配备(集货、加工、分货、拣选、配货)和组织对用户的送货，以高水平实现销售或供应的现代流通设施。这个定义的要点包括下列几个方面内容：

(1) 配送中心的“货物配备”工作是其主要的、独特的工作，是全部由配送中心完成的。

(2) 配送中心有的是完全承担送货，有的是利用社会运输企业完成送货。从我国国情来看，在开展配送的初期，用户自提的可能性很大。所以，对于送货而言，配送中心主要是组织者而不是承担者。

(3) 定义中强调了配送活动和销售或供应等经营活动的结合，是经营的一种手段，以此排除了这是单纯的物流活动的看法。

(4) 定义中强调了配送中心的“现代流通设施”，着重于和以前的诸如商场、贸易中心、仓库等流通设施的区别。这个流通设施以现代装备和工艺为基础，不但处理商流，而且处理物流，是兼有商流、物流全功能的流通设施。

3.2.2 电子商务下新型配送中心的特征

根据国内外物流配送业发展情况，在电子商务时代，信息化、现代化、社会化的新型物流配送中心可归纳为以下10个特征。

1. 物流配送反应速度快

电子商务下，新型物流配送服务提供者对上游、下游的物流配送需求的反应速度越来越快，前置时间越来越短，配送时间越来越短，物流配送速度越来越快，商品周转次数越来越多。

2. 物流配送功能集成化

新型物流配送着重于将物流与供应链的其他环节进行集成，包括物流渠道与商流渠道的集成、物流渠道之间的集成、物流功能的集成、物流环节与制造环节的集成等。

3. 物流配送服务系列化

电子商务下，新型物流配送除强调物流配送服务功能的恰当定位与完善化、系列化，传统的储存、运输、包装、流通加工等服务外，还在外延上扩展至市场调查与预测、采购及订单处理，向下延伸至物流配送咨询、物流配送方案的选择与规划、库存控制策略建议、货款回收与结算、教育培训等增值服务；在内涵上提高了以上服务对决策的支持作用。

4. 物流配送作业规范化

电子商务下的新型物流配送强调功能作业流程、作业、运作的标准化和程序化，使复杂的作业变成简单的易于推广与考核的运作。

5. 物流配送目标系统化

新型物流配送从系统角度统筹规划一个公司整体的各种物流配送活动，处理好物流配送活动与商流活动及公司目标之间、物流配送活动与物流仓储活动之间的关系，不求单个活动的最优化，但求整体活动的最优化。

6. 物流配送手段现代化

电子商务下的新型物流配送使用先进的技术、设备与管理为销售提供服务，生产、流通、销售规模越大、范围越广，物流配送技术、设备及管理越现代化。

7. 物流配送组织网络化

为了保证对产品促销提供快速、全方位的物流支持，新型物流配送要有完善、健全的物流配送网络体系，网络上点与点之间的物流配送活动保持系统性、一致件，这样可以保证整个物流配送网络有最优的库存总水平及库存分布，运输与配送快捷、机动，既能铺开又能收拢。分散的物流配送单体只有形成网络，才能满足现代生产与流通的需要。

8. 物流配送经营市场化

新型物流配送的具体经营采用市场机制，无论是企业自己组织物流配送，还是委托社会化物流配送企业承担物流配送任务，都以“服务—成本”的最佳配合为目标。

9. 物流配送流程自动化

物流配送流程自动化是指运送规格标准、仓储货、货箱排列装卸、搬运等按照自动化标准作业、商品按照最佳配送路线等。

10. 物流配送管理法制化

宏观上，要有健全的法规、制度和规则；微观上，新型物流配送企业要依法办事，按章行事。

3.2.3 电子商务下新型配送中心运作的类型

物流配送是流通部门连接生产和消费，使时间和场所产生效益的设施，提高物流配送的运作效率是降低流通成本的关键所在。物流配送又是一项复杂的科学系统工程，涉及生产、批发、电子商务、配送和消费者的整体结构，运作类型也形形色色。

1. 按运营主体分类

(1) 以制造商为主体的配送中心。这种配送中心里的商品 100%是由自己生产制造的，用以降低流通费用、提高售后服务质量和及时地将预先配齐的成组元器件，运送到规定的加工和装配工位。从商品制造到生产出来后条码和包装的配合等多方面都较易控制，所以按照现代化、自动化的配送中心设计比较容易，但不具备社会化的要求。

实例 3-1

汽车制造业配送中心

自从日本汽车打入到欧洲和美国市场后，日本汽车配件的供应和需求不断增加。于是，美、法、英等国家先后建立了许多供应日本汽车配件的组织——配件中心。从职能上看，这些称作配件中心的组织既负责向用户供应和销售汽车配件，同时也从事货物的存储、分拣、输送等物流活动，向用户提供系列化的后勤服务，起着配送中心的作用。其中，德国的 MAZDA MOTOR 配件中心最为典型。

该配件中心建于 1988 年 3 月，总面积为 2.5 万平方米，经营的配件有 8 万种。其特点是经营规模比较大，设备先进且数量较多。在这个配件中心内部，共配置了 17 台能吊装各种大型配件和小型配件的塔式起重机、10 台运输配件的自动化机械和各式分拣设备。此外，在中心内部还建立了使用光导传送技术的新的库存管理系统，使分拣出的配件能及时出库。

该配件中心的工作人员主要是利用各种机械来进行配件的入库和出库作业。据资料介绍，货物入库时，大、中型配件是以托盘为单位的，用升降机将其吊运至固定的货物存储；小型配件入库则采取“预约定位”方式，配件连同存储容器一起存入货架。其运作过程是：在盛装配件的容器上贴有标明入库位置的条形码，当升降机(或运输机械)吊运的货物所到架位正好与条形码读出要求相符合时，便按指令将货物送入货架。出库作业与入库作业类似，也是利用条形码技术和光导装置。

(2) 以批发商为主体的配送中心。商品从制造者到消费者手中之间的传统流通有一个环节叫批发。一般是按部门或商品类别的不同，把每个制造厂的商品集中起来，然后以单一品种或搭配向消费地的零售商进行配送。这种配送中心的商品来自各个制造商，它所进行的一项重要的活动是对商品进行汇总和再销售，而它的全部进货和出货都是社会配送的，社会化程度高。

实例 3-2

批发型配送中心

批发型配送中心是国外配送中心的一个重要组成部分。美国加州食品配送中心是全美第二大批发配送中心，建于 1982 年，建筑面积 10 万平方米，工作人员有 2000 人左右，共有全封闭型温控运输车 600 多辆，1995 年销售额达 20 亿美元。经营的商品均为食品，有 43 000 多个品种，其中有 98%的商品由该公司组织进货，另有 2%的商品是该中心开发加工的商品，主要是牛奶、面包、冰激凌等新鲜食品。该中心实行会员制，各会员超市根据店铺的规模大小不同、所需商品配送量的不同而向中心交纳不同的会员费。会员店在日常交易中与其他店一样，不享受任何特殊的待遇，但可以参加配送中心定期的利润处理。该配送中心本身不是盈利单位，可以不交营业税。所以，当配送中心获得利润时，采取分红的形式，将部分利润分给会员店。会员店分得红利的多少将视其在配送中心的送货量和交易额的多少而定，多者多分红。

该配送中心主要依靠计算机管理。业务部通过计算机获得会员店的订货信息，及时向生产厂家和储运部发出要货的指示单。厂家和储运部再根据要货指示单的先后缓急安排配送先后顺序，将分配好的货物放在待配送口等待发运。配送中心 24h 运转，配送半径一般为 50km。

(3) 以零售业为主体的配送中心。零售商发展到一定规模后，就可以考虑建立自己的配送中心，为专业商品零售店、超级市场、百货商店、建材商场、粮油食品商店、宾馆饭店等服务。其社会化程度介于前两者之间。

实例 3-3

零售型物流中心

美国沃尔玛公司的配送中心是典型的零售型配送中心。该配送中心是沃尔玛公司独资建立的，专为本公司的连锁店按时提供商品，确保各店稳定经营。该中心的建筑面积为12万平方米，总投资7000万美元，有职工1200多人；配送设备包括200辆车头、400节车厢、13条配送传送带，配送场内设有170个接货口。中心24h运转，每天为分布在纽约、宾夕法尼亚州等6个州的沃尔玛公司的100家连锁店配送商品。

该中心设在100家连锁店的中央位置，商圈为320km，服务对象店的平均规模为1.2万平方米。中心经营商品达4万种，主要是食品和日用品，通常库存为4000万美元，旺季为7000万美元，年周转库存次数为24次。在库存商品中，畅销商品和滞销商品各占50%，库存商品期限超过180天为滞销商品。各连锁店的库存量为销售量的10%左右。1995年，该中心的销售额为20亿美元。

在沃尔玛公司各连锁店销售的商品，根据各地区收入和消费水平的不同，其价格也有所不同。总公司对价格差价规定了上下限，原则上不能高于所在地区同行业同类商品的价格。

(4) 以仓储运输业者为主体的配送中心。这种配送中心最强的是运输配送能力，它的地理位置优越，如港湾、铁路和公路枢纽，可迅速将到达的货物配送给用户。它提供仓储储位给制造商或供应商，而配送中心的货物仍属于制造商或供应商所有，配送中心只是提供仓储管理和运输配送服务。这种配送中心的现代化程度往往较高。

实例 3-4

仓储型物流中心

美国福来明公司的食品配送中心是典型的仓储式配送中心，它的主要任务是接受美国独立杂货商联盟加州总部的委托业务，为该联盟在该地区的350家加盟店负责商品配送。该配送中心建筑面积为7万平方米，经营品种8.9万，其中有1200个品种是美国独立杂货商联盟开发的，必须集中配送。在服务对象店经营的商品中，有70%左右的商品由该中心集中配送，一般是鲜活商品和怕碰撞的商品，如牛奶、面包、炸土豆片、瓶装饮料和啤酒等，从当地厂家直接进货到店，蔬菜等商品从当地的批发市场直接进货。

2. 按配送模式分类

(1) 集货型配送中心。该种配送中心主要针对上家的采购物流过程进行创新而形成。其上家生产具有相互关联性，下家互相独立，上家对配送中心的储存度明显大于下家，上家相对集中，而下家分散具有相当的需求。同时，这类配送中心也强调其加工功能。此类配送中心适于成品或半成品物资的推销，如汽车配送中心。

(2) 散货型配送中心。这种配送中心主要是对下家的供货物流进行优化而形成。上家对配送中心的依存度小于下家，而且配送中心的下家相对集中或有利益共享(如连锁业)。采用此类配送中心的流通企业，其上家竞争激烈，下家需求以多品种、小批量为主特征，适于原材料或半成品的物资配送，如机电产品配送中心。

(3) 混合型配送中心。这种配送中心综合了上述两种配送模式的优点，并对商品的流通全过程进行控制，有效克服了传统物流的弊端。采用这种配送模式的流通企业规模较大，具有相当的设备投资，如区域性物流配送中心。在实际流通中，多采取多样化经营，降低了经营风险。这种配送中心比较符合新型物流配送的要求(特别是电子商务下的物流配送)。

3. 按服务范围分类

(1) 城市配送中心。城市配送中心是以城市为配送范围的配送中心，由于城市范围一般处于汽车运输的经济里程，这种配送中心可直接配送到最终用户，且采用汽车进行配送。因此，这种配送中心往往和零售经营相结合，但由于运距短，反应能力强，所以从事多品种、少批量、多用户的配送较有优势。

(2) 区域配送中心。区域配送中心是以较强的辐射能力和库存准备向省(州)际、全国乃至国际范围的用户配送的配送中心。这种配送中心配送规模较大，一般而言，用户也较大，配送批量也较大，而且往往是配送给下一级的城市配送中心，也配送给营业所、商店、批发商和企业用户，虽然也从事零星的配送，但不是其主体形式。

4. 按配送中心的功能分类

(1) 储存型。有很强的储存功能。例如，美国赫马克配送中心的储存区可储存 16.3 万托盘。我国目前建设的配送中心多为储存型配送中心，库存量较大。许多大型物流配送中心均起源于传统的大型仓库，从而逐步形成了多功能的物流配送中心。

(2) 销售型。主要功能是销售产品。可以方便用户，服务于民，增加产品销售量，扩大市场，提高了设备和设施水平，有一批专门从事物流加工、分货、拣货和配送的人才。其主要功能是销售产品，物流工作是为销售服务。销售型物流配送中心有 3 种形式：一是制造业为了直销本企业生产的产品和扩大市场而建立的销售物流配送中心。在工业发达国家，这种类型的物流配送中心较多。二是以销售为主的流通业为了扩大销售量而建立的销售型物流配送中心。三是流通业和产业界共同出资建立的销售型物流配送中心。这又叫做“公共型”物流配送中心。

(3) 供应型。主要功能是向用户供应货物，起着供应商的作用。其服务对象是生产企业和大型商业系统，如大型超市、百货商场、连锁店等。配送货物主要是原料、器件、半成品、商品。供应型配送中心客观上起到了供应商的作用。这种类型的物流配送中心相当于用户的后勤部门。在物流业中，那些接受用户委托，专门为生产企业提供零件、部件、原材料和为大型商业系统供应商品的物流配送中心均是供应型物流配送中心。由于供应型物流配送中心向众多用户提供优质服务和商品，所以这种类型的物流配送中心的规模较大，设备和设施先进，拥有大型现代化的自动化立体仓库及先进的外围设备。

5. 按配送货物的属性分类

根据配送货物的属性，配送中心可以分为食品配送中心、日用品配送中心、医药品配送中心、化妆品配送中心、家电产品配送中心、电子(3C)产品配送中心、书籍产品配送中心、服饰产品配送中心、汽车零件配送中心以及生鲜处理中心等。

实例 3-5

国内外盛行的9种物流配送中心

(1) 专业配送中心：配送对象、配送技术属于某一专业范畴，在某一专业范畴有一定的综合性，综合某一专业的多种物资进行配送，如多数制造业的销售配送中心。我国目前在石家庄、上海等地建的配送中心大多采用这一形式。这类配送中心是以配送为专业化职能，基本上不从事经营(不参与商流)的服务型配送中心。

(2) 柔性配送中心：这种配送中心不向固定化、专业化方向发展，而能随时变化，对用户要求有很强的适应性，不固定供需关系，不断向发展配送用户和改变配送用户的方向发展。

(3) 供应配送中心：专门为某个或某些用户(如联营商店、联合公司)组织供应的配送中心。例如，为大型连锁超级市场组织供应的配送中心；代替零件加工厂送货的零件配送中心。

(4) 销售配送中心：以销售经营为目的，以配送为手段的配送中心，如生产企业将本身产品直接销售给消费者的配送中心；流通企业作为本身经营的一种方式，建立配送中心以扩大销售；流通企业和生产企业联合的协作性配送中心。

(5) 城市配送中心：以城市范围为配送范围的配送中心，由于城市范围一般处于汽车运输的经济里程，这种配送中心可直接配送到最终用户，且采用汽车进行配送。北京食品配送中心就属于这种类型。

(6) 区域配送中心：以较强的辐射能力和库存准备，向省(州)际、全国乃至国际范围的用户配送的配送中心。

(7) 储存型配送中心：有很强储存功能的配送中心。在买方市场下，企业成品销售需要有较大的库存支持，其配送中心可能有较强储存功能；在卖方市场下，企业原材料、零部件供应需要有较大的库存支持，这种供应配送中心也有较强的储存功能。

(8) 流通型配送中心：基本上没有长期储存功能，仅以暂存或随进随出方式进行配货、送货的配送中心。大量货物整进并按一定批量零出，采用大型分货机，进货时直接进入分货机传送带，分送到各用户货位或直接分送到配送汽车上，货物在配送中心里仅做少许停滞。

(9) 加工配送中心：具有较强的加工职能的配送中心。例如，我国上海市和其他城市已经开展的配煤配送，在配送点中进行了配煤加工。

3.2.4 电子商务下新型配送中心应具备的条件

1. 高水平的企业管理

新型配送中心作为一种全新的流通模式和运作结构，其管理水平要达到科学化和现代化的要求。只有通过合理的科学管理制度、现代化的管理方法和手段，才能确保配送中心基本功能和作用的发挥，从而保障相关企业和用户整体效益的实现。管理科学的发展为流通管理的现代化、科学化提供了条件，并促进流通产业的有序发展和企业内部管理的深化，不断开拓市场。同时，还要加强对市场的监管和调控力度，使之有序化和规范化。总之，一切以市场为导向，以管理为保障，以服务为中心，加快科技进步，是新型配送中心的根本出路。

2. 新型配送中心对人员的要求

新型配送中心能否充分发挥各项功能和作用，完成应承担的任务，人才配置是关键。为此，需配备数量合理、具有一定专业知识和较强组织能力、结构合理的决策、管理、技术和操作人员，以确保新型配送中心的高效运转。新型配送中心的发展需要大量的各种专业人才，从事经营、管理、科研、仓储、配送、流通加工、通信设备和计算机系统维护、贸易等业务。因此需加大人才培养的投入，培养和引进大批掌握先进科技知识的人才，并给其以施展才华的机会；还应对现有职工进行有计划的定期培训，形成系统的学习科技知识的制度；在企业里引入竞争机制，形成能上能下的局面。要提高员工的科技创新意识，培养企业对知识的吸纳能力，促进物流产业人力资源的开发和利用，造就大批符合知识经济时代要求的配送人才，利用各种先进的科学技术和科学方法，促进配送产业向知识密集型方向发展。

3. 新型配送中心对装备配置的要求

新型配送中心面对成千上万的供应厂商、消费者及瞬息万变的市场，承担着为众多用户配送商品和及时满足他们不同需要的任务，这就要求新型配送中心必须配备现代化装备和应用管理系统，尤其要重视计算机网络的运用。通过计算机网络可广泛收集信息，及时进行分析比较，通过科学的决策模型，迅速做出正确的决策，这是解决系统化、复杂化和紧迫性问题最有效的工具和手段。同时，采用现代化的配送设施和配送网络，将会逐渐形成社会化大流通的格局。专业化的生产和严密组织起来的大流通，对物流手段的现代化提出了更高要求，如对自动分拣输送系统，立体仓库，水平垂直、分层、分段旋转货架，AGV 自动导向系统，商品条码分类系统和悬挂式输送机这些新型、高效、大规模的配送机械系统，有着广泛而迫切的需要。具体来说，新型配送中心需配置以下设(装)备：

(1) 硬件设备。

① 仓储设备。料架、栈板、电动堆高机、拣货车、装卸设备、流通加工设备。

② 配送设备。厢式大小货车、手推车、通信设备。

③ 咨询设备。计算机系统设备、电子标签拣货设备、通信设备。

④ 仓储设施。仓库库房及辅助设施。

(2) 软件系统。

① 仓库系统。仓储流程规划、储存安全管理、存货管理。

② 配送系统。配送路径规划、配送安全管理、配送服务管理。

③ 信息系统。进货管理系统、储位管理系统、补货管理系统、出货检取系统、车辆排程系统、流通加工管理系统、签单核单系统、物流计费系统等。

3.3 电子商务物流配送中心的作业流程

配送中心的特性或规模不同，其营运涵盖的作业项目和作业流程也不完全相同。本节主要分析配送中心的一般作业流程、物流配送模式和电子商务环境下的配送流程。

3.3.1 配送中心的一般作业流程

配送中心的一般作业流程指的是作为一个整体来看待，配送中心在进行货物配送作业时所展现出的工艺流程。从这个意义上说，一般作业流程也就是配送中心的总体运动所显示的工艺流程。配送中心的一般作业流程如图3.1所示。

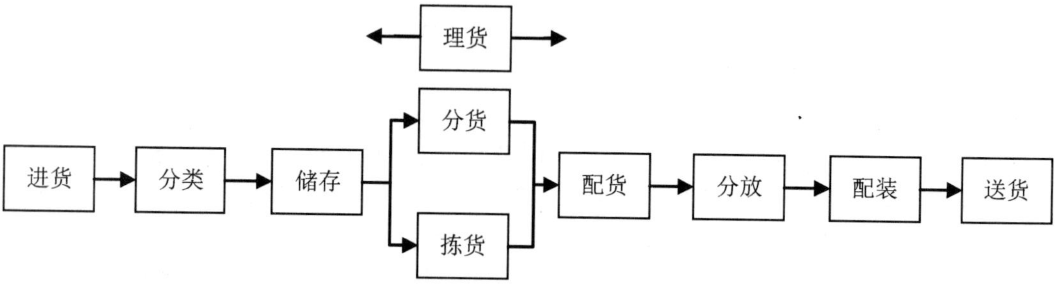

图3.1 配送中心的一般作业流程

1. 总体流程

(1) 接受并汇总订单。无论从事何种货物配送活动，配送中心都有明确的服务对象。换言之，无论何种类型的配送中心，其经营活动都是有目的的经济活动。据此，在未曾进行实质性配送活动之前，都有专门的机构以各种方式收集客户的订单并汇总订单。按照惯例，接受配送服务的各个客户一般都要在规定的时点前将订单通知给配送中心，后者则在规定时间截止之后将各个客户的订单进行汇总，以此来确定所要配送货物的种类、规格、数量和配送时间等。

收集和汇总客户的订单是配送中心组织、调度诸如进货、理货、送货等活动的重要依据，它是配送中心作业流程的开端。

(2) 进货。

① 订货。配送中心收到和汇总客户的订单以后，首先要确定配送货物的种类和数量，然后查询本系统现有库存物资中有无所需要的现货。如有现货，则转入拣选流程；若没有，或虽然有现货但数量不足，则要及时向供应商发出订单，进行订货。有时配送中心也要根据各用户需求情况、商品销售情况及与供应商签订的协议，提前订货，以备发货、接货。通常，在商品资源宽裕的条件下，配送中心向供应商发出订单后，后者会根据订单的要求很快组织供货，配送中心的有关人员接到货物后，需要在送货单上签收，继而对货物进行检验。

② 验收。采取一定手段对接收的货物进行检验。若与订货合同要求相符，很快转入下一道工序；若不符合合同要求，配送中心将详细记载差错情况，并拒收货物。按规定，质量不合格的商品将由供应商处理。

③ 分拣。对于生产商送交来的商品，经有关部门验收之后，配送中心的工作人员随即要按照类别、品种将其分门别类地存放到指定的仓位和场地，或直接进行下一步操作——加工和选拣。

④ 储存。为了保证配送活动正常进行，也为了享受价格上的优惠待遇，有些配送中心常常大批量进货，继而将货物暂时储存起来。由此，在进货流程中就增加了一项储存作业。

(3) 理货和配货。为了顺利、有序地出货，便于向众多的客户发送商品，配送中心一般都要对组织进来的各种货物进行整理，并依据客户要求进行组合。从地位和作用上说，理货和配货是整个作业流程的关键环节，同时也是配送运动的实质性内容。

① 加工作业。在配送中心所进行的加工作业中，有的属于初级加工活动(如长材、大材改制成短材、小材等)，有的是辅助性加工(如按照与生产企业达成的协议，在配送中心给服装等商品拴上标签、套上塑料袋等)，也有的加工作业属于深加工活动(如把蔬菜、水果等食品进行

冲洗、切割、过秤、分份和装袋，把不同品种的煤炭混合在一起，加工成“配煤”等)。加工作业属于增值性经济活动，它完善了配送中心的服务功能。

② 拣选作业。有人把这项作业称为“出货的第一个环节”。实际上，它应当属于理货、配货的范围。拣选作业就是配送中心的工作人员根据要货通知单从储存的货物中拣出客户所需要商品的一种活动。常见的做法是“以摘取的方式拣选商品”，即工作人员拉着集货箱在排列整齐的仓库货架间巡回走动，按照配货单上指出的品种、数量、规格挑选出用户需要的商品并放入集货箱内。目前，随着配送货物数量的不断增加、配送范围的日益扩大及配送节奏的明显加快，许多大型的配送中心已配置了自动化的分拣设备，并开始应用自动化分拣技术拣选货物。

③ 包装作业。配送中心将客户所需要的货物拣选出来后，为了便于运输和识别各个客户的货物，有时要对配备好的货物重新进行包装，并在包装物上印上标签。这样，在拣选作业之后，常续接包装作业。

④ 配装作业。为充分利用载货车辆的容积、提高运输效率，配送中心常把同一条送货路线上不同客户的货物组合、配装在同一辆载货车上。于是，在理货和配货流程中还需要完成组配或配装作业。在配送中心的作业流程中安排组配作业，把多家店铺的货物混载于同一辆车上进行配载，不但能降低送货成本，而且可减少交通流量，改善交通拥挤状况。

(4) 出货(或送货)流程。这是配送中心的末端作业，也是整个配送流程中的一个重要环节。

① 装车。配送中心的装车作业有两种形式：其一是使用机械装卸货物；其二是利用人力装车。通常，批量较大的较重商品都被放在托盘上用叉车进行装车，有些散装货物用吊车或用传送设备装车。因各配送中心普遍推行混载送货方式，故对装车业务有如下几点要求：按送货点的先后顺序组织装车，先到的放在混载货体的上面或外面，后到的放在其下面或里面；要做到“轻者在上，重者在下”、“重不压轻”。

② 送货。在一般情况下，配送中心都使用自备的车辆进行送货作业。有时它也借助于社会上专业运输组织的力量联合进行送货作业。此外，为适应不同客户的需要，配送中心在进行送货作业时，常作出多种安排：有时是按照固定时间、固定路线为固定客户送货；有时也不受时间、路线的限制，机动灵活地进行送货作业。

2. 具体作业环节

(1) 订单处理作业。配送中心的交易起始于客户的咨询，而后由订单的接收业务部门查询出货日的存货状况、装卸货能力、流通加工负荷、包装能力、配送负荷等来答复客户，而当无法按订单依客户要求交货时，由业务部门加以协调。由于配送中心一般不是随货收取货款，而是于一段时间后予以结账，所以在订单资料处理的同时，业务人员须依据公司对客户的资信状况，查核是否已超出其授信额度。在特定时段，业务人员尚需统计该时段的订货数量，并予以调货、安排出货程序及数量，处理退货资料。另外，业务部门还要制定报表计算方式，做报表历史资料管理，预计客户订购最小批量、订货方式或订购结账截止日。

(2) 采购作业。交易订单接受之后，配送中心要向供货或制造厂商订购商品，采购作业的内容包含商品数量统计、对供货厂商查询交易条件，而后依据所订购的数量及供货厂商所提供的较经济的订购批量，提出采购单，最后则进行入库进货的跟踪运作。

(3) 进货入库作业。当采购单开出之后，在采购人员进货入库跟踪催促的同时，入库进货管理员可依据采购单上的预定入库日期作入库作业排程、入库站台排程；而后在商品入库当日，做入库资料查核、入库品检查，查核入库货品是否与采购单内容一致，当品项或数量不符时即做适当的修正或处理，并将入库资料登录建档。对于由客户处退回的商品，也应经过退货品检验，分类处理，登记入库。

(4) 库存管理作业。库存管理作业包含仓库区的管理及库存数量控制。仓库区的管理包括货物在仓库区域内的摆放方式、区域大小、区域分布等规划，货物进出仓库的控制遵循先进先出或后进先出等原则，进出货方式的制定(包括货物所用的搬运工具、搬运方式、仓储区位的调整及变动)。库存数量的控制则依照一般货品出库数量、入库时间等来制定采购数量及采购时点，并做采购时点预警系统。制定库存盘点方法，在一定期间印制盘点清册，并据此内容清查库存数、修正库存账册并制作盘亏报表。仓库区的管理还包含容器的使用及容器的保管维修。

(5) 补货及拣货作业。由客户订单资料的统计，即可知道货品真正的需求量；而在出库日，当库存数足以供应出货需求量时，即可依据需求数印制出库拣货单及各项拣货指示，做拣货区域的规划布置、工具的选用及人员调派。出货拣取不光要注意拣取作业，更应注意货架上商品的补充，以使拣货作业流畅而不致缺货。

(6) 流通加工作业。商品由配送中心送出之前，可在配送中心做流通加工处理。在配送中心的各项作业中，流通加工最易提高货品的附加值，其中流通加工作业包含商品的分类、过磅、拆箱重包装、贴标签及商品的组合包装。而欲达到完善的流通加工，须进行包装材料及容器的管理、组合包装规则的制定、流通加工包装工具的选用、流通加工作业的排程和作业人员的调派。

(7) 出货作业处理。完成货品的拣取及流通加工作业后，即可执行商品的出货作业。出货作业的主要内容包括：依据客户订单资料印制出货单据，制定出货流程，印制出货批次报表、出货商品的地址标签、出货核检表。由排程人员决定出货方式、选用集货工具、调派集货作业人员，并决定运送车辆的大小与数量；由仓库管理人员或出货管理人员决定出货区域的规划布置及出货商品的摆放方式。

(8) 配送作业。配送商品的实体作业包含将货品装车并实时配送，而完成这些作业须事先规划配送区域的划分或配送路线的安排，由配送路径选用的先后次序来决定商品装车的顺序，并在商品的配送途中做商品的追踪及控制、配送途中意外状况的处理。

(9) 会计作业。商品出库后，销售部门可依据出货资料制作应收账单，并将账单转入会计部门作为收款凭据。商品入库后，由收货部门制作入库商品统计表以作为供货厂商稽核之用，并由会计部门制作各项财务报表以供营运政策制定及营运管理参考。

(10) 营运管理及绩效管理作业。除了上述实体作业之外，良好的运作更要基于较高层次的管理者通过各种考核评估来完成配送中心的效率管理，并制定良好的营运决策方针。而营运管理和绩效管理可通过各个工作人员或中级管理阶层提供各种资讯与报表来反映，包含出货销售的统计资料、客户对配送服务的反映报告、配送商品次数及所用时间的报告、配送商品的失误率、仓库缺货率分析、库存损失报告、机具设备损坏及维修报告、燃料耗材等使用量分析、外雇人员、机具和设备的成本分析、退货商品统计报表和作业人力的使用率分析等。

3.3.2 配送中心的特殊作业流程

特殊作业流程是指某一类配送中心进行配送作业时所经过的程序，其中包括不设储存库的配送工艺流程和带有加工工序的配送工艺流程。

1. 不设储存库的作业流程

在流通实践中，有的配送中心主要从事配货和送货活动，本身不设置储存库和存货场地，而是利用设立在其他地方的“公共仓库”来补充货物。因此，在其配送作业流程中，没有储存工序。为了保证配货、送货工作顺利开展，有时配送中心也暂存一部分货物，但一般都把这部分货物存放在理货区，不单独设置储货区。实际上，在这类配送中心内部，货物暂存和配货作业是同时进行的。在现实生活中，配送生鲜食品的配送中心通常都按照这样的作业流程开展业务活动。不设储存库的作业流程如图 3.2 所示。

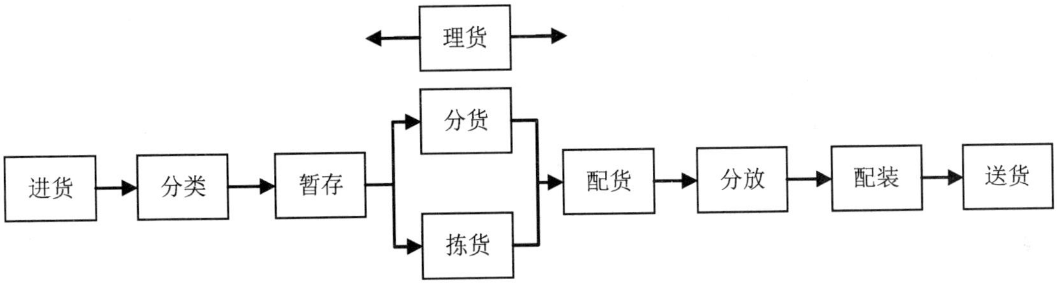

图 3.2 不设储存库的作业流程

2. 加工型配送中心的作业流程

加工型配送中心多以加工产品为主，因此，在其配送作业流程中，储存作业和加工作业居主导地位。加工型配送中心的作业流程如图 3.3 所示。

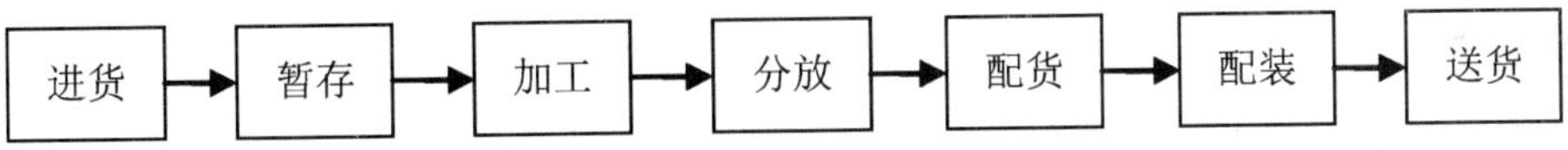

图 3.3 加工型配送中心的作业流程

由于其流通加工多为单品种、大批量产品的加工作业，并且是按照客户的要求安排的，所以对于加工型的配送中心来说，虽然进货量较大，但是分类、分拣工作量并不太大。此外，因加工的产品种类较少，一般都不单独设立拣选、配货等环节。通常，加工好的产品可直接运到客户户头划定的货位区内，进行包装、配货。

3. 分货型配送中心的作业流程

分货型配送中心是以中转货物为主要职能的配送组织。在一般情况下，这类配送中心在配送货物之前需先按照要求把单品种、大批量的货物分堆，然后再将分好的货物分别配送到客户指定的接货点。其作业流程比较简单，无须拣选、配货、配装等作业程序。

实例 3-6

德国丽德公司仓库配送中心

位于内卡斯沃尔姆的配送中心是德国丽德连锁店的仓库配送中心之一。丽德公司在每个地区都有这样一个仓库作为当地连锁店的配送中心，负责向所辖地区的连锁店配送食品。

该配送中心配送的食品，由丽德公司自制的占 40%，其余向专业食品厂订购。该中心在经济上实行独立核算，它的仓储面积为 7000m^2，设有 9000 个货位，库存商品每年周转 20 次左右，每月出库商品达 2000 万马克，货损价值只有 3000 马克，货损率仅 0.05%。仓库内采用 5 层高架货仓，每个货位都有各自的编号，垂直的 5 层放置同样商品的集装单元托盘，其中最下面的一层是供配货使用，其他 4 层作为商品配货备用。全库由信息管理系统实行统一指挥，每天计算机显示需进的货，以及需进多少，货物什么时间到达。由于食品的时效性强，计算机还出示一份报告，列出将要到保质期的商品名称及位置，提醒工作人员尽早出库。在进货时，计算机打印出标签，贴在集装单元托盘上，标签上有货位号、小包装数量及其他相关的信息。计算机通过库内及铲车上安装的红外线发射、接收装置等，适时通知负责货物进出库的职工，什么货在哪个库门进库，应放在什么位置；什么货在什么位置需要出库，出哪个库门哪种配货商品已经用完，是从什么位置取下的，应予以补充等。

该配送中心的配货职工根据订单的要求进行配装，将货物集装单元放到指定的位置。配货职工每个工作日的基本工作量是 200 个小包装，但平均都能完成 1000 个小包装的配货量。该中心负责向 80 个食品店供货，每个食品店在报订单后 30 个小时内便可收到所需的商品。该中心还拥有自己的车队，其运量占总量的 70%，对一些单程运输的商品则委托其他专业运输公司或第三方物流企业去完成。

3.4　电子商务配送中心的库存控制

配送中心优化的目标主要是实现配送中心整体运作成本的最小化，为了获取最小化的成本，一个重要的方面就是必须有效地管理库存。计划和协调供应链中的库存就成了最小化库存成本的重要手段。

3.4.1　配送中心库存的重要性

配送中心的库存是配送中心费用的主要来源，同时也是配送中心提高服务水平的保证。

人们对库存的认识曾经进入误区。因为在企业的资产负债表中，库存货物是作为一项资产记入的，所以库存的增长似乎是无限度的。这样，一个企业的产品产量可能远远超过销量，结果是产品积压、大量资金被占用，使得资金周转困难，企业的再生产困难。尤其是在不得不为库存缴税时，库存造成的损失更大。库存的储存费用也很大，为维护库存，企业需投入很大的人力、物力和财力。

配送中心进行物流活动时，库存管理是重要的环节和要素。把库存控制到最佳数量，尽量少用人力、物力、财力把库存管理好，为客户提供最大的供给保证，是库存管理的任务。

但是，解决配送中心的库存问题并不简单。配送中心可大量削减库存，以减少资金的占用，减少库存费用。但由于库存过少会使配送中心经常发生缺货现象，降低服务水平，失去客户，也会给配送中心带来很大损失。所以配送中心需确定和保持合理的库存水平，并建立合理的库存控制系统，采用多种方法、手段、技术、管理方式和操作过程来控制库存。

3.4.2　库存管理的任务

(1) 降低成本。库存管理中费用是最受关心的，只有降低费用、成本，才能提高利润，因而应尽可能地压缩库存。

(2) 提高库存保证程度。配送中心在为客户服务时，应随时保证供给，这就必须维持一定的库存水平。

(3) 快速供应。配送中心需根据客户的配送需要，快速提供货物，以满足市场和客户的需要，所以有的配送中心以快速出货为目标来控制库存。

这些任务都是通过库存控制系统的正常运作来完成的。库存控制系统贯穿在商品的选择、采购、入库、保管乃至出库配送等一系列工作之中，它由以下 4 个要素组成：

(1) 配送中心的地址与服务内容。配送的服务、配送频率、配送成本、配送服务的内容等影响配送中心的库存水平。

(2) 订货。订货包含订货数量和订货次数两个因素。调整订货的数量和次数可直接影响库存水平。

(3) 运输。订货工作完成后，收、交货物均由运输工作来完成。运输能保证订货计划的实施，也便于配送中心更精确地控制库存水平。运输路线、运输车辆的安排、运输频率的规划、运输成本的控制及运输服务水平的确定，是整个库存控制系统的核心问题。

(4) 信息。信息可取代库存，信息畅通才能使库存管理更迅速、更准确。

3.4.3　库存成本控制的内容

成功管理库存并合理控制其成本的首要一点是，应对库存及其成本构成有正确且全面的认识，库存成本的隐蔽性使得管理人员对其认识总是片面的，常常会忽略一些重要的方面。

库存按其是否可用，可分为可用库存和不可用库存，可用库存是指那些可以随时用于生产或者订单交货的库存；不可用库存则是指那些在短时间内无法用于生产或交货的库存，如运输过程中的在途库存、生产线上的在制品、仓库中的淤滞库存(即销售的机会非常小)和预留库存(为客户的订单预留但还没有交货)。

库存按其存在形态又可分为原材料、在制品(包括半成品)、产成品、维修备件、在途库存、寄售库存等。不同形态下的库存其管理方式和目标是不完全一样的。例如，原材料库存的管理强调的是生产计划的准确、原材料计划的及时、供应商交货的快速和稳定，降低原材料库存也应相应地从这些方面来入手。而在制品或者是半成品的库存量控制则需要通过制定合理的生产线工作节拍、使物料在生产线上连续而均匀地流动、减少在制品的等待时间、合理布置生产线的位置以缩小物料在生产过程中的转移距离等措施来实现。

1. 库存成本的构成

(1) 库存持有成本。即为保有和管理库存而需承担的费用开支，具体可分为运行成本、机会成本和风险成本 3 个方面。运行成本主要包括了仓储成本，自营型的仓库体现为建造仓库的固定投资的摊销费用，外包型的仓库则体现为仓库的租金，库存越高，仓储面积越大，仓储成本也越高。此外，运行成本还包括仓库中的设备投资成本和日常运作费用(水、电、人工等)。机会成本主要是库存所占用的资金所能带来的机会成本，库存作为企业的资产是通过占用企业的流动资金而获得的，而任何企业都有其一定的资金投资回报率，即库存占用的资金如果不用于库存而去经营其他投资所能获得的平均收益，这一比例因行业的不同和企业的不同而有所不同，一般为 10%～16%。企业因为要持有一定的库存而丧失了流动资金所能带来的投资收益，即为库存的机会成本。有时企业通过借款来获得库存，这时的机会成本还应包括借款的利息支出。风险成本顾名思义则是从风险的角度出发来考虑的成本，首先是保险费用，为了减少库存的损失，大多数的企业会为其库存的安全保险，其费用就是库存风险成本。同时企业可能会因为库存的不合理存放而造成损耗或报废，如食品过期、存放过程中破损、产品滞销、失窃等，这些损失同样是库存的风险成本。

(2) 库存缺货成本。简而言之，就是由于库存供应中断而造成的损失，包括原材料供应中断造成的停工损失，产成品库存缺货造成的延迟发货损失，销售机会丧失带来的损失，企业采用紧急采购来解决库存的中断而承担的紧急额外采购成本等。

库存持有成本和缺货成本之间的关系如图 3.4 所示。

(3) 库存获得成本。库存的获得成本是指企业为了得到库存而需承担的费用。抛开库存的本身价值，如果库存是企业直接通过购买而获得的，则获得成本体现为订货成本，包括与供应商之间的通信联系费用、货物的运输费用等，订购或运输次数越多，订货成本就越高；如果库存是企业自己生产的，则获得成本体现为生产准备成本，即企业为生产一批货物而进行的生产线改线的费用。

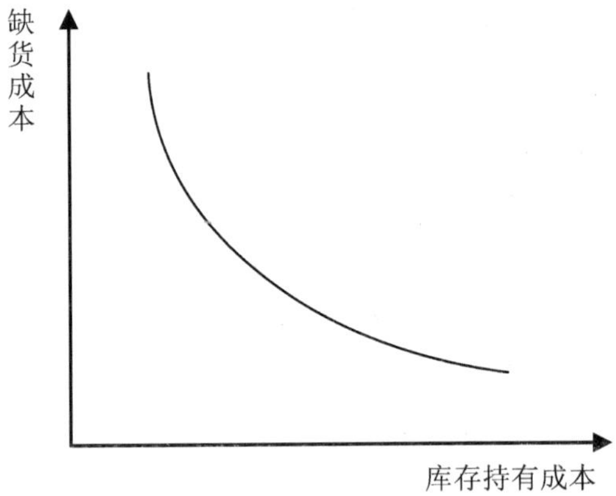

图 3.4　库存持有成本和缺货成本之间的关系

2. 库存成本控制的内容

库存成本的控制具体是通过合理优化的管理来实现的，对库存的管理内容又可分为以下 3 个层次：

(1) 库存决策——控制库存持有成本。管理者需要通过对物料的分析决定什么产品需要库存，什么产品不需要库存，以及库存的规模、周转率和分布情况。

(2) 需求预测——控制库存的缺货成本。库存管理的一个重要内容就是获得相对准确的需求预测，包括生产计划、销售计划等。

(3) 确定库存的订货方法——控制库存获得成本。管理者需要确定库存的再订货点、订货周期和每次的订货量。

需要注意的是库存的客观存在性，虽然现在很多企业强调 JIT 的生产和管理方式，以期望达到零库存的管理水平。但是从整个供应链的角度来看，库存是客观存在的，它如果不存在于企业的仓库里，则会存在于供应商(原材料)或代理商/客户(产成品)的仓库里，或者是存在于运输的途中。企业即使可以完全消除原材料及产成品的库存，依然无法消除生产过程中存在的在制品库存。当然，供应链管理的目标就是最大限度地减少供应链上各企业的库存总量，而企业物流管理的目标之一，也是考虑如何减少企业的库存总量。因此，库存的客观存在性也决定了库存成本的客观存在性。

3.4.4　库存成本控制的具体措施

1. 正确确定库存物料

对一般性的企业来说，其所经营的产品少则几十种，多则成千上万种，并且在大多数情况下，不需要也不可能对所有的产品都准备库存。所以企业的首要任务就是正确确定库存和非库存的物料。

一般来说，企业的库存管理模式可以分为拉动式(反应式)和推动式(计划式)，前者是基于需求(生产或客户的订单)的，仅在需要时才生产或采购的库存管理模式，JIT 和看板管理系统就是属于这种方式。拉动式库存管理模式所适用的产品通常有以下 4 个方面特点：

(1) 产品大多数为客户订制，或者说产品的标准化程度较低。

(2) 产品的单价较高，这种产品如果备有大量的库存，会对企业的资金流动造成巨大的压力。

(3) 产品生产或采购的前置时间可以满足客户订单的交货要求，这种情况下企业通常没有必要准备库存。

(4) 产品的流动性较慢。

推动式的库存管理模式企业基于预测和需求计划，预先准备一定量的原材料或者产成品，以满足随时发生的生产或客户订单的交货需求。推动式库存管理模式所适用的产品通常有以下 5 个方面特点：

(1) 产品的标准化程度较高，通用性较强。

(2) 产品的单价适中。

(3) 产品的生产或采购的前置时间不能满足客户订单的交货要求。

(4) 产品的销售具有季节性。

(5) 产品的流动性较快。

除了个别特殊的行业和企业外，大多数的企业通常情况下同时采用以上两种模式来管理企业不同的产品。这样既能缩短订单交货时间，增强企业的竞争力，同时又能降低企业的库存水平，加快资金的流动。

在实际的管理工作中，除了根据企业的产品特性确定正确的库存管理模式外，更重要的是对所确定的库存产品不能一视同仁，而是要区别对待，分类管理，也就是通常所讲的 ABC 分类法。ABC 分类法是将库存按占用资金的大小和销售额的比例进行分类，占销售额的比例大的物料归入 A 类，比例稍低的归入 B 类，最低的物料归入 C 类。这种分类的目的主要是通过对重点物料的严格控制，在整体提高企业交货水平的基础之上降低企业的库存水平，同时又适当照顾一般的物料。对不同的库存物料进行分类管理可以大大降低企业的整体库存水平，从而降低库存的成本。

2. 减少不可用库存

虽然很多时候库存是必须存在的，但并不是所有的库存都能随时发挥其作用来满足生产或交货的需要，或者说这些库存在一定的时间内是不能用的，降低库存成本的一个重要方面就是要尽可能地降低这些不可用库存的量。对于一个企业来说，在途库存、淤滞(滞销)库存、预留库存(可交货的订单因其他方面的原因而不能交货)、在制品或者是待检品库存都是不可用的库存。库存管理的目标之一，就是要提高可用库存占库存总量的比例。在实际的工作中，不可用库存通常通过以下途径来降低。

(1) 在途库存。降低在途库存的途径有：一是缩短交货运输时间。从供应商到企业的这段距离的运输时间应尽可能地缩短，需要根据产品的特性(价格、体积、重量等)选择合适的运输方式，对这段时间的管理会大大影响企业的在途库存量。一般来说，价格高而且体积重量较小的产品会优先选择空运，反之则海运为常用的运输方式。但是合适的运输方式是要通过仔细比较运输时间的缩短对库存乃至库存成本，以及运输费用的影响而做出选择的，否则将不能达到整体优化的目的。二是选择合适的交货和付款方式。通过与供应商的谈判，选择对企业最有利的交货方式，也是降低库存成本的一个重要方面，尤其是在国际采购中，从货物离开供应商的工厂，到实际抵达企业的仓库，需要经过较长的时间和不同的场所，在这个过程中，货物的所有权越晚交于企业，付款的期限越长，则企业所需承担的风险和费用也就越小。三是选择正确的厂址。企业离供应商或者客户的距离会影响其库存的水平，距离越短，交货时间越短，库存量相应也可以降低。 这也是为什么通用汽车的供应商会随着通用公司在上海设厂而纷纷将其工厂移至上海，其目的就是加快供应时间，降低库存。

(2) 预留库存。降低预留库存的途径主要是控制订单的整批交货。整批交货的订单对客户来说可以大大降低其库存的水平，但是对供货方来说却是不小的压力，所以企业对此类订单必须要严格控制，在确实需要的情况下，才能向客户提供整批交货的服务。企业应定期检查预留库存的情况，加强与销售部、财务部及客户之间的沟通，尽快消除因付款、客户项目延期等原因造成的预留库存。

(3) 淤滞库存。通过合适的商务政策来减少淤滞库存的产生，例如，客户所取消的订单如果是订制的产品，则必须承担一定的赔偿金等。降低淤滞库存的方法主要有两种：一是销售促销：对已经存在的淤滞库存，需要通过大力促销(降低售价等)将其尽量销售出去。二是退回供应商返工：如果淤滞库存能够经过再加工而提高销售的机会，则与供应商的合作对淤滞库存的再加工也是一个较好的处理手段。

3. 采用合适的库存补货方式

库存补货系统首先需要解决何时补货以及每次补多少货的问题。正确的库存补货方式可以大大降低安全库存量，对整体库存水平的控制是非常重要的。通常对不同的物料可以通过以下两种方法去考虑何时补货的问题。

(1) 定量补货法。就是当某种物料的库存量达到预先设定的水平时进行补货。这种方式操作比较简单，可以通过系统自动进行，适合于对交货要求不高、长期的需求比较稳定、供应商的交货较好并且产品的单价适中的产品。但是它最大的缺点就是因为操作简单，对安全库存的量要求比较高。ROP(Re-Order Point)就是最常用的一种定量补货法。

(2) 动态补货法。相比于定量补货法，动态补货法对管理者的要求比较高，它是通过对现有库存量及未来一定时期内的需求预测数量的平衡来决定当前是否要生成采购单补货。这种补货方式主要适合于产品的需求不稳定，只有依靠不定期的预测来提高需求数据的可靠性，且产品的价格较高的情况。它最大的缺点就是管理工作的复杂性，需要有一套完善的 ERP 系统支持。通常所用的动态补货法有 MRP。

企业可以根据库存物料的重要性决定不同的补货方式，通常 C 类库存物料采用定量补货法，而 A 类物料采用动态补货法，这样的管理方式使得企业将大部分的时间和精力放在重要物资的管理上，对提高订单的交货率及降低库存量有显著的作用。

企业在解决每次订多少量的问题上，需要同时考虑以下几个方面的影响因素：

(1) 供应商所提供的折扣系数。供应商通常会根据不同的订货数量给以不同的折扣系统，这将会影响企业的每次采购量。消除这一影响的方法就是和供应商签订年度供货协议。

(2) 采购费用。每次采购都需要和供应商进行联系和协调，由此而发生的通信费用将会影响企业的采购次数。但是随着通信科技的发展，这部分的费用目前已大大下降。电子邮件已基本替代了原先的传真和电话。

(3) 运输费用。多批次、少批量的采购将会使运输费用上升，反之亦然。

(4) 仓储费用。采购的批次越少，企业需要准备更多的安全库存，在一定程度上会造成仓储成本的上升。但是对于自营型的仓库来说，这部分费用并不一定会体现出来。

理论上，可以运用经济订货批量的公式计算每种产品的订货量，但是在实际工作中，经济订货批量往往会因为有太多的假设条件而很难开展，一般还需要管理人员根据实际情况进行判断。

3.5　电子商务物流配送中心的规划与设计

随着现代生产和商业的发展，建立现代物流配送中心具有重要性和必要性，配送中心的规划设计也面临着越来越大的挑战。在现代社会经济高度发展的条件下，物流配送中心的选址、规划和设计，对于社会和城市的发展具有决定性的意义。

3.5.1　电子商务物流配送中心的选址

1. 配送中心选址的意义

配送中心位置的选择将显著影响实际营运的效率与成本，以及日后中心规模的扩充与发展，是关系到配送中心生存发展的百年大计。配送中心的组织结构如有不善，规章制度如有不妥，还可研究，重新改组或调整即可，但一旦选址失误，则或注定失败，或增加成本。因此，企业在决定配送中心设置的位置方案时，必须认真地进行内部和外部环境条件的综合分析与研究，并按适当步骤进行。通常在选择过程中如果已经有预定地点或区位方案，应于系统规划前先行提出，并成为规划过程的限制因素；如果没有预定的地点，则可于系统规划方案成形后，进行位置方案的选择，必要时还需修正系统规划方案，以配合实际土地及区块面积的限制。

2. 选址决策的含义

配送中心的选址包括两个方面的含义：地理区域的选择和具体地址的选择。

配送中心的选址首先要选择合适的地理区域，对各地理区域进行审慎评估，选择一个适当范围为考虑的区域，如欧洲、亚洲等，同时还需配合配送中心物品特性、服务范围及企业的规模和运营策略而定。

配送中心的地理区域确定后，还需确定具体的建址地点，如果是制造商型的配送中心，应以接近上游生产厂或进口港为宜；如果是日常消费品的配送中心，则宜接近居民生活社区。一般应以进货与出货产品类型特征及交通运输的复杂度，来选择接近上游点或下游点为选址策略。

3. 选址的原则

配送中心建设是一项物流基础设施建设，一旦建成就无法改变，因此，配送中心的选址不能有一丝一毫的随意性，应在一定设计原则下进行。

(1) 适应性原则。配送中心布点必须与国家及地区的经济发展方针、政策相适应，与我国物流资源分布和需求分布相适应，同时还要与一个地区或区域的经济发展特征和主产品特征相适应。既要考虑配送中心本身经营运作上的可行性，又要与区域物流系统规划相适应。

(2) 协调性原则。配送中心布点要将国家乃至于国际的物流网络作为一个大系统来考虑，要确立自身在网络中的位置，与整个系统相协调。同时在配送中心的规模、设施与设备的选择、生产作业能力、配送商品的特性等方面要保持协调性、一致性。

(3) 经济性原则。配送中心布点中的费用主要包括建设费和经营费用两大部分。前者涉及的面广，一次性投入较大，比如规划、设计费用、使用费用、基本建设材料费用、人工费用、设施与设备的选择与安装费用。后者主要是配送中心投入经营的相关费用。

(4) 前瞻性原则。配送中心建设是一项长期投资，所以配送中心布点要有全局观念和长远考虑，要有前瞻性。应结合国家物流系统的长期规划和现实状况，以及国家经济长期发展规划来考虑，既要符合目前需要，又要考虑日后发展的可能。应立足当前，放眼未来。

4. 影响选址的主要因素

(1) 客户分布。配送中心设施是以客户服务为主的，因此，配送中心选址时首先要考虑的就是所服务客户的分布。对于消费品来说，配送中心通常是寻找具有一定购买力的人群，并为其提供配送服务。它可能为商店、零售店提供配送，这些客户大部分是分布在人口密集的地方或大城市，配送中心为了降低运输成本和提高服务水平，多选在城市边缘接近客户分布的地区建立配送中心。

(2) 供应商分布。配送中心的选址应该考虑的另一个重要因素是供应商的分布地区。因为配送中心的物品几乎全部是由供应商所供应的，如果选址越接近供应商，则其商品的运输费用就会越低，库存成本也会越低。

(3) 交通条件。交通的条件是影响配送成本及效率的重要因素之一，交通运输的不便将直接影响配送的运输成本。因此必须考虑距离车站的远近、道路状况、车站的性质、交通连接状况、搬运状况，以及未来交通与邻近地区的发展状况等因素。选址应以重要的运输线路为主，以方便配送运输作业的进行。一般配送中心应尽量选择在交通方便的高速公路、国道及快速道路附近的地方，如果以铁路、轮船、飞机作为运输工具，则要考虑靠近火车编组站、港口、机场等。

(4) 土地条件。配送中心选址还要考虑土地与地形的限制。对于土地的使用，必须符合相关法规及城市规划的限制，尽量选在物流园区或经济开发区。建设用地的形状、长宽、面积与未来扩充的可能性则与规划内容有密切的关系。因此在选择地址时，有必要参考规划方案中仓库的设计内容，在无法完全配合的情形下，必要时需修改规划方案的内容。另外，还要考虑用地大小与地价，在实际选址中，土地地势好的地价都很高，因此在选址中，要考虑现有地价及未来增值状况，并配合未来可能扩充的需求程度，决定最合适的土地面积。

(5) 自然条件。在配送中心选址时，自然条件也是必须考虑的，事先了解当地自然环境有助于降低建设的风险。例如，有的地方靠近山边，湿度比较高，有的地方湿度比较低，有的地方靠近海边，盐分比较高，这些都会影响商品的储存品质。另外，降雨量、台风、地震及河川等对于配送中心的影响也非常大，必须特别留意并且避免被侵害。同时，还要重视配送中心选址建设对环境污染的影响与控制。

(6) 人力资源条件。在配送作业中，最主要的资源需求为人力资源。由于一般物流作业仍属于劳力密集的作业形态，在配送中心内部必须要有足够的作业人力，所以在决定配送中心位置时必须考虑劳工的来源、技术水准、工作习惯和工资水准等因素。

人力资源的评估条件有附近人口、上班交通状况、薪资水准等几项。如果物流的选址位置附近人口不多且交通又不方便，则基层的作业人员不容易招募；如果附近地区的薪资水准太高，也会影响到基层的作业人员的招募。因此，必须调查该地区的人力、上班交通及薪资水准。

(7) 政策环境。政策环境条件也是物流选址考虑的重要因素之一，如果有政府政策的支持，则有助于物流业者的发展。政策环境条件包括企业优惠措施(土地提供、减税、补贴)、城市规划(土地开发、道路建设计划)、地区产业政策等。如果布局在有补贴地区的配送中心，则可享有资金上的优惠，如可向地方政府贷到较低的用来选址和建设厂房的资金，享受税赋方面的减免，这都有助于降低配送中心的营运成本。

3.5.2　电子商务物流配送中心的规划

1. 配送中心的规划原则

由于配送中心是集约化、多功能的物流据点，系统极为复杂，各子系统间的协调尤为重要。此外，配送中心的建设是一项规模大、投资额高、涉及面广的系统工程。要建设一个高效率、高服务水平的现代化配送中心，物流系统设计乃是成败的关键。配送中心一旦建成就很难再改变性质和用途，所以，在规划设计时必须切实掌握以下几项原则：

(1) 系统工程原则。配送中心的工作包括验货、搬运、储存、装卸、分拣、配货、送货、信息处理以及与供应商、客户的衔接，如何做到内部及彼此之间均衡、协调地运转是非常重要的。配送中心规模的确定取决于物流量的大小，故调查必须抓住这个重点，包括物流量的最大、最小和平均值，查明年、月、周、日间的变化情况。

在调查清楚物流量变化的基础上，要科学分析和预测将来的物流量，它是配送中心设计的重要依据。通常预测内容是从运营之日起6年内物流量的逐年变化情况，如品种、数量、周转率，以及使物流量发生变化的各种因素。要把握住物流的最合理流程。由于运输的路线和物流据点交织成网络，配送中心的选址也非常重要。

(2) 价值工程原则。在激烈的市场竞争中，配送的及时性、一致性和可靠性、低缺货率、差损率等方面的要求越来越高，而在满足服务高质量的同时，又必须考虑物流成本，特别是建造配送中心耗资不菲，必须对建设项目进行可行性研究，并做多方案的技术、经济比较，以求最大的企业效益和社会效益。

(3) 因地制宜原则。建设我国的配送中心，应特别重视因地制宜原则，必须考虑自身的财力规模、土地成本、建筑成本和设备成本等条件，应尽量结合现有基础设施、仓储设施、人力资源等条件，从而大大减少建设成本，并且采用适合本地区、本企业特点的设施设备，而不应一味贪大求洋。

(4) 交通便利原则。配送中心的主要活动，一方面在配送中心内部，这有赖于配送中心的设计及工艺装备；另一方面，配送中心的配送活动领域远在中心之外的一个辐射地区，这一活动则需依赖交通条件。

(5) 发展的原则。规划配送中心时，无论是建筑物、信息系统的设计，还是机械设备的选择，都要考虑到有较强的灵活性，以适应物流量扩大、经营范围拓展的需要。在规划设计第一期工程时，应将第二期工程纳入总体规划，并充分考虑到扩建时的业务需要。

(6) 尽量实现流程、设备、管理科学化的原则。近年来，配送中心均广泛采用计算机进行物流管理和信息管理，大大加速了商品的流转，提高了经济效益和现代化管理水平。同时，要合理地选择、组织、使用各种先进的机械化、自动化物流设备，以充分发挥配送中心多功能、高效益的特点。

2. 配送中心系统规划的要素

配送中心规划的要素就是影响配送中心系统规划的基础数据和背景资料，主要包括7个方面，具体内容如下：

E——Entry，指配送的对象或客户，有时也指订单。

I——Item，指配送货品的种类。

Q——Quantity，指配送中心的出货数量或库存量。

R——Route，指物流通路。

S——Service，指物流服务水平。

T——Time，指物流的交货时间。

C——Cost，指配送货品的价值或建造的预算。

(1) 配送的对象或客户——E。配送中心的服务对象或客户不同，订单形态和出货形态也会有很大不同。例如，为生产线提供JIT配送服务的配送中心和为分销商提供服务的配送中心，其分拣作业的计划、订单传输方式、配送过程的组织将会有很大的区别；而同是销售领域的配送中心，面向批发商的配送和面向零售商的配送，其出货量的多少和出货的形态也有很大不同。

(2) 配送的货品种类——I。在配送中心所处理的货品品项数差异性非常大，多则上万种以上，如书籍、医药及汽车零件等配送中心；少则数十种，如制造商型配送中心。由于品项数的不同，其复杂性与困难性也有所不同。

另外在配送中心所处理的货品种类不同，其特性也完全不同。如目前比较常见的配送货品有：食品、日用品、药品、家电货物、3C货物、服饰货物、录音带货物、化妆品、汽车零件及书籍货物等。它们分别有其货品的特性，配送中心的厂房硬件及物流设备的选择也完全不同。例如，食品及日用品的进出货量较大，家电货物的尺寸较大。

(3) 配货中心的出货数量或库存量——Q。这里Q包含两个方面的含义：一是配送中心的出货数量；二是配送中心的库存量。

货品的出货数量的多少和随时间的变化趋势会直接影响到配送中心的作业能力和设备的配置。例如，一些季节性波动、年节的高峰等问题，都会引起出货量的变动。

配送中心的库存量和库存周期将影响到配送中心对面积和空间的需求，因此应对库存量和库存周期进行详细的分析。一般进口商型配送中心因为进口周期的原因，必须拥有较长的库存量(2个月以上)；而流通型配送中心则完全不需要考虑库存量，但必须注意分货的空间及效率。

(4) 物流通路——R。物流通路与配送中心的规划也有很大的关系。常见的几种通路模式如下：

① 工厂—配送中心—经销商—零售商—消费者。

② 工厂—经销商—配送中心—零售商—消费者。

③ 工厂—配送中心—零售商—消费者。

④ 工厂—配送中心—消费者。

因此，规划配送中心之前首先必须了解物流通路的类型，然后根据配送中心在物流通路中的位置和上下游客户的特点进行规划，才不会出现失败的案例。

(5) 物流服务水平——S。一般企业建设配送中心的一个重要的目的就是提高企业的物流服务水平，但物流服务水平的高低恰恰与物流成本成正比，也就是物流服务品质愈高则其成本也愈高。但是站在客户的立场而言，他们希望以最经济的成本得到最佳的服务。所以原则上物流的服务水准应该是合理的物流成本下的服务品质，也就是物流成本不会比竞争对手高，而物流的服务水准比对手高一点即可。

物流服务水平的主要指标包括订货交货时间、货品缺货率、增值服务能力等，应该针对客户的需求制定一个合理的服务水准。

(6) 物流的交货时间——T。在物流服务品质中物流的交货时间非常重要，因为交货时间太长或不准时都会严重影响零售商的业务，所以交货时间的长短与是否守时成为物流业的重要评估项目。

物流的交货时间是指从客户下订单开始，订单处理、库存检查、理货、流通加工、装车及卡车配送到达客户手上的这一段时间；物流的交货时间依厂商的服务水准的不同，可分为 2h、12h、24h、2d、3d、1 星期送达等几种。同样，物流的交货时间越短则其成本也会越高，因此最好的水准为 12～24h，稍微比竞争对手好一点，但又不会增加成本。

(7) 配送货品的价值或建造的预算——C。在配送中心规划时除了考虑以上的基本要素外，还应该注意研究配送货品的价值和建造的预算。

首先，配送货品的价值与物流成本有很密切的关系，因为在物流的成本计算方法中，往往会计算它所占货品的比例，因此如果货品的单价高，则其百分比相对会比较低，则客户比较能够负担得起；如果货品的单价低，则其百分比相对会比较高，客户会感觉负担困难。其次，配送中心的建造费用预算也会直接影响到配送中心的规模和自动化水准，没有足够的建设投资，所有理想的规划都是无法实现的。

3.5.3　电子商务物流配送中心的设计

1. 配送中心的区域构成

配送中心工作区域的设计，首先要求具有与装卸、搬运及保管等配送活动完全适应的作业性质和功能，同时还必须满足管理、提高经济效益以及对作业量的变化和商品形状变化能灵活适应的柔性变化要求。因此，首先要明确配送中心的构成。

(1) 进货区。它是供货物验收、卸货、搬运及货物暂停的场所。

(2) 理货区。这是对进货进行简单处理的场所。在这里，货物被区分为直接分拣配送、待加工、入库储存和不合格需清退的货物，分别送往不同的功能区。在实行条形码管理的中心里，还要为货物贴条形码。

(3) 储存区。它是对暂时不必配送或作为安全储备的货物进行保管和养护的场所，通常配有多层货架和可用于集装单元化的托盘。

(4) 加工区。它是进行必要的生产性和流通性加工(如分割、剪裁、改包装等)的场所。

(5) 分拣配货区。它是进行发货前的分拣、拣选和按订单配货的场所。

(6) 发货区。它是对物品进行检验、发货、待运的场所。

(7) 退货处理区。它是存放进货和退货时残损或不合格或需要重新确认等待处理货物的场所。

(8) 废弃物处理区。它是对废弃包装物(塑料袋、纸袋、纸箱等)、破碎货物、变质货物和加工残屑等废料进行清理或回收复用的场所。

(9) 设备存放及维护区。它是存放叉车、托盘等设备及其维护(充电、充气、紧固等)工具的场所。

(10) 停车场区。它是停放运输车辆的区域，包括前来送货的车辆和配送的车辆。

(11) 管理区。它是中心内部行政事务管理、信息处理、业务洽谈、订单处理以及指令发布的场所。

(12) 附属区。附属区包括宿舍、洗车场、食堂等场所。

2. 配送中心平面布局设计

1) 作业区域设置

配送中心的作业区域包括物流作业区及外围辅助活动区。物流作业区如装卸货、入库、订单拣取、出库、出货等，通常具有物流相关性；而外围辅助活动区如办公室、计算机室、维修间等，则具有业务上的相关性。经作业流程规划后即可针对配送中心的营运特性规划所需作业区域。

(1) 能力需求分析。确定所需的作业区域后，需依据各项基础需求分析资料，确定各区域的基本储存能力。下面介绍仓储区和拣货区储存能力的估算方法。

① 仓储区储运能力估算。仓储区的储运能力的估算方法可采用周转率估计法。其计算公式为

仓容量＝(年仓库运转量/周转次数)×安全系数

利用周转率来进行储存区储存量的估计是一种简便而快速的初估方法，可适用于初步规划或储量概算的参考。

② 拣货区的储存能力估算。规划配送中心拣货区的运转量，与仓储区估算方法类似，但是须注意仓储区的容量应能维持一定期间(厂商送货期间)内的出货量需求，因此对进出货的特性及处理量均须加以考虑；而拣货区则以单日出货货品所需的拣货作业空间为主，故以品项数及作业面为主要考虑因素，一般拣货区的规划不需包含当日所有的出货量，在拣货区货品不足时则由仓储区进行补货。其规模计算的原则及方法说明如下：

a. 年出货量计算。将配送中心的各项进出货品换算成相同拣货单位的拣货量，并估计各货品别的年出货量，如果货品物性差异很大(如干货与冷冻品)或基本储运单位不同(如箱出货与单品出货)，可以分别加总计算。

b. 估计各货品别出货天数。按各类货品分别估计年出货天数。

c. 计算各货品平均出货天数的出货量。将各货品年出货量除以年出货天数。

d. ABC 分析。对出货量进行 IQ 分析，进行 ABC 分类，对各类货品制定不同的拣货区存量水准。各类货品的存量水准乘以各类别的货品品项数，即可求得拣货区储运量的初估值。

(2) 区域面积的规划。各功能区域面积的确定与各区域的功能、作业方式、所配备的设施和设备以及物流量等有关，应分别进行详细计算。例如，仓储区面积的大小与仓储区具体采用的储存方法、储存设备和作业设备密切相关，常用的储存方法有地面堆码、货架存放、自动仓库等几种方式，应根据确定的总的仓储能力计算所需的面积或空间。

这里介绍一种对功能区域的面积进行估算的方法。对于物流作业区域，由于其面积主要取决于货物作业量，所以可以用下面的简单公式估算该区域的面积。

$$S=\sum h_j/\lambda$$

公式中，h_j为第j种货物每日的作业量(t)，λ为该区域的面积利用系数(t/3m^2)。

各区域的面积利用系数取决于货物的类型、货物的存放方式以及所采用的作业设备等，应根据经验和具体条件确定。

2) 配送中心的区域布置

配送中心的区域布置方法有两种，即流程性布置法和活动相关性布置法。流程性布置法是以物流移动路线和物流相关表作为布置的主要依据，适用于物流作业区域的布置；活动相关性布置法是根据各区域的综合相关表进行区域布置，一般用于整个厂区或辅助性区域的布置。

配送中心的内部布置可以用绘图方法直接绘成平面布置图，也可以将各功能区域按面积制成相应的卡片，在配送中心总面积图上进行摆放，以找出合理方案，还可以采用计算机辅助平面区域布置技术进行平面布置。平面布置可以做出几个方案，最后通过综合比较和评价选择一个最佳方案。配送中心内部布置的方法和步骤如下：

(1) 配送中心作业区域的布置。

① 决定配送中心对外的联外道路形式。确定配送中心联外道路、进出口方位及厂区配置形式。

② 决定配送中心厂房空间范围、大小及长宽比例。

③ 决定配送中心内由进货到出货的主要物流路线型式。决定其物流模式，如 U 形、双排形等。

④ 按物流相关表和物流路线配置各区域位置。先将面积较大且长宽比例不易变动的区域置入建筑平面内，如自动仓库、分类输送机等作业区；再按物流相关表中物流相关强度的大小安排其他区域的布置。

(2) 行政活动区域的配置。一般配送中心行政办公区均采用集中式布置，并与物流仓储区分隔，但也应进行合理的配置。由于目前配送中心仓储区采用立体化设备较多，其高度需求与办公区不同，故办公区布置应进一步考虑空间的有效利用，如采用多楼层办公室、单独利用某一楼层、利用进出货区上层的空间等方式。

行政活动区域内的配置方法：首先选择与各部门活动相关性最高的部门区域置入规划范围内，再按活动相关表，将各部门按照其与已置入区域关系的重要程度依次置入布置范围内。

(3) 确定各种布置组合。根据物流相关表和活动相关表，探讨各种可能的区域布置组合。

根据以上方法，可以逐步完成各区域的概略配置。然后再将各区域的面积置入各区相对位置，并作适当调整，减少区域重叠或空隙，即可得到面积相关配置图。最后经调整部分作业区域的面积或长宽比例，即得到作业区域配置图，如图 3.5 所示。

(4) 修正。经由上述的规划分析，得到了厂房区域布置的草图，最后还应根据一些实际限制条件进行必要的修正与调整。

① 厂房与土地面积比例。厂房建筑比率、容积率、绿地与环境保护空间的比例及限制等因素。

② 厂房建筑的特性。建筑造型、长宽比例、柱位跨距、梁高等限制或需求。

③ 法规限制。土地建筑法规、环保卫生安全相关法规、劳动法等因素。

④ 交通出入限制。交通出入口及所在区域的特殊限制等因素。

⑤ 其他。如经费预算限制、政策配合因素等。

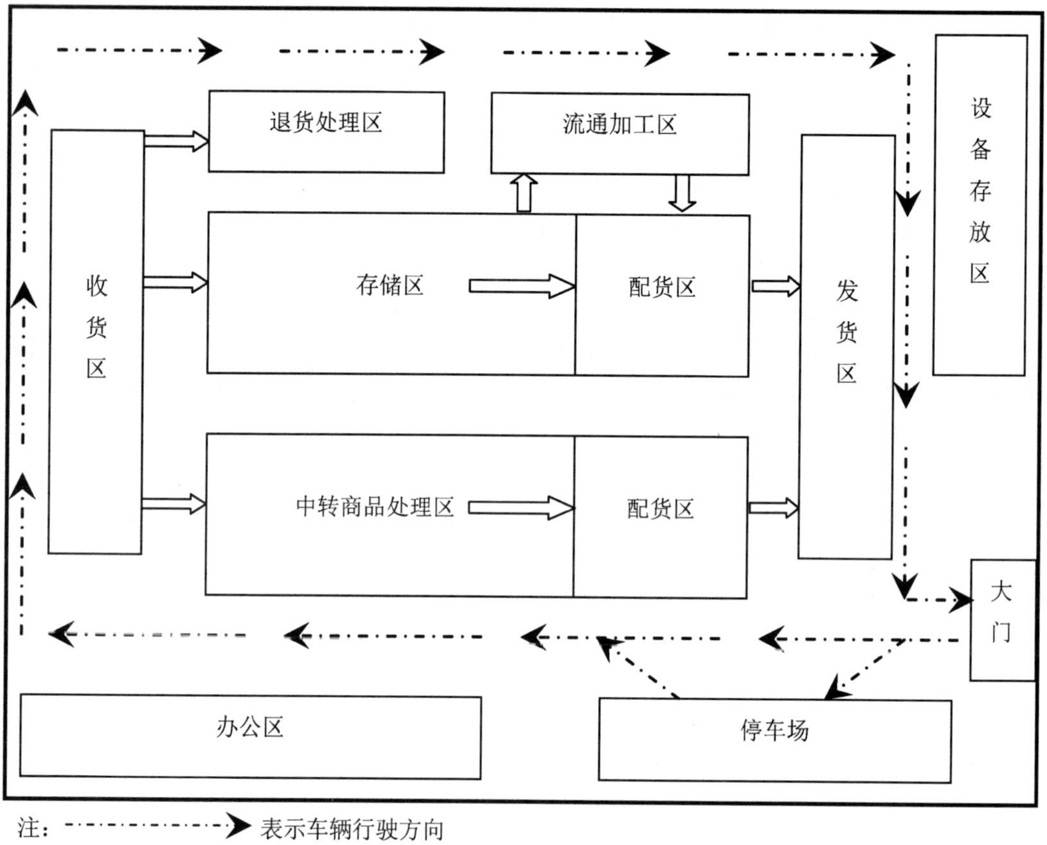

图 3.5　配送中心作业区域配置图

第三部分　课题实践部分

一、课题实训

1. 国泰安第三方物流教学软件仓储管理实训

仓储业务是整个物流业务中最基础的业务，也是我国物流业发展最好的基本业务。国泰安第三方物流教学软件仓储管理模块业务流程如图 3.6 所示。需要说明的是，仓储管理模块和配送管理以及运输管理模块都具有一定的联动性，本实训的操作将对上一课题中的配送管理实训中相关的衔接业务进行处理。由于篇幅有限，本实训只重点描述国泰安第三方物流教学软件仓储管理模块中的入仓管理和出仓管理流程，对基本信息中的仓库资料、库区设置、自动划分仓位和资源管理设置以及吞吐能力预测中的装卸平台、吞吐能力设置未作演示，使用者可以查看使用手册进行操作。

图 3.6 国泰安第三方物流教学软件仓储管理流程图

2. 实训目的和内容

(1) 掌握国泰安第三方物流教学软件仓储管理模块入仓管理流程。
(2) 掌握国泰安第三方物流教学软件仓储管理模块出仓管理流程。

3. 实训操作指导

1) 入仓管理流程

仓储管理模块入仓管理流程如图 3.7 所示。

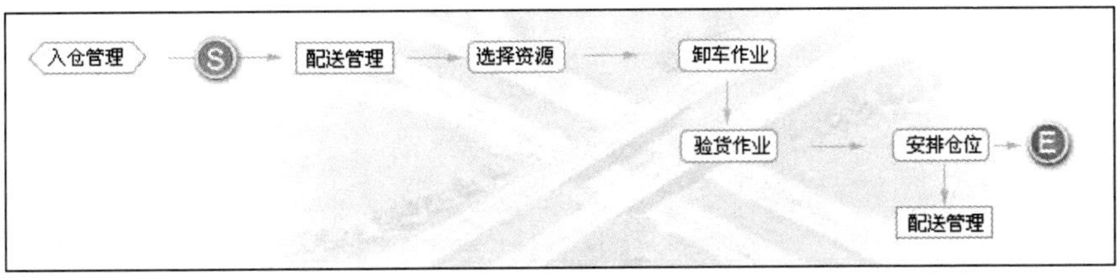

图 3.7 仓储管理模块入仓管理流程图

(1) 选择资源。

在仓储作业中，进行装卸作业之前，仓库调度人员要安排完成作业所需要的资源：仓管员、电梯、叉车等人力物力资源。系统将这个步骤定位为选择资源，如图 3.8 所示。

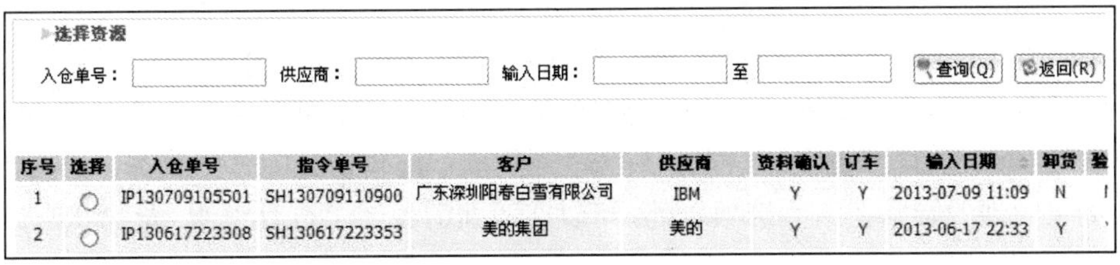
选择资源

入仓单号： 供应商： 输入日期： 至 查询(Q) 返回(R)

序号	选择	入仓单号	指令单号	客户	供应商	资料确认	订车	输入日期	卸货	验
1	○	IP130709105501	SH130709110900	广东深圳阳春白雪有限公司	IBM	Y	Y	2013-07-09 11:09	N	I
2	○	IP130617223308	SH130617223353	美的集团	美的	Y	Y	2013-06-17 22:33	Y	'

图 3.8 选择资源界面

选择需要操作的作业单，如图 3.9 所示。选择资源，单击【保存】按钮，可以看到相应资源的占用数加 1。在此分配资源后，仓库操作完成后，即安排完仓位，所有选择的资源将自动释放。

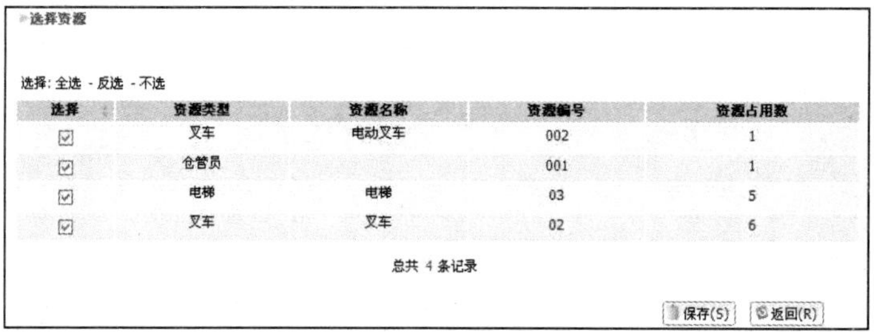

图 3.9　选择资源

(2) 卸车作业。

① 功能描述：与配车一样，装卸也分为委托和客户两种，其中委托表示由本公司安排人员(本公司员工或者外包装卸公司)进行装卸操作，客户表示由客户自己安排人员进行装卸操作。委托装卸会产生装卸费用，而客户装卸则不会产生费用。

装卸费用的产生依据是系统本次入仓货物的总体积和总重量，计算方法是

装卸费用＝MAX(总体积×体积报价，总重量×重量报价)。

② 操作方法：单击【卸车作业】按钮，进入卸车处理界面，如图 3.10 所示。客户单号等信息已经自动处理完毕，操作员需要选择装卸的性质。其中，装卸性质分为委托、客户和代理 3 种。委托表示由本公司员工进行卸车操作；客户代表客户自己安排人员进行卸货；代理表示客户委托本公司，然后本公司将装卸操作交给外包的装卸队进行操作。系统自动提取本次入仓货物的总体积或者总重量作为操作量，单击【确认】按钮，系统即计算出装卸费用。

图 3.10　卸车作业明细

(3) 验货作业。

① 功能描述：在实际操作中，验货都是比较重要的一步。需要了解货物进入本公司仓库之前的状况是否与客户描述相符，如果有什么异常，如数量不对(多或者少)，有损坏等，都需要与客户及时联系，以免到出货的时候出现争议。

② 操作方法：卸车完毕，需要进行验货操作。单击【验货作业】按钮进入验货操作界面，如图 3.11 所示本界面会显示本次入仓的所有部件明细。操作员可以选中部件之后(单选或者全部一起选择)，在下面选择货物的状态。系统已经列出了比较常见的一些状态，如正常、多收、少收等，如果出现的异常在这些选项之外，可以在后面的备注里进行说明。货物状态选择完毕，单击【确认】按钮即可。

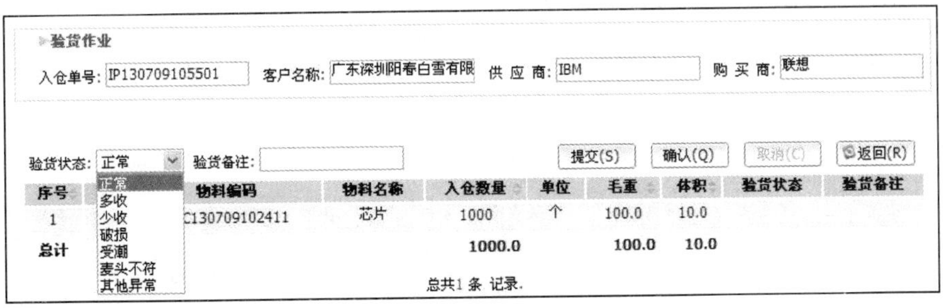

序号	物料编码	物料名称	入仓数量	单位	毛重	体积	验货状态	验货备注
1	C130709102411	芯片	1000	个	100.0	10.0		
总计			1000.0		100.0	10.0		

图 3.11　验货作业明细

(4) 安排仓位。

① 功能描述：验货完毕，就应该将货物放到仓库里面。由于货物的摆放需要仓库人员凭经验操作，一般来说，是由仓管员放置完毕之后通知操作员分配的仓位。

② 操作方法：操作员单击未分配仓位的作业单即进安排仓位操作界面。单击每一个操作记录的【仓位】按钮，进入仓位选择界面，如图 3.12 所示。

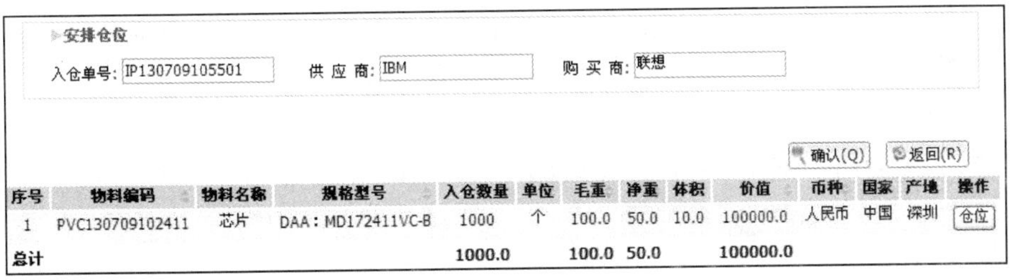

序号	物料编码	物料名称	规格型号	入仓数量	单位	毛重	净重	体积	价值	币种	国家	产地	操作
1	PVC130709102411	芯片	DAA：MD172411VC-B	1000	个	100.0	50.0	10.0	100000.0	人民币	中国	深圳	仓位
总计				1000.0		100.0	50.0		100000.0				

图 3.12　安排仓位界面

选择仓库编号，进入该仓库库区预览，选择库区，进入该库区仓位列表，如图 3.13 和图 3.14 所示。

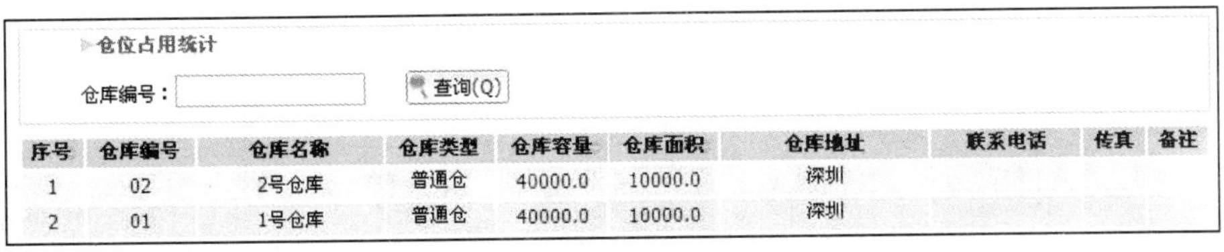

序号	仓库编号	仓库名称	仓库类型	仓库容量	仓库面积	仓库地址	联系电话	传真	备注
1	02	2号仓库	普通仓	40000.0	10000.0	深圳			
2	01	1号仓库	普通仓	40000.0	10000.0	深圳			

图 3.13　选择仓位编号

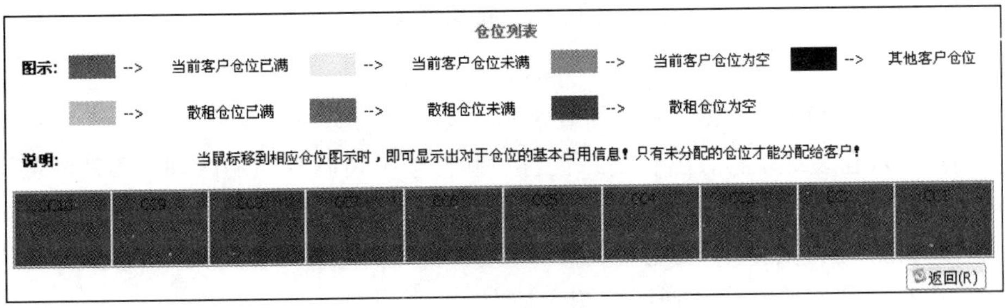

图 3.14　选择仓位

如图 3.15 所示，选择存放的仓位，单击【确认】按钮，即将相应物料存放到选择的仓位。如果该客户是包租客户，默认显示客户的合同仓位，也可以将仓位性质改为“散租”，就可以选择分配散租仓位。

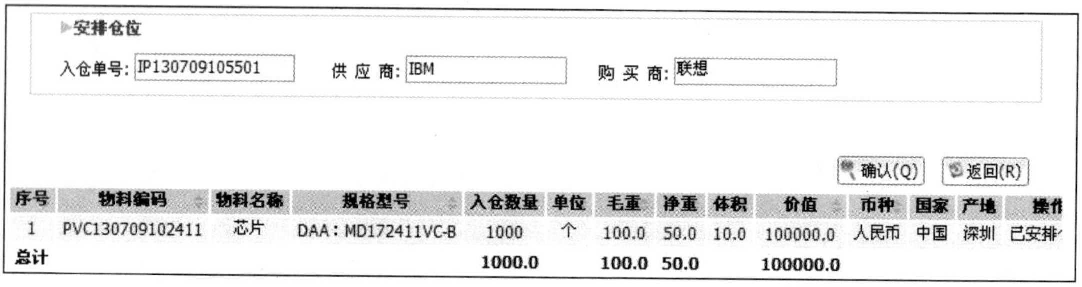

图 3.15　确认仓位安排

从仓位列表中，可以看到每一个仓位有一个标准存货量、存储比例、最大存储量、使用量。系统规定使用量不可超过最大存放量，如果超出最大存储量，系统将给出处理提示 “超过仓位最大容量限制，系统将拆分当前入仓明细记录”，单击【确定】按钮，系统还会再次提问是否拆分，选择取消，系统将不进行任何操作。如果选择确定，系统将对入仓明细记录进行拆分，拆分规则是按当前选择仓位的剩余空间进行拆分的。

对所有的入仓明细记录安排仓位完毕，单击【确认】按钮，分配仓位成功。如果后续流程未完成，可取消本次仓位分配操作，或单击【删除】按钮，删除已分配的仓位。

2) 出仓管理流程

出仓管理流程中的选择资源、释放拣货资源与入仓管理一致，不再赘述，重点描述一下其他流程。

(1) 拣货确认。

单击出仓管理模块中的【拣货确认】按钮，如图 3.16 所示，选择需要出库的拣货单号，单击【确认】按钮。

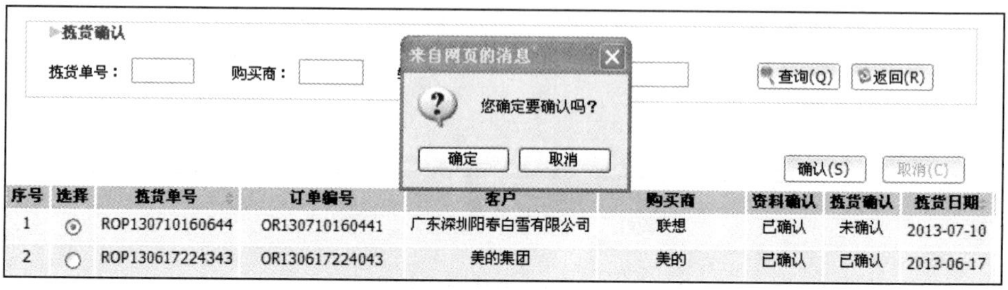

图 3.16　拣货确认

(2) 装卸作业。

① 功能描述：货物准备好之后，需要装货上车。本模块主要就是记录装卸工作量，并计算装卸费用。与入仓装卸一样，出仓装卸也有装卸性质和付款性质的区别，其具体意义与入仓装卸一样，详情请参看入仓装卸。

② 操作方法：出仓装卸主要是装货操作，系统已经将货物的总体积和总重量计算出来，操作员只需要对装卸性质进行选择，如图 3.17 所示。

装卸性质分为委托、客户和代理 3 种：委托表示由本公司工作人员进行装卸操作，会产生装卸费用；客户表示由客户自己进行装卸工作，不产生装卸费用；代理则表示客户委托配送中心装卸，配送中心再将装卸交给外包的装卸公司进行操作，这样会产生两种费用，一是客户付给配送中心的费用(应收费用)，还有一个就是配送中心付给装卸公司的费用(应付费用)。

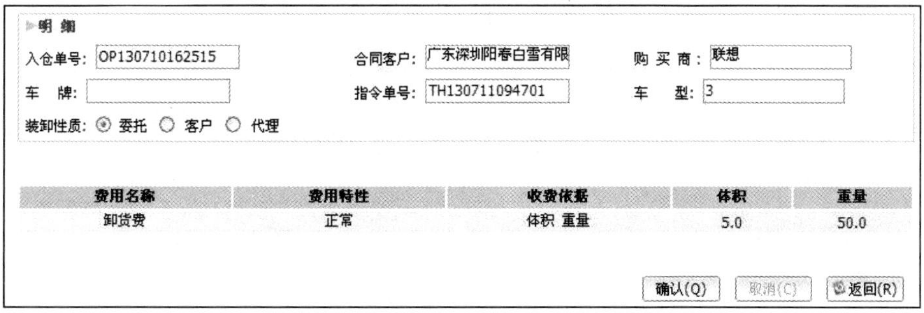

图 3.17　装卸作业

操作员根据实际选择相应的装卸性质和付款性质，然后单击【确认】按钮保存资料，系统即计算出费用。

二、思考练习题

1. 填空题

(1) 配送是物流中一种特殊的、综合的活动形式，是__________与__________紧密结合。

(2) 配送的资源配置作用是“__________”。

(3) 新型物流配送除具备传统物流配送的特点外，还具备以下基本特点：__________、__________、__________。

(4) 按服务范围分类，配送中心可分为__________和__________。

(5) 按配送中心的功能分类，配送中心可分__________、__________、__________ 。

(6) 电子商务物流配送就是__________、现代化、社会化的物流配送。

(7) 库存成本的构成一般可分为以下 3 个主要部分：__________、__________、__________。

(8) 库存持有成本具体可分为__________、__________、__________3 个方面。

(9) 一般来说，企业的库存管理模式可以分为__________和__________。

(10) 库存补货方式主要有__________和__________。

(11) 理论上来说，按__________订货，可使库存持有成本与缺货成本之和最小。

2. 选择题

(1) 随着物流配送系统的计算机网络系统的建立和电子商务的发展，物流配送中心与供应商、制造商及顾客之间的联系可通过(　　)。

A．物流配送系统的计算机通信网络实现

B．打电话实现

C．邮局寄信实现

D．上门服务实现

(2) 从物流配送的模式上来看，配送中心可分为 3 种主要类型是(　　)。

A．集货型、配货型、运输型　　B．集货型、散货型、混合型

C．散货型、运输型、仓储型　　D．供货商型、零售商型、中间商型

(3) 配送中心中经营的商品特征是(　　)。

A．多品种　　B．小批量　　C．少品种　　D．大批量

(4) (　　)是按经营主体划分的配送中心。

A．城市配送中心　　B．流通加工型配送中心

C．家电商品配送中心　　D．物流企业主导型配送中心

(5) (　　)是按配送区域划分的配送中心。

A．城市配送中心　　B．流通加工型配送中心

C．家电商品配送中心　　D．第三方配送中心

(6) (　　)是按功能角度来分类的。

A．批发商型配送中心　　B．零售商型配送中心

C．加工配送中心　　D．化妆品配送中心

(7) 订单处理是配送中心的一个核心业务流程，以下说法错误的是(　　)。

A．可以通过改善订单处理的流程，使订单处理的周期缩短

B．得到对客户订单处理的全程跟踪信息

C．提高库存量，使企业获得竞争优势

D．订单处理的业务流程包括订单准备、订单传递等

(8) 关于改善订单处理流程所带来的好处，以下描述不正确的是(　　)。

A．增加库存水平　　B．订单处理的周期缩短

C．提高订单满足率　　D．供货的准确率

(9) 车辆配装时，应遵循(　　)原则。

A．重不压轻，后送后装　　B．重不压轻，后送先装

C．轻不压重，后送后装　　D．轻不压重，后送先装

(10) 拣选就是按订单或出库单的要求，从(　　)，并放置在指定地点的作业。

A．转运场所选出物品　　B．检验场所选出物品

C．加工场所选出物品　　D．储存场所选出物品

(11) 如果消费者两小时内在同一个配送中心下了 3 份订单，那么商家为了方便客户和节省送货费用，可能采取(　　)措施。

A．免费送货　　B．赠送礼品

C．合并订单　　D．对所购商品打折

(12) 以下论述错误的是(　　)。

A．通常情况下，配送中心辐射范围为 100km，也就是说以配送中心所在地为圆点，半径 100km 以内的配送地点均属于配送中心服务范围

B．一般来说，配送圈大，配送中心的配置数量就少，距离客户的距离则长

C．订单处理的效率极大地影响着后续的拣货配送等作业

D．随着配送时效性的增强，信息的传递、处理速度必须加快，为此，配送中心必须构建高效率的信息处理和传递系统

(13) 现代库存控制的任务是(　　)。

A．保证供应　　B．不缺货

C．最小的储备量　　D．最低的成本

(14) 在缺货的情况下，库存成本中的(　　)不会发生。

A．订货费　　B．进货费　　C．保管费　　D．补货费

(15) 在不允许缺货的情况下，库存成本中可能会发生(　　)项费用。

A．订货费　　B．保管费　　C．缺货费　　D．购买费

(16) 库存持有成本包括的内容有(　　)。

A．缺货成本　　B．存储空间成本

C．资金占用成本　　D．库存风险成本

(17) 关于库存中的费用，下列描述正确的是(　　)。

A．库存成本的构成主要包括库存持有成本、订货成本和缺货成本 3 个方面

B．随着订货规模的增加，持有成本增加，而订货成本降低，总成本线逐渐上升

C．订货点方法不必严格跟踪库存水平，减少了库存登记费用和盘点次数

D．订货费是指订货过程中发生的与订货有关的全部费用，它的特点是：在一次订货中订货费用与订货量的多少无关

(18) 关于订货方法的下列描述，正确的是(　　)。

A．对于库存按 ABC 进行分类，那么定量订货法多用 A 类物资的订货

B．定期订货法一般多用于 A 类物资，即品种少而价值高、比较重要的货物

C．在使用定量订货法前，应先确定订购点和订购批量，随时检查库存，当库存下降到订货点时就发出订货

D．定量订货法中的订货点是一个决策变量，当到达某一时刻时就发出订货

3．判断题

(1) 配送中心是接受生产厂家等供货商多品种大批量的货物，按照需求者的订货要求，迅速、准确、低成本、高效率地将商品配送到需求场所的物流节点设施。(　　)

(2) 配送中心也可以看作是流通仓库，同保管型仓库相比，流通仓库的主要功能是汇集商品周转，提高流通效率，满足客户对物流的高度化需求。(　　)

(3) 将分散在自家多处的仓库或多处营业仓库的商品集中存放在配送中心，有利于防止过剩库存但很难杜绝缺货的发生。(　　)

(4) 流通型配送中心具有商品储存功能，大量采购的商品储存在这里，各个工厂或店铺不再保有库存，根据生产和销售需要由配送中心及时组织配送。(　　)

(5) 流通加工型配送中心除了开展配送服务外，还根据用户的需要在配送前对商品进行流通加工。(　　)

4．名词解释

(1) 配送

(2) 电子商务物流配送

(3) 配送中心

(4) 定量补货法

(5) 动态补货法

5. 简答题

(1) 简述电子商务物流配送的特征。

(2) 电子商务配送中心的运作类型可以按照哪些标准分类?

(3) 简述电子商务对传统物流配送的影响。

(4) 按运营主体分类，配送中心运作类型有哪些?

(5) 简述库存成本的构成。

(6) 简述库存成本控制的内容。

(7) 简述配送中心选址的原则。

(8) 简述配送中心系统规划的要素。

课题四　电子商务物流模式

教学提示

电子商务的优势之一就是能大大简化业务流程，降低企业运作成本。而电子商务下企业成本优势的建立和保持必须以可靠和高效的物流运作为保证，这也是现代企业在竞争中取胜的关键。以生产企业为例，有关调查研究的数据显示，物流模式对企业的影响是公认的，90%以上的人认为比较重要，其中42%的人认为很重要，仅有9.2%的人认为不重要。电子商务下的物流模式可以有多种，根据我国现有状况，应积极推进第三方物流模式。

教学要求

通过本课题的学习，要求学生熟悉传统物流模式和电子商务物流的区别以及传统物流存在的问题，了解和掌握电子商务的物流前沿模式如第四方物流、电子物流、绿色物流以及电子商务物流业务流程重组知识，重点掌握电子商务物流的现有模式自营物流和物流联盟，特别是第三方物流模式的相关理论。

第一部分　案例与分析

案例导入

京东商城的物流模式：自建物流体系和供应商自有体系＋第三方物流

京东商城是中国B2C市场最大的3C网购专业平台，是中国电子商务领域最受消费者欢迎和最具影响力的电子商务网站之一。目前拥有遍及全国各地1500万注册用户，1200家供应商，在线销售家电、数码通讯、电脑、家居百货、服装服饰、母婴、图书、食品等11大类数万个品牌30余万种优质商品，日订单处理量超过12万单，网站日均PV超过3500万。现在，京东商城已占据中国网络零售市场份额35.6%，连续10个季度蝉联行业头名。

京东商城提供了灵活多样的商品展示空间，消费者查询、购物都将不受时间和地域的限制。依托多年打造的庞大物流体系，消费者充分享受了“足不出户，坐享其成”的便捷。目前，分布在华北、华东、华南、西南的四大物流中心覆盖了全国各大城市。京东商城的物流模式主要有两种：自建物流体系和供应商自有体系＋第三方物流体系。

(1) 自建物流体系。2009年3月，京东网上商城斥资2000万元人民币成立了上海圆迈快递公司，上海及华东地区乃至全国的物流配送速度、服务质量得以全面提升。后又陆续在天津、苏州、杭州、南京、深圳、宁波、无锡、济南、武汉、厦门等40余座重点城市建立了城市配送站，为用户提供物流配送、货到付款、移动POS刷卡、上门取换件等服务。2010年4月初，京东商城在北京等城市率先推出“211限时达”配送服务。2010年5月15日在上海嘉定占地200亩的京东商城“华东物流仓储中心”内，投资上千万的自动传送带已投入使用。工人们手持PDA，开着小型叉车在数万平方米的仓库内调配商品。这是京东迄今为止最大的仓储中心，承担了一半销售额的物流配送，也是公司将融到的2100万美元的70%投放到物流建设的结果。在这里，京东每日能正常处理2.5万个订单，日订单处理能力达到5万单。在此基础上，公司计划2011年在嘉定建成一座15万～18万平方米的超大型仓储中心，其规模将是鸟巢的8倍。

目前，分布在华北、华东、华南、西南的四大物流中心覆盖了全国各大城市。北京、上海、广州、成都四地仓储中心也已扩容超过12万平方米，仓储吞吐量全面提升，京东商城的服务系统正在逐步实现跨越性的升级。

(2) 供应商自有体系＋第三方物流结合。尽管在2010年京东商城获得了100亿元的销售额，可其主要业务阵营仍局限于北京、上海、广州、成都等经济发达城市。随着互联网应用的深入，京东业务阵营已经扩展到二级城市或三级城市。可是，如果在全国每个二级城市都建立自己的物流或运输公司，成本至少要在数百亿。更何况，现在二级城市的利润不足以维持物流中心的运营。

正因于此，大多数B2C网站都与第三方物流合作完成配送。在二线城市或三线城市购买的客户，京东商城就和当地的快递公司合作，完成产品的配送。其主要的第三方物流公司有宅急送、中国邮政等。而在配送大件商品时，京东选择与厂商合作。因为厂商在各个城市均建有自己的售后服务网点，并且有自己的物流配送合作伙伴。例如，海尔在太原就有自己的仓库和合作的物流公司。京东与海尔合作，不仅能利用海尔在本地的知名度替自己扩大宣传，而且较好地解决了资金流和信息流的问题。

第二部分　课题学习引导

4.1　传统物流模式及其弊端

随着现代科学技术的迅猛发展，全球经济一体化的趋势加强，传统物流模式的弊端越来越明显，传统物流必须采用先进的组织方式和管理技术，才能为企业降低物资消耗、提高劳动生产率。

4.1.1　传统物流的概况

物流涉及物资移动过程中的运输、保管、包装、装卸、流通中的加工、配送以及相伴随的信息处理等。其中，物资的运输和装卸也许出现得最为古老，当人类生产有了富余的时候，也就产生了对剩余物资的保管(仓储)。虽然流通领域中的加工、配送和信息处理出现得相对较晚，但实际上也远比现在谈论物流要早得多。传统物流中的运输、装卸、仓储、加工等环节，由互不沟通的不同经济实体分别承担，它们之间似乎不存在利益的共生关系。因此，造成它们之间较烦琐的物流转移程序，这些程序使伴随物流的信息被人为地割裂开来。虽然这并没有影响物品的实际流动(即从生产者到用户的整个过程)，但是却影响到物品流动的绩效和成本。传统物流最大的特点同样也是其弊端在于整个物流过程中的各个环节相互割裂，没有整合。

那么，传统物流是如何发展起来的？它经历了哪些发展阶段呢？日本日通综合研究所编撰的《物流知识》有个六阶段的划分方法，其中，前 4 个阶段应属于传统物流的发展阶段。

第一阶段，物流前期阶段。物流按不同的功能和不同的场所互不联系地分别进行，只是按生产和销售部门的要求进行保管和运输。

第二阶段，个别管理阶段。已经开始出现物流成本的意识，但在这一时期只有物资保管部门或发货部门在努力降低成本。

第三阶段，综合管理阶段。物流作为一项独立的业务开始建立相应的物流管理部门，并采取措施综合解决各种物流功能的优化组合问题。其中，生产和销售是物流的前提。

第四阶段，扩大领域阶段。物流领域扩大到生产和销售领域。对于生产部门来说，应该在产品设计阶段就从物流的角度考虑问题，在物流效率、统一包装规格、生产计划的灵活性等方面提出要求；对于销售部门而言，则在接受订货的计划性、订货的数量单位以及交货期限等方面提出要求。

从这几个发展阶段可以看出，物流系统处在不断完善的过程，并且在第三阶段、第四阶段已出现综合考虑物流多个环节的组合问题。但是，在总体上并未达到物流的整合。由于受到传统管理思想和模式的限制，以及缺乏可靠的信息网络技术的支持，要在传统物流模式中达到物流的整合是很难的。

4.1.2　电子商务物流与传统物流的区别

从原始交易到如今的电子商务，不受时间和地点的约束正是电子商务带来的最新亮点。电子商务可以把生活中的产品和服务买卖虚拟成一个大的商场，在任何时间、地点都可以买到世界上任何一种商品。电子商务的出现，在最大程度上方便了最终消费者，他们不必再跑到拥挤的商业街，一家又一家地挑选自己所需的商品，而只要坐在家里，在 Internet 上搜索、查看、挑选，就可以完成他们的购物过程。但试想，他们所购的商品迟迟不能送到，或商家所送并非自己所购，那消费者还会选择网上购物吗？网上购物的不安全性，一直是电子商务难以推广的重要原因。不管是 B2B 还是 B2C，作为消费者、企业客户采购了商品，商品能否安全迅速地送到目的地才是客户最关心的问题，这当中就需要解决物流及配送等问题。总之，电子商务的发展需要物流做基础，物流是实现“以顾客为中心”理念的根本保证。但是传统的物流主要侧重于实施运输、仓储、包装等功能，缺乏服务功能，而电子商务物流则是以物流服务为中心的。本小节将对主要传统物流与电子商务物流的内容的区别进行详述。

1. 传统物流

(1) 运输功能。无论是网上企业自己经营还是由第三方提供物流服务，都必须按照消费者的订货要求把货物送到指定的地点。针对电子商务交易不受地理位置限制的特点，比较理想的方案还是将网上交易需要处理的物流业务交给专业的第三方物流企业。因为第三方物流企业一般自己拥有或掌握着一定规模的运输工具，具有竞争优势的第三方物流经营者的物流设施不仅仅在一个点上，而是一个覆盖全国或一个大区域的网络，所以第三方物流服务提供商首先可能要为客户设计最合适的物流系统，选择满足客户需要的运输方式，然后具体组织网络内部的运输作业，在规定的时间内将客户的商品运抵目的地，除了在交货点交货需要客户配合外，整个运输过程，包括最后的市内配送都应由第三方物流经营者完成，以尽可能方便客户。

(2) 储存功能。电子商务既需要建立网站，同时也需要建立或具备物流中心。而物流中心的主要设施之一就是仓库及附属设备。需要注意的是，传统储存的目的不是要在物流中心的仓库中储存商品，而是要通过仓储保证物流服务业务的开展，同时尽可能降低库存占压的资金，减少储存成本。因此，提供社会化物流服务的公共型物流中心需要配备高效率的分拣、传送、储存、拣选设备，目的是尽量减少实物库存水平，但并不降低供货服务水平。

(3) 装卸搬运功能。这是为了加快商品的流通速度必须具备的功能，无论是传统的物流活动还是电子商务物流活动，都必须具备一定的装卸搬运能力，第三方物流企业将提供更加专业化的装载、卸载、提升、运送、码垛等装卸搬运机械，以提高装卸搬运作业效率，降低订货周期(Order Cycle Time，OCT)，减少作业对商品造成的破损。

(4) 包装功能。物流包装作业的目的不是要改变商品的销售包装，而在于通过对销售包装进行组合、拼配、加固，形成适于物流和配送的组合包装单元。

(5) 流通加工功能。流通加工的主要目的是方便生产或销售，专业化的物流中心常常与固定的制造商或分销商进行长期合作，为制造商或分销商完成一定的加工作业，如贴标签、制作并粘贴条形码等。

(6) 物流信息处理功能。由于现代物流系统的运作已经离不开计算机，所以将各个物流环节和各种物流作业的信息进行实时采集、分析、传递，并向货主提供各种作业明细信息及咨询信息，这是相当重要的。

以上是普通商务活动中典型的物流作业，电子商务的物流也应具备这些功能。但除了传统的物流功能外，电子商务物流还应具有特别的服务功能。

2. 电子商务物流

现今网上经营者仍然抱怨现有的物流落后制约着电子商务的快速发展。其原因在于电子商务物流不仅仅是需要传统物流的几大功能，更需要的是高效、快捷、方便的物流服务。传统的储运标准和要求已跟不上电子商务物流的要求，那网络经营者到底需要的是什么样的物流？其答案就是除了传统的物流以外，还需要增值性的物流服务功能。增值性的物流服务功能并没有固定的组成要素，也没有明确的服务项目名称，只要客户需要，而且服务提供方有能力提供或有能力从市场获得资源来提供，并且这种增值服务是有利可图的就可以。

增值性的物流服务包括以下几层含义：

(1) 增加便利性的服务。一切能够简化手续、简化操作的服务都是增值性服务。在提供电子商务物流服务时，推行一条龙门到门服务、提供完备的操作或作业提示、免培训、免维护、省力化设计或安装、代办业务、一张面孔接待客户、24 小时营业、自动订货、传递信息和转账(利用 EOS、EDI、EFT)、物流全过程追踪等都是对电子商务销售有用的增值性服务。

(2) 加快反应速度的服务。快速反应(Quick Response)已经成为物流发展的动力之一。传统观点和做法将加快反应速度变成单纯对快速运输的一种要求，但在需求方对速度的要求越来越高的情况下，它也变成了一种约束，因此必须想其他的办法来提高速度。所以第二种办法也是具有重大推广价值的增值性物流服务方案，应该是优化电子商务系统的配送中心、物流中心网络，重新设计适合电子商务的流通渠道，以此来减少物流环节、简化物流过程，提高物流系统的快速反应性能。

(3) 降低成本的服务。电子商务发展的前期，物流成本将会高居不下，有些企业可能会因为根本承受不了这种高成本而退出电子商务领域，或者是选择性地将电子商务的物流服务外包出去，这是很自然的事情，因此发展电子商务，一开始就应该寻找能够降低物流成本的物流方案。企业可以考虑的方案包括：采取物流共同化计划，同时，如果具有一定的商务规模，例如，珠穆朗玛和亚马逊这些具有一定销售量的电子商务企业，可以通过采用比较适用但投资比较少的物流技术和设施设备，或推行物流管理技术；又如，运筹学中的管理技术、单品管理技术、条形码技术和信息技术等，以提高物流的效率和效益，降低物流成本。

(4) 延伸服务。向上可以延伸到市场调查与预测、采购及订单处理，向下可以延伸到配送、物流咨询、物流方案的选择与规划、库存控制决策建议、货款回收与结算、教育与培训、物流系统设计与规划方案的制作等。关于结算功能，物流的结算不仅仅只是物流费用的结算，在从事代理、配送的情况下，物流服务商还要替货主向收货人结算货款等。关于需求预测功能，物流服务商应该负责根据物流中心商品进货、出货信息来预测未来一段时间内的商品进出库量，进而预测市场对商品的需求，从而指导订货。关于物流系统设计咨询功能，第三方物流服务商要充当电子商务经营者的物流专家，因而必须为电子商务经营者设计物流系统，代替它选择和评价运输商、仓储商及其他物流服务供应商。国内有些专业物流公司正在进行这项尝试。关于物流教育与培训功能，物流系统的运作需要电子商务经营者的支持与理解，通过向电子商务经营者提供培训服务，可以培养它与物流中心经营管理者的认同感，可以提高电子商务经营者的物流管理水平，可以将物流中心经营管理者的要求传达给电子商务经营者，也便于确立物流作业标准。

以上这些延伸服务最具有增值性，但也是最难提供的服务，能否提供此类增值服务现在已成为衡量一个物流企业是否真正具有竞争力的标准。

4.1.3　传统物流存在的问题

传统的物流系统中如果某一个部位或者某一个环节可能会出现问题，即出现短路。另外传统物流的库存成本比较高，系统反应速度比较慢，导致成本也相应提高。传统物流系统中，部门各自为政，不能互相配合，使得物流成本不好控制。物流的主要精力集中在仓储和运输方面，没有涉及整个供应链的反应速度。在相互协调过程中，大家都比较看重自己的利益，为本部门的利益着想去做物流工作。这些都是在传统物流中存在的问题。认清这些问题，才能促使现代物流的快速发展。

1. 专业化程度低，管理水平有待提高

目前，不管是自营企业还是专业化的物流企业，物流服务水平和效率还是比较低，主要表现在以下几个方面：

(1) 服务方式和手段比较原始和单一。目前从事物流服务的企业只能简单地提供运输(送货)和仓储服务，而在流通加工、物流信息服务、库存管理、物流成本控制等物流增值服务方面，在物流方案设计以及全程物流等更高层次的物流服务还没有全面展开。

(2) 物流企业组织(包括传统的运输和仓储等流通企业和新兴的专业化物流企业)规模和实力都比较小、网络化的经营组织尚未形成，缺乏必要的竞争力。

(3) 企业经营管理水平较低。首先是观念上的不适应，传统的流通企业还缺少竞争意识以及市场需要、客户至上的经营理念；其次是人才队伍的不适应，过去主要是从事简单的购销业务，营销队伍整体素质较低，知识结构很不全面，具有信息、金融、管理、法律等复合型物流专业人才奇缺，特别是第三方物流设计与管理人才更是难以觅得；最后是管理制度不适应，多数从事物流服务的企业缺乏必要的服务规范，无内部管理规程，经营管理十分粗放，很难提供规范化的物流服务。

2. 物流设施和设备水平低，物流效率有待提高

(1) 物流集散和储运设施较少，发展水平较低。长期以来，在交通枢纽、公共储运设施、各种现代化物流中心、配送中心等物流集散设施建设发展方面明显滞后，各种工商企业内部仓储设施也难以构成企业投资发展的重点。目前，交通部的公路主枢纽规划虽已经形成，但是仅有上海、深圳等地的一级主枢纽开始投入建设；航空货运基地尚在规划之中。我国经济系统中能够有效连接不同运输方式的大型综合货运枢纽、服务于区域经济或城市内部的各种物流基地、物流中心还比较缺乏，这严重影响着物流集散乃至运输效率的提高。

(2) 各种物流设施及装备的技术水平较低，物流作业效率不高。以货物运输设施和装备为例，铁路的货运重载、高速、自动化管理目前仍处在起步阶段；高速公路和高等级公路还比较少，汽车专用公路仅占公路总里程的1%，等外公路仍高达20%以上；公路货运中各种专用运输车辆的比例仅占全部货运车辆的3%；沿海港口装备水平参差不齐。

(3) 传统物流设施和装备标准化程度较低。物流设施和装备的标准化是物流产业发展中的一个关键问题，标准化程度的高低不仅关系到各种物流功能、要素之间的有效衔接和协调发展，也在很大程度上影响着全社会物流效率的提高。传统物流设施和装备方面的标准化程度较低的主要表现：一是各种运输方式之间装备标准不统一，例如，海运与铁路集装箱标准的差异，在一定程度上影响着海铁联运规模的扩展，海铁联运的集装箱运输在集装箱运输总量及铁路运输总量中的比例都比较低，对国际航运业务的实施、港口作业效率的提高以及进出口贸易的发展都有一定程度的影响。二是物流器具标准不配套，例如，现有托盘标准与各种运输装备、装卸设备标准之间缺乏有效衔接，降低了托盘在整个物流过程中的通用性，也在一定程度上延缓了货物运输、储存、搬运等过程的机械化和自动化水平的提高。三是物流包装标准与物流设施标准之间缺乏有效的衔接，虽然目前对商品包装已有初步的行业标准，但在与各种运

输装备、装卸设施、仓储设施相衔接的物流单元化包装标准方面还比较欠缺，这对各种运输工具的装载率、装卸设备的荷载率、仓储设施空间利用率方面的影响较大。

(4) 结合信息技术的水平有限。以信息系统建设滞后为例，一是企业内部物流信息管理和技术手段都还比较落后，如条形码技术、全球定位系统(GPS)、物资采购管理(MRP)和企业资源管理(ERP)等物流管理软件，在物流领域中的应用水平较低；二是缺乏必要的公共物流信息交流平台，以 EDI、互联网等为基础的物流信息系统还没有得到广泛的应用。

3. 我国传统物流发展受到多方面约束

(1) 体制约束。条块分割的管理模式对传统物流的发展起到了制约作用。例如，在运输管理体制上，我国实行的是按照不同运输方式划分的分部门管理体制；同时，从中央到地方也有相应的管理部门和层次。这种条块分割式的管理体制，一方面使得部门之间、地区之间的权力和责任存在交叉和重复，难以有效合作和协调；另一方面，各部门、各地区各管一块，将全社会的物流过程分割开来，实行一种分段式的管理模式。这种条块分割的体制，不仅无法适应和满足物流产业发展的要求，而且在相当程度上影响和制约传统物流的发展。

(2) 法规约束。政企不分现象依然存在，不利于传统物流规范有序发展。政府部门直接或间接参与企业经营活动的现象依然存在，除铁路系统政企合一的体制外，其他行业也存在不同程度的政企不分现象，例如，港政管理和码头经营合一，这一方面影响政府公正地行使政府职能，同时也影响企业市场竞争能力的提高，而且不利于港口的建设和发展。

(3) 人才约束。相比较而言，我国在物流研究和教育方面还非常落后，从事物流研究的大学和专业研究机构还很少，企业层面的研究和投入更微乎其微。物流教育水平不高主要表现在缺乏规范的物流人才培育途径。在高等院校中开设物流专业课程的大学很少；与物流相关的大学本科教育虽有开展，但尚未得到国家教育主管部门的认可，研究生教育刚刚开始起步；物流职业教育则更加贫乏，企业的短期培训仍然是目前物流培训的主要方式。

4.2　电子商务物流的基本模式

一个国家物流业的发展水平，在一定程度上反映了该国的综合国力和企业的市场竞争能力。当今世界，全球经济新秩序正在建立和调整，世界各国以及区域经济组织都非常重视物流水平对于本国经济发展的影响。

电子商务的具体实施有多种模式可以选择。由于从事的专业不同，ISP、ICP 及其他信息服务提供商更多地从如何建立电子商务信息服务网络、如何提供更多的信息内容、如何保证网络的安全、如何使消费者更快接入、如何加快信息传输速度等方面考虑问题。至于电子商务交易实现后，物流体系怎样建立和运作是另一领域研究的内容。但电子商务真正的实现是商流、信息流、资金流、物流的综合，前面三流可以在网上实现，但物流体系实现却依赖于企业物流模式的选择。本节将对电子商务物流模式的种类进行阐述。

4.2.1　自营物流

自营物流主要是指拥有网站的生产型企业自己经营的物流，而它的主要经济来源在于销售商品，不在于物流，物流组织只是企业的一个部分。例如，海尔集团就是自营物流，但是它的最大利润源却不是物流，然而它有能力自身承担物流业务并且从中获利。自营物流是企业物流模式的一种，这种物流模式对于企业来说易于控制，作业灵活性大，能够提高企业的整体市场形象，但是该种模式的投资较大，相应的物流设施和设备的利用率较低。

根据规模经济原理，物流规模越大，物流集约化程度越高，物流营运越经济。因此企业生产经营达到一定的规模时，即企业自身物流拥有一定的规模时，自营才能发挥其系统管理的功效；否则，其降低物流系统总成本的目标就难以实现，规模效益自然成为自营物流的瓶颈。特别在消费者市场多样化、个性化需求的今天，社会需求的快速变化和技术的日新月异，制造企业的大量生产已不能适应市场发展的需求。差异化营销与柔性生产已成为企业的未来发展趋势，其结果是企业必须采取多品种、少批量、多批次的物流策略，如果企业欲贯彻其以服务改善为目的的物流管理宗旨，则其物流作业的分散度将会进一步扩大，分散的物流作业就会冲减系统管理的效益。因此，结合物流作业外包的规模优势与物流系统自营的管理价值，将部分非核心的物流作业功能外包而整个物流系统企业自我营运的“作业功能外包＋系统管理自营”的混合物流模式，应该是大型企业今后物流发展的主营模式。

4.2.2 物流联盟模式

物流联盟(Logistics Alliance)是以物流为合作基础的企业战略联盟，它是指两个或多个企业之间，为了实现自己的物流战略目标，通过各种协议、契约而结成的优势互补、风险共担、利益共享的松散型网络组织，其目的是实现联盟参与方的“共赢”。在现代物流中，是否组建物流联盟，作为企业物流战略的决策之一，其重要性是不言而喻的。在我国，物流水平还处于初级阶段，组建联盟便显得尤为重要。

1. 物流联盟产生的原因

(1) 利益是物流联盟产生的最根本原因。企业之间有共享的利益是物流联盟形成的基础。物流市场及其利润空间是巨大的，在西方发达国家，物流成本占 GDP 的 10%左右，而在我国占 15%～20%。如此大的市场与我国物流产业的效率低下形成鲜明的对比，生产运输企业通过物流或供应链的方式形成联盟，有利于提高企业的物流效率，实现物流效益的最大化。

(2) 大型企业为了保持其核心竞争力，通过物流联盟方式把物流外包给一个或几个第三方物流公司。例如，英国的 Laura Ashley 是一家时装和家具零售商兼批发商，从 1953 年以一个家庭为基础的商业企业，发展到在全球 28 个国家有 540 个专卖店的企业。20 世纪 80 年代，Laura Ashley 公司开始使用联邦快递的服务来经营北美地区业务，在 20 世纪 90 年代初，Laura Ashley 面临着一个物流问题：陈旧和集中的存货系统使公司在正常的基础上很难提供充足数量的产品，Laura Ashley 公司的仓储和供应网络会延迟送货时间，尤其在英国以外的国家。为了提升竞争地位，增加核心竞争力，Laura Ashley 公司决定与联邦快递(FedEx)结盟，外包其关键性的物流功能，如存货控制和全球物流配送。于是在 1992 年 3 月，公司外包其未来 10 年内的总计 2.25 亿美元的全球物流服务项目给联邦快递公司。Laura Ashley 公司减少了其一半的库存货物，减少了 10%～12%物流费用，补货控制在 48h 内，提高了产品的供货质量，尤其重要的是那些“易损”的产品现在能够更可靠、频繁和准时地配送。

(3) 中小企业为了提高物流服务水平，通过联盟方式解决自身能力的不足。近年来随着人们消费水平的提高，零售业得到了迅猛的发展，这给物流业带来了发展机遇的同时，也带来了新的挑战。因物流发展水平的长期落后，如物流设备、技术落后，资金不足，按行政条块划分物流区域等，很多企业尤其是中小企业不能一下子适应新的需求，于是通过联盟的方式来解决这个矛盾。

(4) 国际互联网技术的广泛应用使跨地区的物流企业联盟成为可能。由于信息高速公路的建成，使得世界距离大大缩短，异地物流企业利用网络也可以实现信息资源共享，为联盟提供了有利的条件。

我国物流企业面临跨国物流公司的竞争压力，只有通过物流联盟形式来应对。中国加入WTO后，这给国外的投资商带来无限的商机，而具有巨大潜力的物流业当然也成了令其眼红的一块“肥肉”，世界最大的物流公司丹麦的马士基公司正全面进军中国的物流业，并在上海建立全国配送中心便是证明。面对如此强劲的竞争对手，我国的物流企业只有结成联盟，通过各个行业和从事各环节业务的企业之间的联合，实现物流供应链全过程的有机融合，通过多家企业的共同努力，来抵御国外大型物流企业的入侵，形成一个强大的力量，共进退、同荣辱，才有可能立于不败之地。

2. 物流联盟的优点

(1) 降低物流成本，提高企业竞争能力。企业(尤其是中小企业)通过物流服务提供商，结成联盟，能有效地降低物流成本(通过联盟整合，可节约成本10%～25%)，提高企业竞争能力。由于我国物流业存在着诸多不利因素，让这些企业进行联盟能够在物流设备、技术、信息、管理、资金等各方面互通有无，优势互补，减少重复劳动，降低成本，达到共同提高、逐步完善的目的，从而使物流业朝着专业化、集约化方向发展，提高整个行业的竞争能力。此外，物流联盟有助于物流合作伙伴之间在交易过程中减少相关交易成本。物流合作伙伴之间经常沟通与合作，互通信息，建立起相互信任和承诺，减少履约风险。即使在服务过程中产生冲突，也可通过协商加以解决，从而避免无休止的讨价还价，甚至提出法律诉讼产生费用。

(2) 降低企业风险。长期合作关系发展成为联盟形式，有助于降低企业的风险。单个企业的力量是有限的，它对一个领域的探索失败了损失会很大，如果几个企业联合起来，在不同的领域分头行动，就会减少风险。联盟企业在行动上也有一定协同性，因此对于突如其来的风险，能够共同分担，这样便减少了各个企业的风险，提高了抵抗风险的能力。

(3) 提高企业服务水平。第三方物流公司通过联盟有利于弥补在业务范围内服务能力的不足。如联邦快递公司发现自己在航空运输方面存在明显的不足，于是决定把一些不是自己核心竞争力的业务外包给Fritz公司，与Fritz公司联盟，把它作为自己的第三方物流提供商。通过联盟，提高联邦快递的服务水平，使得其核心竞争能力增强。

4.2.3 第三方物流

1. 第三方物流概述

为了适应电子商务的发展，公司应该采用全新的第三方物流(Third Party Logistics，TPL或3PL)模式。第三方物流模式就是生产经营企业为了集中精力搞好主业，把原来由自己处理的物流活动，以合同方式委托给专业物流服务企业，同时通过信息系统与物流服务企业保持密切联系，以达到对物流全程的管理和控制的一种物流运作与管理方式。因此第三方物流又叫合同制物流。

提供第三方物流服务的企业，其前身一般是运输业、仓储业等从事物流活动及相关的行业。从事第三方物流的企业在委托方物流需求的推动下，从简单的存储、运输等单项活动转为提供全面的物流服务，其中包括物流活动的组织、协调和管理、设计建议最优物流方案、物流全程的信息搜集、管理等。目前，第三方物流的概念已广泛地被西方流通行业所接受。

(1) 第三方物流的产生是社会分工的结果。在 Out-souring 等新型管理理念的影响下，各企业为增强市场竞争力，而将企业的资金、人力、物力投入到其核心业务上去，寻求社会化分工协作带来的效率和效益的最大化。专业化分工的结果导致许多非核心业务从企业生产经营活动中分离出来，其中包括物流业。将物流业务委托给第三方专业物流公司负责，可降低物流成本，完善物流活动的服务功能。

(2) 第三方物流的产生是新型管理理念的要求。进入 20 世纪 90 年代后，信息技术特别是计算机技术的高速发展与社会分工的进一步细化，推动着管理技术和思想的迅速更新，由此产生了供应链、虚拟企业等一系列强调外部协调和合作的新型管理理念，既增加了物流活动的复杂性，又对物流活动提出了零库存、准时制、快速反应、有效的顾客反应等更高的要求，使一般企业很难承担此类业务，由此产生了专业化物流服务的需求。第三方物流的思想正是为满足这种需求而产生的。

(3) 改善物流与强化竞争力相结合意识的萌芽。物流研究与物流实践经历了成本导向、利润导向、竞争力导向等几个阶段。将物流改善与竞争力提高的目标相结合，是物流理论与技术成熟的标志，这是第三方物流概念出现的逻辑基础。

(4) 物流领域的竞争激化导致综合物流业务的发展。随着经济自由化和贸易全球化的发展，物流领域的政策不断放宽，同时也导致物流企业自身竞争的激化，物流企业不断地拓展服务内涵和外延，从而导致第三方物流的出现。这是第三方物流概念出现的历史基础。

2. 市场现状

(1) 西方市场的第三方物流。现代意义上的第三方物流是一个有十多年历史的行业。在美国，第三方物流业被认为尚处于产品生命周期的发展期；在欧洲，尤其在英国，普遍认为第三方物流市场有一定的成熟程度。据调查，欧洲目前使用第三方物流服务的比例约为 76%，而且 70%的企业不只使用一家，美国约为 58%，且其需求仍在增长，英国为 34%，法国为 27%，德国为 23%。研究表明，欧洲 24%和美国 33%的非第三方物流服务用户正积极考虑使用第三方物流服务；欧洲 62%和美国 72%的第三方物流服务用户认为，他们有可能在 3 年内增加对第三方物流服务的运用。一些行业观察家已对市场的规模做出估计，整个美国第三方物流业有相当于 4200 亿美元的市场规模，欧洲最近的潜在物流市场的规模估计约为 9500 亿美元。

由此可见，全世界的第三方物流市场具有潜力大、渐进性和高增长率的特征。这种状况使第三方物流业拥有大量服务提供者，大多数第三方物流服务公司是从传统的“内物流”业为起点而发展起来的，如仓储业、运输业、空运、海运、货运代理和企业内的物流部等，它们根据顾客的不同需要，通过提供各具特色的服务取得成功。美国目前有几百家第三方物流供应商，其中大多数公司开始时并不是第三方物流服务公司，而是逐渐发展进入该行业的。

在西方发达国家第三方物流的实践中，有几点值得注意：一是物流业务的范围不断扩大。一方面，商业机构和各大公司面对日趋激烈的竞争不得不将主要精力放在核心业务上，将运输、仓储等相关业务环节交由更专业的物流企业进行操作，以求节约和高效；另一方面，物流企业为提高服务质量，也在不断拓宽业务范围，提供配套服务。二是很多成功的物流企业根据第一方、第二方的谈判条款，分析比较自理的操作成本和代理费用，灵活运用自理和代理两种方式，提供客户定制的物流服务。三是物流产业的发展潜力巨大，具有广阔的发展前景。

(2) 中国市场的第三方物流。我国第三方物流的发展还处于刚起步阶段。1999—2001 年，中国仓储协会对物流市场供求状况进行的三次抽样调查显示：在生产企业成品销售物流中，第三方物流所占的比重分别是 9.1%、16.1%和 21%，呈明显上升势头。

在物流业务方面，我国物流成本占 GDP 比重的 20%左右，而在美国还不足 10%。美国由第三方物流配送企业承担的物流业务量已经占全社会物流总量的 57%，而我国由第三方物流企业承担的不到 18%。此外，第三方物流企业的规模差距很大，仅对 2001 年营业收入而言，中国海运为 8.2 亿美元，UPS 为 306.5 亿美元，FedEx 为 196.3 亿美元。

随着中国经济的持续增长以及全球化程度的提高，2005 年第三方物流市场规模超过 1000 亿元，比上年增长 30%左右。与此同时，由于石油价格的上涨和在设施、设备和技术上投入的增加，物流企业的运营成本大幅提高；另外，行业竞争加剧又导致物流服务收费普遍降低，因此 2005 年第三方物流市场的利润率普遍下降。为提高盈利水平和竞争能力，物流企业的服务日趋专业化，第三方物流市场按照行业、地域、产品不断细分。

2006 年大约有 12%的物流与储运公司的仓储面积在 1 万平方米以下，有 40%的物流与储运公司仓储面积在 1 万～5 万平方米，有 22%的物流与储运公司仓储面积在 5 万～10 万平方米之间，有 26%的物流与储运公司仓储面积在 10 万平方米以上。

近几年我国的第三方物流市场以每年 16%～25%的速度增长，中国大约有 1.5 万家物流服务行业公司。2009 年，中国物流企业 50 强主营业务收入同比增长 14.7%。同时，物流企业更加专业化发展。中远物流侧重于供应链的高增值及与海运业和跨国运输相关的物流服务；中储物流以仓储资源为基础，形成现货市场、动产监管、大宗贸易、加工配送、货运代理等有机结合的综合物流业务模式。以中远物流、中外运物流、中邮速递物流、中海物流、中铁物流等为代表的国有物流企业在国内市场占有率进一步扩大，正在融入国际物流的大市场。同时中国巨大的物流市场已经吸引了国际上各个货运巨头的目光，外国物流企业纷纷进军中国市场，预测未来几年中国物流业将保持快速增长态势，中国物流市场发展前景广阔，给了投资者一个发挥的空间。

虽然中国第三方物流通过实践和理论得到了较快的发展，但在 2012—2016 年中国第三方物流行业深度调研与投资前景研究报告中显示，目前，我国的第三方物流在物流市场中所占的比例仅为 10%，还没有太多大型专业的第三方物流企业，这是当前物流发展中最薄弱的环节，也制约了我国经济的发展。特别是近几年电子商务的高速发展，第三方物流发展规模远远赶不上电子商务发展的速度。我国第三方物流市场规模在 600 亿～700 亿元，不仅规模小，而且高度分散，在 1 万～1.5 万家第三方物流企业中，没有一家企业能占到 2%以上的市场份额，大多数物流公司只是局限在供应链功能的一小部分，无法满足客户的一体化物流服务需求。

3. 第三方物流的优势

(1) 集中主业。企业能够实现资源优化配置，将有限的人力、财力集中于核心业务，进行重点研究，发展基本技术，开发出新产品参与世界竞争。

(2) 节省费用，减少资本积压。专业的第三方物流提供者利用规模生产的专业优势和成本优势，通过提高各环节能力的利用率实现费用节省，使企业能从分离费用结构中获益。根据对工业用车的调查结果，企业解散自有车队而代之以公共运输服务的主要原因就是为了减少固定费用，这不仅包括购买车辆的投资，而且包括车间仓库、发货设施、包装器械以及员工有关的开支。

(3) 减少库存。企业不能承担多种原料和产品库存的无限增长，尤其是高价值的部件要被及时送往装配点，实现零库存，以保证库存的最小量。第三方物流提供者借助精心策划的物流计划和适时运送手段，最大限度地减少库存，改善了企业的现金流量，实现成本优势。

(4) 提升企业形象。第三方物流提供者与顾客不是竞争对手，而是战略伙伴，他们为顾客着想，通过全球性的信息网络使顾客的供应链管理完全透明化，顾客随时可通过 Internet 了解供应链的情况。第三方物流提供者是物流专家，他们利用完备的设施和训练有素的员工对整个供应链实现完全的控制，减少物流的复杂性；他们通过遍布全球的运送网络和服务提供者(分承包方)大大缩短了交货期，帮助顾客改进服务，树立自己的品牌形象。第三方物流提供者通过“量体裁衣”式的设计，制定出以顾客为导向，低成本高效率的物流方案，使顾客在同行者中脱颖而出，为企业在竞争中取胜创造了有利条件。

(5) 货主企业采用第三方物流方式对于提高企业经营效率具有重要作用。首先，可以使企业专心致志地从事自己所熟悉的业务，将资源配置在核心事业上。其次，第三方物流企业作为专门从事物流工作的行家里手，具有丰富的专业知识和经验，有利于提高货主企业的物流水平。第三方物流企业是面向社会众多企业提供物流服务的，可以站在比单一企业更高的角度。市场在更大范围的扩大，市场外部环境的变化，使得企业的生产经营活动也变得越来越复杂，要实现物流活动的合理化，仅仅将物流系统范围局限在企业内部已远远不够。建立企业间、跨行业的物流系统网络，将原材料生产企业、制品生产企业、批发零售企业等生产流通全过程上下游相关企业的物流活动有机结合起来，形成一个链状的商品供应系统，是构筑现代物流大系统的要求。第三方物流企业通过其掌握的物流系统开发设计能力、信息技术能力，成为建立企业间物流系统网络的组织者，完成个别企业，特别是中小企业无法实现的工作。以上种种原因，极大地推动了第三方物流的发展，使第三方物流成为 21 世纪国际物流发展的主流。

发展第三方物流产业无疑是促进企业物流活动合理化、效率化，进而提高整个社会物流合理化的重要途径。特别是在当今的信息时代，将先进的信息技术、网络技术应用到物流管理中，会极大地促进物流事业的发展，第三方物流事业具有广阔的发展前景。

以上 3 种物流模式各自具有其特定的使用范围，从概念、优点、缺点、适用对象和代表企业方面来看，这 3 种物流模式的比较见表 4-1。

表 4-1　3 种物流模式比较

模式 项目	自营物流	物流联盟	第三方物流
概念	企业自身经营物流业务	选择少数稳定且有较多业务往来的物流公司通过契约形成伙伴关系	将部分或全部物流活动委托给外部的专业物流公司完成
优点	1．掌握控制权 2．盘活企业原有资产 3．降低交易成本 4．避免商业秘密泄漏 5．提高企业品牌价值 6．有利于推进客户关系管理 7．适应性、针对性强	1．可降低成本、减少投资，降低风险和不确定性，获得一定的物流技术及相应的管理技术 2．有利于发挥渠道优势，提高利润水平 3．有利于拓展经营领域，提高顾客服务水平，提升企业形象	1．集中精力发展核心业务 2．减少投资，加速资本周转 3．降低运营成本及库存成本 4．改善企业价值链，实现资源优化配置 5．提供灵活多样的顾客服务，为顾客创造更多价值
缺点	1．投资多、风险大 2．资产利用率的波动性 3．增加管理难度、降低专业化水平 4．管理机制约束 5．存在跨行业经营风险	1．冲击主业发展，降低专业化水平 2．破坏旧的客户关系 3．物流联盟模式非常脆弱，这种关系很难形成且非常容易解体	1. 成本控制困难，发展目标不一致 2．不利于整体优化 3．物流资产的制约 4．市场交易成本的制约

续表

项目＼模式	自营物流	物流联盟	第三方物流
适用对象	适用于具有一定物流资源的传统企业进行电子商务时所采用	区域配送系统完善、物流内容相对单一、物流规模较稳定的企业	不具备现代化物流技术手段、无法满足对物流系统的高度化需要的企业
代表企业	沃尔玛集团、海尔集团、联邦软件	北京世佳、上海梅林正广、美国UPS	Dell 计算机公司、当当网上书店

4.3 电子商务下第三方物流

本节从物流一体化的概念出发，将对第三方物流是电子商务物流的主导模式进行阐述，并对电子商务下第三方物流公司管理模式和电子商务环境下我国发展第三方物流的对策进行介绍。

4.3.1 物流一体化

20 世纪 80 年代，西方发达国家，如美国、法国和德国等都提出了“物流一体化”的现代理论，应用于指导其物流发展并取得了明显的效果，使它们的生产商、供应商和销售商均获得了显著的经济效益。

物流一体化就是利用物流管理，使产品在有效的供应链内迅速移动，使参与各方的企业都能获益，使整个社会获得明显的经济效益。严格地说，物流一体化就是以物流系统为核心的，经由生产企业、物流企业、销售企业直至消费者供应链的整体化和系统化。它是指物流业发展的一个高级和成熟的阶段。只有当物流业高度发达，物流系统日趋完善，物流业成为社会生产链条的领导者和协调者，才能够为社会提供全方位的物流服务。

物流一体化的发展可分为 3 个层次：物流自身一体化、微观物流一体化和宏观物流一体化。物流自身一体化是指物流系统的观念逐渐确立，运输、仓储和其他物流要素趋向完备，子系统协调运作，系统化发展。微观物流一体化是指市场主体企业将物流提高到企业战略的地位，并且出现了以物流战略作为纽带的企业联盟。宏观物流一体化是指物流业发展到相当的水平，即物流业占到国家国民总产值的一定比例，处于社会经济生活的主导地位。它使跨国公司从内部职能专业化和国际分工程度的提高中获得规模经济效益。

物流一体化是物流产业化的发展形式，它必须以第三方物流充分发育和完善为基础。物流一体化的实质是一个物流管理的问题，即聘请专业化物流管理人员和技术人员，充分利用专业化物流设备、设施，发挥专业化物流运作的管理经验，以取得整体的最优。同时，物流一体化的趋势为第三方物流的发展提供了良好的发展环境和巨大的市场需求。

4.3.2 电子商务下第三方物流的发展

1. 第三方物流是电子商务物流的主导模式

(1) 在电子商务环境下，市场竞争的优势将不再是企业拥有的物质资源有多少，而在于它能调动、协调和整合多少社会资源来增强自己的竞争力，所以企业的竞争将是以物流系统，尤其是以第三方物流所依托的知识联盟或信息联盟的竞争。在突出主业战略下，企业知识具有专业化、系统化的特征，企业知识专业化、经营范围关联化的结果是企业形态的单元化，即企业成为具有专门功能的单一功能体，如制造功能、营销功能、物流功能等。这样企业容易建立核心能力，形成比较优势。因此，在电子商务环境下，企业可以根据自身情况，仅保留优势功能，将辅助功能交给物流企业——第三方物流企业来承担。

(2) 企业通过电子商务活动，将打破传统的“厂家—批发—零售—消费者”营销模式，逐步建立起“厂家—消费者”的营销模式，使消费者获得个性化的服务。这种“产销合一”、“批零一体”营销模式的出现，是由于第三方物流企业能够提供优质高效的物流配送服务，能够为厂家提供各种有价值的增值服务，将逐步加强其在渠道和地区性市场中的地位。

(3) 在电子商务环境下，消费者通过上网购物，完成了商品所有权的交割过程(商流过程)，但电子商务活动并未结束，在电子商务交易过程中，物流实际上是以商流的后续者和服务者的姿态出现的。没有现代化的物流，再轻松的商务活动也只是一种幻想。由于网上时空的“零距离”与现实世界的反差增大，消费者对产品可得性的心理预期增大，以致厂家交货速度的压力变大。这时厂家将这种压力传递给第三方物流企业，第三方物流企业通过快速的反应完成物流过程，使消费者满意。

(4) 从供应链管理角度看，企业开展电子商务活动，实际上是商务过程中的信息流和物流在共同发挥作用。供应链管理注重的是企业核心竞争能力，实行业务外包是企业发展的必然趋势。供应链管理下企业的业务外包，首先应是物流业务的外包，即寻求第三方物流企业代其完成物流配送业务。在传统物流系统中信息利用率低，而在现代物流系统中信息的流量大大增加，需求信息和反馈信息不是逐级传递的，而是网络式传递，增加了共享信息，避免了供求信息的失真现象，从而物流网络的规划能力也亟待加强。这就要求充分利用第三方物流系统来完成企业物流配送业务。

总之，电子商务的发展必须由第三方物流来支撑。这是由于电子商务活动涉及的物流是多方位的，要想把物流成本降到最低，必须把物流服务中各项服务功能综合起来进行。而综合性的第三方物流企业具有物流设计、开发、运作的能力，具有丰富的物流经验和优秀的物流管理人才等整体优势。

2. 电子商务下第三方物流公司管理模式

(1) 供应链管理模式。电子商务的发展带来顾客需求的不断升级，市场竞争日趋剧烈，国内外都在推行随需求不断升级的快速反应的供给、物流和销售三大体系，形成了一个庞大的供应链管理体系，即对商品、信息、资金在由供应商、制造商、分销商和顾客组成的网络中的流动的管理。进行供应链管理对中国国内的第三方物流公司来说是一个巨大的挑战。

供应链对代理配送公司即第三方物流公司来说是一个中心环节。第三方物流公司要管理的就是其作为“中间者”介入到顾客之间的供应链，与传统物流公司一样，管理是构建在一个相互作用、互为先后的流程中的，并以服务的配套化为导向，所不同的只是地位由供应者变成了中介者。使用供应链管理模式，可提高企业的效率。

(2) 电子化管理模式。全球电子商务发展把第三方物流推向了技术化、科技化、信息化。现在在全球通行的电子化管理模式是完全的、高效的电子管理系统(TEEMS)模式。TEEMS 模式完全避免了单从某些方面去解决公司问题而永远解决不了公司问题的状态。其第一阶段为“分销业务计划与决策分析系统”；第二阶段为“分销体系与资源运营管理系统”。

从根本意义来说，TEEMS 是咨询、方案与服务的保证。TEEMS 构造了一个易于扩展的系统架构，从而真正满足了物资流通应用系统不断发展的实际需求。

(3) 系统化管理模式。完善的物流系统是企业的核心竞争力。物流系统化管理的目标是：提供优质服务；物流各环节高效率地运作；大力发展现代化的立体实施和物流设备，节约空间；优化物流网点的布局，规模适当；合理控制库存量。

(4) 后勤管理模式。对第三方物流公司来讲，后勤工作成为公司正常运作的有力支持。通过后勤工作的协调作用，第三方物流公司能合理安排代理配送业务活动过程中的各个环节。随着电子商务的发展，顾客的需求不断升级，后勤工作也必须做出相应调整以占取市场份额。

(5) 全过程管理模式。全过程控制是物流管理的核心问题。供应商必须全面、准确、动态地把握散布在国内外各个中转仓库、经销商、零销商以及汽车、火车、轮船等各种运输环节之中的产品流动状况，并以此为根据随时发出调度指令，制订生产和销售计划，调整市场策略。对于大型商业机构而言，没有全过程的物流管理就根本谈不上建立有效分销网络和供应配送体系。

3. 电子商务环境下我国发展第三方物流的对策

(1) 外部环境的改善。

① 政府应加强对物流产业发展的宏观指导。物流产业投入大，动辄投入几十亿元、几百亿元，甚至上千亿元，切忌盲目发展、低水平重复建设，防止不必要的浪费。国家应成立协调全国物流产业的领导机构，指导协调全国物流产业的健康发展。领导机构应抓紧组织制定全国的物流规划，按照大流通的思路进行物流的整体设计。各地区应根据全国的统一规划，制定好物流产业发展规划，按规划组织实施，同时抓紧制定和完善物流发展的法律法规体系。

② 供应商要树立全新的经营理念。第三方物流的发展必须依靠大量的制造商为“依托”，没有供应链上的“第一方”和“第二方”，也就无所谓“第三方”。因此，现在国内物流企业发展第三方物流，关键是寻找到有发展潜力且愿意与物流企业合作的供应商(制造商)，与它们建立密切的联盟关系，形成供应链企业，从而使物流企业提供的物流活动有较好的经济效益，实现双赢。

(2) 第三方物流企业的自身发展。

① 深入研究供应商物流活动的发展规律。第三方物流企业应根据电子商务发展的需要，熟悉供应商的生产经营特点，不断拓展业务范围，提供配套服务。电子商务环境下的物流与一般的配送供货系统相比，面临更复杂的情况，其业务活动在网上完成，商品采购和配送等服务从虚拟的小范围走向实体的大范围。电子商务环境下的物流已经不仅局限于传统的物流运输和仓储，而要求其参与到客户物流体系中去，旨在提高效率和效益，进行整体运作，业务领域已广泛深入到客户销售计划、库存管理计划、生产计划等整个生产经营过程中，这就要求第三方物流企业完善装备，提高综合服务能力，将业务做大，提高专业化水平，从而提供高效、低成本的服务，使第三方物流企业取得良好的经济效益。

② 掌握从事第三方物流的技术和方法。在商品流通过程中，物流装备和技术显得越来越重要。尤其是电子商务的网上交易，快速简便地完成了商品所有权的交割过程(商流过程)，但物流响应速度及准确性、安全性必须以技术、装备及有效的管理来保证。在电子商务时代，第三方物流企业必须努力提高物流装备、物流技术及管理水平，例如，建立自动化高层货架及立体仓库、托盘、集装箱、销售网点扫描仪(POS)、条形码(BARCODE)、电子数据交换系统(EDI)、

地理信息系统(GIS)等物流装备技术，加强对装卸、搬运、拣货等作业过程的机械化、自动化以及精益思想(JP)、准时供应(JIT)、全面质量管理(TQC)、客户关系管理(CRM)、自动连续补货(ACEP)等现代管理技术及方法的应用。第三方物流企业只有实现物流装备与管理方法的现代化，物流信息与物流通道网络化，才能及时快速地对瞬息万变、竞争激烈的市场环境做出反应，保证第三方物流高效运转。

③ 建立一支能适应电子商务时代发展的物流人才队伍。在流通中，商流、资金流和信息流都可以通过计算机和网络通信设备来缩短流通过程，使流通时间“等于零或者趋近于零”。企业的交易费用将主要被物流所占用，物流成本的高低，就成了企业在市场竞争中能否取胜的关键。在现代经济的条件下，物流水平的高低取决于高素质人才的拥有量。因此，企业要积极营造培养人才、重用人才和激励人才的环境。企业要积极采取措施引进人才，储备人才；要积极组织员工参加在职培训，将业务培训及获得的资格证书作为职工上岗、晋级的基本资格；要积极调整用人政策，搞活用人机制，改善用人环境，大胆启用具有创新意识的青年人才进入管理阶层；在分配制度上向人才倾斜，提高企业人才的生活待遇等。

④ 树立第三方物流企业的物流服务品牌。物流企业发展第三方物流必须确立品牌战略，充分发挥品牌效应，获取良好效益。首先，要树立物流发展的精品名牌意识，严格制定各项物流质量标准，不断提高物流服务水平。其次，要引进先进技术手段，设计创造物流服务的精品内容、品牌项目。最后，要强化物流技术与管理人员素质培训，建立优秀的物流人才队伍，确保企业名牌战略的实现。

4.4　电子商务下新型物流

电子商务物流由于采用了先进的网络信息技术，给全球物流带来了新的发展，在第三方物流提出后，相继又提出了第四方物流、电子物流、绿色物流等新型物流理论。

4.4.1　第四方物流

1. 第四方物流概述

第三方物流作为一种新兴的物流方式活跃在流通领域，它的节约物流成本、提高物流效率的功能已为众多企业认可。随着企业要求的提高，第三方物流在整合社会所有的物流资源以解决物流瓶颈、达到最大效率方面开始出现力不从心。虽然从局部来看，第三方物流是高效率的，但从一个地区、一个国家的整体来说，第三方物流企业各自为政，这种散乱的结果很难达到最优，难以解决经济发展中的物流瓶颈，尤其是电子商务中新的物流瓶颈。另外，物流业的发展需要技术专家和管理咨询专家的推动，而第三方物流恰恰缺乏高技术、高素质的人才队伍支撑。

对此有人提出，必须密切关注客户和第三方物流的关系并进行规范化管理。于是“第四方物流”(Fourth Party Logistics，FPL 或 4PL)便应运而生。第四方物流的概念首先是由著名的管理咨询公司埃森哲公司(又名安盛咨询公司)提出的，并且将第四方物流作为专有的服务商标进行了注册，定义为“一个调配和管理组织自身的及具有互补性服务提供商的资源、能力与技术，来提供全面的供应链解决方案的供应链集成商”。

第四方物流能控制和管理整个物流过程，并对整个过程提出策划方案，再通过电子商务把这个过程集成起来，以实现快速度、高质量、低成本的物流服务。为此，有一些业内人士把第四方物流供应商形象地称作“主导物流服务商”。从宏观角度来看，第四方物流的发展满足了整个社会物流系统的要求，最大限度整合了社会资源，减少了货物物流时间，节约了资源，提高了物流效率，也减少了环境污染。第四方物流以整合供应链为己任，向企业提供了完整的物流解决方案。2002 年 11 月 1 日，海尔集团物流有限公司和寰宇空港物流签好了北京首都机场的物流合作的协议，这也是海尔物流正式地进入到 4PL 领域，同时是我国物流进入 4PL 领域的一个标志。

由于“第四方物流”是个舶来词，在我国现阶段也仅仅处于起步，即使在国外，物流业界对这个新型的物流模式也有不少异议，所以第四方物流的发展如何，尚待理论完善与实践检验。

2. 第四方物流的特点

第四方物流的特点之一是其提供了一个综合性供应链解决方法，以有效地适应需方多样化和复杂的需求，集中所有资源为客户完美地解决问题，主要体现在以下几个方面：

(1) 供应链再建。通过供应链的参与者将供应链规划与实施同步进行，或利用独立的供应链参与者之间的合作提高规模和总量。供应链再建改变了供应链管理的传统模式，将商贸战略与供应链战略连成一线，创造性地重新设计了参与者之间的供应链，使之达到一体化标准。

(2) 功能转化。主要是销售和操作规划、配送管理、物资采购、客户响应以及供应链技术等，通过战略调整、流程再造、整体性改变管理和技术，使客户间的供应链运作一体化。

(3) 业务流程再造。将客户与供应商信息和技术系统一体化，把人的因素和业务规范有机结合起来，使整个供应链规划和业务流程能够有效地贯彻实施。

(4) 实施第四方物流。开展多功能、多流程的供应链业务，其范围远远超出传统外包运输管理和仓储运作的物流服务。企业可以把整条供应链全权交给第四方物流运作，第四方物流可为供应链功能或流程的全部提供完整的服务。

第四方物流的特点之二是通过影响整个供应链来获得价值，即与类似外包的供应链的区别之一在于其能够为整条供应链的客户带来利益，主要体现在以下几个方面：

(1) 利润增长。第四方物流的利润增长将取决于服务质量的提高、实用性的增加和物流成本的降低。由于第四方物流关注的是整条供应链，而非仓储或运输单方面的效益，所以其为客户及自身带来的综合效益会出现惊人进展。

(2) 运营成本降低。可以利用运作效率提高、流程增加和采购成本降低来实现，即通过整条供应链外包功能以达到节约的目的。流程一体化、供应链规划的改善和实施将使运营成本和产品销售成本降低。

(3) 工作成本降低。采用现代信息技术、科学的管理流程和标准化管理，使存货和现金流转次数减少，可以得到占总成本 30%的工作成本的降低。

(4) 提高资产利用率。客户通过第四方物流减少了固定资产占用和提高了资产利用率，使得客户通过投资研究设计、产品开发、销售与市场拓展等获得经济效益的提高。

第四方物流成功地影响着大批的服务者(第三方物流、网络工程、电子商务、运输企业等)以及客户的能力和供应链中的伙伴。它作为客户间的连接点，通过合作或联盟提供多样化服务。第四方物流的优点可以通过迅速、高质量、低成本的运送服务得以实现。不少人认为第四方物流由于难以获得委托者的信任而只是一个设想，但随着社会经济的不断发展，第四方物流将会得到广泛的运用。

3. 电子商务和第四方物流的关系

电子商务的出现、网络经济的发展使第四方物流成为可能。首先，通过国际互联网网络平台可达到信息充分共享。网络平台在信息传递方面具有及时性、高效性、广泛性等特点，通过互联网很容易达成信息共享的目的。其次，通过国际互联网网络平台减少了交易成本，实现了最大的物流资源的整合。由于网络平台的信息共享的优势，减少了信息不对称，使中小物流企业也能够获益。最后，网络平台是一个虚拟的空间，不受物理空间的限制，也没有企业自身的利益面，容易组成第三方物流企业和其他物流企业都认可的形式，如联盟形式，最终实现物流产业整合。

实现第四方物流企业整合，必须满足 3 个条件：第四方物流企业必须不是物流的利益方；第四方物流必须能实现信息共享；第四方物流必须有能力整合所有物流资源。而真正满足此条件的只有虚拟的物流网络平台。

发展第三方物流是解决企业物流的关键，第四方物流则解决整个物流的主要问题。因此，发展第四方物流必须从以下几个方面着手：

(1) 大力发展第三方物流企业，为第四方物流发展做铺垫。第四方物流首先是在通过第三方物流整合社会资源基础上再进行整合的，只有大力发展第三方物流企业，第四方物流才有发展的基础。目前我国物流企业发展比较分散，既有改制后的大型物资集团，又有生产企业延伸供应链而形成分管的专业化物流公司，还有外商和民营企业。加入 WTO 后对现代物流的需求量很大，因此需要培育大型企业集团。这样既可以在不增加资本投入的情况下，提高物流效益，又可以为协作企业创造“第三利润源”。因此，大力发展第三方物流是当前提高我国物流产业发展最重要的措施。

(2) 加速电子商务与现代物流产业的融合，建立全国物流行业的公共平台。正如前述，发展第四方物流是解决整个社会物流资源配置问题的最有力手段。我国目前正在推进信息化进程，把当前蓬勃发展的电子商务和现代物流产业结合起来的最佳途径，就是培育第四方物流企业(包括第三方物流企业)的资源，这样可能会使我国物流产业真正有质的提高，也只有这样才能从容应对加入 WTO 后跨国物流公司的竞争。目前物流方面网络企业很多，但能够整合一定社会资源的和具有一定社会影响的企业并不多。目前要重点培育已经具有第四方物流的信息平台发展成为第四方物流。

(3) 转变政府管理职能，做好物流基础建设、产业服务、规范工作。我国物流产业的真正提升，必须通过第四方物流完成。对第一方或第二方物流可以通过政府财税政策予以引导，减少其所占的比重。第三方物流企业可以靠企业自身发展就能生存。唯有第四方物流对整合社会资源、物流产业的提升有其重要的作用。因此，在物流产业政策上，应重点放在物流基础建设、产业服务、规范工作上。例如，建立商品条形码标准、鼓励物流企业技术创新、加快物流人才培养和加大物流人才引进力度等。

实例 4-1

华夏媒体的成功案例——飞利浦的第四方物流

华夏媒体公司是美国著名集团 MCC 公司在中国投资的专业从事企业信息化软件开发的公司，其 ISCM 电子供应链管理平台主要功能模块涉及制造企业的销售、物流、采购、促销、渠道管理、维修站售后服务以及第三方物流企业的仓储管理和运输管理。企业通过 ISCM 平台，可以加强与上下游企业、物流企业之间的合作，形成并优化供应链。同时，可以将企业之间的一对多的关系进行整合。这无疑和第四方物流的概念相吻合。

飞利浦消费电子经历了 10 多年，而“第三者”和飞利浦只“缠绵”了两年，飞利浦又迫不及待地引入了“第四者”——第四方物流公司(华夏媒体)，华夏迅速搭建新的业务架构并很快开发出各种系统，搭建了 NET-X 平台。X 意味着无限和不确定。基本思路是充当制造企业和物流企业之间的商流、信息流平台。

在这个平台上，飞利浦只要维护一个标准，把数据扔到平台上去，就不需要重复投入了。对供应商也是这样，不会是因为飞利浦系统升级等原因而变化，还能维持原来的系统，都是用平台完成数据的耦合、匹配。通过这种方式可以提高第三方物流的效率，进而提高飞利浦的效率。简单地说，就是通过统一平台来节约成本，形成规模效应，厂商和第三方物流公司都不用因为供应商或客户的增加而增加 IT 投入。此外，原来飞利浦的 IT 人员和供应链管理人员，是按照供应商划分来进行数据维护的。飞利浦精简了自己的流程和队伍，并对物流供应商进行淘汰和精简。当时，飞利浦约有 15 家物流供应商在飞利浦和近千家经销商之间运作物流业务，而 2002 年这个数字变成了 5 家。IT 能力比较弱的物流公司退出了飞利浦的供应商行列。

由于灵活性提高了，物流对生产和销售支持的力度也比以前大了。下面的数字可以看出飞利浦家电实施 HMIT－NETX 后的变化：每次订单执行时间减少 20%；实时库存掌握能力增加 80%；物流差错定位能力提高 25%；人员工作效率提高 10%；数据真实有效提高 30%；业务监控能力提高 20%。

4.4.2 电子物流

1. 电子物流概述

电子物流就是利用电子化的手段，尤其是利用互联网技术来完成物流全过程的协调、控制和管理，实现从网络前端到最终客户端的所有中间过程服务，最显著的特点是各种软件技术与物流服务的融合应用。

电子物流的功能十分强大，它能够实现系统之间、企业之间以及资金流、物流、信息流之间的无缝链接，而且这种链接同时还具备预见功能，可以在上下游企业间提供一种透明的可见性功能，帮助企业最大限度地控制和管理库存。同时，由于全面应用了客户关系管理、商业智能、计算机电话集成、地理信息系统、全球定位系统、Internet、无线互联技术等先进的信息技术手段，以及配送优化调度、动态监控、智能交通、仓储优化配置等物流管理技术和物流模式，电子物流提供了一套先进的、集成化的物流管理系统，从而为企业建立敏捷的供应链系统提供了强大的技术支持。

而电子物流的外包服务则在 B2B 业务中的制造商与电子物流服务供应商之间，以及 B2C 业务中的制造商及其业务伙伴之间提供了建设性的桥梁作用。

电子物流业务使得客户可以运用外部服务力量来实现内部经营目标的增长，即客户能够得到量身定做的个性化服务，而整个过程则由第三方电子物流服务提供商来进行管理。

2. 电子物流的业务方向

(1) B2B 货运交易。基于 Web 服务的多用户交易平台，提高交易过程的双方可视化水平和双方可协作能力。B2B 货运交易的代表有美国国家货运交易网(NTE)等货运交易公司。

(2) 货物跟踪和追踪。对交易的货物实行实时跟踪和追踪，以达到双方供应链的及时控制。UPS、FedEx、DHL、TNT 等国际知名货运物流公司，已全面采用货物跟踪和追踪技术。货物跟踪和追踪依赖于数据的动态采集，在实时的物流业务过程中自动动态采集数据，提交给企业处理系统，如货物标签系统、自动分拣系统、零售业的 POS 系统，FedEx 公司地面运输驾驶员已通过手提装置采集信息。

(3) 订单电子履行。综合集成的订单履行是现代第三方物流发展的重要条件，是物流效率和效益提高的要素之一。TNT 公司的订单电子履行包括：订单管理、支付过程、仓储管理、运输配送、交易后期管理(退货、修理、顾客服务)。订单运送和订单履行是两个方面，订单运送完成物理性商品的位移，订单履行意味着满足客户的需要。

(4) 企业应用集成。提高货物承托双方及供应链成员之间的集成水平，是 B2B 平台的更深入的发展。FedEx、UPS 和 DHL 全球快件系统正在研发集成软件应用，以连接被服务的企业。未来的企业 EAI(Enterprise Application Integration)集成、B2B 集成(Business-to-Business Integration)、工作流程管理(Workflow)、EDI 和商业流程管理(Business Process Management，BPM)等应用之间的界限将逐步消失。

(5) 仓储管理。虽然目前已实现网上虚拟仓储，但仓储管理不是孤立的，从仓储中心到分销中心，仓储管理已深入到企业内部系统，和运输、物流、供应链管理及其他企业应用集成在一起。

(6) 电子采购。未来的电子采购依赖于电子商务的协作，特别是供应链上的企业间协作关系，其已超过采购本身需求，以满足企业间协作和运行效益、效率的需求。Cisco、Dell、GE 等知名公司在电子采购方面成绩显著。

从以上电子物流的发展方向来看，电子物流的使用有两个主要目的：满足物流过程中的可视化水平，以增加控制能力；满足企业间协作水平，以提高企业供应链管理效率。

3. 传统物流服务与电子物流服务的区别

客户在互联网和传统的购买行为有很多不同点，由此也就决定了电子物流服务区别于传统物流服务的形式、手段的特殊性。在网上购物的顾客希望在网上商店寻觅到所需的特定物品，并且希望能够得到实时的信息反馈，诸如是否有存货、何时能够收到货物等实时的信息，同时他们也十分关注如果在网上选购的物品不甚理想或者是物品在运输途中受损是否能够及时、便利地办理退货等。新兴的电子物流服务就是由具备实力的服务商来提供最大限度地满足顾客需求的外包服务，其区别见表 4-2。

表 4-2　传统物流服务与电子物流服务的区别

比较项目	传统物流	电子物流
业务推动力	物质贸易	网络技术
服务范围	单项物流服务(仓储、运输、包装等)	综合性物流服务
通信技术	电话、传真等	互联网、EDI、GPS 等
仓储	集中	分散、更接近顾客
包装	少品种、大批量包装	个别、小包装
运输频率	低	高
交付速度	慢	快
订单次数	少	多

4. 电子物流带来的外部力量

现在可以看到，当企业利用网上商店作为新的销售渠道时，需要投入大量的人力、物力去管理，既要为客户提供 24×7×365 的服务，又要兼顾信息技术支持，当然还必不可少地涉及后台物流的一系列服务。当面临如此纷繁复杂的问题时，企业考虑更多的是，应当依靠自身力量来做这项服务还是应当借助外包力量来完成。有关专家观察到，目前全球范围内的趋势是越来越多的传统企业以及网上公司认识到了物流外包的重要性，因为利用外包的物流服务既能够使自己的主要精力放在生产、经营上，还可以充分享受外包服务商所提供的低成本、高效率的便利服务。按照供应链理论，将非核心业务外包给从事该业务的专业公司去完成，这样从原材料供应到生产，再到产品的销售等各个环节的各种职能，都是由在该领域内具有专长或核心竞争力的专业公司互相协调和配合来完成的，这样所形成的供应链才具有最大的竞争力。

5. 电子物流的发展趋势

有资料显示，进入 21 世纪，全球企业掀起了电子商务热潮；2005 年，全球电子商务交易额为 49 000 亿美元；2006 年，全球电子商务交易额达到创纪录的 62 000 亿美元。电子商务市场的增长速度之快是令人感叹的，但是电子商务在快速的发展过程中，在观念、经营、管理与服务方面尚存在着诸多问题，特别是目前电子商务企业与物流服务行业间的不协调状况，将会严重影响网络经济的发展。但是从另一个角度来看，尽管电子物流服务发展到现在，已经取得了一定的市场业绩，并且对电子商务起到了很好的润滑作用，但是这个新兴的服务领域还有许多不尽成熟的地方，对于供需双方仍存在着一些市场运作的盲点，因此要解决电子商务配送环节的问题，不仅仅是物流企业要面临的巨大挑战，更需要电子商务公司的积极参与和协助，并由此来推动网络经济的健康发展。

实例 4-2

新加坡引领电子物流新潮流

近年来，新加坡已成为领先亚太地区的物流国家。如今，面对电子商务给全球带来新的机遇与挑战的时机，新加坡政府已认识到，为了保持其在现代物流领域内的竞争优势，必须使现代物流更好地融入全球电子商务之中，并成为领先的集成物流运营的枢纽中心。

新加坡力图成为全球电子物流网络中心并非一时心血来潮。早在 2000 年 3 月，为了推进电子物流在本国的发展，新加坡贸易发展委员会就联合新加坡信息发展机构共同发布了“IT 行动规划”。该规划的目标是给物流产业应用电子商务、信息技术提供一个强大的技术集成、应用框架。

“IT 行动规划”力图采用 3 种主要途径实现八大关键目标。这 3 种主要途径，第一是通过企业外部整合来提高物流竞争力；第二是通过加强企业内部各业务环节的无缝衔接来提高企业的团队作战能力；第三是通过加强国际交流与合作，使新加坡成为全球电子物流的枢纽。

该规划经过近两年的实施，现在已经初见成效。目前，在新加坡已有数家走在其他企业前面的电子物流运营商，如 GFX 公司(主要提供在互联网支持下的航空业务)、Li & Fung 公司(配送中心)、KWE 公司(提供全球速递业务)等，它们都属于第三方物流提供商。

其中，GFX 公司已在为客户提供增值服务方面取得了不小的成就，而 Li & Fung 配送中心和 KWE 公司则积极应对电子商务，已经成功实现了业务重组和创新，这些公司也因此成为新加坡电子物流领域中的佼佼者。

2003年，新加坡贸易发展委员会和信息发展机构等部门共同组织了一次企业调查，目的是调查“IT行动规划”实施以来，电子商务技术与信息技术在各种企业物流活动中的应用情况。其调查结果表明，绝大多数被调查的企业在日常的物流经营活动中，都使用了计算机操作和处理系统；被调查企业当中，有将近25%的企业计划将电子商务与物流管理系统有机结合起来；被调查企业普遍认为，利用信息技术来提升物流运作效率，以及在物流产业中挖掘新的商业机会，具有巨大的可能性；被调查企业一致认为，电子物流将加速新加坡的物流产业升级，并提供更多的就业机会。

“IT行动规划”的推出及实施，仅仅是一个开始。作为新加坡物流与交通运输行业的领导机构，新加坡贸易发展委员会宣称，它将不遗余力地帮助物流企业更好地利用电子商务在推动现代物流方面的巨大杠杆作用。

4.4.3 绿色物流

1. 绿色物流概述

20世纪90年代初期，西方国家的企业界及物流学术界的学者们就提出绿色物流(Green Logistics或 Environmental Logistics)的概念，绿色物流很快就得到了政府、学术界和企业界的高度重视。一方面，政府通过立法限制物流过程中的环境影响，例如，欧盟、美国和日本等都制定了严格的法规限制机动车尾气排放和废弃物污染；另一方面，发达国家提出了发展循环型经济的目标，积极扶持逆向物流的发展。很多跨国公司都积极响应这一行动，施乐、柯达、美辛、惠普等大型跨国公司都实施了逆向物流的项目，并且收益显著。

我国《物流术语》中规定，绿色物流指在物流过程中抑制物流对环境造成危害的同时，实现对物流环境的净化，使物流资源得到最充分利用。“绿色(Green)”和“物流(Logistics)”组合在一起的“绿色物流(Green Logistics)”一词，代表着与环境相协调的高效运输配送系统。

我国自加入WTO以来，国际贸易日益增多，国内企业不仅面临同类国际企业的产品质量竞争，而且还将面临有关的环境贸易壁垒。国内少数企业及学者已经在绿色生产、绿色包装、绿色流通、绿色物流方面进行了有意义的探索，认为绿色物流是指在运输、储存、包装、装卸、流通加工等物流活动中，采用先进的物流技术、物流设施，最大程度降低对环境的污染，提高资源的利用率。

绿色物流既包括企业的绿色物流，又包括社会对绿色物流的管理、规范和控制。从绿色物流的范围来看，它既包括各个单项的绿色物流功能要素(如绿色运输、绿色包装、绿色储存等)，还包括为实现资源再利用而进行的废弃物循环物流。因而，绿色物流至少还应该从两个层次来定义，分别是微观层次和宏观层次。

在微观层次，绿色物流从物流活动的开始就注意防止环境污染，以先进设施和科学管理为手段，在运输、储存、装卸、搬运、包装、流通加工、配送、信息处理等功能要素中，实现节能、降耗以及减少环境污染，并由此实现盈利目的。

在宏观层次，绿色物流旨在通过对城市、区域乃至全国的产业布局、人口布局进行合理规划，适当调整，尽量减少重复的物流活动，降低总的物流发生量；提倡环境友好的物流技术，用健全的标准体系来规范物流企业的环境行为，建立绿色物流评审制度，从技术和管理上抑制物流对环境的影响；大力发展废弃物流，使之规范化、产业化，最终实现物流与经济、社会的协调和持续发展。

2. 绿色物流的必要性

(1) 绿色物流适应了世界社会发展的潮流，是全球经济一体化的需要。随着全球经济一体化的发展，一些传统的关税和非关税壁垒逐渐淡化，环境壁垒逐渐兴起，为此，ISO 14000 成为众多企业进入国际市场的通行证。ISO 14000 的两个基本思想就是预防污染和持续改进，它要求企业建立环境管理体系，使其经营活动、产品和服务的每一个环节对环境的不良影响最小。而国外物流企业起步早，物流经营管理水平相当完善，势必给国内物流企业带来巨大冲击。

(2) 绿色物流是可持续发展的一个重要环节。绿色物流与绿色制造、绿色消费共同构成了一个节约资源、保护环境的绿色经济循环系统。绿色制造是制造领域的研究热点，指以节约资源和减少污染的方式制造出绿色产品，是一种生产行为。绿色消费是以消费者为主体的消费行为。三者之间是相互渗透、相互作用的。

(3) 绿色物流是最大限度降低经营成本的必由之路。一般分析认为，产品从投产到销出，制造加工时间仅占 10%，而几乎 90%的时间为储运、装卸、分装、二次加工、信息处理等物流过程。因此，物流专业化无疑为降低成本奠定了基础。绿色物流强调的是：低投入→大物流的方式。绿色物流不仅仅是一般物流成本的降低，它更重视的是绿色化和由此带来的节能、高效、少污染。

(4) 绿色物流还有利于企业取得新的竞争优势。日益严峻的环境问题和日趋严格的环保法规，使企业为了持续发展，必须积极解决经济活动中的环境问题，改变危及企业生存和发展的生产方式，建立并完善绿色物流体系，通过绿色物流来追求高于竞争对手的相对竞争优势。

3. 非绿色因素

现代物流活动是由实现物品空间移动的输送、时间移动的保管、流通加工、包装、装卸等元素构成的。现代物流活动中的各个元素，都在不同程度上因存在非绿色因素而对环境造成污染。

运输过程的非绿色因素主要表现为两个方面：一方面，交通工具本身产生了较为严重的环境污染；另一方面，输送的商品也有可能对环境造成损害。例如，石油在海运过程中发生泄漏而造成大片海域污染，这样的污染常常是致命的，并且在很长时期内都无法恢复常态。

保管过程中的非绿色因素主要有两个方面：一方面，商品保管中心必须用一些化学方法对之进行养护，如喷洒杀虫、菌剂，对周边生态环境会造成污染；另一方面，一些商品，如易燃、易爆、化学危险品，由于保管不当，爆炸或泄漏也对周边环境造成污染和破坏。

流通加工对环境也有非绿色影响因素，表现为加工中资源的浪费或过度消耗，加工产生的废气、废水和废物都对环境和人体构成危害。

包装过程中的非绿色因素主要表现在两个方面：一方面是包装材料的环境污染；另一方面是过度的包装或重复的包装，造成资源的浪费，不利于可持续发展，同时也无益于生态经济效益。

装卸过程中的非绿色因素有装卸不当、商品体的损坏，造成资源浪费和废弃，废弃物还有可能对环境造成污染。

4. 绿色物流的管理

(1) 绿色供应商管理。供应商的原材料、半成品质量的好坏优劣直接决定着最终产成品的性能，所以要实施绿色物流还要从源头上加以控制。由于政府对企业环境行为的严格管制，并且供应商的成本绩效和运行状况对企业经济活动构成直接影响，所以在绿色供应物流中，有必要增加供应商选择和评价的环境指标，即要对供应商的环境绩效进行考察。例如，潜在供应商是否因为环境污染问题而被政府课以罚款？潜在供应商是否因为违反环境规章而有被关闭的危险？供应商供应的零部件是否采用绿色包装？供应商是否通过 ISO 14000 环境管理体系的认证？

(2) 绿色生产管理。绿色生产又包括绿色原材料的供应、绿色设计与制造以及绿色包装。绿色产品的生产首先要求构成产品的原材料具有绿色特性，绿色原材料应符合以下要求：环境友好性；不加任何涂镀，废弃后能自然分解并能为自然界吸收的材料；易加工且加工中无污染或污染最小；易回收、易处理、可重用的材料，并尽量减少材料的种类，这样有利于原材料的循环使用。

绿色制造则追求两个目标，即通过可再生资源、二次能源的利用及节能降耗措施缓解资源枯竭，实施持续利用，减少废料和污染物的生成排放，提高工业品在生产过程和消费过程中与环境的相容程度，降低整个生产活动给人类和环境带来的风险，最终实现经济和环境效益的最优化。

(3) 绿色运输管理。交通运输工具的大量能源消耗；运输过程中排放大量的有害气体，产生噪声污染；运输易燃、易爆、化学品等危险原材料或产品可能引起的爆炸、泄漏等事故，都会对环境造成很大的影响。因此，构建企业绿色物流体系就显得至关重要。

现在政府部门对运输污染采取了极为严格的管理措施。例如，北京对机动车制定了严格的尾气排放标准，同时政府交通部门充分发挥经济杠杆的作用，根据机动车的排污量来收取排污费。由此，企业如果没有绿色运输，将会加大经济成本和社会环境成本，影响企业经济运行和社会形象。

(4) 绿色储存管理。绿色仓储要求仓库布局合理，以节约运输成本。布局过于密集，会增加运输的次数，从而增加资源消耗；布局过于松散，则会降低运输的效率，增加空载率。仓库建设前还应当进行相应的环境影响评价，充分考虑仓库建设对所在地的环境影响。例如，易燃易爆商品仓库不应设置在居民区，有害物质仓库不应设置在重要水源地附近。采用现代储存保养技术是实现绿色储存的重要方面，如气幕隔潮、气调储存和塑料薄膜封闭等技术。

(5) 绿色流通加工管理。绿色流通加工的途径主要分两个方面：一方面是变消费者分散加工为专业集中加工，以规模作业方式提高资源利用效率，以减少环境污染；另一方面是集中处理消费品加工中产生的边角废料，以减少消费者分散加工所造成的废弃物污染。

(6) 绿色装卸管理。装卸是跨越运输和物流设施而进行的，发生在输送、储存、包装前后的商品取放活动。实施绿色装卸要求企业在装卸过程中进行正当装卸，避免商品体的损坏，从而避免资源浪费以及废弃物造成环境污染。另外，绿色装卸还要求企业消除无效搬运，提高搬运的活性，合理利用现代化机械，保持物流的均衡顺畅。

(7) 产品绿色设计、包装和标识。绿色物流建设应该起自于产品设计阶段，以产品生命周期分析等技术提高产品整个生命周期的环境绩效，在推动绿色物流建设上发挥先锋作用。包装是绿色物流管理的一个重要方面，乳白色塑料的污染已经引起社会的广泛关注，过度的包装造成了资源的浪费。再生性包装由于容易回收的性质，得到了越来越广泛的使用，可以重复使用的集装箱也是绿色包装的例子。在日本，经营食品的商人已放弃塑料包装，在食品界掀起“绿色革命”，取得了较大的成效。他们的食品包装已不只是要好和实用，照顾环境需要也成为包装业的重要课题。现在的日本商人在给食品包装时尽量采用不污染环境的原料，用纸袋包装取代塑料容器，这也减少了将用过后的包装收集到工厂再循环所面对的技术和成本困难，绿色包装设计在这方面发挥了很大作用。

总之，实施绿色物流发展战略，大力加强对物流绿色化的政策和理论体系的建立和完善，对物流系统目标、物流设施设备和物流活动组织等进行改进与调整，实现物流系统的整体最优化和对环境的最低损害，有利于环境保护和经济的可持续发展。

5. 绿色物流在国外的发展状况

世界上最早发展物流业的国家之一——美国，在物流高度发达的经济社会环境下，通过政府宏观政策的不断引导，确立了以现代物流发展带动社会经济发展的战略目标，其近景远景目标十分明确。美国在其到 2025 年的《国家运输科技发展战略》中，规定交通产业结构或交通科技进步的总目标是“建立安全、高效、充足和可靠的运输系统，其范围是国际性的，形式是综合性的，特点是智能性的，性质是环境友善的”。一般企业在实际物流活动中，对物流的运输、配送、包装等物流活动的绿色化提供了强有力的技术支持和保障。

欧洲是引进“物流”概念较早的地区之一，而且也是较早将现代技术用于物流管理，提高物流绿色化的先锋。在 20 世纪 80 年代，欧洲就开始探索一种新的联盟型或合作式的物流新体系，即综合物流供应链管理。它的目的是实现最终消费者和最初供应商之间的物流与信息流的整合，通过合作形式实现原来不可能达到的物流效率，从而减少无序物流对环境的影响。欧洲最近又提出一项整体运输安全计划，这一计划的目的就是为了尽量避免或者减少海洋运输对环境的污染。通过测量船舶的运动、船体的变形情况和海水状况，就可以提供足够的信息，避免发生事故，或者是在事故发生之后，能够及时采用应急措施。欧洲的运输与物流业组织——欧洲货代组织(FFE)也很重视绿色物流的推进和发展，对运输、装卸、管理过程制定出相应的绿色标准，加强政府和企业协会对绿色物流的引导和规划作用，同时鼓励企业运用绿色物流的全新理念来经营物流活动，加大对绿色物流新技术的研究和应用，如对运输规划进行研究，积极开发和试验绿色包装材料等。

日本自 1956 年从美国引进现代物流管理理念后，大力进行本国物流现代化建设，将物流运输业改革作为国民经济中最为重要的核心课题予以研究和发展。把物流行业作为本国经济发展生命线的日本，从一开始就没有忽视物流绿色化的重要意义。1989 年日本提出了 10 年内 3 项绿色物流推进目标，即含氮化合物排放标准降低 30%～60%，颗粒物排放置降低 60%以上，汽油中的硫降低 10%；1992 年日本政府公布了汽车二氧化氮限制法，并规定了允许企业使用的 5 种货车车型，同时在大都市特定区域内强制使用排污标准较低的货车；1993 年除了部分货车外，要求企业承担更新旧车辆、使用新式符合环境标准的货车的义务。另外，为解决地球的温室效应、大气污染等各种社会问题，日本政府与物流业界在控制污染排放方面，积极实施在干线运输方面的模式转换和干线共同运行系统的建构，在都市内的运送方面推动共同配送系统的建设以及节省能源行驶等。

进入 21 世纪，物流必将把有效利用资源和维护地球环境放在发展的首位，建立全新的从生产到废弃全过程效率化的、信息流与物质流循环化的绿色物流系统。目前，世界上各国都在尽力把绿色物流的推广作为物流业发展的重点，积极开展绿色环保物流的专项技术研究，促进新材料的广泛应用和开发，进行回收物流的理论和实践研讨，以及积极出台相应的绿色物流政策和法规，努力为物流的绿色化和可持续发展奠定基础。

4.5 电子商务物流业务流程重组

在电子商务的推动下，很多物流企业正在进行业务流程重组，进行物流业务流程的创新，使得传统物流逐步向第三方物流、第四方物流、电子物流、绿色物流等转化。本节在简要介绍业务流程重组的基础上，将详细介绍电子商务物流业务流程重组。

4.5.1 业务流程重组概述

重组的基本力量来自网络革命，来自电子商务。网络革命、电子商务的实质是更快、更广、更互动、更低成本的信息交流。信息交流是一切组织架构形成、存在和发展的基础。

在电子商务条件下，企业可以对既有资源的组合方式实施变革，以提高市场竞争能力和客户满意程度，这就是重组。对于企业来说，重组的表现是多方面的。企业形态日新月异，企业的分立、兼并、结盟事件频频发生，企业“外包业务”快速普及，“供应链”、“价值链”、“定制生产”、“消费者主权”等正被人们所熟悉和接受，企业内部组织结构、业务流程在变革，基于网络的“广义企业”、“虚拟企业”迅速发展，企业边界开始“模糊”。戴尔、思科等一批具有新型企业资源组合结构的企业正蓬勃发展，而通用、福特等老牌企业也在运用电子商务作为“重组的力量”，以更有效率的方式重组业务流程、协作关系、客户关系和供应链，使传统企业持续发展。

毫无疑问，电子商务已经或正在成为传统资源进行“重组的力量”。面对即将来临的电子商务时代，传统企业要以电子商务方式重组资源，实现企业组织和行为模式的发展与创新，加速实现传统企业向电子商务化转型。

1. 业务流程重组的类型

(1) 功能内的 BPR。这通常是指对职能内部的流程进行重组。在旧体制下，各职能管理机构重叠、中间层次多，而这些中间管理层一般只执行一些非创造性的统计、汇总、填表等工作，计算机完全可以取代这些业务而将中间层取消，使每项职能从头至尾只有一个职能机构管理，做到机构不重叠、业务不重复。

(2) 功能间的 BPR。这是指在企业范围内，跨越多个职能部门边界的业务流程重组。例如北京第一机床厂进行的新产品开发机构重组，以开发某一新产品为目标，组织集设计、工艺、生产、供应、检验人员为一体的承包组，打破部门的界限，实行团队管理，以及将设计、工艺、生产制造并行交叉的作业管理等。这种组织结构灵活机动，适应性强，将各部门人员组织在一起，使许多工作可平行处理，从而可大幅度地缩短新产品的开发周期。

(3) 组织间的 BPR。这是指发生在两个以上企业之间的业务重组，例如，通用汽车公司 GM 与 SATURN 轿车配件供应商之间的购销协作关系，就是企业间 BPR 的典型例子。GM 公司采用共享数据库、EDI 等信息技术，将公司的经营活动与配件供应商的经营活动连接起来。配件供应商通过 GM 公司的数据库了解其生产进度，拟订生产、采购和发货计划，同时通过计算机将发货信息传给 GM 公司。GM 公司的收货员在扫描条形码确认收到货物的同时，通过 EDI 自动向供应商付款。这样，使 GM 公司与其零部件供应商的运转像一个公司似的，实现了对整个供应链的有效管理，缩短了生产、销售和订货周期，减少了非生产性成本，简化了工作流程。这类 BPR 是目前业务流程重组的最高层次，也是重组的最终目标。

2. 企业重组成功的关键

分销、物流与配送是企业市场活动的命脉。目前，一些国际著名的专门从事第三方物流的企业和运递业巨头如 RPG、UPS、DHL、FedEx、德国邮政等，对于中国的物流市场早已虎视眈眈，它们结成联盟或并购股权，组成专业化的物流企业，作为专业化的第三方物流供应商进入物流领域，为客户提供涉及全面配送、国际物流服务、多式联运和邮件快递等服务。

面对市场，特别是 WTO 的挑战，中国物流将受到的冲击是显而易见的，对规模、市场份额和技术均处于弱势的中国物流企业来说，如何迎接国外物流的竞争，如何通过成功的企业重组构建具有生命力的物流体系，已成为中国物流业界十分关心的问题。

一般认为企业重组成功的关键有 5 个方面：一是企业领导的促进。企业领导是否具有创新精神和超速更新经营理念的睿智头脑，成为企业重组的倡导者而后促进企业重组成功的首要因素。二是企业文化的融合。企业重组势必带来公司内外文化的冲突或摩擦，因此企业文化的融合至关重要。三是远景方针的制定。重组后的新企业必须有良好的远景目标和实施保证，严谨的市场分析和竞争分析必不可少，良好的商务模式和风险对策须严格论证，并有投资及财务预算保证经营计划的实现。四是员工的参与。不论是质量管理体系的建立、业务流程的重构，还是充满活力的激励机制的建立，都要考虑调动员工的积极性，重视员工等相关利益群体的切身利益。五是信息技术的支持。这是未来企业在新经济社会如何提高效率、降低成本、提高竞争力的重要技术保证。

4.5.2 电子商务物流系统的再构造

1. 多角度的物流构造

(1) 专业化构造。将目前分别隶属于中央各个部委的物流企业和地方的物流企业等，依据各企业的现实状况，分别转化成或以提供物流某一职能为中心的、或以提供某类商品物流为中心的、或以提供某一区域服务为中心的物流专业化企业，以提高物流的效率。

(2) 社会化构造。物流的专业化必然要求物流的社会化。在中国物流系统的社会化构造过程中，核心的问题就是要彻底打破现有物流企业所存在的行政隶属关系，使物流企业树立为全社会提供物流服务的思想。同时，原来隶属于某一企业或专为本企业提供物流服务的物流机构，也应树立社会化的服务思想。

(3) 信息化构造。Internet 的迅速发展和应用，为全社会物流信息系统的建设提供了坚实的基础。在中国物流的信息化构造中，一是要改变目前物流企业只重视硬件设备，而忽视软件技术应用的状况；二是要改变目前物流企业只重视企业内部信息化建设，而忽视对 Internet 应用的状况。

(4) 个性化构造。电子商务创造了一个个性化的商务活动，在网络营销过程中，它可以根据各个用户的不同需要，为用户提供不同的产品和服务。在这一背景下，作为支持电子商务活动的物流，也应当根据用户的不同需要，提供个性化的物流服务。这就要求在构造物流系统时，要特别注意物流配送和流通加工方面的个性化服务。

(5) 一体化构造。构造电子商务物流系统，是以全社会物流这一整体物流为核心和出发点的。这就要求在构造物流系统时，应当把物流的各项功能及各环节，作为一个总体来进行综合研究和筹划，通盘考虑如何发挥物流的综合功能，以建立一个功能相对健全、层次相对清晰、环节相对配套的一体化物流系统。在物流的一体化构造时，物流中心的合理布局、分工以及有效的链接，是实现物流系统一体化的关键。

(6) 标准化构造。标准化是电子商务发展的一个重要组成部分，同时也是物流发展的一个重要方面。在物流标准化改造中，一是要建立健全物流模数(集装基础模式尺寸)体系；二是要规范物流用语；三是要制定科学合理的物流设施标准。在推进物流标准化时，要注意环境对物流标准化的制约以及物流标准化对环境的影响，否则再高的标准化水平也会因不被社会所接受而很难发挥作用。

2. 物流再构造的具体内容

(1) 物流基础设施的再构造。物流基础设施薄弱，一直是困扰中国物流高效化和合理化的一个重要因素。在物流基础设施的再构造过程中，一是要加强交通基础设施的建设，构建一个良好的物流动脉系统；二是要加强对物流中枢、物流中心及仓库的改造和建设，为物流高效化和合理化构建一个健全的调配中心；三是要加强通信基础设施的建设，为物流的信息化、高效化、合理化构建一个灵敏的神经系统。

(2) 物流技术的再构造。从理论研究来看，中国的物流技术与国外发达国家相比，没有太大的差距，也能达到目前电子商务的要求。但是在实际应用中，差距甚远，完全不能满足电子商务的要求。因而，加快和加强物流技术的推广和应用，是中国目前及今后一段时期物流技术再构造的主要课题。在包装方面，应广泛采用机械化及自动化的装卸设备，提高货物装卸的灵活性；在运输方面，发展集装箱和托盘运输，运用网络先进技术，合理选择运输线路和运输工具；在仓储及物流中心方面，推广和应用先进的立体货架，发展立体仓库，以节省库存空间。同时，在经济条件允许的情况下，发展自动化仓库，提高库存及装卸效率。

(3) 物流人才的再培养。要建立一个高效、畅通、合理的适应电子商务发展需要的物流系统，必须要有一支既懂管理又懂技术的高级物流人才。在中国目前物流人才相当匮乏的情况下，加强物流人才的培养，增加物流人才的数量，提高物流人才的质量，将是促进中国物流发展的一个关键问题。

在物流人才的培养中，一是要加强对现有职工的培训，提高职工的业务素质和政治素质等；二是高校要加强对物流人才的培养。在课程设置上，既要重视物流专业课程的设置，又要重视电子商务方面的课程及管理课程的设置。

3. 经营业态的再构造

(1) 竞争业态的再构造。电子商务的产生和发展，对物流企业现有的竞争业态形成了较大的冲击，它要求物流企业不仅要以较低的物流费用提供高质量的物流服务，而且要从全社会的角度提供高质量的物流服务。从目前的状况来看，我国任何一家企业都难以达到这一要求。因此，物流企业应转变原有的竞争业态，树立新的竞争思想，依据实际状况，在一个较大的范围内，联合不同区域、不同类型的物流企业，形成一个较大的区域范围，有多种物流功能的经济联合体，以适应电子商务对物流发展的需要。在这一联合体的内部，各物流企业之间既存在着竞争，又存在着利益的统一性，形成一种既竞争又协同的格局。

(2) 经营方式的再构造。

① 连锁经营的再构造。连锁经营作为现代零售商业的组织形式和经营形式，在近几年取得了较大的发展。连锁经营同样适用于物流企业的经营，而且在电子商务时代，这种方式更能有效地发挥物流企业服务的优势。在目前连锁经营的再构造中，对于物流企业来说，在组织形式上，可以功能、区域连锁为主；在服务上，可以提供配送服务为主；在方式上，可采取直接

连锁、自愿连锁和特许连锁的形式；在数量上，要注重规模效益；在质量上，要注意连锁企业的实力及服务水平；在空间上，要注意连锁经营的地域范围。

② 代理经营的再构造。在电子商务条件下，物流代理经营将会成为网上销售、网上贸易等有形商品网上交易的一种主要物流经营方式。物流代理经营的发展，不仅可以充分发挥工、商、物的优势，解决工、商、物的矛盾，而且也可以有效地稳定工、商的物流渠道，扩大网上交易规模。在代理经营的再构造中，对物流企业来说，一是要合理选择委托方；二是要根据自己的实际情况，合理确定自己的物流服务项目和区域范围；三是要根据委托方的需要及自身提供物流服务的类型，在兼顾委托方利益的条件下，制定合理的收费标准；四是要选择合理的代理方式。

(3) 企业信誉的再构造。信誉是企业形象的标志，也是企业服务水平高低的指标。在信誉的再构造中，物流企业不仅要重视自身信誉的再构造，而且也要重视与自身相关的、有密切业务关系的物流企业信誉的再构造。

(4) 管理的再构造。没有高水平的物流管理，也就不会有物流的高效化和合理化。在物流管理的再构造中，不仅要重视物流企业管理水平的构造，而且也要重视全社会物流管理水平的提高。

① 在全社会物流的管理中，要加强物流的综合性规划，合理设置物流网点，完善物流的整体功能，实现全社会物流的合理化和高效化。

② 在物流企业的管理中，要重视电子商务对物流所产生的影响以及物流变革的重要性，树立系统管理的思想，为物流的高效化、合理化奠定一个良好的思想基础。在管理方法上，要运用先进的科学管理方法，提高管理工作的准确性，实现物流过程的最优化、规范化和标准化；在管理手段上，要大力运用以计算机为主的现代化管理手段；在管理组织上，要合理地设置管理机构，建立健全各种规章制度，明确各自的责任与职能，加强物流的计划管理和质量管理。同时，要重视物流人才的作用，调动他们工作的积极性，充分发挥其创造性。

第三部分　课题实践部分

一、课题实训

1. 国泰安第三方物流教学系统综合实训

国泰安第三方物流教学系统整体功能如图 4.1 所示，其中配送管理和仓储管理两个模块的流程已在课题二和课题三的实训中进行了详细的演示。本实训将对商务管理、运输管理和商务结算 3 个模块的主要流程进行简要介绍。

2. 实训目的和内容

(1) 掌握国泰安第三方物流教学系统的商务管理模块设置。

(2) 掌握国泰安第三方物流教学系统的运输管理模块流程。

(3) 掌握国泰安第三方物流教学系统的商务结算模块流程。

图 4.1　国泰安第三方物流教学系统功能图

3. 实训操作指导

1) 商务管理模块设置

商务管理模块的总体流程如图 4.2 所示。本节只对客户管理和合约管理进行流程模拟。

图 4.2　商务管理模块总体流程图

(1) 客户管理。在物流公司，按费用属性来区分，通常分为两类：应收客户和应付客户，应收客户又主要包括物流公司的服务对象，而应付客户主要是物流公司的第三方合作伙伴。按具体业务来区分，应收客户主要包括仓储客户(综合型的客户，要求提供全位物流服务)、运输客户(只需要提供运输服务的客户)；而应付客户包括装卸公司、报关公司、承运公司等。

该部分主要功能包括维护不同类型的客户资料、客户报价等。其中：

客户资料——仓储客户、运输客户、装卸公司。

客户报价——仓储报价、运输报价、装卸报价、账号查询。

合约管理——仓储合约、运输合约、装卸合约。

该模块中主要是为了记录客户的开始来往信息，然后确定报价，最后签订合约才能是仓储的客户，进入物流公司的下一个部门去操作完成。

① 仓储客户。

a．功能描述：用于维护客户的基本资料，包括客户编号、客户名称、客户简称、网址、联系人、联系人职务、联系人电话、联系人传真、联系人手机、联系人邮件、行业性质、成立日期、业务规模、运行情况、客户类型、客户密码、操作部门、备注。

b．操作方法：选择菜单【客户管理→仓储客户】，进入仓储客户基本资料维护界面，如图 4.3 所示。单击【新增】按钮，添加新的仓储客户，在新增模式下只有两个按钮【保存】、【返回】，输入相关信息后单击【保存】按钮，如图 4.4 所示。

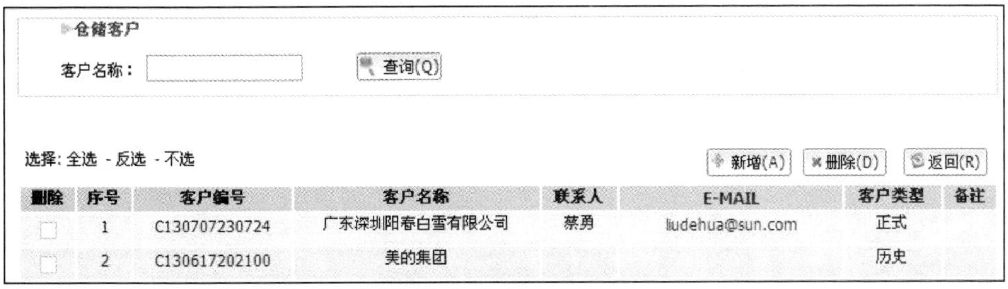

图 4.3　仓储客户界面

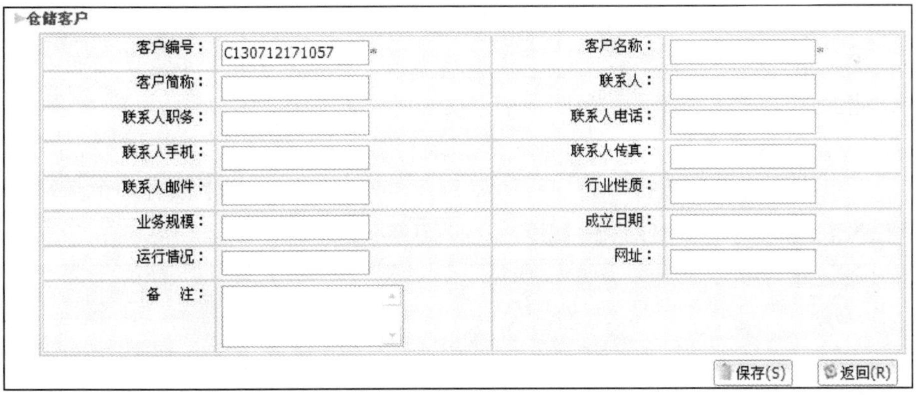

图 4.4　新增仓储客户

② 运输客户。

a．功能描述：用于维护运输客户的基本资料，包括客户编号、客户名称、客户简称、网址、联系人、联系人职务、联系人电话、联系人传真、联系人手机、联系人邮件、行业性质、成立日期、业务规模、运行情况、客户类型、客户密码、操作部门、备注。

b．操作方法：选择菜单【客户管理→运输客户】，进入运输客户基本资料维护界面，如图 4.5 所示。单击【新增】按钮，添加新的运输客户，在新增模式下只有两个按钮【保存】、【返回】，输入相关信息后单击【保存】按钮，如图 4.6 所示。

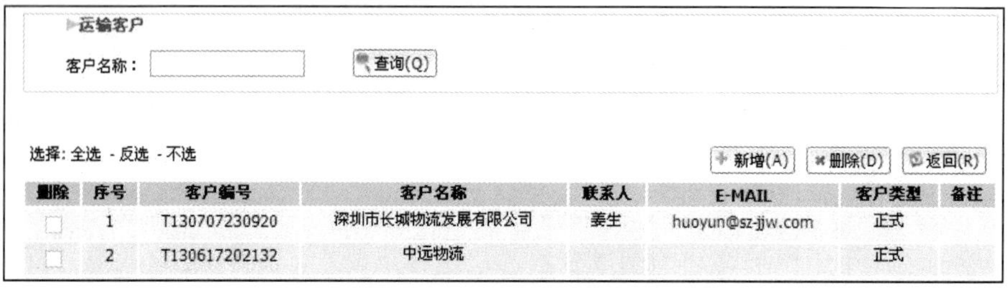

图 4.5　运输客户界面

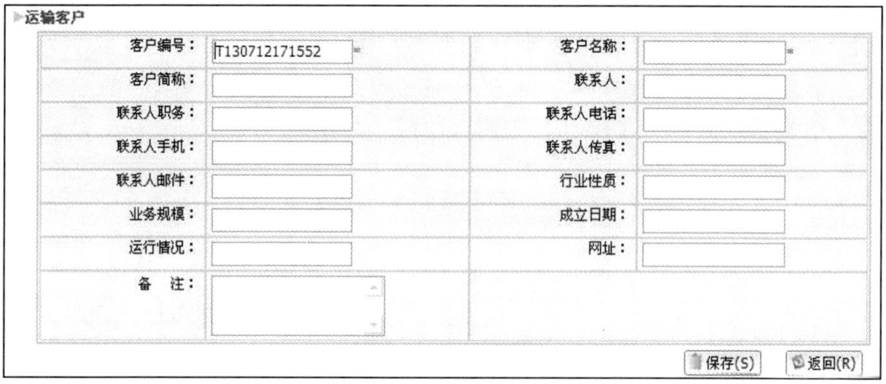

图 4.6　新增运输客户

③ 装卸公司。

a．功能描述：用于维护装卸客户的基本资料，包括客户编号、客户名称、客户简称、网址、联系人、联系人职务、联系人电话、联系人传真、联系人手机、联系人邮件、行业性质、成立日期、业务规模、运行情况、客户类型、客户密码、操作部门、备注。

b．操作方法：选择菜单【客户管理→装卸公司】，进入装卸公司基本资料维护界面，如图 4.7 所示。单击【新增】按钮，添加新的装卸公司，在新增模式下只有两个按钮【保存】、【返回】，输入相关信息后单击【保存】按钮，如图 4.8 所示。

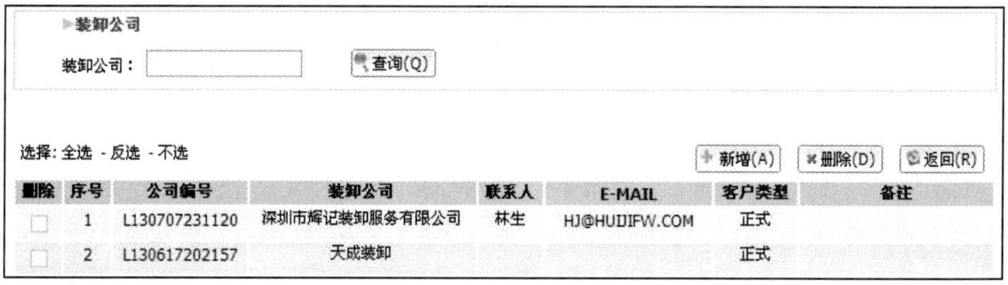

图 4.7　装卸公司界面

④ 仓储报价。

a．功能描述：针对仓储客户进行报价，以便合约的确认。

b．操作方法：如图 4.9 所示，选择相关的报价清单的资料后，单击【明细】按钮，进入报价费用的详细维护界面，如果没有问题可以单击【确认】按钮。下面的运输报价和装卸报价操作方法与仓储报价相同。

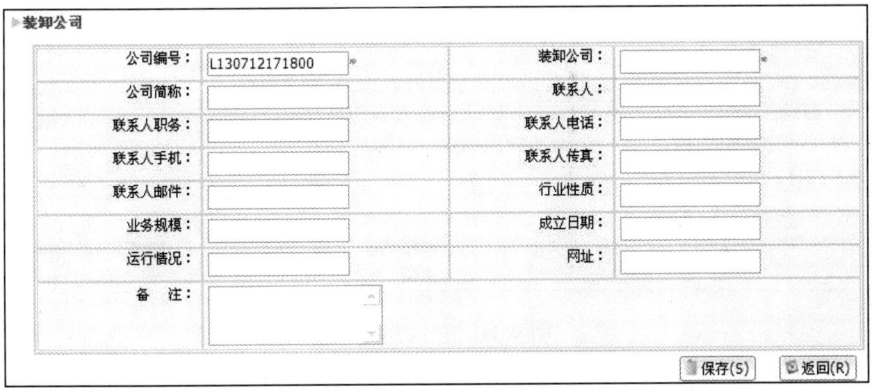

图 4.8　新增装卸公司

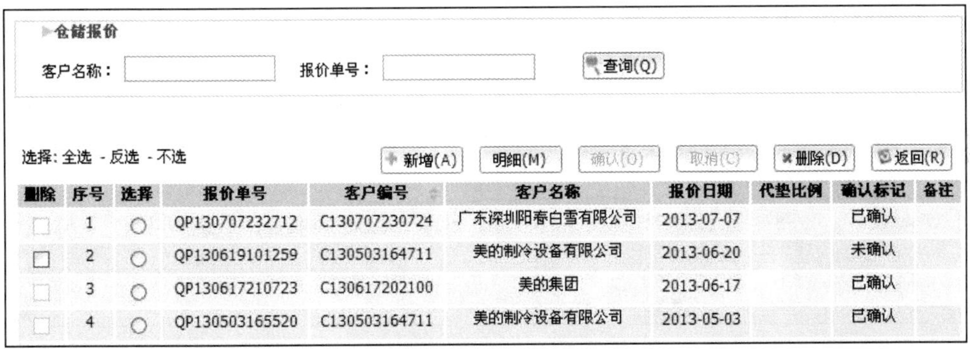

删除	序号	选择	报价单号	客户编号	客户名称	报价日期	代垫比例	确认标记	备注
	1		QP130707232712	C130707230724	广东深圳阳春白雪有限公司	2013-07-07		已确认	
	2		QP130619101259	C130503164711	美的制冷设备有限公司	2013-06-20		未确认	
	3		QP130617210723	C130617202100	美的集团	2013-06-17		已确认	
	4		QP130503165520	C130503164711	美的制冷设备有限公司	2013-05-03		已确认	

图 4.9　仓储报价界面

(2) 合约管理。用于管理已经确定和需要确定的合约的资料，将客户的报价转化为合约报价，修改客户的报价时间，维护包租客户的实际租用仓位情况。本节只对较为复杂的仓储合约进行设置，运输合约和装卸合约与仓储合约设置方法类似。

① 仓储合约。

a．功能描述：用于管理已经确定和需要确定的合约的资料。

b．操作方法：选择【合约管理→仓储合约】菜单，选择查询出来的客户资料，如图 4.10 所示。

删除	序号	选择	合同编号	客户编号	客户名称	开始日期	结束日期	合同性质	仓租性质	包租面
	1		CN130707232853	C130707230724	广东深圳阳春白雪有限公司	2013-07-08	2014-07-02	正式	包租	2000.0
	2		CN130617205023	C130617202100	美的集团	2013-06-17	2013-08-01	正式	包租	1000.0
	3		CN130503170119	C130503164711	美的制冷设备有限公司	2013-05-03	2014-05-02	正式	包租	2000.0
	4		CN130311152628	C130311152000	董小姐	2013-03-11	2016-03-31	正式	散租	10.0

图 4.10　仓储合约界面

② 修改报价清单。

a．功能描述：用于修改已经确定的合约的报价清单。

b．操作方法：选择【合约管理→仓储合约】菜单，选择查询出来的客户资料，单击【合约报价】按钮后进入，如图 4.11 所示。

图 4.11　仓储合约报价

③ 设置包租合约仓位。

a．功能描述：用于修改已经确定的合约的仓位资料。

b．操作方法：选择【合约管理→仓储合约】菜单，选择查询出来的客户资料，单击【分配仓位】按钮后进入，如图 4.12 所示。

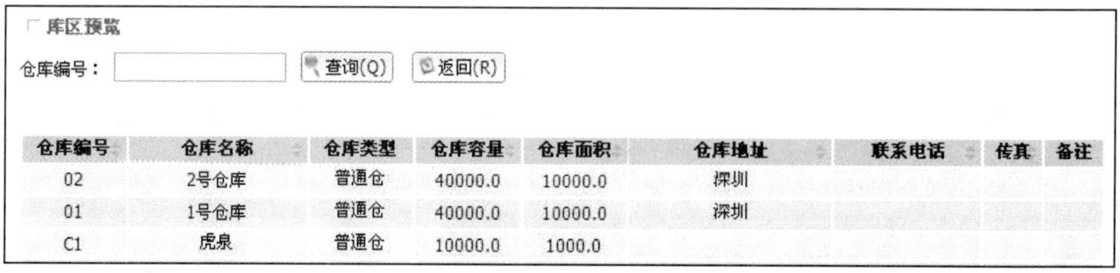

图 4.12　分配仓位

2) 运输管理流程

运输管理模块的整体流程如图 4.13 所示，本节重点演示线路优化和车辆调度流程。

图 4.13　运输管理模块总体流程图

(1) 线路优化。主要针对干线公路运输的线路优化。干线运输不同于城市配送，它所涉及的范围更广泛，主要是大批量、少批次的运输，在这个运输过程中，同样存在如何降低成本，如何提高效率的问题。在实际中管理者重点关注两个方面的问题，即成本问题和及时性问题，所以系统确定两个原则，即成本原则和时间原则，线路优化的结果可以为物流公司运输线路报价提供参考。

① 线路维护。

a．功能描述：新增、修改、删除、查询各线路信息。

b．操作方法：线路维护界面如图 4.14 所示。单击【新增】按钮，新增路线，线路可以从已经存在的配送线路中选择，也可以输入新的线路，新的线路输入后，系统将自动加入到配送线路中去。单击【删除】按钮，删除当前线路信息。

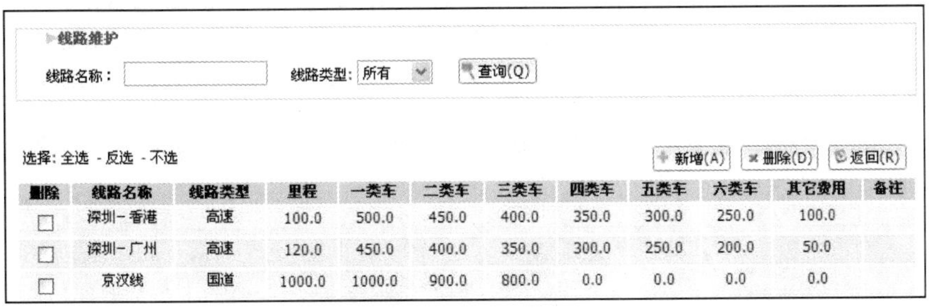

图 4.14 线路维护界面

② 线路优化。线路优化界面如图 4.15 所示。对于确定两点的一条干线，做公路运输时，可能存在多种走法，如走高速、走国道、走县乡道等。而这几种线路，从起点到目的点，路程不一样，过路过桥费不一样，根据线路及车辆，计算走每一条线路需要花费多少时间，花费多少费用，再根据选择的优化原则，选择一条满足原则的线路。

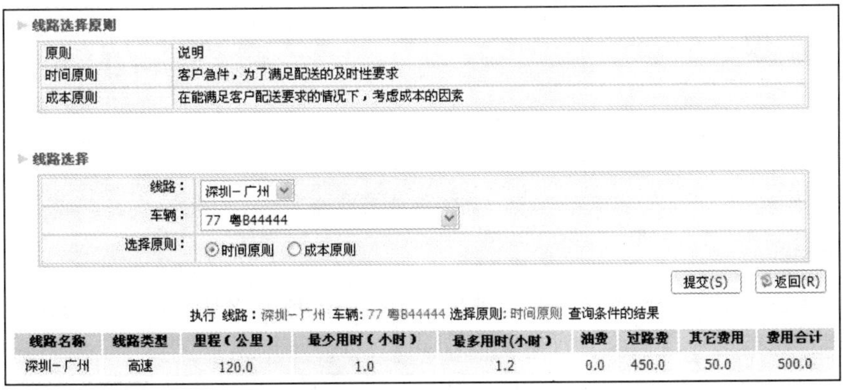

图 4.15 线路优化界面

(2) 车辆调度。

① 订车处理。

a．功能描述：对各种订车单的处理操作。

b．操作方法：订车来源分为两类：运输公司自主订车、配送部门订车。订车单有两种状态：已确认、未确认。其他部门产生的订车均为未确认，要求运输公司确认，原则上运输公司不能修改其他部门的订车要求，为方便操作，系统允许运输公司修改。选择【调度管理→订车处理】菜单，进入订车处理界面，如图 4.16 所示。

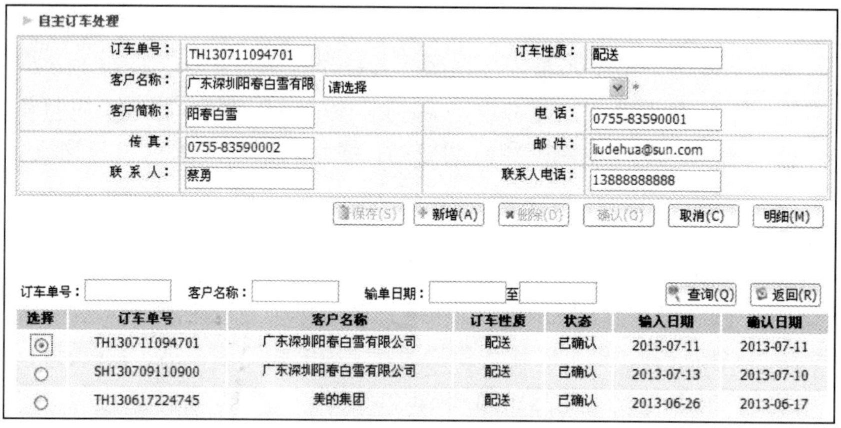

图 4.16　订车处理界面

未确认的订车单可以修改、删除，已确认的订车单可以查询，不能修改、删除，有订车明细及货物清单的订车单才能确认，调度未确认的订车单能取消订车确认。单击【明细】按钮可以查看订车的详细情况，如图 4.17 所示。

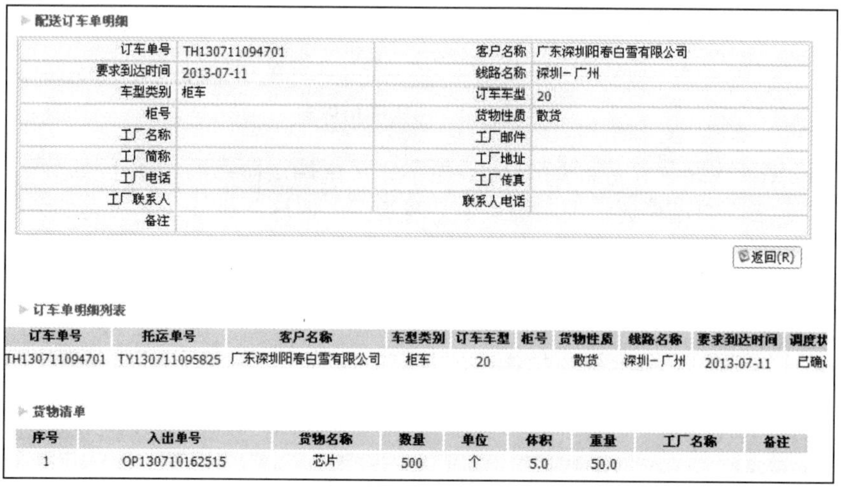

图 4.17　订车单明细

② 调度配载。

a．功能描述：根据订车单号、客户名称、调度时间段查询订车已确认的订车单。

b．操作方法：选择【调度管理→调度配载】，选择待调度订车单号，进入调度界面，如图 4.18 所示。选择订车单号，进入调度配载操作，完成调度确认和托运确认，如图 4.19 所示。

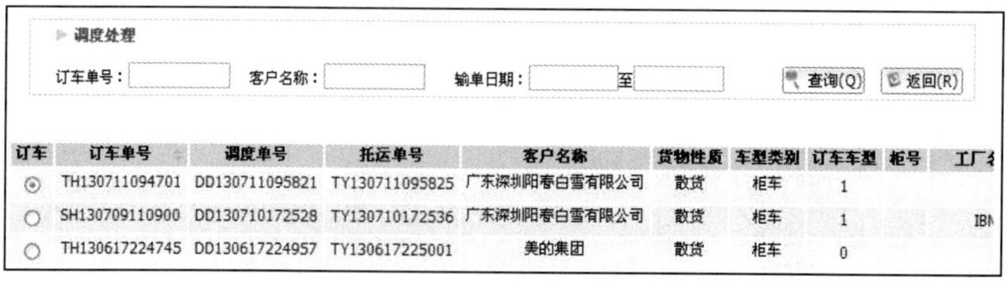

图 4.18　调度配载界面

图 4.19　调度和托运确认

3) 商务结算流程

本节重点演示产生费用和应收处理两个流程。

(1) 产生费用。

① 计算仓租。

a．功能描述：在实际的操作中，仓租分为包租和散租两种，由于仓租费用是与时间的累计有关的，因此不能在入仓或者出仓的时候即时产生，需要在结算的时候计算产生。

本系统仓租是按客户、按单计算的，其计算公式为

包租＝单价×面积×包租周期(其中非月初入仓的部品按照天计算)

散租＝单价×计费单位量×时间

管理费＝仓租×N%

b．操作方法：仓租计算界面有一个仓租类别选择，分为包租或者散租，操作员可以根据实际进行选择，如图 4.20 所示。选好仓租类别之后，选择需要计算仓租的客户或者供应商名称，然后填入仓租计算的截止日期，单击【计算】按钮，系统自动地计算出这段时间内该客户的仓租。计算完毕之后，系统会在本界面提示仓租计算是否成功，并显示仓租计算的截止日期。计算出来的费用不会在本界面显示。

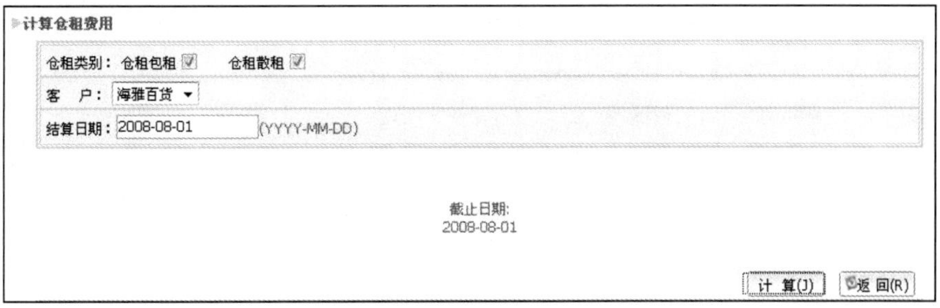

图 4.20　计算仓租费用

② 费用核查。

a. 功能描述：操作员在本模块可以查询到所有未核查的费用，查询的条件有：客户名称(包括收费客户和付款客户)、日期段、入仓单号以及费用类型(仓租、运输、装卸、处理、加班、其他)，可以在本模块对每一笔费用进行核对、修改。

b. 操作方法：费用核查界面如图 4.21 所示。从费用核查界面可知，系统产生的所有费用都必须到这里进行审核，然后才可以进行费用的处理操作。6 种费用的核查方法是一样的，本文以装卸费用为例进行说明。

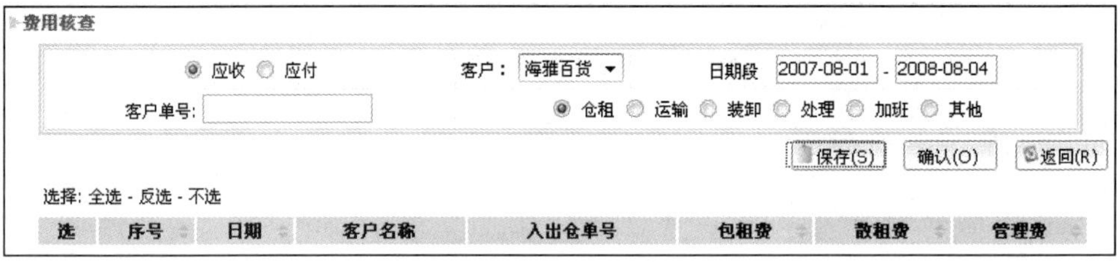

图 4.21 费用核查界面

首先处理应收费用。所谓应收费用，指的是本公司要向客户收取的费用。单击【应收】单选按钮，然后选择客户名称，填写费用产生的时间段，选择费用类型(装卸)，就可以在列表区显示出该客户这段时间内产生的装卸费用。

操作员可以对每一笔费用的金额进行修改，修改过后必须单击【提交】按钮，保存修改过的结果。在可以通过审核的费用前面打“√”，然后单击【确认】按钮，这些费用即核查完毕。

应付费用表示的是本公司应该付给相关公司的费用，例如外包的装卸公司。应付费用的处理方法和应收费用的处理方法完全一致。

注意：如果只有少数费用可以确认，可以单击【取消全选】按钮，消除所有费用前的“✓”，然后再在少数费用前打“✓”，就可以继续了。

(2) 应收处理。

① 应收账单。

a. 功能描述：应收账单主要是列出属于某个客户某段时间应该付给本公司的费用的账目清单。其查询条件主要就是客户名称和时间段。

b. 操作方法：进入应收账单界面之后，如图 4.22 所示，首先选择客户名称，然后填写查询时间段，如果不填则系统默认查询今日以前所有账单，操作员可以根据需要进行修改。

图 4.22 费用核查界面

② 修改费用。

a. 功能描述：本模块可以对通过核查但是还没有收取的费用进行修改处理，如果费用在这里进行了修改，需要重新打印账单给客户。

b．操作方法：进入应收费用修改界面之后，如图 4.23 所示，操作员可以根据条件查询到需要修改的费用清单。每一笔费用后面都有金额可供修改，修改完毕后一定要单击【提交】按钮保存修改过的费用。

图 4.23　修改费用

③ 收款处理。

操作方法：选择【应收处理→收款处理】，进入应收账单模式，如图 4.24 所示，选择客户，勾选相应的收款项目，单击【提交】按钮即可。

图 4.24　收款处理

二、思考练习题

1．填空题

(1) 我国的电子商务物流模式主要有__________和__________。

(2) 电子商务物流由于采用了先进的网络信息技术，给全球物流带来了新的发展，在第三方物流提出后，相继又提出了__________、__________、绿色物流等新型物流理论。

(3) 第三方物流又叫__________。

(4) 第四方物流的英文是__________，简称__________。

(5) 全球电子物流的应用发展主要集中在 B2B 货运交易、__________、订单电子履行、__________、__________、__________。

(6) 绿色物流管理主要由绿色供应商管理、__________、绿色运输管理、__________、绿色流通加工管理、__________、产品绿色设计、包装和标识组成。

(7) 第三方物流的产生是__________的结果

(8) 我国第三方物流的发展还处于__________阶段。

(9) __________是目前业务流程重组的最高层次，也是重组的最终目标。

2. 选择题

(1) 下列不属于传统物流存在的问题是(　　)。

A. 物流集散和储运设施较少　　B. 信息技术的水平有限

C. 物流教育水平不高　　D. 企业经营管理水平较高

(2) 下列不属于第四方物流的特点是(　　)。

A. 供应链再建　　B. 利润增长

C. 业务流程再造　　D. 运营成本增加

(3) 下列不属于电子物流服务的特点是(　　)。

A. 运输频率快　　B. 包装小

C. 订单次数少　　D. 交付速度快

(4) 下列属于包装过程中的非绿色因素主要表现在(　　)。

A. 石油在海运过程中发生泄漏而造成大片海域污染

B. 装卸搬运时货物损耗

C. 用杀虫剂对货品进行养护

D. 采用大量资源对货物进行精包装

(5) 成功的物流业务外包可以提高企业的(　　)，使企业集中精力做好自己的核心业务。

A. 劳动生产率　　B. 管理水平　　C. 生产成本　　D. 产品价格

(6) 从服务的客户群体来看，我国第三方物流的服务对象主要集中在(　　)。

A. 外资企业　　B. 民营企业　　C. 国有企业　　D. 商业企业

(7) FedEx 公司参与电子商务的主要身份是(　　)。

A. 第三方物流企业　　B. 销售企业

C. 制造企业　　D. 网站经营者

(8) 由卖方、生产者或者供应方组织的物流称为(　　)。

A. 第一方物流　　B. 第二方物流

C. 第三方物流　　D. 第四方物流

(9) 货运代理公司属于(　　)。

A. 第一方物流　　B. 第二方物流

C. 第三方物流　　D. 第四方物流

3. 判断题

(1) 流通加工主要是为货主商品进行改包装、贴标签、组装处理等，是第三方物流企业的重要利润来源之一。(　　)

(2) 第三方物流企业不一定有物流作业能力。(　　)

(3) 第四方物流具备再造、变革、实施和执行 4 个特征。(　　)

(4) 按服务商物流服务所及区域是否跨国境，可将物流服务商分为国际物流服务商和国内物流服务商。(　　)

(5) 第三方物流通常称为契约物流，或合同物流，也可称为外包物流。(　　)

(6) 我国的第三方物流企业以运输、仓储等基本业务为主，加工、配送、定制服务等增值服务功能尚处在发展完善阶段。（　）

4. 名词解释

(1) 第三方物流

(2) 第四方物流

(3) 电子物流

(4) 绿色物流

(5) 物流一体化

(6) 业务流程重组

5. 简答题

(1) 电子商务物流与传统物流相比较，具有哪些优势？

(2) 简述第三方物流优势。

(3) 大力发展第四方物流必须从哪些方面入手？

(4) 传统物流服务与电子物流服务的区别是什么？

(5) 非绿色因素的主要表现有哪些？

(6) 简述电子商务物流业务流程重组的内容。

课题五　电子商务物流信息技术

教学提示

在电子商务时代，物流信息化是电子商务的必然要求。物流的特性也决定了物流与信息流之间有着密不可分的关系。电子商务是现代物流信息处理的平台，电子商务物流信息技术的不断进步为信息的及时大规模传递创造了条件，促进了物流能力和效率的提高。最具代表性的物流信息技术有条形码技术、EDI 技术、RFID 技术、GIS 技术、GPS 技术和 ITS 技术等。以上新技术的结合，将在物流供应链上建立一个高新的供应链集成系统。物流信息能在开放供应链中实现物流的及时、准确的配置。

教学要求

通过本课题的学习，要求学生了解各种物流信息技术的概念、物流信息技术工作原理和实现的功能，同时通过介绍相关的物流信息技术在物流行业中应用的实际情况，帮助学生理解物流信息技术对物流行业的作用和意义。

第一部分 案例与分析

案例导入

UPS 的核心竞争力——信息技术

成立于 1907 年的美国联合包裹运送服务公司(United Parcel Service，UPS)是全球最大的快递承运商与包裹递送公司，也是专业运输、物流、资本与电子商务服务的领先提供者，其中国网站首页如图 5.1 所示。表面上 UPS 公司的核心竞争优势，来源于其由近 10 万辆卡车和 500 多架飞机组成的运输队伍，而实际上 UPS 公司今天的成功并非仅仅如此。

图 5.1 UPS 中国网站首页

20 世纪 80 年代初，UPS 公司以其大型的棕色卡车车队和及时的递送服务，控制了美国陆路的包裹速递市场。然而，到了 20 世纪 80 年代后期，随着竞争对手利用不同的定价策略以及跟踪和开单的创新技术对 UPS 公司的市场进行的蚕食，UPS 公司的收入开始下滑。许多大型托运人希望通过单一服务来源提供全程的配送服务，进一步，顾客们希望通过掌握更多的物流信息，以利于自身控制成本和提高效率。随着竞争的白热化，这种服务需求变得越来越迫切。正是基于这种服务需求，UPS 公司从 20 世纪 90 年代初开始了致力于物流信息技术的广泛利用和不断升级。今天，提供全面物流信息服务已经成为包裹速递业务中的一个至关重要的核心竞争要素。

UPS 公司通过应用以下 3 项以物流信息技术为基础的服务提高了竞争能力。

(1) 条形码和扫描仪使 UPS 公司能够有选择地每周 7 天、每天 24h 跟踪和报告装运状况，顾客只需拨个免费电话号码，即可获得“地面跟踪”和航空递送这样的增值服务。

(2) UPS 公司的递送驾驶员，目前携带着以数控技术为基础的笔记本电脑到排好顺序的线路上收集递送信息。这种笔记本电脑使驾驶员能够用数字记录装运接收者的签字，以提供收货核实。通过计算机协调驾驶员信息，减少了差错，加快了递送速度。

(3) UPS 公司最先进的信息技术应用，是创建于 1993 年的一个全美无线通信网络，该网络使用了 55 个蜂窝状载波电话。蜂窝状载波电话技术使驾驶员能够把适时跟踪的信息从卡车上传送到 UPS 公司的中央计算机上。无线移动技术和系统能够提供电子数据储存，并能恢复跟踪公司在全球范围内的数百万笔递送业务。通过安装卫星地面站和扩大系统，到 1997 年适时跟踪包裹成为了现实。

以 UPS 公司为代表的企业应用和推广的物流信息技术是现代物流的核心，是物流现代化的标志。尤其是飞速发展的计算机网络技术的应用，更使物流信息技术达到了新的水平，物流信息技术也是物流技术中发展最快的领域，从数据采集的条形码系统，到办公自动化系统中的计算机、互联网，各种终端设备等硬件以及计算机软件等都在日新月异地发展。物流信息技术主要由通信、软件、面向行业的业务管理系统三大部分组成，包括基于各种通信方式基础上的移动通信手段、全球定位(GPS)技术、地理信息(GIS)技术、计算机网络技术、自动化仓库管理技术、智能标签技术、条形码及射频技术、信息交换技术等现代尖端科技。

UPS 公司通过在以下 3 个方面推广物流信息技术发挥了核心竞争优势。

(1) 在信息技术上，UPS 公司已经配备了第三代速递资料收集器 III 型 DIAD，这是业界最先进的手提式计算机，可几乎同时收集和传输实时包裹传递信息，也可让客户及时了解包裹的传送现状。这台 DIAD 配置了一个内部无线装置，可在所有传递信息输入后立即向 UPS 公司数据中心发送信息。驾驶员只需扫描包裹上的条形码，获得收件人的签字，输入收件人的姓名，并按动一个键，就可同时完成交易并送出数据。速递业真正实现了从点到点，户对户的单一速递模式，向除为客户提供传统速递服务外，还包括库房、运输及售后服务等全方位物流服务的发展，从而大大地拓展了传统物流概念。

(2) 在信息系统上，UPS 公司将应用在美国国内运输货物的物流信息系统，扩展到了所有国际运输货物上。这些物流信息系统包括署名追踪系统及比率运算系统等，其解决方案包括：自动仓库、指纹扫描、光拣技术、产品跟踪和决策软件工具等。这些解决方案从商品原起点流向市场或者最终消费者的供应链上帮助客户改进了业绩，真正实现了双赢。

(3) 在信息管理上，最典型的应用是 UPS 在美国国家半导体公司位于新加坡仓库的物流信息管理系统，该系统有效地减少了仓储量及节省了货品运送时间。一位管理员像挥动树枝一样用扫描仪扫过一箱新制造的计算机芯片。随着这个简单的动作，他启动了高效、自动化和几乎像魔术般的送货程序。这座巨大仓库是由 UPS 公司的运输奇才们设计建造的。UPS 公司的物流信息管理系统将这箱芯片发往码头，而后送上卡车和飞机，接着又是卡车，在短短的 12h 内，这些芯片就会送到国家半导体公司的客户——远在万里之外硅谷的个人计算机制造商手中。在整个途中，芯片中嵌入的电子标签将让客户以精确到 3 英尺以内的精确度跟踪订货。

由此可见，物流信息技术通过切入物流企业的业务流程，来实现对物流企业各生产要素(车、仓、驾等)进行合理组合与高效利用，降低了经营成本，直接产生了明显的经营效益。它有效地把各种零散数据变为商业智慧，赋予了物流企业新型的生产要素——信息，大大提高了物流企业的业务预测和管理能力，通过“点、线、面”的立体式综合管理，实现了物流企业内部一体化和外部供应链的统一管理，有效地帮助物流企业提高了服务质量，提升了物流企业的整体效益。

第二部分 课题学习引导

5.1 条形码技术

条形码技术和 POS 是目前应用较为普遍的物流信息技术。本节将通过阐述条形码的概念、构成、分类以及条形码技术在物流中的具体应用，对条形码技术进行全面的介绍。

5.1.1 条形码技术概述

条形码最早出现于 20 世纪 40 年代，得到实际应用和发展是在近 30 年。条形码诞生于 Westinghouse 的实验室里。一位名叫 John Kermode 的发明家“异想天开”地想对邮政单据实现自动分拣，他的想法是在信封上做条码标记，条码中的信息是收信人的地址，就像今天的邮政编码。为此 Kermode 发明了最早的条码标识，设计方案非常简单，即一个“条”表示数字“1”，两个“条”表示数字“2”，依次类推。1969 年美国电子现金收款机的出现，加速了条形码在商业领域的推广。1970 年美国超级市场 AdHOC 委员会制定了通用商品代码——UPC 码，此后许多团体也提出了各种条形码符号方案，UPC 码首先在杂货零售业中试用。1970 年，美国食品工业委员会认真系统地研究了条码技术及 POS 的应用问题，并首先在食品杂货业上进行了条形码应用的尝试，这为以后该码制的统一和广泛采用奠定了基础。美国统一编码委员会(Uniform Code Council，UCC)于 1973 年成立，并从若干种条形码方案中选定了 IBM 公司提出的以 Dalte-Dietance 为基础的通用产品代码(Universal Product Code，UPC)，为美国产品统一的标识符号建立了 UPC 条形码系统，并全面实现了该码制的标准化。

1976 年美国和加拿大在超级市场上成功地使用了 UPC 系统，这给人们以很大的鼓舞，尤其是欧洲人对此产生了很大的兴趣。1977 年，欧洲的制造厂家销售商在美国 UCC 的影响下，在 UPC-12 码的基础上制定出了欧洲物品编码 EAN 码，正式成立了欧洲物品编码协会(European Article Numbering Association，EAN)。为促进贸易，当时欧洲共同体的法国、英国等 12 国于 1977 年 2 月 3 日正式签署了欧洲商品编码协议备忘录，以及物品符号标识通用规范。条形码符号标识在商品流通领域以及物流系统中走向了实用化、标准化、国际化。到 1981 年，由于 EAN 组织发展成为一个国际性组织，所以被称为“国际物品编码协会”(IAN)。但是由于历史原因和习惯，该组织至今仍旧称为 EAN。EAN 为世界各国提供了一个唯一的编码体系和标识方法，成为世界各国贸易交换的统一形式，从而大大促进了各国之间的贸易往来，为电子订货和电子数据交换提供了标准化的、国际通用的统一标识。

今天的条形码是指利用光电扫描阅读设备识读并实现数据输入计算机的一种特殊代码。它是由一组粗细不同、黑白或彩色相间的条、空及其相应的字符、数字、字母组成的标记，用以表示一定的信息。这种用条、空组成的数据编码可以供机器识读，而且很容易译成二进制数和十进制数。这些条和空可以有各种不同的组合方法，从而构成不同的图形符号，即各种符号体系，也称码制，适用于不同的场合。

1. 条形码字符的结构

一个完整的条形码字符是由两侧静区、起始字符、数据字符、校验字符(可选)和终止字符组成的，其结构如图 5.2 所示。

图 5.2　条形码字符的结构

静区：没有任何印刷符或条形码信息，它通常是白的，位于条形码字符的两侧。静区的作用是提示阅读器(扫描器)准备扫描条形码符。

起始字符：条形码字符的第一位字符是起始字符，它的特殊条、空结构用于识别一个条形码符号的开始。阅读器首先确认此字符的存在，然后处理由扫描器获得的一系列脉冲。

数据字符：由条形码字符组成，用于代表一定的原始数据信息。

终止字符：条形码字符的最后一位字符是终止字符，它的特殊条、空结构用于识别一个条形码符号的结束。阅读器识别终止字符，便可知道条形码字符已扫描完毕。若条形码字符有效，阅读器就向计算机传送数据并向操作者提供“有效读入”的反馈。终止字符的使用，避免了不完整信息的输入。当采用校验字符时，终止字符还指示阅读器对数据字符实施校验计算。

起始字符、终止字符的条、空结构通常是不对称的二进制序列。这一非对称允许扫描器进行双向扫描。当条形码字符被反向扫描时，阅读器会在进行校验计算和传送信息前把条形码各字符重新排列成正确的顺序。

校验字符：在条形码制中定义了校验字符。有些码制的校验字符是必需的，有些码制的校验字符则是可选的。校验字符是通过对数据字符进行一种算术运算而确定的。当符号中的各字符被解码时，译码器将对其进行同一种算术运算，并将结果与校验字符比较。若两者一致时，说明读入的信息有效。

2. 条形码的分类

1) 按码制分类

(1) UPC 码。1973 年，美国率先在国内的商业系统中应用 UPC 码，之后加拿大也在商业系统中采用 UPC 码。UPC 码是一种长度固定的连续型数字式码制，其字符集为数字 0～9。它采用 4 种元素宽度，每个条或空是 1、2、3 倍或 4 倍单位元素宽度。由于其应用范围广泛，故又称为万用条码。UPC 码共有 UPC-A 和 UPC-E 两种版本，其中 UPC-E 为 UPC-A 的压缩版。

(2) EAN 码。1977 年，欧洲经济共同体各国按照 UPC 码的标准制定了欧洲物品编码 EAN 码，它与 UPC 码兼容，而且两者具有相同的符号体系。EAN 码的字符编号结构与 UPC 码相同，也是长度固定的、连续型的数字式码制，其字符集是数字 0～9。它采用 4 种元素宽度，每个条或空是 1、2、3 倍或 4 倍单位元素宽度。EAN 码有两种类型，即 EAN-13 码和 EAN-8 码。EAN 码主要用于商品标识。

(3) EAN-128 码。EAN-128 码是根据 EAN/UCC-128 码定义标准将资料转变成条码符号，并采用 128 码逻辑，由国际物品编码协会和美国统一代码委员会联合开发。它是一种连续型、非定长、有含义的高密度代码，具有完整性、紧密性、联结性及高可靠度的特性，用于表示生产日期、批号、数量、规格、保质期、收货地等更多的商品信息。

(4) 交叉 25 码。交叉 25 码是一种长度可变的连续型自校验数字式码制，其字符集为数字 0～9。采用两种元素宽度，每个条和空是宽或窄元素。编码字符个数为偶数，所有奇数位置上的数据以条编码，偶数位置上的数据以空编码。如果为奇数个数据编码，则在数据前补一位 0，以使数据为偶数个数位。交叉 25 码主要运用在物流行业与仓储业中。

(5) 39 码。39 码是第一个字母数字式码制，于 1974 年推出。它是长度可变的离散型自校验字母数字式码制。其字符集为数字 0～9，26 个大写字母和 7 个特殊字符(-、。、Space、/、+、%、￥)，共 43 个字符。每个字符由 9 个元素组成，其中有 5 个条(2 个宽条，3 个窄条)和 4 个空(1 个宽空，3 个窄空)，是一种离散码。39 码主要用于工业、图书及票证的自动化管理。

2) 按维数分类

(1) 一维条形码。一维条形码自出现以来，得到了人们的普遍关注，发展速度十分迅速。它的使用，极大地提高了数据采集和信息处理的速度，提高了工作效率，并为管理的科学化和现代化做出了很大贡献。一维条形码只是在一个方向(一般是水平方向)表达信息，而在垂直方向则不表达任何信息。由于受信息容量的限制，一维条形码仅仅是对“物品”的标识，而不是对“物品”的描述。故一维条形码的使用，不得不依赖数据库的存在。在没有数据库和不便联网的地方，一维条形码的使用受到了较大限制，有时甚至变得毫无意义。另外，要用一维条形码表示汉字或图像信息的场合，显得十分不方便，且效率很低。同时一维条形码遭到损坏后便不能阅读，这些给一维条形码的应用带来了限制。

(2) 二维条形码。现代高新技术的发展，迫切要求用条形码在有限的几何空间内表示更多的信息，从而满足千变万化的信息表示的需要。二维条形码正是为了解决一维条形码无法解决的问题而产生的。在水平和垂直方向的二维空间存储信息的条码，称为二维条形码。二维条形码通过利用垂直方向的尺寸来提高条形码的信息密度。通常情况下其密度是一维条形码的几十到几百倍，这样就可以把产品信息全部存储在一个二维条形码中，要查看产品信息，只要用识读设备扫描二维条形码即可，因此不需要事先建立数据库，真正实现了用条形码对“物品”的描述。二维条码密度高，信息含量大，保密、防伪性能好，可以将照片、指纹、掌纹、视网膜、声音、签名、文字等可数字化的信息进行编码。因此二维条码是实现证件、卡片、档案、照片、票据等大容量、高可靠性信息自动存储、携带并自动识读的最理想的方法。

与一维条形码一样，二维条形码也有许多不同的编码方法，或称码制。就这些码制的编码原理而言，通常可分为以下两种类型：

① 线性堆叠式二维码。它是在一维条形码编码原理的基础上，将多个一维条形码在纵向堆叠而产生的。典型的码制，如 Code 16K、Code 49、PDF417 等。

② 矩阵式二维码。它是在一个矩形空间通过黑、白像素在矩阵中的不同分布进行编码。典型的码制，如 Aztec、Maxi Code、QR Code、Data Matrix 等。

典型的二维条形码如图 5.3 所示。

PDF417码　　　　QR Code

图 5.3　二维条形码

(3) 三维条形码。二维条形码相对于一维条码在信息容量上有了很大的提高，随着全球信息爆炸时代的到来，人们对于当前应用广泛的条形码提出了更高要求，希望其能在单位面积上存储更多的信息。三维条形码就是在二维条形码的基础上再增加一个维度，从而使其具有更多的信息容量。三维条形码主要通过两种方式获得：一是加入色彩或灰度作为第三维，得到平面三维条形码；二是增加 Z 轴层高，得到立体三维条形码。

目前已研制出了几种平面三维条形码，如日本公司 Content Idea of Asia 研发出的 PM Code 条形码；韩国延世大学计算机学院推出了彩色条形码 Color Code，并提供其在相关多媒体领域内的应用；美国微软公司推出了高容量的彩色条形码——HCCB 三维矩阵式条形码。图 5.4 展示了上述 3 种彩色条码。然而，立体三维条形码还未有成品出现，其研发还有待于进一步深入，但其研究价值不可估量。

PM Code　　Color Code　　HCCB

图 5.4　三维彩色条形码

5.1.2　商品条形码

目前物品编码较为成熟，一般采用国际通行的条形码编码标准。用于表示物品编码的条形码主要有：商品条形码、储运单位条形码、贸易单元 128 码。

商业是最早应用条形码技术的领域。在商业自动化系统中，商品条形码是关键。在国家标准 GB/T 12904 中，商品条形码被定义为用于标识国际通用的商品代码的一种模块组合型条形码。EAN/UPC 码作为一种消费单元代码，被用于在全球范围内唯一标识一种商品。EAN 码有两种版本——标准版和缩短版。标准版表示 13 位数字，又称为 EAN13 码，缩短版表示 8 位数字，又称 EAN8 码。EAN 码由前缀码、厂商识别码、商品项目代码和校验码组成。

1. 标准版商品条形码

EAN 码标准版的结构见表 5-1。

表 5-1　EAN 码标准版结构

结构种类	厂商识别代码	商品项目代码	校验码
结构一	$X_1 X_2 X_3 X_4 X_5 X_6 X_7$	$X_8 X_9 X_{10} X_{11} X_{12}$	X13
结构二	$X_1 X_2 X_3 X_4 X_5 X_6 X_7 X_8$	$X_9 X_{10} X_{11} X_{12}$	X13

(1) 厂商识别代码。由 7～9 位数字组成，用于对厂商的唯一标识，是 EAN 编码组织在 EAN 分配的前缀码的基础上分配给厂商的代码，由 EAN 组织统一管理和分配。前缀码是国际 EAN 组织标识各会员组织的代码，我国为 690、691 和 692，当前缀为 690 或 691 时，其代码结构如结构一，当前缀为 692 时，其代码结构如结构二。

(2) 商品项目代号：由 5～3 位数字组成，是由厂商自行编码，且必须遵循的原则有：对统一商品必须编制相同商品项目代码；对不同的商品项目必须编制不同商品项目代码。保证商品项目与其标识代码一一对应，即一个商品项目只有一个代码，一个代码只标识一个商品项目。

(3) 校验码：用于校验厂商识别代码、商品项目代号的正确性。由前面的12位数字计算得出。

采用EAN码标准版的商品条码示意图如图5.5所示。

图5.5 标准版的EAN-13商品条形码示意图

例如，听装健力宝饮料的条形码代码为6901010101098，其中690代表我国EAN组织，1010代表广东健力宝公司，10109是听装饮料的商品代码。这样的编码方式就保证了无论在何时何地，6901010101098都唯一对应该种商品。

另外，图书和期刊作为特殊的商品，也采用了EAN13表示ISBN和ISSN。前缀977被用于期刊号ISSN，图书号ISBN用978为前缀，我国被分配使用7开头的ISBN号，因此我国出版社出版的图书上的条形码全部为978-7开头。

2. 缩短版商品条形码

缩短版商品条形码所表示的代码有8位数字(X_1 X_2 X_3 X_4 X_5 X_6 X_7 X_8)组成，前7位为商品项目代码识别代码，是EAN编码组织在EAN分配的前缀码(前3位)的基础上分配给厂商特定商品项目的代码，是用于对厂商特定商品项目的唯一标识，X_8是校验码。缩短版的商品条形码示意图如图5.6所示。

图5.6 缩短版的EAN-8商品条形码示意图

5.1.3 物流条形码

物流条形码是供应链中用以标识物流领域中具体实物的一种特殊代码，是整个供应链过程，包括生产厂家、配销业、运输业、消费者等环节的共享数据。它贯穿整个贸易过程，并通过物流条形码数据的采集、反馈，提高整个物流系统的经济效益。以下重点介绍在物流中广泛使用的储运单元条形码和贸易单元128条形码。

1. 储运单元条形码

储运单元条形码是专门表示储运单元编码的一种条形码，这种条形码常见用于搬运、仓储、订货和运输过程中，一般由消费单元组成的商品包装单元构成。在储运单元条形码中，又分为定量储运单元(由定量消费单元组成的储运单元)和变量储运单元(由变量消费单元组成的储运单元)。

定量储运单元一般采用13位或14位数字编码，其结构见表5-2。当定量储运单元同时又是定量消费单元时，应按定量消费单元进行编码，例如，电冰箱等家用电器，其定量消费单元的编码等同于通用商品编码。当含相同种类的定量消费单元组成定量储运单元时，可给每一定量储运单元分配一个区别于它所包含的消费单元代码的13位数字代码，也可用14位数字进行编码。

表5-2 定量储运单元的结构

定量储运单元包装指示符	定量消费单元代码	校验字符
V	$X_1 X_2 X_3 X_4 X_5 X_6 X_7 X_8 X_9 X_{10} X_{11} X_{12}$	C

定量储运单元包装指示符(V)用于指示定量储运单元的不同包装，取值范围为 $V=1, 2, \cdots, 8$。

定量消费单元代码是指包含在定量储运单元内的定量消费单元代码去掉校验字符后的12位数字代码。定量储运单元代码的条形码标识可用14位交叉二五条形码(ITF-14)标识定量储运单元。当定量储运单元同时又是定量消费单元时，应使用EAN-13条形码表示。也可用EAN-128条形码标识定量储运单元的14位数字代码。

例如，××牌啤酒，清淡型350mL玻璃瓶装，商品条形码代码为6901234567892，需在大包装箱上使用条形码标识，分别标识内装12瓶啤酒和24瓶啤酒的大包装箱。那么，首先把需要标识的内容转化为标识代码，根据所标识的内容，可采用SCC-14编码结构来表示，内装12瓶啤酒的大包装箱代码为1690123456789X，其中X为校验字符，不用编码，另行按标准计算；内装24瓶啤酒的大包装箱代码为2690123456789X，其中X同上。然后选择适用的物流条形码符号，根据标识代码，可采用ITF-14或EAN-128条形码符号来表示，使用EAN-128条形码时要应用标识符(01)，如图5.7和图5.8所示。

1 690123 456789 9

12瓶包装

2 690123 456789 6

24瓶包装

图5.7 IFT-14条形码示例

(01)16901234567899
12 瓶包装

(01)26901234567896
24 瓶包装

图 5.8　EAN-128 条形码示例

变量储运单元编码由 14 位数字的主代码和 6 位数字的附加代码组成，见表 5-3。

表 5-3　变量储运单元的结构

主代码			附加代码	
变量储运单元包装指示符	厂商识别代码与商品项目代码	校验字符	商品数量	校验字符
LI	$X_1X_2X_3X_4X_5X_6X_7X_8X_9X_{10}X_{11}X_{12}$	C_1	$Q_1Q_2Q_3Q_4Q_5$	C_2

变量储运单元包装指示符(LI)指示在主代码后有附加代码。附加代码(Q_1～Q_5)是指包含在变量储运单元内，按确定的基本计量单位(如 kg、m 等)计量取得的商品数量。变量储运单元的主代码用 ITF-14 条形码标识，附加代码用 ITF-6(6 位交叉二五条形码)标识。变量储运单元的主代码和附加代码也可以用 EAN-128 条形码标识。

例如，2002 年生产，批号为 GT 1252 的 12 瓶装啤酒的 EAN-128 条形码，如图 5.9 所示。

图 5.9　EAN-128 条形码示例

2. *贸易单元 128 条形码*

贸易单元 128 条形码是物流条形码实施的关键。EAN-128 条形码是一种连续型、非定长、有含义的高密度代码。它能够更多地标识贸易单元的信息，如产品批号、数量、规格、生产日期、交货地、有效期等，使物流条形码成为贸易中的重要工具，是使信息伴随货物流动的全面、系统、通用的重要商业手段。

EAN-128 条形码由应用标识符和数据两部分组成，每个应用标识符由 2 位到 4 位数字组成。条形码应用标识的数据长度取决于应用标识符。条形码应用标识采用 EAN-128 条形码表示，并且多个条形码应用标识可由一个条形码符号表示。EAN-128 条形码是由双字符起始符号、数据符、校验符、终止符及左、右侧空白区组成。

5.1.4 条形码在物流中的应用

(1) 货物的分拣运输。铁路运输、航空运输、邮政通信等许多行业都存在货物的分拣搬运问题，大批量货物需要在极短时间内、准确无误地分装到指定的车厢或航班上。解决这个问题的方法是：预先将物流条形码标贴在物品上，利用分拣点的条形码扫描器采集信息，使包裹或物品自动分拣到不同的运输机上，从而到达不同的目的地。

(2) 货物的仓储保管。通用商品代码有时不能满足仓储的需要，在仓储管理中，除了商品的生产厂家、种类、价格外，还需要产品的数量、保质期、重量、体积等诸多信息。采用物流条形码可以通过应用标识符分辨不同的信息，再经过物流管理信息系统进行后台处理，这样有利于商品的采购、保管和销售，从而促进仓储的现代化。

(3) 机场行李管理。在机场自动化系统中，每件行李上都包含航班号和目的地等信息的条形码标签，当运输系统把行李从登记处运到分拣系统时，一组通道式扫描器(通常由 8 个扫描器组成)包围了运输机的各个侧面进行扫描，当扫描器识读到条形码时，将数据传输到分拣控制器，再根据对照表，行李被自动分拣到目的航班的传送带上。对于印刷清晰、装载有序的自动分拣系统，条形码首读率可大于 90%，这充分体现出了物流条形码的技术优势。

(4) 货物扫描通道。包裹运输公司每天都要处理大量的包裹，借助于物流条形码可大大提高分拣速度。为能够准确识读随机摆放在传输带上的高速传送的包裹，就需要建立货物扫描通道，该通道由一组扫描器组成，能全方位地扫描包裹，高速采集包裹上的实际尺寸、重量等信息，无需人工干预，保证了物件及时送达，提高了效率。

(5) 运动中称量。运动中称量是自动化物料搬运和数据采集的组成部分，它与物流条形码技术相结合，把电子秤放在输送机上即可得到包裹的重量，无需中断运输作业或人工处理。同时，运动中称量能实时提供重量信息，计算净重，检验重量误差，验证重量范围等信息。

实例 5-1

条形码技术在仓储配送业中的应用

仓储管理实际上是条形码应用的传统领地，其应用已经贯穿出入库、盘点、库存管理等各个方面。在出入库过程中，条形码可以加快出入库的速度，也能减少出入库操作的差错。条形码在仓储管理中带来的最大的变化是盘点业务，传统的手工方式盘点一般是利用纸笔记录，效率不高，同时存在数据失实的可能。在利用了条形码后，就有可能采用自动化技术。例如，在某仓库中使用了手持终端，现在的盘点方式只需要利用手持终端扫描箱体，所有盘点数据都会记录在手持终端中，手持终端也会自动处理盘点重复等错误。手持终端数据可以很方便地导入到管理系统中去。在库存管理中，条形码的重要意义在于货位保证。物流管理中常常需要引用货位信息，但是传统方式下的货架操作，难以避免货物与货位信息的脱节。往往出现这样的情况，物流管理信息系统指示在某处出库某样物品，但操作工将叉车开到货位后却发现并不存在这样的物品。条形码技术不仅可以标识所有物品，而且可以标识货位。要求只有扫描了货位条形码和货物条形码后才能完成上下架过程，就可以确保货物的货位信息总是准确的。

以美国最大的百货公司沃尔玛为例，该公司在全美有 25 个规模很大的配送中心，一个配送中心要为 100 多家零售店服务，日处理量为 20 多万个纸箱。每个配送中心分 3 个区域：收货区、拣货区和发货区。在收货区，一般用叉车卸货。先把货堆放到暂存区，工人用手持式扫描器分别识别运单上和货物上的条形码，确认匹配无误才能进一步处理，有的要入库，有的则要直接送到发货区，称为直通作业以节省时间和空间。在拣货区，计算机在夜班打印出隔天需要向零售店发运的纸箱的条形码标签。白天，拣货员拿一叠标签打开一只只空箱，在空箱上贴上条形码标签，然后用手持式扫描器识读。根据标签上的信息，计算机随即发出拣货指令。在货架的每个货位上都有指示灯，表示哪里需要拣货以及拣货的数量。当拣货员完成该货位的拣货作业后，按一下【完成】按钮，计算机就可以更新其数据库。装满货品的纸箱经封箱后运到自动分拣机，在全方位扫描器识别纸箱上的条形码后，计算机指令拨叉机构把纸箱拨入相应的装车线，以便集中装车运往指定的零售店。

在国内，条形码在加工制造和仓储配送业中的应用也已有了良好的开端。例如，在红河烟厂，成箱的纸烟从生产线下来，汇总到一条运输线。在送往仓库之前，先要用扫描器识别其条形码，登记完成生产的情况，纸箱随即进入仓库，运到自动分拣机。另一台扫描器识读纸箱上的条形码。如果这种品牌的烟正要发运，则该纸箱被拨入相应的装车线。如果需要入库，则由第三台扫描器识别其品牌。然后拨入相应的自动码托盘机，码成整托盘后通达运输机系统入库储存。条形码的功能在于极大地提高了成品流通的效率，而且提高了库存管理的及时性和准确性。

5.2 电子数据交换技术(EDI)

电子数据交换(EDI)技术最初由美国企业应用在企业间的订货业务活动中，其后 EDI 的应用范围从订货业务向其他的业务扩展，如 POS 销售信息传送业务、库存管理业务、发货送货信息和支付信息的传送业务等。近年 EDI 在物流中广泛应用，被称为物流 EDI。物流 EDI 的优点在于供应链组成各方基于标准化的信息格式和处理方法，通过 EDI 共同分享信息、提高流通效率、降低物流成本。

5.2.1 EDI 概述

1. EDI 的发展背景

自 20 世纪 80 年代以来，在新技术革命浪潮的猛烈冲击下，一场高技术竞争席卷世界，使人类社会的许多领域正在飞速地发生着变化。国际贸易也空前活跃，市场竞争愈演愈烈。在国际贸易中，由于买卖双方地处不同的国家和地区，不能简单而直接地面对面进行交易，而必须以银行进行担保，以各种纸面单证为凭证，方能达到商品与货币交换的目的。这时，纸面单证就代表了货物所有权的转移，因此从某种意义上讲“纸面单证就是外汇”。

全球贸易额的上升带来了各种贸易单证、文件数量的激增。虽然计算机及其他办公自动化设备的出现可以在一定范围内减轻人工处理纸面单证的劳动强度，但由于各种型号的计算机不能完全兼容，实际上又增加了对纸张的需求。此外，在各类商业贸易单证中有相当大的一部分数据是重复出现的，需要反复地键入。有人对此也做过统计，计算机的输入平均 70%来自另一台计算机的输出，且重复输入浪费人力、浪费时间、降低效率，也使出差错的概率增高。因此，纸面贸易文件成了阻碍贸易发展的一个比较突出的因素。

另外，市场竞争也出现了新的特征，价格因素在竞争中所占的比重逐渐减小，而服务性因素所占比重增大。销售商为了减少风险，要求小批量、多品种、供货快，以适应瞬息万变的市场行情。而在整个贸易链中，绝大多数的企业既是供货商又是销售商，因此提高商业文件传递速度和处理速度成了所有贸易链中成员的共同需求。同样，现代计算机的大量普及和应用以及功能的不断提高，已使计算机应用从单机应用走向系统应用，同时通信条件和技术的完善、网络的普及又为EDI的应用提供了坚实的基础。

正是在这样的背景下，以计算机应用、通信网络和数据标准化为基础的EDI应运而生。20世纪60年代末，欧洲和美国几乎同时提出了EDI的概念。20世纪70年代，数字通信技术的发展大大加快了EDI技术的成熟和应用范围的扩大，也带动了跨行业EDI系统的出现。20世纪80年代EDI标准的国际化又使EDI的应用跃入了一个新的里程。时至今日，EDI历经萌芽期、发展期，已步入成熟期。EDI显示出了强大的生命力，迅速地在世界各主要工业发达国家和地区得到广泛的应用。

2. EDI的定义

国际标准化组织对EDI的定义是：将贸易(商业)或行政事务处理，按照一个公认的标准，形成结构化的事务处理或信息数据格式，从计算机到计算机的电子传输方法。

国际标准化组织电工委员会将EDI定义为：在两个或两个以上组织的信息系统之间，为实现业务目的而进行的预定义和结构化的数据的自动交换。

由于使用EDI可减少甚至消除贸易过程中的纸面文件，所以EDI又被人们俗称为“无纸贸易”。

总之，EDI是商业贸易伙伴之间，将按标准、协议规范化和格式化的经济信息通过电子数据网络，在商业贸易伙伴的计算机系统之间进行自动交换和处理的全过程。

3. EDI的内涵

(1) EDI是交易双方企业(如制造商、供应商、运输公司、银行等)之间的商业文件(如订单、运单、发票、报关单等)传递。

(2) EDI过程中交易双方传递的文件数据要遵循一定的语法规则与国际标准，具有固定格式和报文标准。

(3) EDI交易双方各有自己的计算机系统，且双方的计算机系统能发送、接收并处理符合约定标准的交易电文数据信息。

(4) EDI信息的传输通过网络通信系统来实现，信息处理由计算机自动进行，无需人工介入，实现了事务处理与贸易的自动化。

4. EDI的分类

(1) 订货信息系统。EDI又称为贸易数据互换系统(Trade Data Interchange，TDI)，是最基本、最知名的EDI系统，它采用电子数据文件来传输订单、发货票和各类通知。

(2) 电子金融汇兑系统(Electronic Fund Transfer，EFT)。该EDI用于在银行和其他组织之间实行电子费用汇兑。EFT已使用多年，但它仍在不断改进中。最大的改进是同订货系统联系起来，形成一个自动化水平更高的系统。

(3) 交互式应答系统(Interactive Query Response，IQR)。该EDI一般应用在旅行社或航空公司作为机票预订系统。在应用时要询问到达某一目的地的航班，要求显示航班时间、票价或其他信息，然后根据旅客的要求确定所要的航班，并打印机票。

(4) 带有图形资料自动传输的EDI。最常见的是计算机辅助设计(Computer Aided Design，CAD)图形的自动传输。例如，某设计公司完成一个厂房的平面布置图，将其平面布置图传输给厂房的主人。一旦该设计被认可，系统将自动输出订单，发出购买建筑材料的报告。在收到这些建筑材料后，系统将会自动开出收据。

5.2.2　EDI 的工作原理

1. EDI 子系统的组成

(1) 应用系统接口软件。负责从用户计算机应用系统 EDP 提取数据并转换为一种内部格式存储以供翻译系统使用；反之亦然。

(2) 翻译软件。负责完成用户内部格式数据和 EDI 标准格式数据之间的双向转换，其转换依据就是 EDI 标准。

(3) 通信、安全软件。负责 EDI 报文的发送和接收，为 EDI 报文的传输提供安全服务。

2. EDI 的实现过程

(1) 通过映射生成 EDI 平面文件。按照贸易伙伴的要求，发送方运用自己的 EDP 系统将用户的应用文件(如单证、票据)或数据库中的数据，映射成一种标准的中间文件，此中间文件叫平面文件。平面文件是用户通过应用系统直接编辑、修改和操作的单证和票据文件，它可直接阅读、显示和打印输出。

(2) 通过翻译生成 EDI 标准格式文件。调用翻译软件，将平面文件翻译成 EDI 标准格式文件。EDI 标准格式文件，即所谓的 EDI 电子单证，或称电子票据，它是 EDI 用户之间进行贸易和业务往来的依据。

(3) 通信。调用通信软件将 EDI 电子单证经由通信线路传送到接收方的 EDI 信箱中。

(4) 接收 EDI 标准格式文件。接收方从 EDI 信箱收取 EDI 电子单证。

(5) 通过翻译还原成平面文件。接收方用翻译软件将 EDI 标准格式文件译成平面文件。

(6) 还原成应用文件并处理。接收方将平面文件转换成应用文件，再交由应用系统对应用文件进行编辑、处理和回复。图 5.10 所示为 EDI 完整的实现过程。

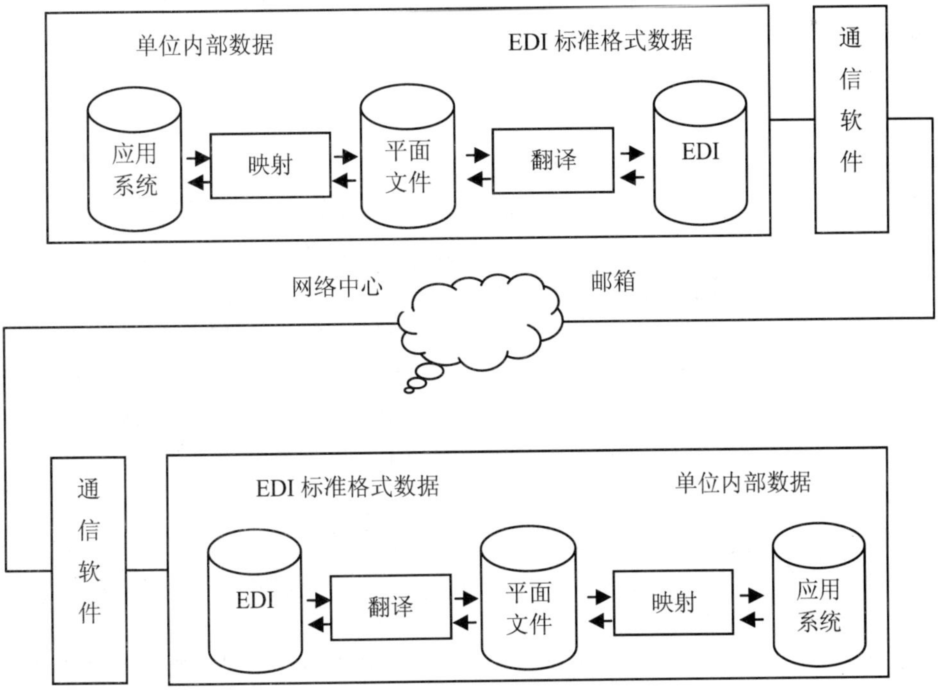

图 5.10　EDI 完整的实现过程

5.2.3 EDI 的标准

EDI 标准是整个 EDI 最关键的部分，由于 EDI 是以事先商定的报文格式进行的数据传输和信息交换，所以制定统一的 EDI 标准至关重要。世界各国开发 EDI 得出一条重要经验，就是必须把 EDI 标准放在首要位置。为促进 EDI 的发展，世界各国都在不遗余力地促进 EDI 标准的国际化，以求最大限度地发挥 EDI 的作用。目前，在 EDI 标准上，国际上最有名的是联合国欧洲经济委员会(UN/ECE)下属第四工作组(WP4)于 1986 年制定的《用于行政管理、商业和运输的电子数据互换》标准——EDIFACT(Electronic Data Interchange For Administration，Commerce and Transport)标准。EDIFACT 已被国际标准化组织 ISO 接收为国际标准，编号为 ISO 9735。同时还有广泛应用于北美地区，由美国国家标准化协会(ANSI X.12)鉴定委员会(AXCS.12)于 1985 年制定的 ANSI X.12 标准。这两个标准在语义、语法等许多方面都有很大区别。另外，ANSI X.12 标准目前只可用英语，而 EDIFACT 标准则可用英语、法语、西班牙语、俄语，即日耳曼语系或拉丁语系均可使用该标准的语义、数据字典等。所谓拉丁语系是指可用 26 个字母和 10 个数字表示的语言系统。日耳曼语系可以认为是拉丁语系的一个派系。当然，世界上某些语言不用拉丁语作为母语，如汉语、日语等。如何对这些文字进行翻译处理，从全球性的贸易和贸易文件的交流来看，这是一个十分困难而又必须解决的问题。

EDI 的迅猛发展，其影响已波及全球。但目前存在的 EDIFACT 和 ANSI X.12 两大标准在某种程度上制约了 EDI 全球互通的发展。为了在国际贸易中更快、更省、更好地使用 EDI，世界各国特别是欧、美等工业发达国家，都在强烈要求统一 EDI 国际标准，即“讲一种语言，用一种标准”。在 EDIFACT 被 ISO 接受为国际标准之后，国际 EDI 标准就逐渐向 EDIFACT 靠拢。ANSI X.12 和 EDIFACT 两家已一致同意全力发展 EDIFACT，使之成为全世界范围内能接受的 EDI 标准。

5.2.4 EDI 在物流中的应用

EDI 在物流中的应用主要体现在物流 EDI 领域。物流 EDI 是指货主、承运业主以及其他相关的单位之间，通过 EDI 系统进行物流数据交换，并以此为基础实施物流作业活动的方法。物流 EDI 参与单位有货主(如生产厂家、贸易商、批发商、零售商等)、承运业主(如独立的物流承运企业等)、实际运送货物的交通运输企业(如铁路企业、水运企业、航空企业、公路运输企业等)、协助单位(如政府有关部门、金融企业等)和其他的物流相关单位(如仓库业者、专业报送业者等)。物流 EDI 的概念模型如图 5.11 所示。

(1) 发送货物业主在接到订货后制订货物运送计划，并把运送货物的清单及运送时间安排等信息通过 EDI 发送给物流运输业主和接收货物业主，以便物流运输业主预先制订车辆调配计划，接收货物业主制订货物接收计划。

(2) 发送货物业主依据顾客订货要求和货物运送计划下达发货指令、分拣配货，将物流条形码标签贴在货物包装箱上，同时把运送货物品种、数量、包装等信息通过 EDI 发送给物流运输业主和接收货物业主。

(3) 物流运输业主从发送货物业主处取运货物时，利用车载扫描读数仪读取货物标签的物流条形码，核实与先前收到的货物运输数据是否一致，以确认运送货物。

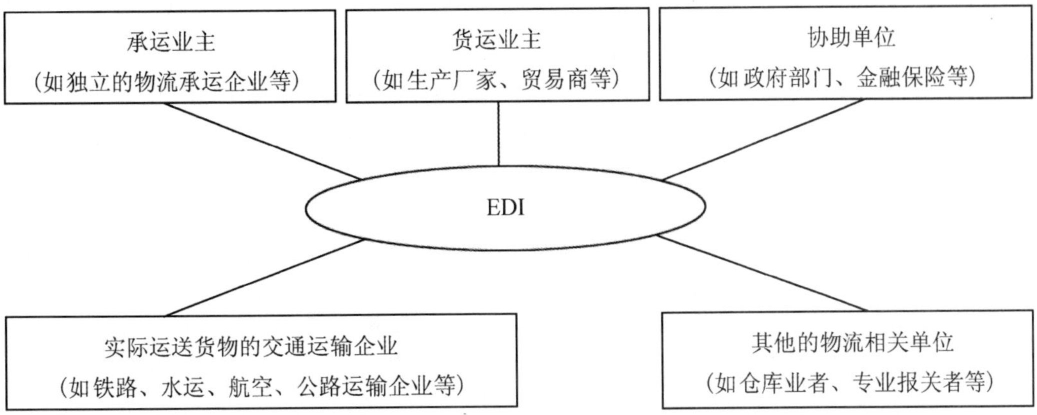

图 5.11　物流 EDI 的概念模型

(4) 物流运输业主对货物进行整理、集装、制作送货清单并通过 EDI 向接收货物业主发送发货信息。在货物运抵接收方后，物流运输业主通过 EDI 向发送货物业主发送完成运送业务信息和运费请示信息。

(5) 接收货物业主在货物到达时，利用扫描读数仪读取货物标签的物流条形码，并与先前收到的货物运输数据核对确认，开出收货发票，货物入库，同时通过 EDI 向物流运输业主和发送货物业主发送收货确认信息。

实例 5-2

美的集团 EDI 应用案例

创业于 1968 年的美的集团，是一家以家电业为主，涉足房产、物流等领域的大型综合性现代化企业集团。随着自身业务在全球范围内的不断扩大，美的已经形成了一个覆盖全球，从生产制造、供应商、物流、渠道到客户的庞大企业供应链群。美的的供应链伙伴群体十分庞大，上下游企业和合作伙伴众多，每年需要交换大量的单据，美的与业务伙伴之间典型的信息交互如图 5.12 所示。

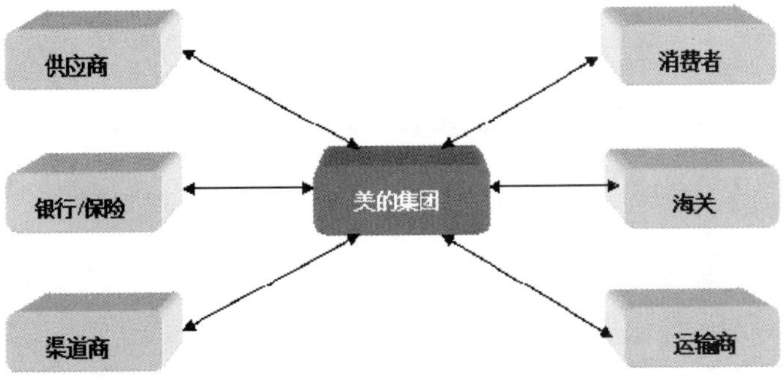

图 5.12　美的集团与业务伙伴之间的信息交互图

之前，美的是采用人工的方式实现对大量业务单据的接收、处理和发送，需要花费较长时间来完成单据的处理；同时，人工处理方式难免发生错误。为了满足美的与供应链合作伙伴之间的实时、安全、高效和准确的业务单据交互，提高供应链的运作效率，降低运营成本，美的迫切需要利用提供企业级(B2B)数据自动化交互和传输技术，即 EDI 方案来解决这个问题。经过反复的筛选和比较，美的最终选择业界领先的供应链管理解决方案提供商 SinoServices(锐特信息)为其提供 EDI 解决方案和技术支持。SinoServices 提供了 SinoEDI 企业级数据整合解决方案。

实施 EDI 之前和之后美的的业务流程变化如图 5.13 和图 5.14 所示。

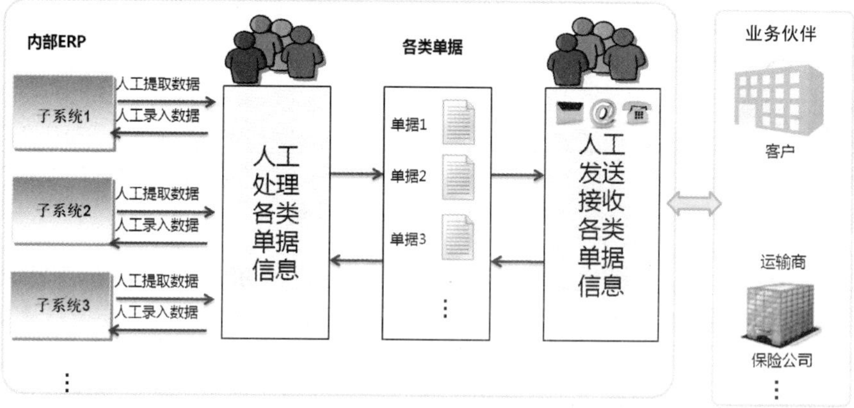

图 5.13　集团实施 EDI 之前的业务流程图

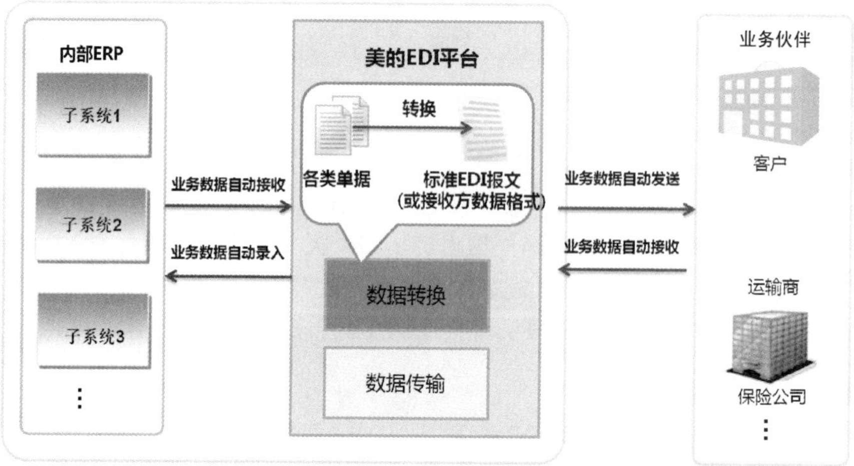

图 5.14　集团实施 EDI 之后的业务流程图

以前的人工处理方式需要从美的的各个业务子系统如 ERP、CRM 等提取出相关数据，再人工转换成合作伙伴所需要的单据格式，通过邮件、传真、电话等方式向相应的接收方发送(人工转换的过程可在美的或合作伙伴方进行)。同样的，当从合作伙伴处接收到各类异构形态的单据之后，要通过人工方式识别、读取，并录入到相应的子系统中。

现在，这个工作流程变为 EDI 平台自动接收各子系统发出的数据，再自动转换成标准 EDI 报文(或者合作伙伴系统能够直接识别的数据格式)，再自动传输给接收方，整个过程无需人工干预，极大地提升了工作效率。

5.3　射频识别技术(RFID)

射频识别技术(Radio Frequency Identification，RFID)是无线电频率识别的简称，是从 20 世纪 80 年代兴起并逐步走向成熟的一项自动识别技术，随着超大规模集成电路技术的发展，射频识别系统的体积大大缩小，从而进入了实用化阶段。

5.3.1　RFID 概述

射频识别技术是一种无线电通信技术，可通过无线电信号识别特定目标并读写相关数据，而无须识别系统与特定目标之间建立机械或光学接触。无线电的信号是通过调成无线电频率的电磁场，把数据从附着在物品上的标签(又称挂签)上传送出去，以自动辨识与追踪该物品。例如，通过在物流主体对象(如货架、汽车、自动导向车辆、动物等)上贴置电子标签，用射频技术进行电磁波射频扫描，就可从标签上识别物流对象的有关信息，以进行直接读/写或通过计算机网络将信息传输。某些标签在识别时从读写器发出的电磁场中就可以得到能量，并不需要电池；也有标签本身拥有电源，并可以主动发出无线电波。标签包含了电子存储的信息，数米之内都可以识别。与条形码不同的是，射频标签不需要处在识别器视线之内，也可以嵌入被追踪物体之内，具有不局限于视线、更宽的覆盖面和低成本的优点。

5.3.2　RFID 的构成

(1) RFID 标签。被称为电子标签或智能标签，由耦合元件及芯片组成，每个标签具有唯一的电子编码，存储有能够识别目标的信息。通常以电池的有无区分为有源标签、无源标签、半有源标签 3 种类型，也可分为主动式和被动式两种类型。RFID 标签具有持久性，信息接收传播穿透性强，存储信息容量大、种类多等特点。有些 RFID 标签支持读/写功能，目标物体的信息能随时被更新。标签的样式如图 5.15 所示。

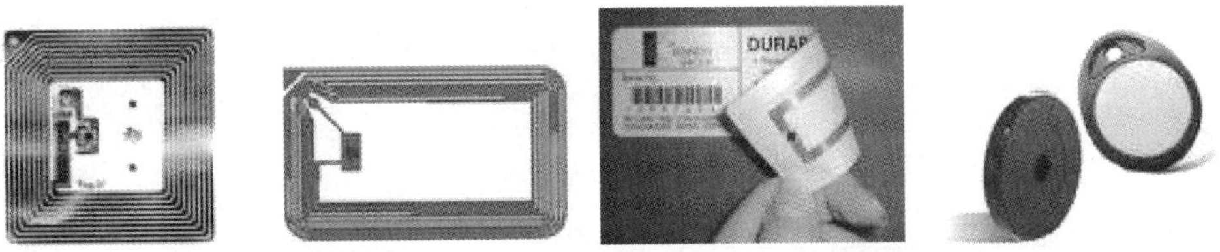

图 5.15　标签的样式

(2) 读写器分为手持和固定两种，由发送器、接收仪、控制模块和收发器组成。收发器和控制计算机或可编程逻辑控制器(PLC)连接从而实现它的沟通功能。读写器也由天线接收和传输信息。利用高频电磁波传递能量与信号，电子卷标的辨识速率每秒可达 50 个以上。可以利用有线或无线通信方式，与应用系统结合使用。常见的读写器如图 5.16 所示。

(3) 应用软件系统。它是应用层软件，主要是把收集的数据进一步处理，并为人们所使用。RFID 系统结合数据库管理系统、计算机网络与防火墙等技术，提供全自动安全便利的实时监控系统功能。相关整合应用包括航空行李监控、生产自动化管控、仓储管理、运输监控、保全管制以及医疗管理等。

固定式读写器

手持式读写器

图 5.16　常见的读写器

5.3.3　RFID 的工作原理

在被动射频系统中，读写器通过其天线在一个区域内发射能量形成电磁场，区域大小取决于发射功率、工作频率和天线尺寸。当存储信息编码的标签处于此区域时，利用所吸收到的电磁场能量供电，并根据读写器发出的指令对存储器进行相应的实时读写操作，再通过收发模块将数据发送出去。读写器接收到返回的数据后，解码并进行错误校验以决定数据的有效性，继而通过计算机网络将采集的数据进行数据转换、处理和传输。在主动射频系统中，标签中装有电池可在有效范围内活动，发送某一频率的信号，解读器读取信息并解码后，送至中央信息系统进行有关数据处理。RFID 的工作原理如图 5.17 所示。

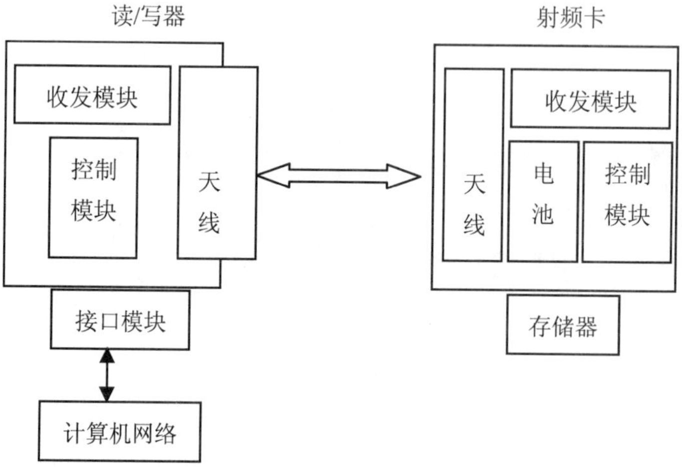

图 5.17　RFID 工作原理图

5.3.4　RFID 在物流中的应用

1. RFID 在物流各阶层中的应用

解析物流的过程，是由不同的“阶层”构成的，物流的阶层如图 5.18 所示。第 0 阶层：

物品的单品；第 1 阶层：小包装；第 2 阶层：包装容器；第 3 阶层：托盘；第 4 阶层：集装箱；第 5 阶层：运输工具。由于价格原因，目前还不能对所有环节实施全程 RFID 管理。由于 RFID 目前在成本的计算上与条形码有显著的差别，因此在物流的应用上，厂商导入 RFID 技术时会分成四阶段来实施。

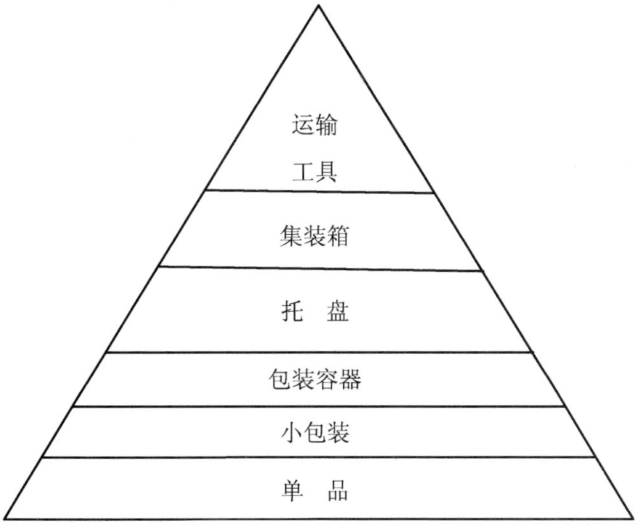

图 5.18　物流过程中的阶层

(1) 单个产品阶段。在每一个产品上以 RFID 取代商品条形码，每一个 RFID 上以商品编号加上序号，来识别每一个货品的唯一性，利用这个方式来辨识进行盘点、收货及销售点的收款机作业，由于每一个产品具有唯一的辨别码，所以可以将所有商品以最小的单位进行管理。由于可以对最小单位的货物进行控制，所以对于零售端的销售更有利，包括货架上的促销、防窃、消费者行为分析等均能做个别产品的管理。

(2) 包装容器阶段。单项产品成打或成箱包装，在纸箱或其包箱容器上装置 RFID，来追踪及辨识纸箱或容器的形状、位置及交接货物的数量。除了对需求/供应规划所提供的信息更细致之外，也增加了再包装的可视性，并且对于整板进货却需要以箱为单位的出货操作而言，它比小单位的拣货、包装与出货更为方便。

(3) 托盘阶段。在托盘上固定 RFID 进行辨识读取，以追踪辨识物流装载工具如托盘、笼车、配送台车等。提供供货商及时的补货信息，有利于供货商做生产规划；物流中心更可加快收货作业时间，提高验货与上架的信息化，从而有效管理存货控制。

(4) 集装箱阶段。在货柜上固定 RFID 进行辨识读取，以追踪辨识集装箱、空运盘柜等。目前应用于国际货柜运送货物上最多，除了有助于在全球化运作时，对货物掌控能力增加之外，通过集装箱、货柜 RFID 的追踪，对于国家安全也提供了另一项保证。

2. RFID 在物流管理中的具体应用

(1) 托盘。托盘是在物流业中作为集装单元化的器具，它能将零散的货物归置成规格统一、具有一定体积和重量的货物单元。在供应链管理时代，通过利用 RFID 技术这一托盘电子信息化的管理手段，将为供应链管理提供强有力的支持。从发货地开始直至运送目的地，托盘与物品同步配送。在这个过程中，凡是需要检查托盘或物品信息时，都可通过 RFID 读写器读取托盘标签的 ID，再从网络中检索商品信息。显然，这对于货物的正确、安全运送和提高物流效率与降低成本都具有极大意义。这主要体现在：可以防止托盘丢失；有助于解决物流管理中信息采集的自动化问题；有助于物流可视化的实施，和 GPS 等技术结合可更方便地追踪产品的流通过程，加强监控以保证产品在运输过程中的安全；可以对集装箱、货架、仓库、运载车船甚至货物的包装都产生巨大的波及效应，促进物流现代化水平的全面提高。因此，利用 RFID 技术对托盘进行电子信息化管理是提高物流管理水平的必由之路。

① 电子标签在托盘租赁管理中的应用。在物流先进国家开始采用了托盘的租赁制度，它使托盘的使用推向社会公用化。为了提高租赁公司内部托盘管理的电子信息化，日本凸版印刷公司为托盘租赁公司提供了企业内部托盘管理系统的解决方案，实际上就是在托盘管理系统中应用 RFID 技术。除了对托盘本身的流动与使用(如租赁、回收、维修、保管等)进行管理之外，还可以对托盘载货进行管理。这样可以有效地提高托盘的使用效率和防止托盘以及载货的丢失。

② 电子标签在托盘载货管理中的应用。美国德州仪器公司研制出为客户提供货物托盘的智能追踪系统。当装有托盘的搬运车通过入口时，设置在入口处的读写器读出货物托盘标签上的 ID 信息，并通过中央计算机得知哪一个托盘正在通过。与此同时，计算机可以显示与托盘登记在一起的货物信息。如果货物上也安装了电子标签的话，那么通过现有货物与所登记的货物比较，就可以核查现在托盘上的货物有无缺失。因此，这种通过对电子标签的读写，不仅可以提高货物管理的效率，而且可以保证货物运输记录的准确性。

(2) 集装箱。集装箱内载货的失窃是个由来已久的问题。据统计，美国每年因失窃造成的损失达 100 亿美元，全球损失 300～500 亿美元，包括间接损失在内，全球每年损失 2000 亿美元。防止失窃与保证安全是集装箱管理的两大课题。集装箱箱号的识别和关封的可靠性是解决这两个课题的重要技术保证。利用 RFID 技术，可以实现上述目的，并已经有了较好的解决方案。

① 集装箱箱号的识别。在利用 RFID 对集装箱进行管理之前采用 OCR 的方式进行监控和管理，也就是用摄像头对集装箱的箱号等拍照，然后经图像处理得到管理数码。为了掌握对集装箱拍摄时的位置，需要用 16 台摄像头同时拍摄，可见其成本非常高。然而，利用图像识别的结果，其识别率仅达 80%～90%，还要受天气条件的影响，雨雾中的识别率比晴天还要低许多。成本高、精度低是集装箱箱号识别的大难题。在集装箱箱体两侧安装 RFID 标签，可以在集装箱的通道上设置阅读器简单读取箱号信息。这样就可以一举解决箱号的识别问题。

② 关封的可靠性。目前普遍使用的机械式关封并不可靠，因为只需 15min 就可以被制造出一模一样的关封来。另外，国际运输的集装箱还要加锁，就是“关封”。港口为了做好集装箱的检查管理，要使用大量的人力物力。使用设置有 RFID 标签的关封，一旦被打开，就不能复原，从而可以保证其途中从未被开启，不仅具有传统集装箱锁，可作为安全防护管制的用途，且可以在芯片里储存更多集装箱数据，更可加速货柜查验的速度和效率。

(3) 供应链。在供应链中采用 RFID 并不是某个企业的冲动行为，而是出自供应链管理发展的要求。从美国供应链的情况来看，在产品的生产、运输、流通、零售等各环节采用条形码作为数据载体进行全程跟踪已经被普遍应用。就条形码技术本身而言，目前存在着以下技术局限：信息量有限，根据目前 EAN 的编码规则，条形码只包含了产品种类的信息，使得对产品的单品跟踪成为很困难的事情；采集速度、效率也有限，就供应链的全过程而言，在流通过程中的运输、仓储等环节，条形码扫描的有效率仅为 75%，在零售环节，条形码扫描的有效率为 95%。

面临以上问题，如何采用新技术解决供应链中各个方面的问题，是美国企业面临的一个挑战。RFID 技术由于其远距离、快速、多目标同时读取等特点，可以应用在供应链中生产、仓储、运输等环节。通过对物流各环节数据的采集，能够实现增加收入和缩减成本的双重效果。

RFID 技术在供应链管理的应用，可以将库存的可用性提高 5%～10%，从而增加销售的 3%～7%；同时，顾客的保持度提高 0.3%～0.5%；后勤管理中回收率提高将使利润提高 25%～40%；回收管理的改进将使总收入提高 1%～2%。另外，减少盗窃损失 40%～50%；提高送货速度 10%；减少人工成本(包括场地管理减少 30%；减少物品存储的人工成本可达 65%；减少存货成本可达 25%；减少循环计算成本可达 25%)；提高仓库产品的吞吐量可达 20%；减少损坏率和过期商品的销账可达 20%；减少错误数据所带来的成本量可达 1 亿美元；减少丢失包裹而导致的投诉可达 98%。

(4) 高速公路自动收费及交通管理。高速公路自动收费系统是 RFID 技术最成功的应用之一。目前中国的高速公路发展非常快，地区经济发展的先决条件就是有便利的交通条件，而高速公路收费却存在一些问题，一是交通堵塞，在收费站口，许多车辆要停车排队交费，成为交通瓶颈问题；二是少数不法的收费员贪污路费，使国家损失了财政收入。RFID 技术应用在高速公路自动收费上能够充分体现它非接触识别的优势，让车辆高速通过收费站的同时自动完成收费，同时可以解决收费员贪污路费及交通拥堵的问题，其示意图如图 5.19 所示。例如，1996 年，广东佛山市政府安装了 RFID 系统用于自动收取路桥费，明显地提高车辆通过率，缓解公路瓶颈。车辆可以在 250km 的时速下用少于 0.5ms 的时间被识别，并且正确率达 99.95%；上海也安装了基于 RFID 技术的自动收缴养路费系统；广州也尝试在开放的高速公路上用 RFID 系统对高速行驶的车辆进行自动收费。

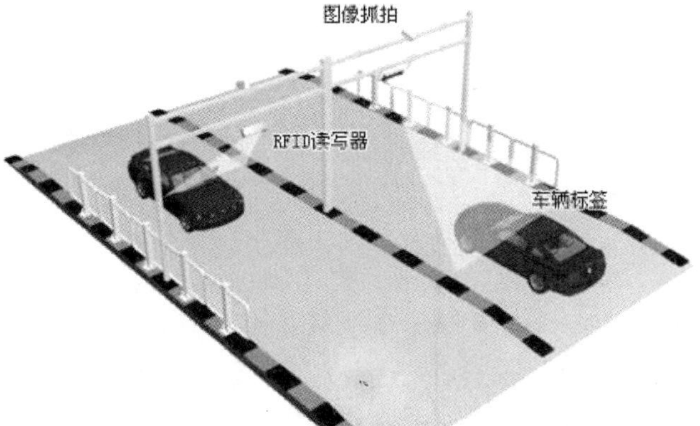

图 5.19　RFID 运用于高速公路自动收费示意

(5) RFID 金融卡。RFID 金融卡相比磁卡、IC 卡更能适应不同的环境，且针对标签上存储单元的不同分区采用不同的加密体制，使标签可同时应用于不同的金融收费系统，甚至可同时作为医疗保险卡、驾驶执照、护照等使用，一卡多用必然是大势所趋。

(6) 加密防伪。防伪技术本身要求成本低，难以伪造。标签的成本低，但芯片则必须有专门的制造商，使伪造者望而却步。同时，利用 RFID 技术可在产品的销售渠道上建立防伪机制，生产过程中厂家在产品上封装入标签，记载上唯一的产品号以标识产品的身份，销售时批发商、零售商用厂家提供的读/写器就可严格检验产品的合法性了。

(7) 生产线自动化。在生产流水线上应用 RFID 技术可实现自动控制，从而提高了生产效率，改进了生产方式，节约了成本。例如，德国宝马汽车公司在装配流水线上应用射频技术，实现了由用户定制产品的生产方式。它们在装配流水线上安装 RFID 系统，使用可重复使用、带有详细的汽车定制要求的标签，在每个工作点都设有读/写器，以保证汽车在每个流水线工作点上都能按定制要求完成装配任务，从而得以在装配线上装配出上百种不同款式和风格的宝马汽车。

(8) 仓储管理。在仓储管理中应用 RFID 系统，实现了实时货位查询和货位动态分配功能，大幅度减少了查找货位信息的时间，提高了查询和盘点精度，大大加快了出、入库单的流转速度，从而大幅度提高了仓储运作与管理的工作效率，增强了信息处理能力，满足了现代物流管理模式下仓储管理系统的需求。

实例 5-3

射频识别技术在物流中的典型运用

RFID 技术发展异常迅速，并且已经深入应用到很多领域。例如，铁路车辆的自动识别，生产线的自动化及过程控制，货物的跟踪及管理等。在物流领域主要用于对物品跟踪，运载工具和货架等的识别方面，以下介绍一些典型运用。

1. 集装箱自动识别系统

集装箱上安装标签，当运送集装箱的汽车、火车、货船到达或离开货场时，通过射频识别设备，对集装箱进行自动识别，并将识别信息通过包括 EDI 在内的各种网络通信设施传递给各种信息系统，实现集装箱的动态跟踪管理，提高集装箱的运输效率。

2. 智能托盘系统

在每个托盘上都安装射频标签，把射频识别器安装在托盘进出仓库的必经通道口的上方。当叉车装载着托盘货物通过时，识别器便获取标签内的信息，并传递给计算机，记录托盘的通过情况；当托盘装满货物时，自动称重系统便会自动比较装载货物的总重量与存储在计算机中的单个托盘的重量，从而获取差异，了解货物的实时信息。通过使用射频技术，可以实时地获得仓库中的货物、托盘状况，进而提高仓库的管理水平。

3. 通道控制系统

为仓库中可重复使用的各个包装箱都安装上作为唯一标识的射频标签，在包装箱进出仓库的通道进出口处安装射频识读器，识别器天线固定在上方。当包装箱通过天线所在处时，计算机把从标签里获得的信息与主数据库里的信息进行比较，正确时绿色信号亮，包装箱可以通过，如果不正确，则激活红色信号，同时将时间和日期记录在数据库中。该系统消除了以往采用纸张单证管理系统时常出现的人为错误，排除了以往不堪重负的运输超负载荷现象，从而建立了高速、有效的信息输入途径。

4. 配送过程中贵重物品的保护

在保税仓库中可能会存储着价值贵重的物品，为了防止物品被盗，及防止装着这些物品的托盘放错位置而导致延迟交货，可以采用射频识别技术，以保证叉车按正确设置的线路移动托盘，减低在非监控控制道路上货物被盗的可能。在仓库内配备悬浮在上方的识读器，给叉车装备射频标签。沿途经过的详细资料通过射频连接从中央数据库下载到叉车，这些信息包括正确的装货位置，沿途安装的识读器将提供经由路径。如果标签发现错误，叉车会被停止，由管理者重新设置交通路径，同时自动称重并实时提供监控信息。

5. 货物防盗系统

在需要重点防盗的商品上装上射频标签。当装有商品的车辆通过装有射频识别器的出口时，识别器可实时识别每件商品上的标签信息，如有不被授予权出去的商品，就可被限制运出。通过运用射频识别系统可识别高速移动的物体及可同时识别有多个标签的特点，从而实现多件商品在运输过程中的实时监控。

6. 物联网技术

物联网是在计算机互联网的基础上，利用 RFID、无线数据通信等技术，构造一个覆盖世界上万事万物的“Internet of Things”。在这个网络中，物品(商品)能够彼此进行“交流”，而无须人的干预。其实质是利用 RFID 技术，通过计算机互联网实现物品(商品)的自动识别和信息的互联与共享。RFID 标签中存储着规范且具有互用性的信息，通过无线数据通信网络把它们自动采集到中央信息系统，实现物品(商品)的识别，进而通过开放性的计算机网络实现信息交换和共享，实现对物品的“透明”管理。

5.4　地理信息系统(GIS)

地理信息系统(Geographic Information Systems，GIS)是集计算机科学、地理学、信息科学等学科为一体的新兴边缘科学，它可作为应用于各领域的基础平台。这种集成是对信息的各种加工、处理过程的应用、融合和交叉渗透，并且是实现各种信息数字化的过程。

5.4.1　GIS 概述

地理信息是指空间地理分布的有关信息，它是表示地表物体和环境固有数量、质量、分布特征、相互联系和变化规律的数字、文字、图形、图像等的总称。

地理信息系统是一门综合性学科，结合地理学与地图学，已经广泛地应用在不同的领域，是用于输入、存储、查询、分析和显示地理数据的计算机系统，现在也有称 GIS 为“地理信息科学”。GIS 是多种学科交叉的产物，它以地理空间数据为基础，采用地理模型分析方法，适时地提供多种空间的和动态的地理信息，是一种为地理研究和地理决策服务的计算机技术系统。其基本功能是将表格型数据(无论它来自数据库、电子表格文件还是直接在程序中输入)转换为地理图形显示，然后对显示结果浏览、操作和分析。其显示范围可以从洲际地图到非常详细的街区地图，显示对象包括人口、销售情况、运输线路以及其他内容。

GIS 是将地理学、计算机科学、测绘遥感学、城市科学、环境科学、信息科学、空间科学、管理科学和信息科学融为一体的新兴学科。实现了各种信息的数字化处理，为系统地进行预测、监测、规划管理和决策提供了科学依据。简而言之，GIS 是一个能用于进行有效的搜集、储存、更新、处理、分析和显示所有形式的地理信息的计算机硬件、软件、地理数据和有关人员(用户)的有机集合。GIS 与全球定位系统(GPS)、遥感系统(RS)合称 3S 系统。

通过上述的分析和定义，可提出 GIS 的如下基本概念：

(1) GIS 的物理外壳是计算机化的技术系统，它又由若干个相互关联的子系统构成，如数据采集子系统、数据管理子系统、数据处理和分析子系统、图像处理子系统、数据产品输出子系统等。这些子系统的优劣、结构直接影响着 GIS 的硬件平台、功能、效率、数据处理的方式和产品输出的类型。

(2) GIS的操作对象是空间数据，即点、线、面、体这类有三维要素的地理实体。空间数据的最根本特点是每一个数据都按统一的地理坐标进行编码，实现对其定位、定性和定量的描述，这是GIS区别于其他类型信息系统的根本标志，也是其技术难点之所在。

(3) GIS的技术优势在于它的数据综合、模拟与分析评价能力，可以得到常规方法或普通信息系统难以得到的重要信息，实现地理空间过程演化的模拟和预测。

(4) GIS与测绘学和地理学有着密切的关系。大地测量、工程测量、矿山测量、地籍测量、航空摄影测量和遥感技术，为GIS中的空间实体提供了各种不同比例尺和精度的定位数；电子速测仪、全球定位技术、解析或数字摄影测量工作站、遥感图像处理系统等现代测绘技术的使用，可直接、快速和自动地获取空间目标的数字信息产品，为GIS提供丰富和更为实时的信息源，并促使GIS向更高层次发展。地理学是GIS的理论依托。

5.4.2 GIS的发展

1. GIS的发展简史

(1) 20世纪60年代GIS起源于北美。基于“把地图变成数字形式的地图，便于计算机处理分析”的目的，1963年，加拿大测量学家R.F.Tomlinson首次提出GIS这一术语，并建成了世界上第一个具有实用价值的地理信息系统——加拿大地理信息系统，用于自然资源的管理和规划。同一时期的美国哈佛大学的计算机图形与空间分析实验室，建立了通用的制图软件包，竭力发展空间分析模型和软件。

(2) 20世纪70年代是GIS发展的巩固阶段。美国、加拿大、英国、瑞典和日本等国对地理信息系统的研究均投入了大量的人力、物力、财力，研究不同专题、不同规模、不同类型的各具特色的地理信息系统。计算机软、硬件迅速发展，特别是具有大容量存储功能磁盘的使用，为地理空间数据的录入、存储、检索、输出提供了强有力的手段，使GIS朝实用方向迅速发展。

(3) 20世纪80年代为GIS的大发展阶段。计算机的迅速发展和普及，使GIS也逐步走向成熟，并在全世界范围内全面地推向应用阶段。由于新一代高性能计算机的普及和发展，GIS也逐步走向成熟。其应用从基础信息管理与规划转向空间决策支持分析，地理信息产业的雏形开始形成。

(4) 20世纪90年代至今为GIS的应用普及时代。由于计算机的软、硬件均得到飞速的发展，网络已进入千家万户，所以GIS的应用也日趋深化和广泛，它在国土资源、农业、气象、环境、城市规划等领域成为重要的支持系统，并已成为许多机构必备的工作系统。

2. GIS在我国的发展

(1) 准备阶段(1978—1980年)。它主要是舆论准备，队伍组建，开始GIS的启蒙研究。

(2) 起步阶段(1981—1985年)。它主要对GIS进行理论探索和区域性实验研究，制定了国家GIS的规范，并进行信息采集、数据库模型设计。1985年国家资源与环境信息系统实验室正式成立。

(3) 全面发展阶段(1986年以后)。GIS在这一阶段取得了长足的进步：一是以研究资源与环境信息的国家规范和标准、省市县级和区域性的规范为主体，解决了信息共享与系统兼容的问题；二是逐步开展全国性的自然资源与环境、国土和水土保持信息系统的建立和应用模式的研究，开展结合水保、洪水预警和救灾对策、防护林生态和城市环境等方面区域性信息研究；三是大力研制和发展软件和专家系统，从技术上支撑上述研究领域的开拓与发展。

目前，GIS 已在我国许多部门和领域得到应用，并引起了政府部门的高度重视。从应用方面看，地理信息系统已在资源开发、环境保护、城市规划建设、土地管理、农作物调查与结产、交通、能源、通信、地图测绘、林业、房地产开发、自然灾害的监测与评估、金融、保险、石油与天然气、军事、犯罪分析、运输与导航、110 报警系统、公共汽车调度等方面得到了具体应用。目前，国内建设 GIS 系统比较常用的软件有 SupermapGIS 系列、MapGIS 系列、MyGIS 系列。

5.4.3　GIS 的组成和功能

1. GIS 的组成

(1) 计算机硬件系统。该系统是 GIS 的核心，它包括主机和输入/输出设备。主机部分不多赘述，输入/输出设备包括扫描仪、测绘仪器、绘图仪、数字化仪、解析测图仪、遥感图像处理系统、硬盘、打印机等，如图 5.20 所示。

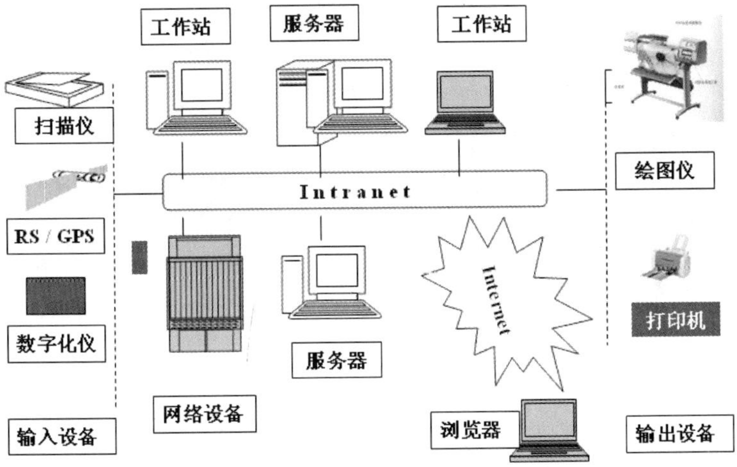

图 5.20　GIS 常见的输入/输出设备

(2) 计算机软件系统。该系统也是 GIS 的核心，它包括计算机系统软件与地理信息系统软件和其他支持程序。地理信息系统软件一般由以下 5 个基本的技术模块组成，即数据输入和检查、数据存储和数据库管理、数据处理和分析、数据传输与显示、用户界面，如图 5.21 所示。GIS 的支持软件指一些支持对数据的输入、存储、转换和接口的辅助性软件，如数据库管理系统、AutoCAD 等。

(3) 地理信息系统的空间数据库。它是 GIS 应用的基础，反映了 GIS 的管理内容，是 GIS 的操作对象和原料。主要有两种性质的数据：一类是图形数据(空间数据)，以空间三维坐标(X、Y、Z)或地理坐标(经纬度和海拔高度)来表示，还包括数据间的拓扑关系，倘若加上时间坐标数据，则为四维动态 GIS；另一类是属性数据(非空间数据)，是空间实体的描述数据，例如，名称、面积、位置等。空间数据库系统由数据库实体和空间数据库管理系统组成。

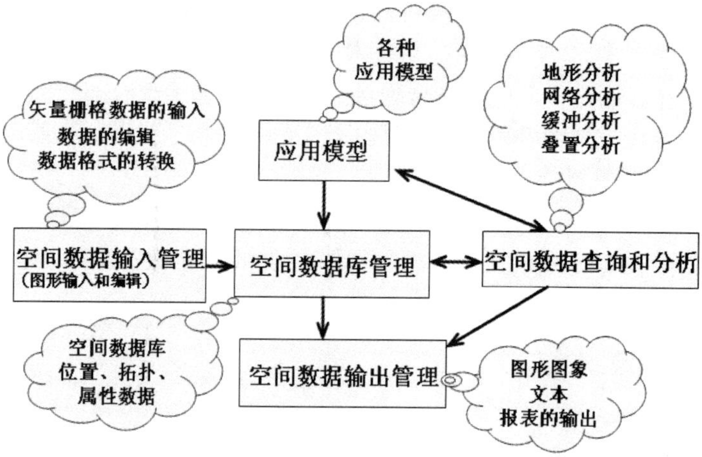

图 5.21　GIS 软件构成

(4) 系统管理及应用人员。它是地理信息系统应用成功的关键。计算机软硬件和数据不能构成完整的地理信息系统，需要人进行系统组织、管理、维护、数据更新、系统完善扩充、应用程序开发，并灵活采用地理分析模型提取多种信息，为研究和决策服务。

2. GIS 的功能

图 5.22 展示了 GIS 的功能结构。

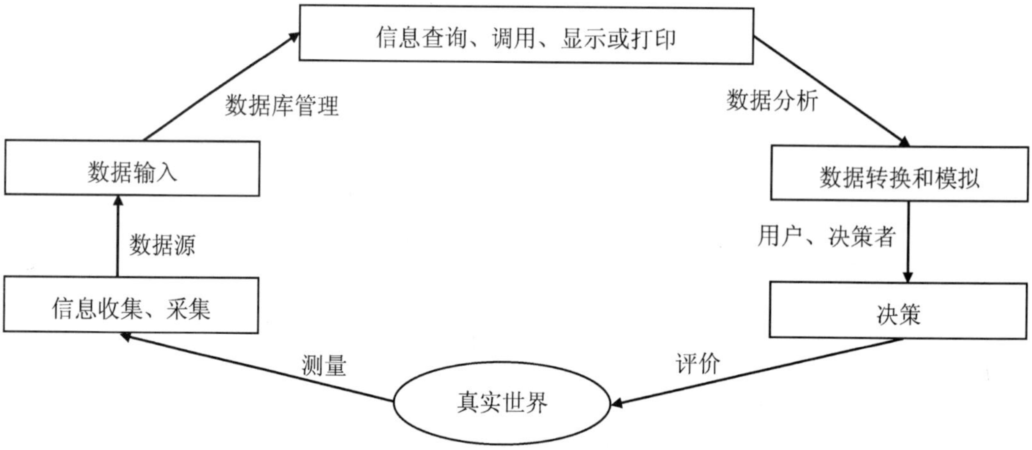

图 5.22　GIS 的功能结构

(1) 数据输入功能。GIS 的数据输入指的是将系统外部多种来源、多种形式的原始数据(包括空间和属性数据)传输给系统内部，并将这些数据从外部格式转换为系统能够识别、便于处理的内部格式存储于系统的地理数据库中的过程。

(2) 数据存储功能。数据存储指的是将输入的数据以某种格式记录在计算机内部或光盘、磁盘、磁带等存储介质上。

(3) 数据校验功能。数据校验是指通过观测、统计分析和逻辑分析等，对输入数据进行质量检查和纠正、建立空间拓扑结构及图形整饰等。

(4) 数据操作功能。为满足客户需求，需要对数据进行一系列的操作运算与处理，主要操作包括坐标变换、投影变换、空间数据压缩、空间数据内插、空间数据类型的转换、图幅边缘匹配和数据的提取等。

(5) 数据管理功能。数据管理主要是用来构造和组织地理元素的位置、连接关系及属性数据，以便计算机能处理并构建数据库管理系统。内容有数据格式的选择和转换、数据的联结、查询、提取等。

(6) 数据输出功能。数据输出指的是将用户所需的经 GIS 处理分析过的数学数据、报表、图形、统计图、专题图等，以客户能识别的多种形式在输出设备上显示或输出。对于一些对输出精度要求较高的领域，需要某些特殊技术才能保证高质量输出，这些技术包括数据的校正编辑、图形整饰、误差消除、坐标变换和出版印刷等。

(7) 制图功能。制图功能是 GIS 最重要，也是用得最多最广的一个功能。GIS 的综合制图功能包括专题地图的制作，即在地图上显示出地理要素，并赋予数值范围，同时放大或缩小以表明不同的细节层次。GIS 既可为用户输出全要素图，也可根据用户需要分层输出各种专题地图，以显示不同要素及活动的位置或有关属性内容，如矿产分布图、城市交通图、旅游图等。

(8) 空间查询与空间分析功能。空间查询和空间分析是从 GIS 目标间的空间关系中获取派生信息和新的知识，用以回答有关空间关系的查询和应用分析。

5.4.4 GIS 在物流中的应用

GIS 在物流领域中的应用主要是指利用 GIS 强大的地理数据功能来完善物流分析技术，合理调配和使用各种资源，提高物流经济效益和作业效率。

1. 基于 GIS 的物流配送系统模型

(1) 设施定位模型。用于确定一个或多个设施的位置。在物流系统中，仓库和运输路线共同组成了物流网络，仓库处于网络的节点上，节点决定着线路。如何根据供求的实际需要并结合经济效益等原则，在既定区域内设立多少个仓库，每个仓库的位置，每个仓库的规模，以及仓库之间的物流关系等，运用此模型均能很容易地得到解决。

(2) 车辆路线模型。用于解决一个起始点、多个终点的货物运输中，如何降低物流作业费用，并保证服务质量的问题。

(3) 网络物流模型。用于解决寻求最有效的分配货物路径问题，也就是物流网点布局问题。例如，将货物从 N 个仓库运往到 M 个商店，每个商店都有固定的需求量，因此需要确定由哪个仓库提货送给哪个商店，所耗的运输代价最小。还包括决定使用多少辆车，每辆车的路线等。

(4) 配送区域划分模型。根据各个要素的相似点把同一层上的所有或部分要素分为几个组，用以解决确定服务范围和销售市场范围等问题。例如，某一公司要设立 X 个分销点，要求这些分销点要覆盖某一地区，而且要使每个分销点的顾客数目大致相等。

(5) 空间查询模型。例如，可以查询以某一商业网点为圆心在固定半径内配送点的数目，以此判断哪一个配送中心距离最近，为安排配送做准备。

2. 基于 GIS 的物流配送系统功能

(1) 车辆和货物跟踪，利用 GPS 和电子地图可以实时显示出车辆或货物的实际位置，并能查询出车辆和货物的状态，以便进行合理调度和管理。

(2) 提供运输路线规划和导航规划出运输线路，使显示器能够在电子地图上显示设计线路，并同时显示汽车运行路径和运行方法。

(3) 信息查询，对配送范围内的主要建筑、运输车辆、客户等进行查询，查询资料可以以文字、语言及图像的形式显示，并在电子地图上显示其位置。

(4) 模拟与决策，例如，可利用长期客户、车辆、订单和地理数据等建立模型，来进行物流网络的布局模拟，并以此来建立决策支持系统，以提供更有效而直观的决策依据。

实例 5-4

白沙集团采用 GIS 优化烟草物流配送系统

白沙烟草物流公司已启用的烟草配送 GIS 及线路优化系统，是基于集成了国际上发展成熟的网络数据库、WEB/GIS 中间件、GPS、GPRS 通信技术，采用金启元科技发展(北京)有限公司的地图引擎中间件(GS-GMS-Map Engine for Java)产品为核心开发技术平台，结合白沙物流的实际，开发设计的集烟草配送线路优化、烟草配送和烟草稽查车辆安全监控、烟草业务(访销、CRM 等)可视化分析、烟草电子地图查询为一体的物流 WEB/GIS 综合管理信息系统。该系统利用 WEB/GIS 强大的地理数据功能来完善物流分析，及时获取直观可视化的第一手综合管理信息，既可直接合理调配人力、运力资源，求得最佳的送货路线，又能有效地为综合管理决策提供依据。系统中使用的 GPS 技术可以实时监控车辆的位置，根据道路交通状况向车辆发出实时调度指令，实现对车辆进行远程管理。

白沙烟草物流开发使用 GIS 线路优化系统后，实现以下六大应用功能:

(1) 烟草配送线路优化系统。选择订单日期和配送区域后自动完成订单数据的抽取，根据送货车辆的装载量、客户分布、配送订单、送货线路交通状况、司机对送货区域的熟悉程度等因素设定计算条件，系统进行送货线路的自动优化处理，形成最佳送货路线，保证送货成本及送货效率最佳。线路优化后，允许业务人员根据业务具体情况进行临时线路的合并和调整，以适应送货管理的实际需要。

(2) 烟草综合地图查询。能够基于电子地图实现客户分布的模糊查询、行政区域查询和任意区域查询，查询结果实时在电子地图上标注出来。通过使用图形操作工具如放大、缩小、漫游、测距等，来具体查看每一客户的详细情况。

(3) 烟草业务地图数据远程维护。提供基于地图方式的烟草业务地图数据维护功能，还可以根据采集的新变化的道路等地理数据及时更新地图。具有对烟户点的增、删、改；对路段和客户数据的综合初始化；对地图图层的维护操作；地图服务器系统的运行故障修复和负载均衡等功能。

(4) 烟草业务分析。实现选定区域，选定时间段的烟草订单访销区域的分布，进行复合条件查询；在选定时间段内的各种品牌香烟的销量统计和烟草访销区域分布；配送车组送货区域的地图分布。通过在各种查询统计、分析现有客户分布规律的基础上，通过空间数据密度计算，挖掘潜在客户；通过对配送业务的互动分析，扩展配送业务(如第三方物流)。

(5) 烟草物流 GPS 车辆监控管理。通过对烟草送货车辆的导航跟踪，提高车辆运作效率，降低车辆管理费用，抵抗风险。其中车辆跟踪功能是对任一车辆进行实时的动态跟踪监控，提供准确的车辆位置及运行状态、车组编号及当天的行车线路查询。报警功能是当司机在送货途中遇到被抢被盗或其他紧急情况时，按车上的 GPS 报警装置向公司的信息中心报警。轨迹回放功能是根据所保存的数据，将车辆在某一历史时间段的实际行车过程重现于电子地图上，随时查看行车速度、行驶时间、位置信息等，为事后处理客户投诉、路上事故、被抢被盗提供有力证据。

(6) 烟草配送车辆信息维护。根据车组和烟草配送人员的变动及时在这一模块中进行车辆、司机、送货员信息的维护操作，包括添加车辆和对现有车辆信息的编辑。

5.5　全球定位系统(GPS)

全球定位系统(Global Positioning System，GPS)是一种以空中卫星为基础的高精度无线电导航的定位系统，它在全球任何地方以及近地空间都能够提供准确的地理位置、车行速度及精确的时间信息。GPS 自问世以来，就以其高精度、全天候、全球覆盖、方便灵活吸引了众多用户。GPS 不仅是汽车的守护神，而且也是物流行业管理的智多星。随着物流业的快速发展，未来物流将是 GPS 继汽车市场后的第二大主要消费群体。

5.5.1　GPS 概述

1. GPS 的概念

GPS 起始于 1958 年美国军方的一个项目，1964 年投入使用。20 世纪 70 年代，美国陆海空三军联合研制了新一代卫星定位系统 GPS，主要目的是为陆海空三大领域提供实时、全天候和全球性的导航服务，并用于情报收集、核爆监测和应急通信等一些军事目的，经过 20 余年的研究实验，耗资 300 亿美元，到 1994 年，全球覆盖率高达 98%的 24 颗 GPS 卫星星座已布设完成，具有在海、陆、空进行全方位实时三维导航与定位能力的新一代卫星导航与定位系统。

GPS 可满足位于全球任何地方或近地空间的使用用户连续精确地确定三维位置、三维运动和时间的需要。该系统包括太空中的 24 颗 GPS 卫星、地面上的 1 个主控站、3 个数据注入站和 5 个监测站以及作为用户端的 GPS 接收机。最少只需其中 4 颗卫星，就能迅速确定用户端在地球上所处的位置及海拔高度，所能连接到的卫星数越多，解码出来的位置就越精确。使用者只需拥有 GPS 接收机，无须另外付费。GPS 信号分为民用的标准定位服务(Standard Positioning Service，SPS)和军用的精确定位服务(Precise Positioning Service，PPS)两类。SPS 无须任何授权即可任意使用，可以达到 10m 左右的定位精度。

2. GPS 的特点

(1) 定位精度高。应用实践已经证明，GPS 相对定位精度在 50km 以内可达 10^{-6}m，100～500km 可达 10^{-7}m，1000km 可达 10^{-9}m，在 300～1500m 工程精密定位中，1h 以上观测的其平面位置误差小于 1mm。

(2) 观测时间短。随着 GPS 系统的不断完善，软件的不断更新，目前，20km 以内相对静态定位，仅需 15～20min；快速静态相对定位测量时，当每个流动站与基准站相距在 15km 以内时，流动站观测时间只需 1～2min；采取实时动态定位模式时，每站观测仅需几秒钟。

(3) 测站间无须通视。GPS 测量只要求测站上空开阔，不要求测站之间互相通视，因而不再需要建造觇标。这一优点既可大大减少测量工作的经费和时间(一般费用约占总经费的 30%～50%)，同时也使选点工作变得非常灵活，也可省去经典测量中的传算点、过渡点的测量工作。

(4) 可提供三维坐标。GPS 测量可同时精确测定测站平面位置和大地高程。目前 GPS 水准可满足四等水准测量的精度，而且 GPS 定位是在全球统一的 WGS-84 坐标系统中计算的，因此全球不同地点的测量成果是相互关联的。

(5) 操作简便。随着 GPS 接收机的不断改进，GPS 测量的自动化程度越来越高，有的已趋于“傻瓜化”。在观测中测量员只需安置仪器，连接电缆线，量取天线高，监视仪器的工作状态，而其他观测工作，如卫星的捕获、跟踪观测和记录等均由仪器自动完成。结束测量时，仅需关闭电源，收好接收机，便完成了野外数据采集任务。

(6) 全球全天候作业。GPS 卫星的数目较多，且分布均匀，保证了地球上任何地方任何时间至少可以同时观测到 4 颗 GPS 卫星，确保实现全球全天候连续的导航定位服务(除打雷闪电不宜观测外)。

(7) 功能多、应用广。GPS 系统不仅可用于测量、导航，还可用于测速、测时，测速的精度可达 0.1m/s，测时的精度可达几十毫微秒，其应用领域不断扩大。

5.5.2 GPS 的组成

(1) 空间部分。GPS 的空间部分由 24 颗卫星组成(21 颗工作卫星，3 颗备用卫星)，如图 5.23 所示。这些卫星位于距地表 20 200km 的上空，均匀分布在 6 个轨道面上(每个轨道面 4 颗)，轨道倾角为 55°。卫星的分布使得在全球任何地方、任何时间都可观测到 4 颗以上的卫星，并能在卫星中预存导航信息。这就提供了在时间上连续的全球导航能力。

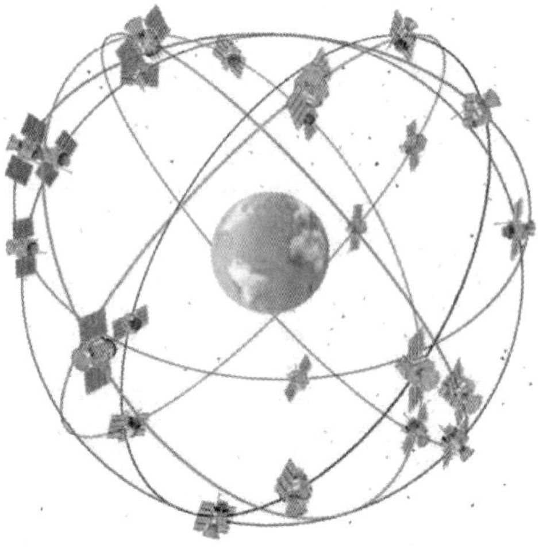

图 5.23　GPS 空间卫星示意图

(2) 地面控制部分。地面控制部分由 1 个主控站，5 个监测站和 3 个地面控制站组成。主控制站位于美国科罗拉多州春田市。监测站均配装有精密的铯钟和能够连续测量到所有可见卫星的接收机，监测站将取得的卫星观测数据，包括电离层和气象数据，经过初步处理后，传送到主控站。主控站从各监测站收集跟踪数据，计算出卫星的轨道和时钟参数，然后将结果送到 3 个地面控制站。地面控制站在每颗卫星运行至上空时，把这些导航数据及主控站指令注入卫星。这种注入对每颗 GPS 卫星每天一次，并在卫星离开注入站作用范围之前进行最后的注入。如果某地面站发生故障，那么在卫星中预存的导航信息还可用一段时间，但导航精度会逐渐降低。

(3) 用户设备部分。用户设备部分即 GPS 信号接收机，由接收机硬件和机内软件以及 GPS

数据的后处理软件包构成，其主要功能是能够捕获到按一定卫星截止角所选择的待测卫星，并跟踪这些卫星的运行。当接收机捕获到跟踪的卫星信号后，即可测量出接收天线至卫星的伪距离和距离的变化率，解调出卫星轨道参数等数据。根据这些数据，接收机中的微处理计算机就可按定位解算方法进行定位计算，计算出用户所在地理位置的经纬度、高度、速度、时间等信息。目前各种类型的接收机体积越来越小，重量越来越轻，便于野外观测使用。常见的 GPS 接收机如图 5.24 所示。

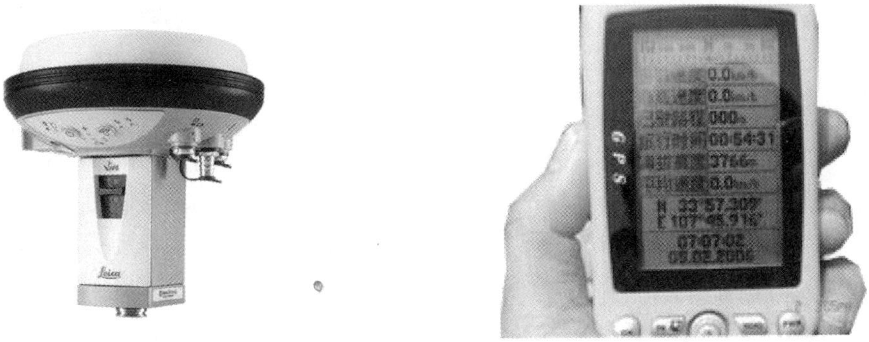

测量型接收机　　手持式接收机

图 5.24　GPS 常见的用户接收机

5.5.3　GPS 导航与定位原理

GPS 定位的基本原理是根据高速运动的卫星瞬间位置作为已知的起算数据，采用空间距离后方交会的方法，确定待测点的位置。如图 25 所示，假设 t 时刻在地面待测点上安置 GPS 接收机，可以测定 GPS 信号到达接收机的时间 t，再加上接收机所接收到的卫星星历等其他数据可以确定以下 4 个方程式：

$$[(x_1-x)^2+(y_1-y)^2+(z_1-z)^2]^{1/2}+c(V_{t_1}-V_{t_0})=d_1$$
$$[(x_2-x)^2+(y_2-y)^2+(z_2-z)^2]^{1/2}+c(V_{t_2}-V_{t_0})=d_2$$
$$[(x_3-x)^2+(y_3-y)^2+(z_3-z)^2]^{1/2}+c(V_{t_3}-V_{t_0})=d_3$$
$$[(x_4-x)^2+(y_4-y)^2+(z_4-z)^2]^{1/2}+c(V_{t_4}-V_{t_0})=d_4$$

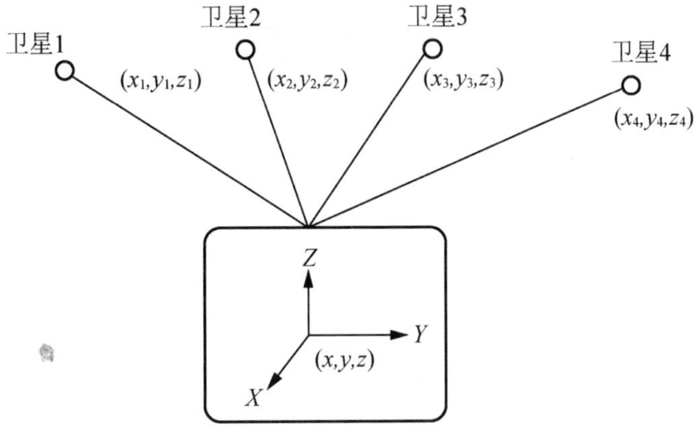

图 5.25　GPS 定位原理

上述 4 个方程式中待测点坐标 x、y、z 和 V_{t_0} 为未知参数，其中 $d_i = ct_i(i=1, 2, 3, 4)$。$d_i(i=1, 2, 3, 4)$分别为卫星 1、卫星 2、卫星 3、卫星 4 到接收机之间的距离。$t_i(i=1, 2, 3, 4)$分别为卫星 1、卫星 2、卫星 3、卫星 4 的信号到达接收机所经历的时间。c 为 GPS 信号的传播速度(即光速)。4 个方程式中各个参数意义如下：x、y、z 为待测点坐标的空间直角坐标。x_i，y_i、$z_i(i=1, 2, 3, 4)$分别为卫星 1、卫星 2、卫星 3、卫星 4 在 t 时刻的空间直角坐标，可由卫星导航电文求得。V_{t_i} $(i=1, 2, 3, 4)$分别为卫星 1、卫星 2、卫星 3、卫星 4 的卫星钟的钟差，由卫星星历提供。V_{t_0} 为接收机的钟差。由以上 4 个方程即可解算出待测点的坐标 x、y、z 和接收机的钟差 V_{t_0}。

目前 GPS 系统提供的定位精度低于 10m，而为得到更高的定位精度，通常采用差分 GPS 技术：将一台 GPS 接收机安置在基准站上进行观测。根据基准站已知精密坐标，计算出基准站到卫星的距离改正数，并由基准站实时将这一数据发送出去。用户接收机在进行 GPS 观测的同时，也接收到基准站发出的改正数，并对其定位结果进行改正，从而提高定位精度。

5.5.4 GPS 在物流中的应用

1. GPS 应用于导航

导航是一个技术门类的总称，它是引导飞机、船舶、车辆及个人(总称为运载体)安全，准确地沿着选定的路线，准时到达目的地的一种手段。导航的基本功能是回答：我现在在哪里、要去哪里、如何去的问题。GPS 导航仪如图 5.26 所示。

图 5.26 GPS 导航仪

三维导航是 GPS 的首要功能，飞机、船舶、地面车辆及步行者都可利用导航接收机进行导航。

(1) 航海导航。GPS 很早就在航海领域就成为重要的航海仪器了，该设备使用 GPS 接收机与能显示电子海图的计算机相连接，电子海图提供了非常详细的港口及水深资料，提供了船只航行时所必需的数据和图形资料。通过定位导航，使用户可在电子海图上即时显示船只的准确位置，可测定出内河及远洋船队的最佳航程和安全航线，便于航向的实时调度、监控及水上救援等，从而使船只在茫茫大海中永不迷航。

目前，我国交通部在我国沿海已相继建立了 20 个 GPS 差分信息短波发送站，每个台站覆盖半径约300km，基本覆盖整个沿海地区(含部分大陆)，用于为过往船舶提供差分修正信息。我国跨世纪的三峡工程也已规划利用GPS来改善航运条件，提高航运能力。

(2) 航空导航。航空GPS比较复杂，除了有各机场详尽的资料外，还有旅程电脑功能。在飞机的计算机上存储有飞行地区地形高度变化的电子地图，通过GPS接收机可即时计算出飞机飞行的高度，再结合电子地图就能确定飞机的精确位置，并能引导航路、空中交通管理、精密进场降落，对可能发生的意外情况进行预警等，从而使蓝天上的飞行变得准确而轻松。目前，航空GPS已运用到包括护林防火、飞播造林、紧急救援、空中旅游和航空摄影等在内的多个行业。

(3) 铁路运输导航。基于GPS的铁路信息系统充分利用了GPS的实时定位功能和网络通信，能实时收集全路列车、机车、车辆、集装箱及所运货物的动态信息，实现列车、货物的追踪管理。只要知道货车的车种、车型、车号，就可轻易地从近10万千米的铁路网上流动着的几十万辆货车中寻找到该货车及其确切位置，从而大大提高了铁路路网及运营的透明度，为货主提供了快速优质的服务。

(4) 汽车导航。GPS最具市场价值的应用领域，是汽车等运动载体的自主导航和动态管理。汽车导航仪是集计算机、通信导航、地图信息为一体的高科技产品，它具备笔记本电脑的基本功能，可方便地驳接网络、发送传真和数据通信。它内置有GPS接收机，安装有显示器，装载了定位导航软件，利用接收到的GPS卫星信号为车辆提供全天候、全时域位置信息，再结合地图匹配技术，就可在显示器上显示汽车在电子地图中的精确位置，而且司机只要输入目的地，显示器上就可出现行驶最佳路线的电子地图，使司机即使在陌生地区行车，同样能“驾轻就熟”。司机也可预先自定义行进路线、路旁标记和航路点，保存预先设定的路线或已走过的路线，以便再次查询。通过查询电子地图，司机还能了解某地区的地理环境、交通状况及有关加油站、商店、饭店等信息，增加对未来旅途的预测。这样的导航系统可使司机以最佳的路线驶向目的地，在任何时间、地点、天气及地域都不会迷失方向和路线。

2. GPS应用于物流

1) GPS卫星定位车辆监控系统

车辆监控系统是集GPS、GIS和现代通信技术于一体的高科技系统，主要由监控中心、GPS定位装置和移动通信装置构成。其中，移动通信装置可以是大区制的集群移动通信设备或小区制的蜂窝移动通信设备，如GSM手机。该系统的主要功能是对移动目标进行实时动态跟踪，移动目标利用GPS接收机获取本身的三维位置信息及速度、方向等参数，通过电台或GSM移动电话传送到监控中心，在监控中心进行电子地图匹配后显示在显示器上。监控中心是整个信息平台的核心，能对移动目标的位置、速度和状态等信息进行监控、查询，以确保行车安全，方便调度管理，提高运营效率。同时它还可根据电子地图上显示的求助信息和报警目标，对遇有险情或发生事故的车辆进行紧急援助。

2) GPS货物运输跟踪系统

(1) GPS货物运输跟踪过程。在物流运输企业中使用的GPS货物运输跟踪系统主要用于及时获取有关货物运输状态的信息，跟踪物流运输的全过程，以提高物流运输质量。其工作流程是：货物装车出发后，通过GPS接收机获取自身所处的地理位置，经移动通信系统传输到GSM公用数字移动通信网，再传送到运输公司的监控中心，位置信息与GIS系统的电子地图相匹配后，即在电子地图上精确显示出货车的位置、状态、行驶速度等信息，监控中心由此实施对远程货车的跟踪、调配和调度管理。

(2) GPS 在物流运输中的三方应用。GPS 用于物流运输跟踪，同时与基于互联网的信息交易中心信息系统无缝结合，可进一步实现信息共享，实现车辆使用方、运输公司、接货方的三方应用，使各方对物流中的车货位置及运行情况等都能了如指掌，透明准确，从而获得最佳物流流程方案，取得最大的经济效益。

① 车辆使用方(货运方)。当货主交付货物后，运输公司将自己的车辆信息通过互联网指定开放给货主，让货主能够在网上实时查看车与货的相关信息以及车辆分布和运行情况，找到适合自己使用的车辆，从而加快车辆的使用频率，缩短运输配货的时间。在货物发出之后，发货方可以随时通过互联网或手机，来查询车辆在运输中的运行情况和当前位置，实时掌握货物在途中的信息，确保货物运输时效。

② 运输公司。运输公司通过互联网实施对车辆的动态监控和货物的及时合理配载，以加强对车辆的管理，减少资源浪费，同时将有关车辆的信息开放给货运客户，既方便了客户使用，又拓展了公司业务面，并由此提高了公司的效益。

③ 接货方。接货方只需要通过发货方所提供的相关资料和权限，就可以在互联网上实时查看到货物信息，掌握货物在途中的情况和大概的运输时间，以此来提前安排货物的接收、停放及销售等环节，使货物的销售链可提前完成。

(3) GPS 货物运输跟踪系统的功能。

① 车辆跟踪。利用 GPS 和电子地图可以实时显示出车辆的实际位置，实现多车辆同时跟踪。通过跟踪，使物流运输三方都可对承运货物的车辆进行全程控制，实时掌握在运输过程中车货的所在位置、货物状态、行车轨迹等相关信息，提前完成对应工作的安排，实现完整供应链。

② 规划行车路线。货物装车起运后，由司机确定起点和终点，系统会自动规划设计出最佳行驶路线，包括最快的路线、最简单的路线、通过高速公路路段次数最少的路线等，使货车快捷、准确地驶向目的地，同时在最大限度上降低了货物运输费用，大大提高了物流运输配送的效率。

③ 信息查询。货物运输过程中，司机可以在电子地图上实时查询道路的准确位置、路面状况、沿途设施，如加油站、商店、储运仓库、旅馆等信息。同时，物流运输的三方也能通过互联网技术，了解货物在运输过程中的具体细节，从而增强了物流企业和货主之间的相互信任，提高了物流企业的服务水平。

④ 话务指挥。运输公司监控中心时刻监测货车的运行状况，对远程车辆进行在途配载，合理调度，降低了车辆空驶率以及企业的运营成本，增加了企业效益。监控中心也可随时与被跟踪目标通话，提供一些辅助帮助，如天气预告警示、提醒驾驶员安全驾驶等。

⑤ 紧急援助。通过 GPS 定位和监控管理系统可以对遇有险情或发生事故的车辆进行紧急援助。监控中心的电子地图可显示求助信息和报警目标，从而快速规划出最优援助方案，并报请有关人员进行应急处理。如此保证了行车安全，提高了物流中心或企业的服务质量。

实例 5-5

申通快递应用 GPS 定位系统实现运输透明化管理

为了进一步优化申通网络的服务质量，有效监控快件的中转时效，提升品牌影响力，申通总公司在全网络逐步推广车辆 GPS 定位信息查询系统，该系统能实现在网站上录入单号查询快件扫描记录，同时显示车辆 GPS 定位地图信息。

2010 年 5 月，申通总部信息技术部已经完成了江浙沪皖的网络车及外围与江浙沪对接的网络车的上线工作。目前 GPS 正在按计划推广，所有中转部的网络车都已经安装这项设备，上海、江苏、浙江的部分网点到中转部的支线车也安装了 GPS，全国已经安装 GPS 的车辆超过 500 辆，2010 年 8 月份已覆盖江浙沪皖的所有网点的支线车，年底之前覆盖全网络。

申通全网络需要安装 GPS 的车辆数量在 2000 辆以上，预计投入资金超过 500 万元。GPS 主要应用到干线车辆，下一步逐步应用到支线车辆，申通在这个方面取得了领先于同行业其他国内快递公司的地位。车辆安装了 GPS 全球定位，快件发件扫描时指定了所在车辆的车牌号，查单时就可以查到快件的地图定位信息，实现了对快件的运输途中进行 GPS 定位查询。

随着信息技术的发展，未来 GPS 定位将会在物流行业应用越来越广泛，GPS 在整个快递行业的需求也会越来越大。客户对运单查询的要求已经不满足于只能简单地查询到达哪个地点，离开哪个地点等信息，GPS 被广泛应用以后，客户能查到快件的准确地理位置信息，快件的运输状态对客户公开，客户有了更好的知情权，同时也起到了很好的监督作用。

从实际运作情况来看，GPS 全球定位系统在快递领域切实可用，作用不可小视。这一技术的应用，提高了申通快递的品牌竞争力，同时有助于提升全网服务质量。

5.6 智能交通系统(ITS)

智能交通系统(Intelligent Transport System，ITS)是未来交通系统的发展方向，其基本功能表现在减少出行时间、保障交通安全、缓解交通拥挤、减少交通污染等 4 个方面，其最终目标是建立一个实时、准确、高效的交通运输管理系统，它在物流管理中具有广泛的应用。

5.6.1 ITS 概述

ITS 的概念是在 20 世纪 90 年代初期才形成的，在这之前一些发达国家，如美国、日本以及欧盟各国，曾经对高速公路和机动车辆的智能化问题进行过不少研究，并取得了一批成果，当时美国取名为 IVHS(Intelligent Vehicle-Highway System)项目。后来，随着交通智能化的要求日益迫切，交通产业现代化的任务日益繁重，确定了将道路交通智能化的研究成果扩大应用到铁路、水运和航空领域的发展方向，从综合交通系统的角度来研究交通网络智能化的问题，这就逐步形成了建立智能交通系统的新概念。

ITS 是在较完善的交通基础设施的条件下，将先进的信息技术、数据通信传输技术、电子传感技术、电子控制技术以及计算机处理技术和系统综合技术，有效地集成并应用于整个运输系统，以解决交通安全性、运输效率、能源和环境问题，从而建立起大范围内发挥作用、适时、准确、高效的综合运输和管理系统。在公路运输领域，该系统将汽车、驾驶员、道路及其相关的服务部门相互联系起来，并使汽车在道路上的运行功能智能化，从而使公路能够高效地使用公路交通设施和能源。该系统将采集到的各种道路交通及服务信息经交通管理中心集中处理后，传输到公路运输系统的各个用户(驾驶员、居民、警察局、停车场、运输公司、医院、救护、排障等部门)。出行者可时时选择交通方式和交通路线；交通管理部门可自动进行合理的交通疏导、控制和事故处理；运输部门可随时掌握车辆的运行情况，进行合理调度，从而使路网上的交通流运行处于最佳状态，改善交通拥挤和阻塞，最大限度地提高路网的通行能力，提高整个公路运输系统的机动性、安全性和生产效率。

简而言之，ITS 是将先进的信息技术、通信技术、传感技术、控制技术以及计算机技术等有效地集成运用于整个交通运输管理体系，而建立起的一种在大范围内、全方位发挥作用的，实时、准确、高效的综合的运输和管理系统。ITS 是一个广泛包括各种技术的统称，它采用信息处理、电子控制和现代通信技术，使车辆和道路智能化，以形成安全、快速的道路交通环境，从而达到缓解道路交通拥堵，减少交通事故，改善道路交通环境，节约交通能源，减轻驾驶员疲劳强度的目的。

从广义信息角度上看，ITS 可以被认为是信息技术在交通领域内的具体应用，而感测、通信、信息处理和控制技术均为开发和利用信息资源的信息技术。其中，感测技术用于获得交通量、路面参数、车辆速度、车间距、气象、收费、停车场等有关信息；通信技术用来传输所获取的信息以及系统处理后待传送的信息；信息处理技术用于对传输来的交通量、速度、车道特征等信息进行分析，并进行事故预测、选择控制策略；而控制技术将控制交通流量、引导车辆行驶等作用的控制信息施加给车辆、行人或交通标志等。

5.6.2 ITS 的功能

1. 先进的出行者信息系统(ATIS)

ATIS 主要是对交通出行者提供及时的信息服务。ATIS 可以通过车载设施、可变标志、交通信息广播、移动电话等，向驾驶员提供互动信息，让他们始终行驶在最短路线上。在出行前，通过办公室或家庭的计算机终端、咨询电话、咨询广播系统等，向出行者提供当前的交通和道路状况以及服务信息，帮助出行者选择出行方式、出行时间和出行路线；在出行途中，通过车载信息单元或路边动态信息显示板，向出行者提供道路条件、交通状况、车辆运行情况、交通服务等实时信息，通过路径诱导系统对车辆定位和导航，使汽车始终行驶在最佳路线上，使出行者以最佳的出行方式和路线到达目的地。

2. 先进的交通管理系统(ATMS)

ATMS 是智能交通系统中一个基本的应用领域。该系统具有向交通管理部门和驾驶员提供对道路交通进行实时疏导、控制和对突发事件做出应急反应的功能。它包括交通管理信息服务、城市交通控制系统、事故管理系统、不停车自动收费系统等。在道路、车辆和监控中心之间建立起通信联系，监控中心接收到各种交通信息(如车辆检测、车辆识别、交通需求、告警和救助信号)并经过迅速处理后，通过调整交通信号，向驾驶员和管理人员提供交通实时信息和最优路径引导，从而使交通始终处于最佳状态。

ATMS 最主要的特征就是系统的高度集成化。它利用先进的通信、计算机、自动控制、视频监控技术，按照系统工程的原理进行系统集成，使得交通工程规划、交通信号控制、交通检测、交通电视监控、交通事故的救援及信息系统有机地结合起来，通过计算机网络系统，实现对交通的实时控制与指挥管理。ATMS 的另一特征是信息高速集中与快速处理，ATMS 由于运用了先进的网络技术，获取信息快速、实时、准确，所以提高了控制的实时性，城市 ATMS 的应用使交通管理系统中交通参与者与道路以及车辆之间的关系变得更加和谐，缩短了旅行时间，使城市的交通变得更加有序。

3. 先进的公共交通系统(APTS)

APTS 是智能交通系统中的一个重要子系统，优先发展公共交通也是缓解城市交通问题的重要思路。ITS 的宗旨即是最大程度解决交通问题，实现交通的安全、效率与舒适，而先进的公共交通系统正是实现交通安全与效率的有效手段之一。

APTS 主要是采用各种智能技术以促进公共运输业的发展，它包括：公共车辆定位系统、客运量自动检测系统、行驶信息服务系统、自动调度系统、电子车票系统、响应需求型公共交通系统等。如利用全球卫星定位系统和移动通信网络对公共车辆进行监控和调度，采用 IC 卡进行客运量检测和公交出行收费，通过个人计算机、闭路电视等向公众就出行时间和方式、路径及车次选择等提供咨询，并在公交车辆上和公交车站通过电子站牌向候车者提供车辆的实时运行信息、提供电话预约公共汽车的门到门服务等，最终实现提高公共交通吸引力的目标。

4. 先进的车辆控制系统(AVCS)

AVCS 主要是指智能汽车的研制。先进的车辆控制系统包括事故规避系统和监测调控系统等。AVCS 具有行驶中的事故预防功能、交通事故回避功能、发生事故时的损害减轻功能以及事故后的损害防扩散功能等 4 种功能。智能汽车具有道路障碍自动识别、自动报警、自动转向、自动制动、自动保持安全车距、车速和巡航控制功能。安装在车身各部位的传感器、盲点监测器、微波雷达、激光雷达、摄像机等设施由计算机控制，在易发生危险的情况下，随时以声、光形式向司机提供车体周围必要信息，并可自动采取措施，从而有效地防止事故的发生。车内计算机中存储大量有关驾驶员个人和车辆各部分的信息参数，当监测到这些参数发生变化、超过某种安全极限值时就会向司机发出警报，并采取相应措施，以预防事故发生。

实例 5-6

AVCS 中的汽车科技应用

1. 汽车 GPS 技术

汽车 GPS 导航系统主要由两部分组成，一部分是由安装在原车上的 GPS 接收机和显示设备组成；另一部分是由计算机控制中心组成。两部分通过定位卫星进行联系。

GPS 的主要功能有：一是实时显示汽车在预先制定的电子地图中的位置、行驶速度，以及与目的地间的距离。输入目的地后，该系统能自动生成一条到达目的地的最佳行驶路线，并在转弯时用语言提醒用户，使其去任何地方不用问路就可直接到达。二是可随时查询沿途的酒店、商店、加油站、修理厂、车站、码头等，为用户提供方便。三是可在汽车遭遇抢劫后，在指定范围内停止发动机的工作，并将汽车所处的位置报告给警察。四是停车后还可用该系统播放音乐或 VCD。

2. 汽车智能避撞系统

汽车智能避撞技术首先解决的问题是汽车之间的安全距离。汽车与汽车之间的间距小于这个安全距离时，该系统能自动报警，并采取制动措施。

目前，测定汽车之间安全距离的方法有 3 种：超声波测距、微波雷达测距和激光测距。超声波测距就是利用超声波的反射特性测距。超声波发生器不断地发射出 40kHz 的超声波，该超声波遇到障碍物后反射回反射波，超声波接收器接收到反射波信号后，将其转换成电信号，从而测出目标的距离。微波雷达测距是利用从目标处反射回来的电磁波发现目标并测定其位置。激光测距的工作原理与微波雷达测距相似，具体的测距方式有连续波和脉冲波两种。

3. 超声波汽车倒车避撞报警器

该报警器利用超声波回声测距的原理，测量车后一定距离内的物体。这种新型避撞报警器可以及时显示车后障碍物的距离和方位，显示范围为 0.5～9.9m，当距离大于 2m 时，显示车后障碍物的方位；当距离小于 2m 时，除了显示其方位外，还可按照 3 段距离分别给出 3 种报警信号，以警示驾驶员 3 种不同程度的紧急状态，使驾驶员据此采取相应措施，防止事故的发生。

5.6.3 ITS 的效益

ITS 的效益包括为用户、服务提供商的运营成本和社会成本的减少、提高的出行效率、安全舒适性，以及对环境改善和相关技术产业发展的促进作用。可以从个体和社会利益的角度出发，来评估 ITS 的效益。如图 5.27 所示，ITS 的效益包括两大部分，即个体效益和社会效益。个体效益指从 ITS 实施中获得的直接效益；社会效益不仅包括个人效益，而且以间接的方式给广大的社会群体带了效益。此外，虽然这两种利益的特点和评价方法是完全不同的，它们在下图中却能通过相同的 4 个参数来表现，即效率、安全性、舒适度和生产力。

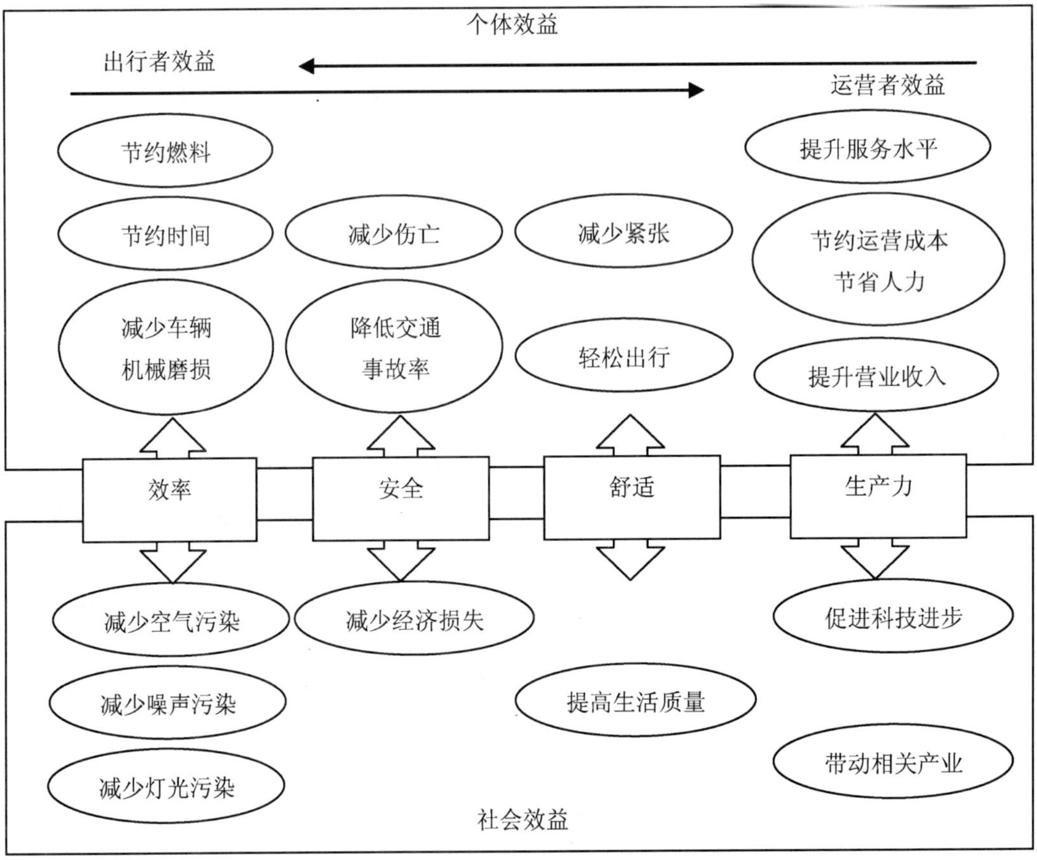

图 5.27　ITS 的效益

1. 个体效益

个体效益是指出行者或ITS运营者/投资者的直接效益，这通常由实际收入来衡量。

1) 出行者(直接)效益

出行者(直接)的效益指从ITS设施的使用中所产生的效益。从对出行时间和燃料费用的节省，并延长车辆的使用寿命来考虑可为出行者节省成本。图5.27中显示的安全性和舒适度是指出行者和交通系统运营商共享的效益。效率和生产率的提高，分别对出行者和ITS运营者的效益产生影响。

例如，公路出行者并不需要在收费站停顿，这样可以节省排队时间，减少燃油消耗及车辆的机械磨损。此外，不但节省了通常的出行时间，并且由于交通事故的减少，也减少了这种极端情况下，车辆在收费站的等待时间。这样，可根据不同类型的意外伤害/死亡和经济损失率来计算安全性效益。由于在提高出行舒适度方面的信息有限，可以通过出行者问卷形式来采集在“减少紧张”和“轻松出行”方面的数据，最终评估生活质量的提高程度。

尽管各种ITS项目的建设目标不同，但有一点是肯定的：出行者(直接)效益是ITS实施的核心优势之一。用常规方法难以评估其全部效益，因为它与运营商/投资者的效益是重叠的，同时，外部的社会效益也是出行者群体效益的一部分。

2) 运营商/投资者(直接)效益

运营商/投资者(直接)效益来自于ITS系统供应，其从营业额的增加和运营成本的降低中获取利润。营业额的增加主要是由供应能力的提升和运营质量的升级产生的。运营成本的节约来自于降低劳动力成本和实施过程中交易费用的减少。例如，运营商轻点鼠标，即可快速更新动态消息标识(DMS)，如匝道交通信号灯、网站和信息发布点的信息。此外，人工收费车道每小时仅通行约350辆车，这与ETC车道每小时可处理1200辆车形成了鲜明对比。在当前的实践中，经济影响分析主要涉及运营商/投资者收入增加和成本节约。

ITS子系统每个系统是为特定目的而设计的，其中包括各种不同的技术，会产生特定应用相关的效益。表5.4对ITS四大系统为运营商/投资者带来的3种效益进行了说明。

表5-4　ITS四大系统的效益

项　目	ATIS	ATMS	APTS	AVCS
安全性	**	***	**	***
生产力		**	***	*
舒适度	***	**	*	**

注：***为主要收益，**为次要收益，*为较小收益，空白表示无收益。ATIS＝先进的出行信息系统；ATMS=先进的交通管理系统；APTS=先进的公共交通系统；AVCS=先进的车辆控制系统。

从表5-4中可知，ATMS和AVCS系统的主要效益在安全性方面。如前所述，虽然交通指挥、车流导向、需求管理和事故管理都受益于ATMS系统，安装这种类型的系统的主要原因是交通执法和安全，如为特殊事件管理、事件检测及响应。AVCS系统可以积极地为司机在紧急危险的情况下，如卡车翻车、碰撞或驾驶员困倦提供声音或触觉警告。因此，AVCS系统的主要效益来自于安全性的影响。

APTS的主要效益体现在提高生产力方面。由于APTS系统的主要功能是提高公共交通的效率，这种系统可以帮助运营商减少交通拥堵造成的利润损失，优化公共交通优先和公共交通的车队管理(如伦敦的 E-bus 项目)。只有在应用 ATIS 系统的情况下，出行舒适度是作为一项主要效益来考量的。因为 ATIS 可实现与出行者的直接交流，让出行者切身体会到受益，关于这一点，美国交通部网站上许多调研结果都是很好的例证。

2. 社会效益

社会效益是使用者和非使用者都可以获得的，这反映了 ITS 作为一种手段可以达到的更广泛的政策目标。带来的外部或非直接效益可能作为 ITS 项目的一个间接成效。

ITS 作为一种先进的交通解决方案，不仅可以提高交通服务质量，也可以使社会和经济得到更广泛的发展。在这些影响中，主要考虑以下的与 ITS 相关产业的受益：一是加快科技行业如计算机科学和通信技术的发展；二是增加 ITS 及相关产业新的就业机会。

随着 ITS 的发展，技术研发、产品制造、工程设计、信息服务及相关产业领域增加了大量的对高技能人才的需求。然而，并没有多少文献表明是 ITS 促进了这些技术进步和相关产业的发展。

ITS 应用对公众带来的社会效益被普遍认为是环境的改善。由于拥堵和延迟的减少，排放量随之减少(也节省了排放管理的费用)。此外，随着道路交通水平的提高，交通噪声达到的水平会影响人们的健康和生活质量，尤其是当车辆加速和刹车。因此，减少车辆停止和启动的次数，噪声和空气污染将显著降低。

5.6.4 ITS 在物流中的应用

(1) ITS 为货物运输与配送提供实时交通信息。ITS 中的先进交通管理系统能实时收集、分析和发布道路交通信息，及时向交通指挥控制中心即 ITS 监控中心传送车辆及道路信息，向道路使用者发出诱导信息，实时调整交通管制系统和可变指示，向驾驶员提供咨询服务，以达到有效管理交通的目的。通过交通信息的采集与发布，驾驶员可通过车载设备或路面动态信息公告牌获得实时的交通信息，及时调整行驶路线以避开拥堵路段。此外，其最优路径选择技术可根据 ITS 动态交通预测结果及调度最优目标，为驾驶者提供最优路径，节省时间和节约成本。

(2) ITS 为物流企业管理者提供车辆监控，为客户提供可视化货物信息。利用地理信息系统、全球定位系统和遥感等技术，车辆监控系统可以进行车辆跟踪与定位，从而对车辆与货物进行实时监控，为配送中心制订配送计划，为生产企业制订生产计划，以及客户确定仓库补给策略等提供决策依据。此外，当在途车辆或货物出现意外情况时，物流企业管理者可根据监测信息迅速进行决策，使物流损失降至最低。物流企业的客户也可以通过该系统获取可视化货物信息，了解货物在途情况。总之，无论是对物流企业管理者还是客户，对车辆的实时监控与跟踪都具有重要意义。

(3) ITS 为配送车辆驾驶员提供安全辅助车辆驾驶。ITS 通过为配送车辆驾驶员提供安全辅助驾驶减少事故发生，提高货物运输与配送的准点率，降低货损。目前，日本正在研制并试用未来 ITS 的重要成员——路车协调系统，该系统可以大大提高驾驶者的安全性。开发路车协调系统的目的是协助驾驶员做出正确判断，以提高其安全驾驶意识，减少事故发生。该系统将道路设施上的各类检测器和装置采集到的各种识别信息，通过车载装置发送给驾驶员，以避免驾驶员做出错误判断并防止事故发生。例如，该系统可提供路面盲点的图像信息、向弯道车辆发布前方慢行车辆信息、向接近交叉路口的车辆提供行人信息等。在我国，清华大学研制出用于车辆安全辅助驾驶服务的车载扫描式雷达装置，为车辆安全驾驶提供了重要的技术保证。

(4) ITS 为物流企业车辆运营提供安全保证。车辆运营系统是现代物流系统中货运车辆运营管理的重要组成部分，它提供了支撑物流系统在运输环节对供应链进行全过程管理的基本功能，主要包括运营货运车队管理、货物运输管理、货运车辆电子通关、运营货运车辆运营管理、动态承重、车载安全监控、货车车辆维护、危险货物运输管理等多方面的功能，并可通过紧急车辆运行增援系统处理货物运输中日常性突发事件。这些功能无疑提高了集散作业的可靠性和运输生产效率，减少了延误。由于全程运用了现代化检测和监控管理手段，所以使货运车辆运输得到了最大限度的安全保障。

实例 5-7

ITS 成功案例：法国 HAMLET 2 高速公路电子收费系统

传统的高速公路收费方式要求司机减速甚至停车并等待直到排在前头的车辆离去。当他们在高速公路的入口处取到一张票驶入高速公路时，他们在离开收费的高速公路时就必然遭遇到同样的情形，更令人烦恼的事情是还必须去找出与需要缴纳的通行费等数目的现金。所有这些的不便都强烈促使法国公路管理者去寻求更有效的收费技术，当然其中所关心的重要一点是它必须在欧洲范围内通用。因此，法国 ITS 项目组开始开发一种可以在全法国范围内通用的系统。通过广泛的测试 Cegelec-CGA 的 HAMLET 2 系统被最终选为法国通用的收费系统。

电子收费系统可以依据司机实际对高速公路的使用以及对高速公路所造成的损害(根据车辆的类型、耗油量等)进行收费。它还可以考虑在不同时间段公路繁忙程度的差异而对收费标准进行修改。这就使得在收费点停车或减速收费的情形消失了，同时也避免了由于这种不便情形的存在所导致的公路吞吐能力的降低。电子收费并不要求特别的或特殊的收费道，车辆可以继续像往常一样在它们的道路上行驶。收费卡和收费员将逐渐消失并且收费中存在的欺诈行为也大大地降低。

电子收费系统由以下几个部分组成：

(1) 一个随车携带单元(车载单元)安装在汽车挡风玻璃后，包括一个可拔插移动的智能卡。

(2) 一个安装在高速公路台架上的立柱或龙架，其上安装有天线和其他的电子设备。

(3) 一个微机板被插入到 PC 中以便进行实时的收费数据结算。

车载单元通常处于休眠状态。当车辆接近天线时，一个信号被发送激活通信使得收费交易得以发生。当车辆处在信号发射交换区时，读写卡操作就发生了。当车辆离开信号发射交换区时，车载单元又恢复到休眠状态。

这个过程使得收费变得异常简单。车载单元上的智能卡既可以成为车辆的标识器，也可以成为司机的账户，这个账户受到计算机系统的管理。可是，要使得数据的处理在一个闭合的系统中进行(系统中出口的收费额要依据入口点来决定)，非常复杂并且安全保护的难度非常大。

为了确保安全、保密、可靠及使用方便，无缺陷收费处理必须确保在各种环境都能应付，甚至在设备故障的情况下也必须进行收费处理。因此，HAMLET 2 系统意味着使用与车载器相连接的智能卡并处理各种交易信息。在路边未安装读写天线的情况下，智能卡可以从车载单元上取下来在一个交易终端上进行收费支付。系统在设计时就考虑到各种情况，比如通行费预付、费率、扣费及后付等。车辆以每小时 200km 的速度通过时系统可以进行可靠的工作，并且对司机来说安装车载单元也非常的容易。

HAMLET 2 遵照 CEN TC278/WG9 标准，确保在欧洲范围都可以通用，这样就可以使得外国来法国的车辆以及法国的车辆通过国界都不会遇到麻烦。

第三部分　课题实践部分

一、课题实训

1. 条形码制作实训

(1) 清楚条形码制作方式，并独立完成实验案例中设置货物的条形码制作，包括一维条形码与二维条形码的制作。

(2) 课后查询资料，多了解条形码的制作及条形码应用相关信息。

注：本节实验节选自国泰安公司编写的《物联网之智能动态仓储实训指导书》中的“信息设备应用实验”一章，有所删减和修改。

条形码制作的主要工具及其用途见表 5-5。

表 5-5　条形码制作的主要工具及其用途

辅助工具	主要用途说明
条形码制作软件	采用 Argox Special Edition BarTender Ultralite，主要用于在电脑上制作条形码、设置条形码规格大小等
条形码打印耗材	即条形码纸，制作好的条形码需要打印在条形码纸上
工业级条形码打印机	主要用于打印制作好的一维条形码或二维条形码
RF 便携条形码打印机	主要用于打印制作好的一维条形码或二维条形码，支持 WIFI、蓝牙等连接方式

需要制作条形码的货物信息见表 5.6。

表 5-6　货物信息

商品条形码	商品名称	制造商	商品规格	生产日期	保质期	单价(元)
6902083880975	娃哈哈八宝粥	娃哈哈	360g	2012 年 12 月 7 日	6 个月	4.80

2. 实训目的和内容

(1) 学会使用条形码制作软件。

(2) 学会制作一维条形码及二维条形码。

(3) 了解条形码制作中需要注意的事项。

3. 实训操作指导

1) 一维条形码制作步骤

(1) 双击启动桌面的条形码制作软件，进入条形码制作界面。

(2) 在图 5.28 所示的界面中选择所需的条形码类型，并拖入编辑界面。

图 5.28　条形码制作界面

(3) 从条形码类型选择区选择一种类型的一维条形码，单击选中的选择并按住鼠标左键不放，拖到条形码编辑区，松开鼠标左键即可生成一条新的一维条形码，如图 5.29 所示。或在任务栏上单击按钮，并松开鼠标，然后将鼠标放到条形码编辑区，单击鼠标左键即可成功生成一条一维条形码，如图 5.30 所示。

图 5.29　从条形码类型选择区生成条形码

图 5.30　从任务栏选择区生成条形码

(4) 双击生成的一维条形码对其属性进行设置，如图 5.31 所示，包括对条形码的尺寸大小、对齐方式、颜色、字体、屏幕数据等进行设置。

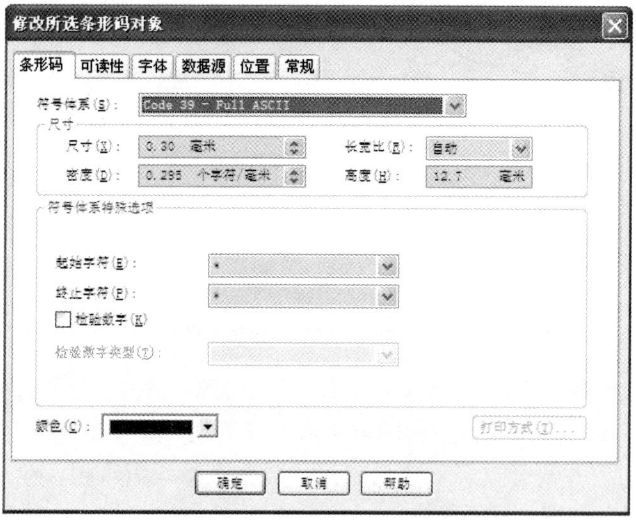

图 5.31　条形码属性设置界面

(5) 选择【条形码】选项，可以对符号体系、尺寸大小进行设置，在【符号体系】中选择【EAN/JAN-13】选项，符号体系设置为国际商品条形码体系；分别选择【可读性】、【字体】、【数据源】、【位置】、【常规】选项，可以对条形码的可读性、位置、字体大小、屏幕数据、标签位置、商品属性进行相应设置，设置成功后，单击【确定】按钮即可，如图 5.32～图 5.37 所示。设置完成后的效果如图 5.38 所示。

(6) 在任务栏上单击 T 按钮可以添加文本来对条形码进行说明。单击 T 按钮松开鼠标，将鼠标放到需要添加文本的地方，再单击鼠标左侧即可生成一个样本文本，对该样本文本文字进行修改即可，如图 5.39 所示。

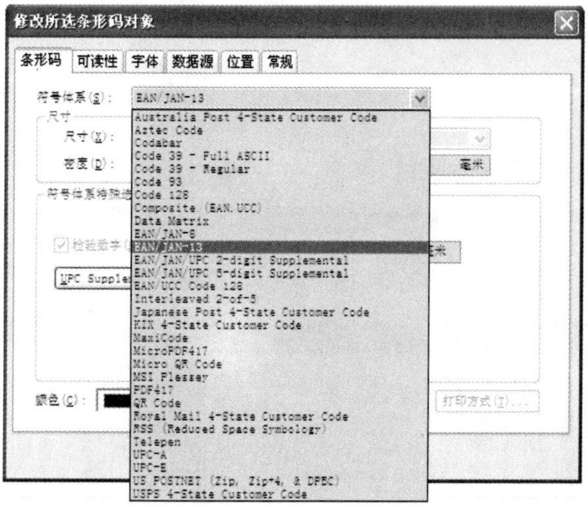

图 5.32　符号体系设置

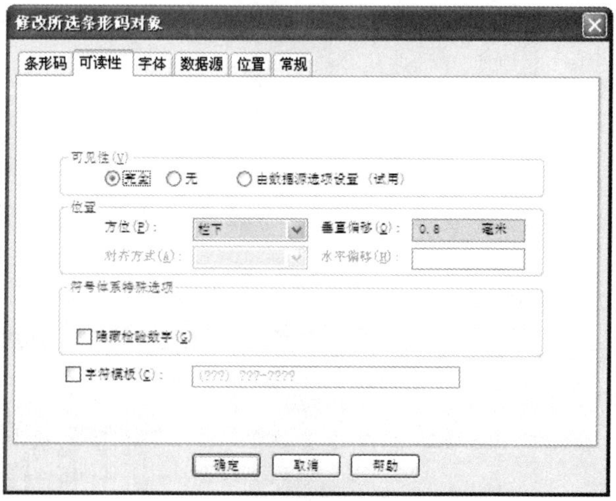

图 5.33　设置条形码可读性

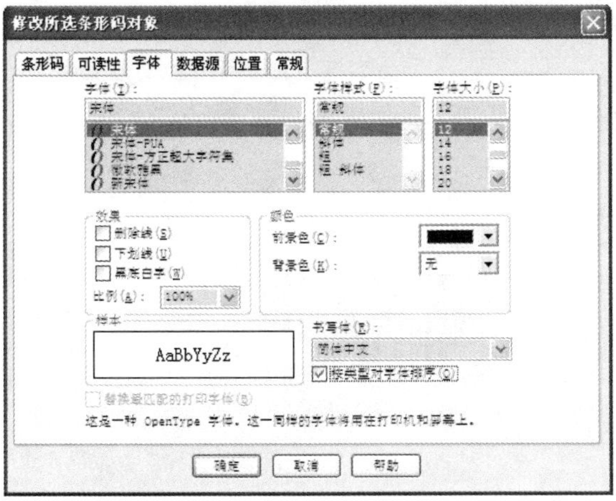

图 5.34　设置条形码字体效果

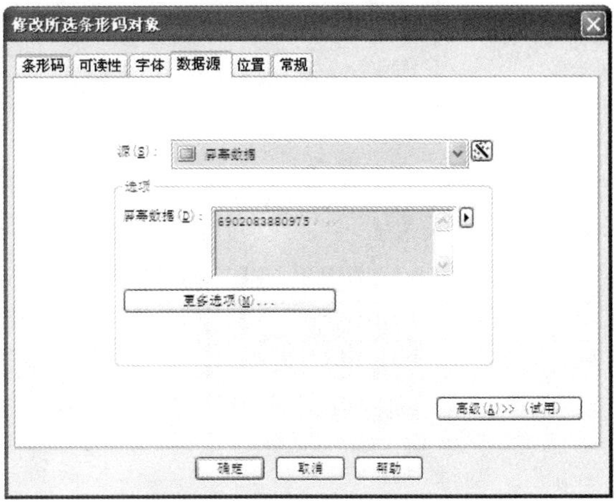

图 5.35　设置条形码数据源

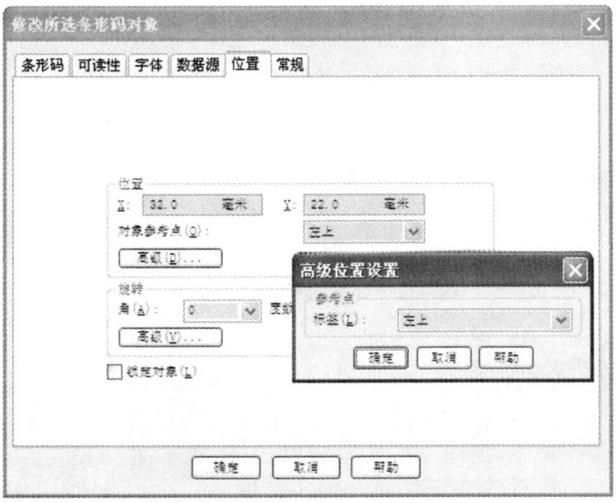

图 5.36　设置条形码的位置

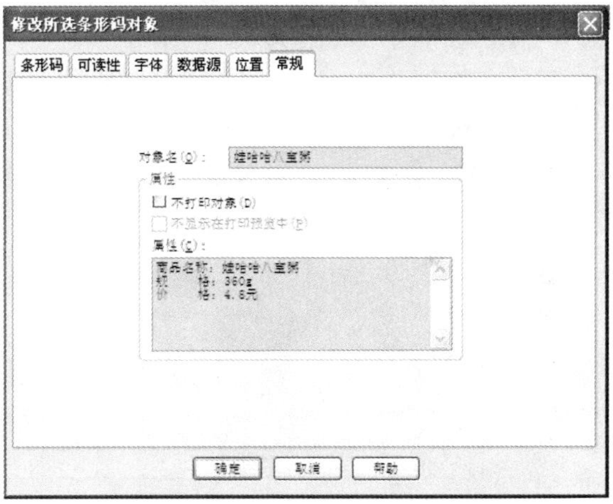

图 5.37　设置条形码的属性

6 902083 880975

图 5.38　设置相关属性后的条形码

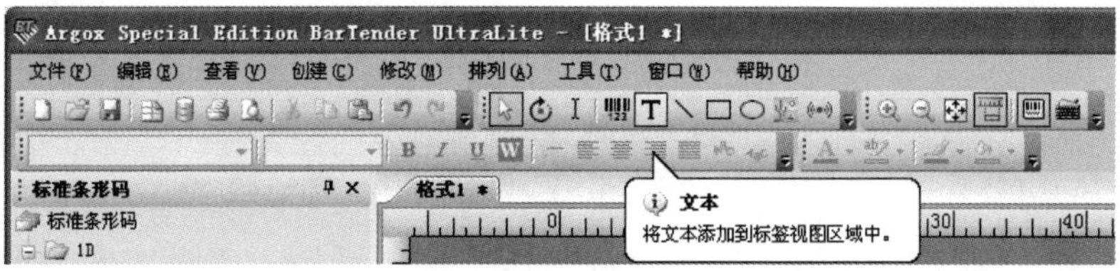

(a) 选择文本按钮

(b) 添加样本文本

(c) 修改样本文本

图 5.39　添加文字说明

(7) 连接条形码打印机，在打印机上放上条形码打印耗材，进行条形码打印。

(8) 退出条形码制作软件，实训操作完成。

2) 二维条形码制作步骤

二维条形码制作步骤与一维条形码制作步骤一致，可以参照一维条形码制作步骤制作。具体操作步骤如图 5.40～图 5.46 所示。

图 5.40　选择二维条形码拖入编辑区

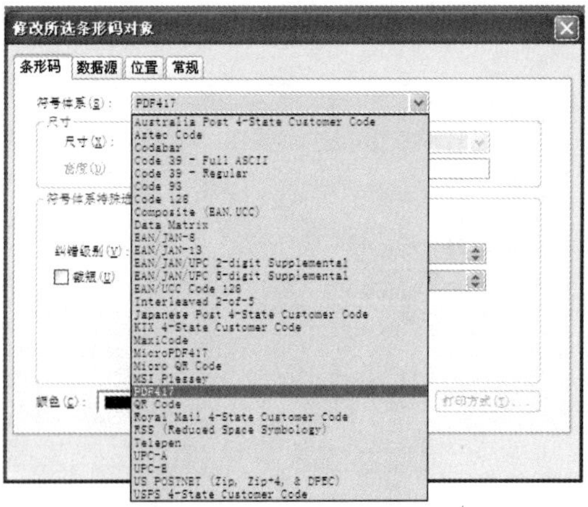

图 5.41　符号体系设置

图 5.42　屏幕数据设置

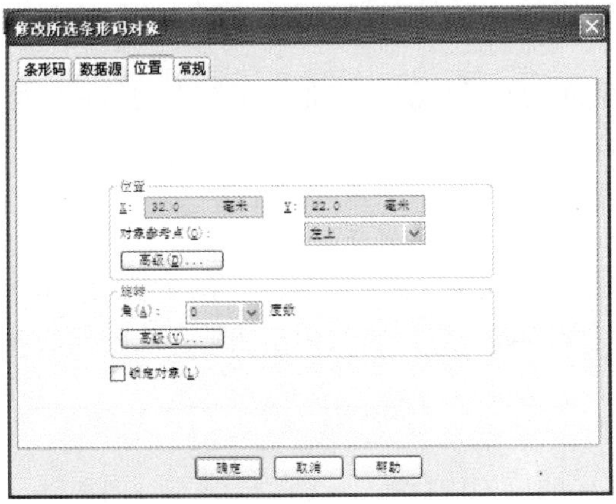

图 5.43　条形码位置设置

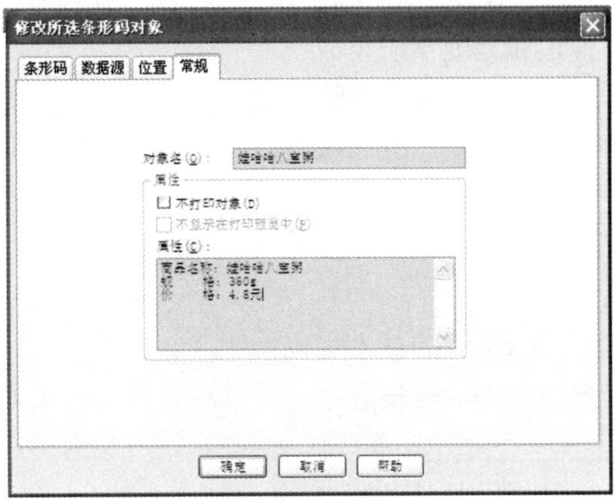

图 5.44　条形码属性设置

图 5.45　设置属性后生成的条形码

图 5.46　修改样本文本

3) 实验注意事项

由于条形码的识读是通过条形码的条和空的颜色对比度来实现的，一般情况下，只要能够满足对比度(PCS 值)的要求的颜色即可使用。通常采用浅色作空的颜色，如白色、橙色、黄色等，采用深色作条的颜色，如黑色、暗绿色、深棕色等。最好的颜色搭配是黑条白空。根据条形码检测的实践经验，红色、金色、浅黄色不宜作条的颜色，透明、金色不能作空的颜色，因此在实验时设置条形码属性的时候，对于条形码颜色选择时要注意颜色搭配，建议使用最常用的黑条白空设置。

二、思考练习题

1. 填空题

(1) 条形码是指利用光电扫描阅读设备识读并实现____________的特殊代码。它是由一组粗细不同、黑白或彩色相间的____________、____________及其相应的字符、数字、字母组成的标记，用以表示一定的信息。

(2) ENA 码的前缀表示国家，表示中国的前缀码是____________、____________、____________。

(3) EDI 是商业贸易伙伴之间，将按____________规范化和格式化的经济信息通过____________，在商业贸易伙伴的____________之间进行自动交换和处理的全过程。

(4) RFID 电子标签是射频识别的通俗叫法，由_______________、_______________和数据传输和处理系统组成。

(5) GIS 地理信息是指________________分布的有关信息，它是表示地表物体和环境固有数量、质量、分布特征、相互联系和变化规律的________________、________________、_______________、_______________等的总称。

(6) GPS 技术由三大子系统构成：_______________、_______________、用户信号接收系统。

(7) GPS 的基本定位原理________________不间断地发送自身的星历参数和时间信息，用户接收到这些信息后，经过计算求出接收机的________________，_______________以及_______________和_______________信息。

(8) RFID 技术主要用于对________________的标签进行________________的识别，其技术基础是射频技术，通过在物流主体对象(如货架、汽车、自动导向车辆、动物等)上贴置_______________(又称挂签)，用射频技术进行电磁波射频扫描，就可从标签上识别物流对象有关信息，以进行_______________或通过_______________将信息传输。

(9) ITS 的智能指的是在特定的环境和适当的条件下，快速有效_______________，准确_______________，高效_______________并成功_______________以达到目的的能力。

2. 选择题

(1) 下面关于 EDI 的说法，准确的是(　　)。

A．EDI 和 E-mail 都是通信双方通过网络进行的信息传递方法，二者的本质相同

B．EDI 是一种采用计算机通过数据通信网络，将标准化文件在通信双方之间进行自动交换和处理的工作方式

C．EDI 就是无纸贸易

D．以上说法都不对

(2) 在下列各选项中，EDI 不能执行的功能是(　　)。

A．格式转换功能　　B．翻译功能

C．通信功能　　D．编辑功能

(3) 为了降低最终产品的成本，提高竞争力，上游供货商同下游销售或代理商结成战略联盟，通过信息技术的手段，实现(　　)。

A．电子商务　　B．供应链管理　　C．后勤管理　　D．第三方物流

(4) 全球定位系统的简称是(　　)。

A．GIS　　B．POS　　C．EDI　　D．GPS

(5) 关于物流信息系统的下列描述，错误的是(　　)。

A．提供迅速、准确、及时、全面的物流信息是现代企业获得竞争优势的必要条件

B．具有实时化、网络化、系统化、规模化、专业化、集成化、智能化等特点

C．完整的结构应该是“信息采集—简单处理—传输—处理—决策—传输”

D．MIS 是由人和计算机设备或其他信息处理手段组成以计算机应用为主导的，并用于管理信息的系统

(6) 条形码是由一组规则排列的(　　)组成的。

A．条　　B．空　　C．字符　　D．各种花纹

(7) EAN 商品条形码的标准码是由几位数字码构成的(　　)。

A．8　　B．10　　C．13　　D．15

(8) 下列关于 EAN-128 码表述不正确的是(　　)。

A．可以表示多种信息　　B．由 128 位构成

C．可应用于物流领域　　D．可应用于血液样本管理

(9) EDI 最大的特点是(　　)。

A．不需人为数据重复输入　　B．计算机应用

C．通信辅助　　D．构建数据库

(10) 关于信息技术的下列描述，错误的是(　　)。

A．条形码以“面”来储存信息，以阅读识别“线”为特征

B．利用 POS 可以方便顾客交款，也就是销售商品的同时，将有关商品信息输入到系统中

C．在物流信息系统中，数据采集设备包括条形码打印机、条形码采集设备、电子标签、RFID、GPS 等

D．电子数据交换(EDI)是通过电子方式，采用标准化的格式，利用计算机网络进行结构化数据的传输和交换

(11) (　　)是整个 EDI 最关键的部分。

A．计算机数据处理系统　　B．通信环境

C．EDI 标准　　D．EDI 软件

(12) 中国商品条形码的前缀码目前有(　　)。

A．490、491、492　　B．890、891、892

C．690、691、692　　D．590、591、592

(13) EDI 报文能被不同的贸易伙伴的计算机系统所识别和处理，关键在于其(　　)。

A．传输速度快、传输范围广

B．交易双方各有自己的计算机系统

C．EDI 是交易双方企业之间的商业文件

D．数据格式的标准化

(14) EAN、UCC 系统中，为物流单元提供唯一标识代码的是(　　)。

A．全球贸易项目代码　　B．全球位置码

C．系列货运包装箱代码　　D．应用标识符代码

(15) 商品条形码属于(　　)。

A．一维条形码　　B．二维条形码　　C．复合码　　D．矩阵码

(16) 射频识别技术的信息载体是(　　)。

A．射频模块　　B．射频标签　　C．读写模块　　D．天线

(17) 下列系统中，属于 GPS 组成部分的是(　　)。

A．地面监控系统　　B．地理信息系统

C．地面导引系统　　D．全球定位系统

(18) EDI 具有一系列(　　)功能如文件跟踪、确认、防篡改、防冒领、电子签名等，而传真、用户电报没有这些功能。

A．跟踪确认　　　　B．安全保密

C．防篡改、防冒领　　　　D．电子签名

(19) GIS 是一门综合性的技术，也是一种对(　　)进行采集、存储、更新、分析、输出等处理的工具。

A．时间数据　　B．物流数据　　C．图像数据　　D．空间数据

(20) 最终将成为国际范围的 EDI 标准是(　　)。

A．TCP/IP　　　　B．UN/EDIFACT

C．TRADACOM　　　　D．ISO 9001

3．判断题

(1) EAN 码是国际通用的符号体系，所表达的信息为数字和字母，主要应用于零售业。(　　)

(2) 1973 年，美国统一编码协会选用 UPC 代码建立条形码系统，并制定了相应的标准。(　　)

(3) 通用商品条形码标准规定了通用商品条形码的编码、结构、尺寸、颜色、技术要求及质量判定规则，适用于商品物流单元的条形码标识。(　　)

(4) 由于射频技术成本较低，有完善的标准体系，已在全球散播，所以已经被普遍接受，而条形码技术只被局限在有限的市场份额之内。(　　)

(5) RFID 标签可向小型化与多样形态发展，以应用于不同产品。(　　)

(6) 制约 RFID 发展的最大障碍是技术标准、协议标准的过多过滥，导致术语不统一，限制了标准在实践中的完善。(　　)

(7) EDI 是一套报文通信工具，它利用计算机的通信与数据处理功能，将交易双方彼此往来的各种文档按照标准协议转成标准格式，并通过通信网络传输给对方。(　　)

(8) 如何确保交易的准确、安全和可靠，已成为开放性 EDI 系统的关键问题。(　　)

(9) 利用互联网的优势，将 EDI 与 Internet 联系起来可以为 EDI 发展带来新的生机。(　　)

(10) 人是地理信息系统中重要的构成要素，一个完整的地理信息系统需要人进行组织、管理、维护。(　　)

(11) GIS 的基本功能是将表格型数据转换为地理文字显示，然后对显示结果浏览、操作和分析。(　　)

4．名词解释

(1) EDI

(2) GPS

(3) GIS

(4) RFID

(5) ITS

5. 简答题

(1) 现代物流与信息技术有何关系？

(2) 条形码技术应用于货物储运过程中有何作用？

(3) 射频技术是一种无线电通信技术，它是如何工作的？

(4) 什么是 EDI 技术？应用 EDI 技术应具备哪些基本要素？

(5) 什么是 EDI 标准？EDI 标准有哪些主要内容？

(6) 简述 EDI 的实现过程。

(7) GPS 由哪几部分组成？各部分是如何协调工作的？

(8) 物流运输企业应用 GPS 系统如何实现货物的跟踪、调配、调度管理？

(9) GIS 有哪些组成部分？它有哪些主要特征？

(10) 如何利用 GIS 进行物流分析？

(11) ITS 在物流业的运用主要体现在哪些方面？

课题六　电子商务物流自动化技术及设备

教学提示

物流自动化及其设备是电子商务物流研究和应用的重要内容，是构成物流系统的重要组成要素，担负着物流作业的各项任务，影响着物流活动的每个环节，在物流活动中处于十分重要的地位。物流自动化的基础是信息化，自动化的核心是机电一体化，自动化的外在表现是无人化，自动化的效果是省力化，另外还可以扩大物流作业能力、提高劳动生产率、减少物流作业的差错等。物流自动化技术涉及物流自动化系统、仓库自动化以及物流自动化相关机电设备等重要内容。

教学要求

通过本课题的学习，要求学生了解和掌握物流自动化的概念和内容、物流自动化系统的功能和层次以及自动化立体仓库的分类、构成与设计，熟悉物流自动化相关机电设备，如储存设备、输送设备、搬运设备、自动起重设备、分拣设备和集装单位化设备等。

第一部分　案例与分析

案例导入

贝因美的乳业自动化物流中心

杭州贝因美科工贸股份有限公司(简称贝因美)是中国最大的婴幼儿食品专业生产企业之一，拥有华东地区规模最大的断奶期婴幼儿食品生产基地。为保障产品质量、满足企业发展需要，贝因美兴建了规模较大、功能复杂的物流自动化系统，为国内乳品行业树立了物流现代化的典型案例，值得借鉴。

贝因美物流配送中心位于杭州余杭区经济开发区，由国际知名物流系统集成商日本大福中国公司规划集成。该项目于 2008 年启动规划，2009 年动工，2011 年 4 月建成并投入运营。物流中心建筑面积约 19 300m^2，按照功能划分为生产支持性自动仓库与第三方物流仓库两个部分。目前，生产支持性自动仓库为物流主要操作处，用于与之相连的杭州贝因美工厂成品、周边工厂产品、原料以及相关包材与托盘的储存、出入库，入库量可达 262 托盘/小时，出库量达 154 托盘/小时。第三方物流仓库目前主要用于满足贝因美自身的母婴用品等产品的储存需求。

以物流作业主要集中的生产支持性自动仓库为主来看，主要流程主要有入库、储存和出库，相关作业场景如图 6.1 所示。

图 6.1　贝因美物流中心作业场景

1．入库

(1) 入库项主要为生产用原料。原料到达物流中心后，在一层由环形输送机送入自动仓库。此类入库量设计为最大 204 托盘/小时。

(2) 为生产车间成品入库。成品首先有生产过程。系统根据生产指令选择生产配方并调取原材料到指定位置，经过生产包装成成品之后，自动分拣码垛入库。此类入库设计能力为 30 托盘/小时。

(3) 据介绍，该物流中心也承担贝因美在华东地区的物流配送功能，因此，也有一些外厂产品调拨至此处入库等待统一检测配送。

(4) 货物回库。生产后的剩料自动回库，空托盘垛也可以直接回库。

2. 储存

产品分区存放，按照设定好的存取策略存放。

3. 出库

出库项主要为成品，经由堆垛机与穿梭车作业整托出库，出库量可达 111 204 托盘/小时。叉车作业移动至月台装车。出入库月台共有 16 个，可容纳 32 辆大型集装箱货车作业。另有入生产车间的出库项，包括原料、包材与托盘垛。

本项目投入运营后，贝因美实现了更加科学的生产管理，物流上实现了更完整的批次管理与产品追溯，大大提升了物流运作的效率。

目前，该项目在乳业行业内应该算作最复杂的物流中心。首先，库房存储近 3000 个品种。其次，具备多重功能，同时兼具原材料仓库、成品库、用品库以及区域物流配送中心的功能。再次，出入库内容复杂，因其管理货物种类多、功能复杂，导致出入库内容复杂，入库货物有物流中心外部来的，也有内部工厂来的；有自动化作业的，也有人工作业的。出库货物有流向物流中心外部等待运输的，也有进入生产工厂的。

从技术上看，本项目有一个显著特点，即采用自动分拣系统用于入库，满足大批量、多品项成品快速入库的需要。通常，自动分拣系统多用于出库，并且使用在以分拣配送功能为主的物流中心里，用于连接生产工厂产品下线与成品库的入库端却非常少见。贝因美的案例证明，分拣系统也可应用于入库端。

第二部分　课题学习引导

6.1　物流自动化概述

随着经济全球化和知识经济时代的到来，企业跨国经营和跨区域经营的趋势越来越明显。物流系统也随之变得越来越复杂，对自动化的需求也越发强烈。离开物流自动化及其设备，物流系统就无法正常、高效地运行。

6.1.1　物流自动化的概念

物流自动化是指充分利用各种机械和运输设备、计算机系统和综合作业协调等技术手段，通过对物流系统的整体规划及技术应用，使运输、装卸、包装、分拣、识别等物流的相关作业和内容省力化、效率化、合理化，快速、准确、可靠地完成物流的过程。物流自动化是集光、机、电子一体的系统工程，它是把物流、信息流用计算机和现代信息技术集成在一起的系统，涉及多个学科领域，包括激光导航、红外通信、计算机仿真、图像识别、工业机器人、精密加工、信息联网等高新技术。目前，物流自动化技术已广泛运用于邮电、商业、金融、食品、仓储、汽车制造、航空、码头等行业。

物流自动化指通过物流自动化技术及设备，在一定的时间和空间里，将输送工具、工业机器人、仓储设施及通信联系等高性能有关设备，利用计算机网络控制系统相互制约，构成有机的具有特定功能的整体系统。物流自动化技术及设备主要体现为自动化立体仓库、无人引导小车、高速堆垛机、工业机器人、输送机械系统、计算机仿真联调中心监控系统等。比如，高性能立体仓库通过计算机系统的统一管理，利用条形码自动识别技术，系统根据事先输入计算机的不同货物代码就可以利用高速升降机准确迅速地从立体仓库中定位存取货物，并可以自动按照货物的入出库时间等特定因素完成不同的工作；激光引导无人车则利用激光扫描头发出的激光，通过周边反射条反馈回的信息来确定小车的位置，通过计算机来控制小车行走的路线和小车的功能动作，不但定位精确度高，而且设定和改变路径特别灵活；工业机器人整齐地码放输送线上流向终端的物件，以便完成货物的进出、分拣等工作，整个过程顺序流畅、完全自动化；计算机仿真系统是为用户建立起形象直观的虚拟现实环境，让用户如同身临其境地感受系统运行情况。

物流自动化有着显著的优点，首先，它提高了物流系统的管理和监控水平。由于采取了计算机控制管理，可以方便物流信息的实时采集与追踪，各受控设备完全自动地完成顺序作业，使物料周转管理、作业周期缩短，仓库吞吐量相应提高，适应现代化生产需要。其次，它提高了自动化作业程度和仓库作业效率，节省劳动力，提高了生产率。再次，储存量小，占地面积小，物料互不堆压，存取互不干扰，保证了库存物料的质量。

6.1.2　物流自动化的内容

1. 机械的自动化

由于物流的主要内容涉及货物的装卸、运输、存储、加工、包装等作业环节，采用机械化的手段进行物流作业的自动化是物流自动化的主要内容。特别是在货物的流转过程中，能够使用各式各样的自动搬运设备、自动存取系统和自动分拣传送设备，这些也是物流机械自动化的主要发展方向。

2. 信息的自动化

物流信息的自动化是指在物流过程中，对所发生的各种信息，利用信息技术快速、准确和及时地进行收集、存储、加工、分析和检索等处理，为作业的效率化和管理的科学化提供服务的手段。物流的信息化首先是要在现代物流理念和现代物流管理方式的基础上，利用信息处理的计算机技术、自动识别技术、网络通讯技术以及与机械自动化的结合，实现物流信息的自动化。

3. 知识的自动化

同样的作业以及机械的使用等，由于应用方法和作业流程等不同，其效率也大不一样。所谓知识的自动化就是根据作业的内容，使用相关的物流设备，采用科学、合理的流程并采用适当的作业指示方法，发挥出更高作业效率的方式，是在不改变成本的情况下提高作业效率的有效方法。

6.1.3 物流自动化系统的结构

物流自动化系统的结构如图 6.2 所示。

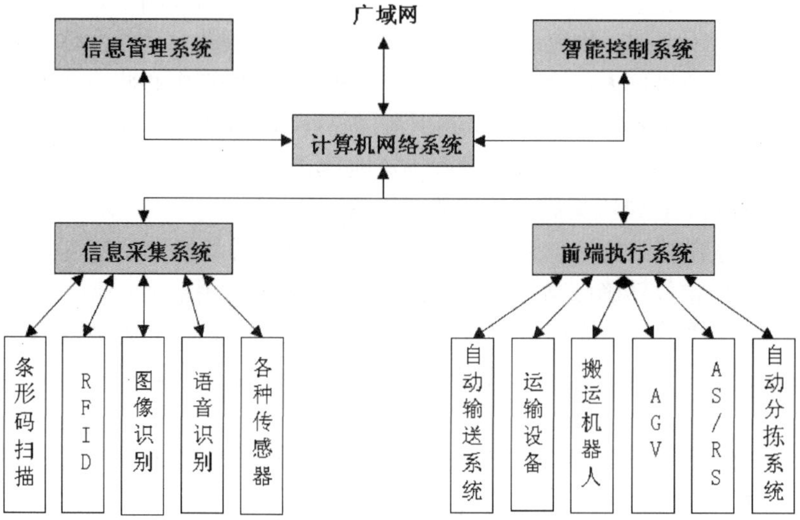

图 6.2 物流自动化系统的结构

(1) 信息采集系统。信息采集是实现物流自动化的前提。自动识别系统收集和记录待流转实物的相关数据信息，以实现实物流动的自动化控制。

(2) 前端执行系统。它是物流自动化系统的核心，具有机电一体化系统的典型特征。系统根据智能控制系统的指令，完成实物的存取、搬运、输送、运输、分拣等任务。

(3) 信息管理系统。信息化是物流自动化系统的基础，集中表现为物流信息的商品化、物流信息收集的数据库化和代码化、物流信息处理的电子化和计算机化、物流信息传递的标准化和实时化、物流信息存储的数字化等。

(4) 智能控制系统。物流作业过程大量的运筹与决策都需要借助于大量的知识才能解决，智能控制系统的任务是以尽可能低的成本为顾客做出最好的服务。

(5) 计算机网络系统。一是物流配送系统的计算机通信网络，二是组织的网络化，即所谓的企业内部网。

6.1.4 物流自动化系统的层次

自动化物流系统的层次在不同企业和行业具有不同的特点，从功能层次上看，可以将自动化物流系统分为 3 个层次，即管理层、控制层和执行层，如图 6.3 所示。

1. 管理层的主要功能

管理层是计算机物流管理系统，是自动化物流系统的中枢，其功能有以下几个方面：

(1) 接受上级系统(生产系统、销售系统等)的指令。

(2) 调度运输作业。根据运输任务的紧急程度和调度原则，决定运输任务的优先级别。根据当前运输任务的执行情况形成运输指令和最佳运输路线。

(3) 管理立体仓库。包括库存管理、入库管理、出库管理和出/入库协调管理。

(4) 统计分析系统运行情况。统计分析物流设备利用率、立体仓库库存状态和设备运行情况等。

(5) 物流系统信息处理。

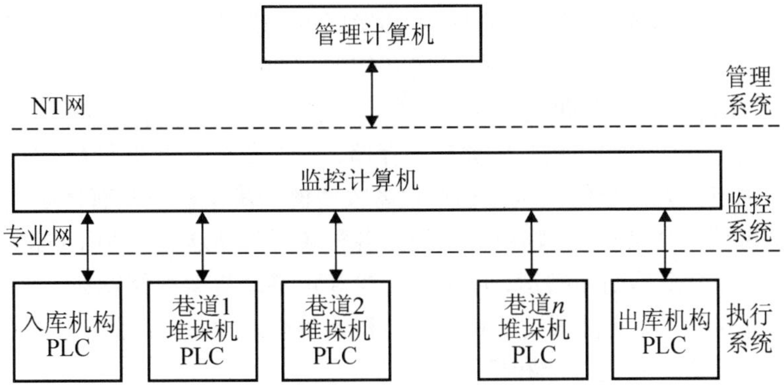

图 6.3　物流自动化系统的层次

2. 控制层的主要功能

控制层是物流系统的重要组成部分，它接受来自管理层的指令，控制物流设备完成指令所规定的任务。控制层的另一任务是实时监控物流系统的状态，将监测的信息反馈给管理层，为管理层调度决策提供参考。目前一般采用可编程控制器(PLC)来实现动作控制。

3. 执行层的主要功能

执行层由自动化的物流机械组成。物流设备的控制器接受控制层的指令，控制设备执行各种操作。执行层的组成一般包括以下几个方面：

(1) 自动存储/提取系统。即 AS/RS(Automated Storage and Retrieval System，自动化仓库系统)。AS/RS 包括高层货架、堆垛机、出/入库台、缓冲站和输送设备，如皮带输送机等。

(2) 输送车辆，如自动导引小车 AGV(Automated Guided Vehicle)和空中单轨自动车(Sky-RAV)。

(3) 各种缓冲站。缓冲站是临时储存物料的货架或装置，以便交接或转移。设置缓冲站是为了协调各个物流设备的作业速度，保证物流系统正常运作。

物流系统对管理层、控制层和执行层这 3 个层次的要求各不相同，对于管理层要求有较强的数据处理能力，具有一定的智能性，如对库存异常进行警告，对物流设备利用率过低进行提示，对物流瓶颈提供必要的分析数据等。控制层数据处理能力并不一定很强，但要求有较高的实时性，具有较快的处理速度，能够随时将指令送给执行层，并随时监控执行层的运行情况。对于执行层，则要求较高的可靠性，减少物流系统的故障率。

6.2　自动化立体仓库

自动化仓库系统是在不直接进行人工处理的情况下能自动地存储和取出物料的系统。这个定义覆盖了不同复杂程度及规格的极为广泛的自动化仓库系统。自动化立体仓库作为自动化仓库的高级阶段，代表着仓储业未来的发展方向。

6.2.1 自动化立体仓库概述

1. 自动化仓库的发展历史

自动化技术在仓储领域(包括主体仓库)中的发展可分为 5 个阶段：人工仓储阶段、机械化仓储阶段、自动化仓储阶段、集成化仓储阶段和智能自动化仓储阶段。在 20 世纪 90 年代后期及 21 世纪的若干年内，智能自动化仓储将是自动化技术的主要发展方向。

第一阶段是人工仓储阶段，物资的输送、存储、管理和控制主要靠人工实现，其实时性和直观性是明显的优点。人工仓储技术在初期设备投资的经济指标也具有优越性。

第二阶段是机械化仓储阶段，物料可以通过各种各样的传送带，利用工业输送车、机械手、吊车、堆垛机和升降机来移动和搬运，用货架托盘和可移动货架存储物料，通过人工操作机械存取设备，用限位开关、螺旋机械制动和机械监视器等控制设备的运行。机械化满足了人们速度、精度、高度、重量、重复存取和搬运等要求。

第三阶段是自动化仓储阶段，自动化技术对仓储技术和发展起了重要的促进作用。20 世纪 50 年代末和 60 年代，相继研制和采用了自动导引小车(AGV)、自动货架、自动存取机器人、自动识别和自动分拣等系统。20 世纪 70 年代和 80 年代，旋转体式货架、移动式货架、巷道式堆垛机和其他搬运设备都加入了自动控制的行列，但这时只是各个设备的局部自动化并各自独立应用，被称为“自动化孤岛”。随着计算机技术的发展，工作重点转向物资的控制和管理，要求实时、协调和一体化，计算机之间、数据采集点之间、机械设备的控制器之间以及它们与主计算机之间的通信可以及时地汇总信息，仓库计算机及时地记录订货和到货时间，显示库存量，计划人员可以方便地做出供货决策，他们知道正在生产什么、订什么货、什么时间发什么货，管理人员随时掌握货源及需求。信息技术的应用已成为仓储技术的重要支柱。

第四阶段是集成化仓储阶段，在 20 世纪 70 年代末和 80 年代，自动化技术被越来越多地用到生产和分配领域，显然，“自动化孤岛”需要集成化，于是便形成了“集成系统”的概念。在集成化系统中，整个系统的有机协作，使总体效益和生产的应变能力大大超过各部分独立效益的总和。20 世纪 70 年代初期，我国开始研究采用巷道式堆垛机的立体仓库。1980 年，由北京机械工业自动化研究所等单位研制建成的我国第一座自动化立体仓库在北京汽车制造厂投产。从此以后，立体仓库在我国得到了迅速的发展。我国的自动化仓库技术已实现了与其他信息决策系统的集成，正在做智能控制和模糊控制的研究工作。

第五阶段是智能自动化仓储阶段，人工智能技术使自动化技术向更高级的阶段——智能自动化方向发展。现在，智能自动化仓储技术还处于初级发展阶段，到 21 世纪仓储技术的智能化将具有广阔的应用前景。

2. 自动化立体仓库的概念

自动化立体仓库也称为高层货架仓库，一般是指采用几层、十几层乃至几十层高的货架储存单元货物，用相应的物料搬运设备进行货物入库和出库作业的仓库，如图 6.4 所示。由于这类仓库能充分利用空间储存货物，故常形象地将其称为“立体仓库”。

立体仓库的产生和发展是第二次世界大战之后生产和技术发展的结果。20 世纪 50 年代初，美国出现了采用桥式堆垛起重机的立体仓库；20 世纪 50 年代末 60 年代初出现了司机操作的巷道式堆垛起重机立体仓库；1963 年美国率先在高架仓库中采用计算机控制技术，建立了第一座计算机控制的立体仓库。此后，自动化立体仓库在美国和欧洲得到迅速发展，并形成了专门的学科。20 世纪 60 年代中期，日本开始兴建立体仓库，并且发展速度越来越快，日本成为当今世界上拥有自动化立体仓库最多的国家之一。

图 6.4　自动化立体仓库

我国对立体仓库及其物料搬运设备的研制开始并不晚，1963 年研制成第一台桥式堆垛起重机，1973 年开始研制我国第一座由计算机控制的高达 15m 的自动化立体仓库，该库 1980 年投入运行。到目前为止，我国每年新建自动化立体仓库数量在 100 座左右。立体仓库由于具有很高的空间利用率、很强的入出库能力、采用计算机进行控制管理而利于企业实施现代化管理等特点，已成为企业物流和生产管理不可缺少的仓储技术，越来越受到企业的重视。自动化高架仓库应用范围很广，几乎遍布所有行业。在我国，自动化高架仓库应用的行业主要有机械、冶金、化工、航空航天、电子、医药、食品加工、烟草、印刷、配送中心、机场、港口等。

3. 自动化立体仓库的特点

自动化立体仓库的主要优点有以下几个方面：

(1) 由于能充分利用仓库的垂直空间，其单位面积存储量远远大于普通的单层仓库(一般是单层仓库的 4～7 倍)。

(2) 仓库作业全部实现机械化和自动化，一方面能大大节省人力，减少劳动力费用的支出，另一方面能大大提高作业效率。

(3) 用计算机进行仓储管理，可以方便地做到“先进先出”，并可防止货物自然老化、变质、生锈，也能避免货物的丢失。

(4) 货位集中，便于控制与管理，特别是使用电子计算机，不但能够实现作业的自动控制，而且能够进行信息处理。

(5) 能更好地适应黑暗、低温、有毒等特殊环境的要求。例如，胶片厂把胶片卷轴存放在自动化立体仓库里，在完全黑暗的条件下，通过计算机控制可以实现胶片卷轴的自动出入库。

(6) 采用托盘或货箱存储货物，货物的破损率显著降低。

自动化立体仓库的缺点主要有以下方面：

(1) 由于自动化立体仓库的结构比较复杂，配套设备也比较多，所以需要的基建和设备的投资也比较大。

(2) 货架安装精度要求高，施工比较困难，而且工期相应较长。

(3) 存储弹性小，难以应付高峰的需求。

(4) 对可存储的货物品种有一定限制，需要单独设立存储系统用于存放长、大、笨重的货物以及要求特殊保管条件的货物。

(5) 自动化立体仓库的高架吊车、自动控制系统等都是技术含量极高的设备，维护要求高，因此必须依赖供应商，以便在系统出现故障时能得到及时的技术援助。这就增强了对供应商的依赖性。

(6) 对建库前的工艺设计要求高，在投产使用时要严格按照工艺作业。

6.2.2 自动化立体仓库的分类

1. 按照货架的形式分类

(1) 单元式货架仓库。这种形式的仓库使用最广，通用性也较强。其特点是货架沿仓库的宽度方向分为若干排，每两排货架为一组，其间有一条巷道，供堆垛机或其他仓储机械作业。每排货架沿仓库纵长方向分为若干列，沿垂直方向又分若干层，从而形成大量货格，用以储存货物单元(一托盘或一货箱)。在大多数情况下，每个货格存放一个货物单元。在某些情况下，如果货物单元比较小，则一个货格内往往存放两三个货物单元，以便充分利用货格空间，减少货架投资。

(2) 贯通式货架仓库。在单元式货架仓库中，巷道占去了 1/3 左右的仓库面积，为了提高仓库面积利用率，可以取消位于各排货架之间的巷道，将货架合并在一起，使同一层、同一列的货物互相贯通，形成能依次存放许多货物单元的通道，而在另一端由出库起重机取货，成为贯通式仓库。根据货物单元在通道内移动方式不同，贯通式仓库又可进一步划分为重力式货架仓库和梭式小车式货架仓库。重力式货架仓库每个存货通道只能存放同一种货物，所以它适用于货物品种不太多而数量又相对较大的仓库。梭式小车可以由起重机从一个存货通道搬运到另一通道。

(3) 循环货架仓库。这种仓库的货架本身是一台垂直提升机或在水平面内沿环形路线来回运行的输送机。前者可在垂直方向存取货物，称为垂直循环货架仓库，特别适用于存放长的卷状货物，像地毯、地板革、胶片卷、电缆卷等；后者可在平面内存取或拣选货物，称为水平循环货架仓库，适用于作业频率要求不太高的场合。

2. 按照建筑形式分类

(1) 整体式。它指货架除了储存货物以外，还可以作为建筑物的支撑结构，就像是建筑物的一个部分，即库房与货架形成一体化结构。外墙既是货架，又是库房屋顶的支持架，它的高度一般在 12m 以上。

(2) 分离式。它是指储存货物的货架独立存在，建在建筑物内部。它可以将现有建筑物改造为自动化仓库，也可以将货架拆除，使建筑物用于其他目的。分离式仓库主要用于高度不大或已经有建筑物的情况，它的高度一般在 10m 以下。

3. 按照作业方式分类

(1) 单元货架式。它是一种最常见的结构，货物先放在托盘或集装箱内，再装入单元货架的货格中。

(2) 移动货架式。它由电动货架组成。货架可以在轨道上行走，由控制装置控制货架的合拢和分离。作业时，货架分开，在巷道中可进行作业。不作业时可将货架合拢，只留一条作业巷道，从而减小仓库面积，提高空间的利用率。

(3) 拣选货架式。拣选货架仓库的分拣机构是这种仓库的核心组成部分。它有巷道内分拣和巷道外分拣两种方式。两种分拣方式又分人工分拣和自动分拣。

4. 按照在物流系统中的作用分类

(1) 生产性仓库。它是指工厂内部为了协调工序和工序、车间和车间、外购件和自制件物流的不平衡而建立的仓库，它能保证各生产工序间进行有节奏的生产。

(2) 流通性仓库。它是一种服务性仓库，是企业为了调节生产厂和用户间的供需平衡而建立的仓库，这种仓库进出货物比较频繁，吞吐量较大，一般都和销售部门有直接联系。

5. 按自动化仓库与生产联系的紧密程度分类

(1) 独立型仓库。独立型仓库也称为“离线”仓库，是指从操作流程及经济性等方面来说都相对独立的自动化仓库。这种仓库一般规模都比较大，存储量大，仓库系统具有自己的计算机管理、监控、调度和控制系统，又可分为存储性和中转仓库。半紧密型仓库是指它的操作流程、仓库的管理、货物的出入和经济性与其他厂(或部门或上级单位)有一定关系，而又未与其他生产系统直接联系。

(2) 紧密型仓库。紧密型仓库也称为“在线”仓库，是那些与工厂内其他部门或生产系统直接相关联的立体仓库，两者间的关系比较紧密。

6. 按照库存容量分类

库存容量在 2000 个托盘(货箱)以下的为小型立体仓库；2000~-5000 个托盘的为中型立体仓库；5000 个以上托盘的为大型立体仓库。

6.2.3　自动化立体仓库的构成

1. 土建及公用工程设施

(1) 厂房。仓库的货物和自动化仓库的所有设备都安放在厂房规定的范围内，库存容量和货架规格是厂房设计的主要依据。

(2) 消防系统。由于仓库库房一般都比较大，货物和设备比较多而且密度大，仓库的管理和操作人员较少，自动化仓库的消防系统大都采用自动消防系统。

(3) 照明系统。

(4) 通风及采暖系统。

(5) 动力系统。

(6) 其他设施，包括给排水设施、避雷接地设施和环境保护设施等。

2. 机械设备

(1) 货架。货架形式有多种，货架一般用钢材或钢筋混凝土制作。钢货架的优点是构件尺寸小，仓库空间利用率高，制作方便，安装建设周期短，而且随着高度的增加，钢货架比钢筋混凝土货架的优越性更明显。因此，目前国内外大多数立体仓库都采用钢货架。钢筋混凝土货架的突出优点是防火性能好，抗腐蚀能力强，维护保养简单。

(2) 货箱与托盘。为了提高货物装卸、存取的效率，一般自动化立体仓库使用货箱和托盘盛放货物。货箱与托盘的基本功能是装物料，同时还应便于叉车和堆垛机的叉取和存放。

(3) 搬运设备。搬运设备是自动化仓库中的重要设备，它们一般是由电力来驱动的，通过自动或手动控制，把货物从一处搬到另一处。设备形式可以是单机、双轨、地面的、空中的、一维运行(水平直线运行或垂直直线运行)、二维运行、三维运行等。典型设备有升降梯、搬运车、巷道式堆垛机、双轨堆垛机、无轨叉车和转臂起重机等。

(4) 运输系统。运输系统必须具有高度可靠性。在立体仓库内，一般只有一套运输系统，一旦发生故障，就会使整个仓库工作受到影响。所以，要求出入运输系统各个环节上的设备可靠、耐用、维修方便。对于自动控制系统应设置手动控制作后备。

3. 电气与电子设备

(1) 检测装置。检测装置用于检测各种作业设备的物理参数和相应的化学参数，通过对检测数据的判断和处理可为系统决策提供最佳依据，以保证系统安全可靠地运行。

(2) 信息识别设备。在自动化立体仓库中，这种设备必不可少，它用于采集货物的品名、类别、货号、数量、等级、目的地、生产厂、货物地址等物流信息。这类设备通常采用条形码、磁条、光学字符和射频等识别技术。

(3) 控制装置。自动化立体仓库内所配备的各种存取设备和输送设备必须具有控制装置，以实现自动化运转。这类控制装置包括普通开关、继电器、微处理器、单片机和可编程序控制器等。

(4) 监控及调度设备。监控及调度设备主要负责协调系统中各部分的运行，它是自动化立体仓库的信息枢纽，在整个系统中举足轻重。

(5) 计算机管理系统。计算机管理系统用于进行仓库的账目管理和作业管理，并可与企业的管理系统交换信息。

(6) 数据通信设备。自动化立体仓库是一个构造复杂的自动化系统，它由众多的子系统组成。各系统、各设备之间需要进行大量的信息交换以完成规定的任务，因此需要大量的数据通信设备作为信息传递的媒介，这类设备包括电缆、远红外光、光纤和电磁波等。

(7) 大屏幕显示器。这是为了仓库内的工作人员操作方便，便于观察设备情况而设置的。

6.2.4 自动化立体仓库的设计

1. 设计前的准备工作

这个阶段是需求分析(准备阶段)，在这一阶段里要提出问题，确定设计目标，并确定设计标准。其设计主要包括以下内容：

(1) 立体仓库是企业物流系统的子系统，必须要了解企业整个物流系统对子系统的要求和物流系统总体设计的布置图，以便对仓储的子系统进行总体设计。要调查过去进、出库房或料场物品的种类、数量及规律，以便预测未来，进行仓库容量的计算和分析。

(2) 立体仓库是机械、结构、电气、土建等多专业的工程，这些专业在立体仓库的总体设计中互相交叉，互相制约。因此，在设计时对各专业必须兼顾，如机械的运动精度要根据结构制作精度和土建的沉降精度而选定。

(3) 要了解企业对仓储系统的投资、人员配置等计划，以确定仓储系统的规模和机械化、自动化的程度。

(4) 调查库内储存的货物的品名、特征(如易碎、怕光、怕潮等)、外形及尺寸、单件重量、平均库存量、最大库存量、每日进和出库数量、入库和出库频率等。

(5) 了解建库现场条件，包括气象、地形、地质条件、地面承载能力、风及雪荷载、地震情况以及其他环境影响。

(6) 要对与第三方物流企业仓储系统有关的其他方面的条件进行调查了解，如货物的来源、联结库场的交通情况、货物的包装、搬运货物的方法、货物的最终去向和运输工具等。

2. 库场的选择与规划

仓库和料场的选择和布置对仓储系统的基建投资、物流费用、生产管理、劳动条件和环境保护等都有着重要意义，这是首先要考虑的。根据企业物流系统的总体设计对仓储系统的要求，可采用分级评分法来确定仓储系统在整个物流系统中的位置。仓储系统可能有多个立体仓库和货场，还有其他单位和设施，它们之间是相互联系和相互制约的，这就要求合理地确定仓储系统区域所有单位的相互几何位置关系，画出平面布置图。

3. 确定仓库形式、作业方式和机械设备参数

在调查分析入库货物品种的基础上，确定仓库形式。一般采用单元货格式仓库，对于品种单一或很少而批量较大的仓库则可以采用重力式货架仓库或者其他形式的贯通式仓库;对于有特殊要求的货物，可以采用如冷藏、防潮、恒温等设施的仓库。根据出库工艺要求，即以整单元出库为主还是零星货物出库为主，决定要不要采用拣选作业。

为了提高出和入库的搬运效率，尽量少采用单作业方式(即单入库或单出库)，而尽量多采用复合作业方式(即迂回或回程地进行搬运作业)。还可以采用一次搬运两个货物单元的作业方式，就是仓储系统中堆垛机的台上设两副货叉，这两副货叉可以分别伸缩，也可以同时伸缩，以存和取两个货物单元，也可把货架设计成两个货物单元的深度，堆垛机的货台也相应增宽一倍，货叉增长一倍，货叉伸出一半时可叉取一个货物单元，全部伸出后可同时叉取两个货物单元。再有在立体仓库中，采用“自由货位”的方式，货物可就近入库，特别是进出频繁的货物或很大、很重的货物，应尽可能接近到货和发货地点作业，这样既缩短进、出库时间，又节省了搬运费用。

仓储系统使用的搬运机械设备有许多种，它们各有特点。该系统总体设计时，要根据仓库的规模、货物的品种、出入库频率等选择最合适的机械设备，并确定其主要参数；要根据出入库率确定各个机构的工作速度；对于起重、装卸和堆垛等机械设备，根据货物单元的重量选定起重量；对于输送机，则根据货物单元尺寸选择输送机的宽度，并恰当地选定输送机速度。

4. 确定货物单元形式及规格

根据调查和统计结果，列出所有可能的货物单元形式和规格，并进行合理的选择，立体仓库是以单元化搬运为前提的，所以确定货物单元的形式、尺寸及重量是一个重要的问题。它不仅影响仓库的投资，而且对于整个物流和仓储系统的配备、设施以及有关因素都有极为重要的影响。因此，为了合理确定货物单元的形式、尺寸和重量，需要对所有入库的货物，抓住在流通中的关键环节，对货物单元的品种进行 ABC 分析，选择最为经济合理的方案。对于少数形状和尺寸比较特殊以及很重的货物，可以单独处理。例如，汽车上的前桥、后桥、车身等大件，形状又大，难以形成单元，就不一定非要与其零部件同入一个立体仓库。它们的储存问题可以用推式悬挂输送机或者其他方式单独处理。

在立体仓库设计中，根据货物单元恰当地确定货格尺寸是很重要的内容。它直接关系到仓库的面积和空间利用率，也关系仓库能否顺利地存取货物。在确定货物单元时，应尽量采用标准推荐的尺寸，以利于与其他物料搬运和运输机具相匹配。标准的货物单元的长、宽尺寸为800mm×1000mm、800mm×1200mm和1000mm×1200mm。

在货物单元尺寸确定后，货格尺寸取决于在货物单元四周需留出的净空尺寸和货架构件的有关尺寸。对于自动化仓库，这些净空尺寸的确定更要认真考虑，包括货架、堆垛机运行轨道、仓库地坪的施工、安装精度以及搬运机械的停止精度等。这些都要根据实际情况和有关经验数据来确定。

5. 确定库容量(包括缓存区)

库容量是指在同一时间仓库可容纳的货物单元数，这对自动化立体仓库来说是一个非常重要的参数。由于库存周期会受到许多预料之外因素的影响，所以库存量的波峰值有时会大大超出自动化立体仓库的实际库容量。除此之外，有的自动化立体仓库仅仅考虑了货架区的容量，而忽视了缓存区的面积，结果造成缓存区的面积不足，使得货架区的货物出不来，库房外的货物进不去。

6. 确定出、入库搬运周期及出、入库能力

立体仓库的出、入库搬运周期，一般来讲，主要取决于巷道堆垛起重机的作业循环时间。堆垛机的出、入库搬运分为单一作业和复合作业两种。从原始位置出发到指定货位完成一次取货或存货后重新回到原始位置待命为一个单一作业循环；从原始位置出发到某货位完成一次存货之后又到另一货位取货，然后返回到原始位置为一个复合作业循环。

为了提高出、入库效率，在有条件的场合，可以采用一次搬运两个货物单元的作业方式。一种方案是在这种仓库里用的起重机货台上有两副货叉，这两副货叉可以分别单独伸缩，也可以同时伸缩以存取两个货物单元，这样就提高了出、入库效率。采用这种方案，货架本身不必作特殊设计，但起重机的长度增大了，仓库端部的面积利用率差些。另一种方案是把货架设计成两个货物单元的深度，起重机的货台也相应增宽一倍，货叉增长一倍。货叉伸出一半时可叉取一个货物单元；全部伸出后，可同时叉取两个货物单元。采用这种方式还可以使货物堆存密度提高10%～20%。

7. 库房面积与其他面积的分配

由于总面积是一定的，而许多第三方物流企业在建造自动化立体仓库时只重视办公、实验(包括研发)的面积，却忽视了库房面积，所以造成了这种局面，即为了满足库容量的需要，只好通过向空间发展来达到要求。但是货架越高，机械设备的采购成本和运行成本也就越高。除此之外，由于自动化立体仓库内最优的物流路线是直线形的，但在仓库设计时往往会受到平面面积的限制，造成本身物流路线的迂回(往往是S形，甚至是网状)，这会增加许多不必要的投入和麻烦。

8. 人员与设备的匹配

不管自动化立体仓库的自动化程度有多高，具体运作时仍需要一定的人工劳动，因此工作人员的数量要合适。人员不足会降低仓库的效率，太多又会造成浪费。自动化立体仓库采用了大量先进的设备，因此对人员的素质要求比较高，人员素质跟不上，同样会降低仓库的吞吐能力。第三方物流企业需要招聘专门的人才，并对其进行专门的培训。

9. 系统数据的传输

由于数据传输路径不通畅或数据冗余等原因，会造成系统数据传输速度慢，甚至无法传输的现象，所以要考虑自动化立体仓库内部以及与第三方物流企业上下级管理系统间的信息传递的问题。

10. 整体运作能力

自动化立体仓库的上游、下游及其内部各子系统的协调有一个木桶效应的问题，即最短的那一块木板决定了木桶的容量。有的仓库采用了很多的高科技产品，各种设施设备也非常齐全，但是由于各子系统间协调性、兼容性不好，造成整体运作能力比预期差很多。

6.3 物流自动化设备

物流自动化相关设备种类繁多，包括储存设备、输送设备、搬运设备、自动起重设备、分拣设备和集装单位化设备等，本节将对相关典型的设备进行重点介绍。

6.3.1 储存设备

在仓库储存设备中，货架是指专门用于存放成件物品的保管设备。货架在物流及仓库中占有非常重要的地位，随着现代工业的迅猛发展，物流量的大幅度增加，为实现仓库的现代化管理，改善仓库的功能，不仅要求货架数量多，而且要求它具有多功能，并能实现机械化、自动化要求。

1. 立体货架

仓库的储存方式自平面储存向高层化立体储存发展以来，货架即成为立体仓库的主体。由满足不同功能要求的各种不同形式的货架所组成的多种多样的自动化、机械化仓库已成为仓储系统以至整个物流系统或生产工艺流程中的重要环节。立体货架是立体仓库的承重构筑物，货架在仓储设备的总体投资中占比例最大，投资约占整个仓库设备投资的1/3～2/3，消耗钢材最多。所以根据存储方式和货物形状、体积、重量以及库房面积等，选择和设计经济合理的货架是很重要的。要在保证强度、刚度以及整体稳定条件，能满足仓库设备运行工艺的要求的较高的制造和安装精度的条件下，尽量减轻货架的重量、降低钢材消耗。不同类型的立体仓库采用不同结构的立体货架，下面介绍几类立体货架。

(1) 按货架与构筑物关系分类。高层货架按其与仓库建筑物之间的相互关系可分为库架合一的整体式货架和库架分离的分离式货架两类。整体式货架是高层货架与仓库建筑合成一体的结构形式，货架顶上加屋盖，货架四周挂墙体材料便形成了一座仓库。这种货架不仅承受货物的重力，而且是仓库建筑物的承重结构，承受雨、雪、风荷载和其他建筑荷载。分离式货架则是指在仓库建筑物的内部独立建起的货架，货架与建筑物是分开的。整体式货架无论在材料消耗、施工量，还是仓库空间利用方面，都是比较经济合理的。分离式货架则特别适用于利用原有建筑物作库房或者在车间原有仓库内的一部分面积上单独建一个高层货架的场合。这种仓库可以先建库房后立货架，施工安装比较灵活方便，目前使用比较多。

(2) 按货格内的货位数分类。根据每一货格内的货位数，高层货架可分为单货位式和多货位式两种。单货位式货架对货物单元的外形结构要求较低，单面和双面托盘均适用，有的货物也可以直接放入货格，多货位货架不适用于双面托盘，而且要求托盘叉孔高度能满足堆垛机微升降的要求。但这种货架对货格横向尺寸利用较好，能比货位货架储存更多的货物单元。

(3) 按货架制作工艺分类。高层货架一般都用钢材制作。早期也曾用过钢筋混凝土货架，取其耐火、防腐蚀等优点。但由于施工周期长、尺寸大、重量重等原因，目前已几乎不再使用。

钢架货架按制作与装配不同可分为焊接式货架与组合式货架两类。焊接式货架的货架片完全采用焊接结构。制造时不需特殊设备，所用材料为普通型钢货异型断面钢。这种货架一旦安装完成后，其货格尺寸便不能改变。组合式货架的货架片用焊接高强度螺栓连接而成。货架片立柱上有许多冲孔，载货横梁可以通过凸爪与立柱组装，因此货格高度可以改变。组合式货架的构件一般采用厚度 3.5mm 以下的带钢轧制成异型断面。这种货架只适用于带载货横梁的多货位式货架。其承重能力不如焊接货架，高度也较低，虽单重造价较高，但重量轻，因此，整个货架的总造价与焊接货架有可比性。

(4) 按货架高度分类。货架按高度可分为高层立体货架(大于 12m)、中层立体货架(5～12m)和低层立体货架(小于 5m)。

2. 托盘货架

托盘货架以储存单元化托盘货物，配以巷道式堆垛及其他储运机械进行作业。高层货架多采用整体式结构，一般是由型钢焊接的货架片(带托盘)，通过水平、垂直拉杆以及横梁等构件连接起来。图 6.5 所示为最普通的托盘货架，其优点是存取方便，拣取效率高。但是这种货架的储存密度较低，需要较多的通道。这种形式的货架适用于品种中量、批量一般的储存。通常在 6m 以下的 3～5 层为宜。此外，它可任意调整组合，施工简易，经济实惠，出入库不受先后顺序的影响，一般的叉车都可使用。

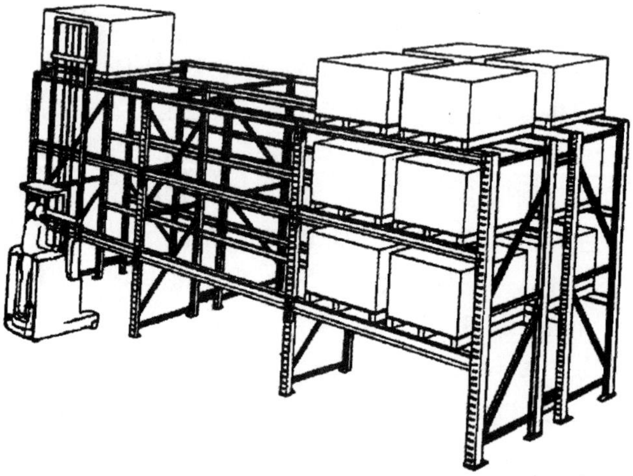

图 6.5　托盘货架

3. 驶入(出)式货架

驶入式货架是指托盘的存放由里向外逐一存放，如图 6.6 所示。叉车进出使用相同通道，储存密度非常高。但是存取性差，不易做到先进先出的管理。由于叉车在整个货架中行走，要求操作者必须小心作业。驶入式货架以 4 层 3～5 列为宜。其特点是储存密度高、存取性差、适合少品种大批量储存、最高可达 10m、不易做到先进先出管理、不宜存储太长太重的物品。

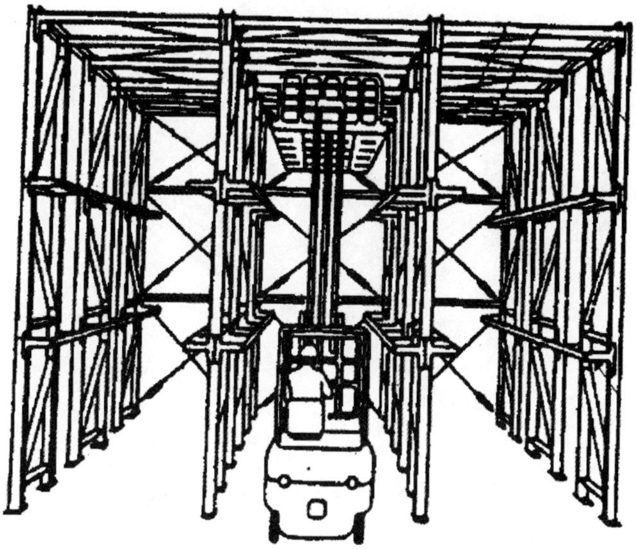

图 6.6　驶入式货架

驶出式货架与驶入式货架的不同之处在于驶出式货架是通的，没有拉杆封闭，前后均可安排存取通道，可实现先进先出管理，如图 6.7 所示。

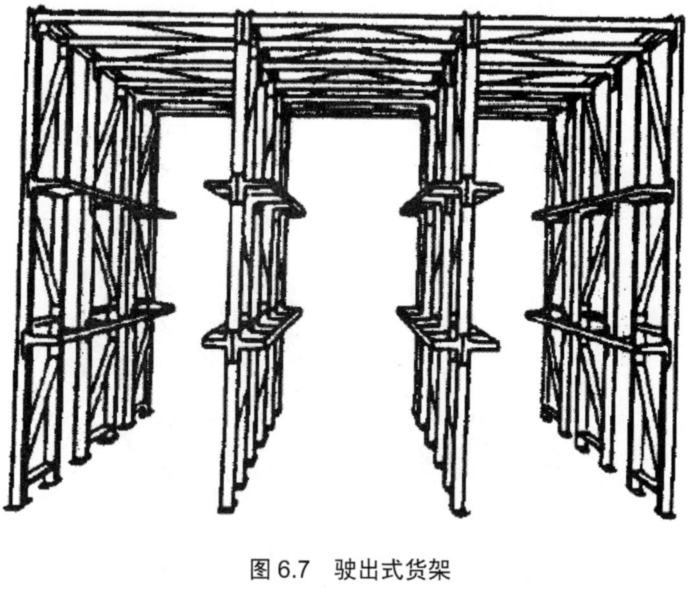

图 6.7　驶出式货架

4. 重力式货架

重力式货架又称为流动式货架，如图 6.8 所示。重力式货架的每一个货格就是一个具有一定坡度的滑道。入库起重机装入滑道的货物单元能够在自重作用下从入库端向出库端移动，直至滑道的出库端或者碰上已有的货物单元停住为止。位于滑道出库端的第一个货物单元被出库起重机取走之后，在它后面的各个货物单元便在重力作用下依次向出库端移动一个货位。为减少货箱与货架之间的摩擦力，在货格滑道上设有辊子或滚轮。

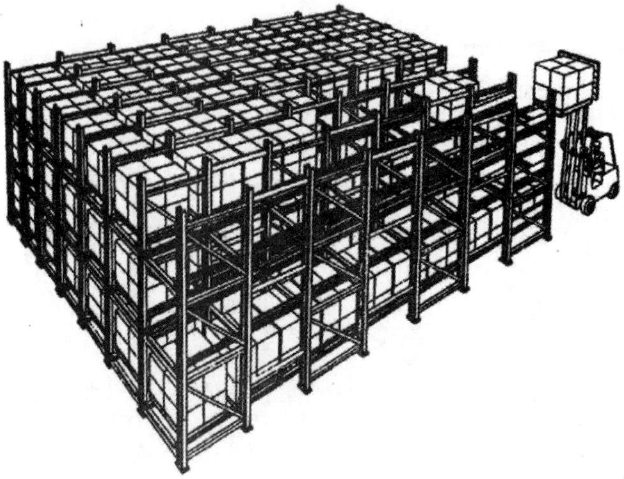

图 6.8　重力式货架

在重力式货架中，每个存货滑道只能存放同一种货物。它适宜于少品种大批量货物的存取。进入货格后的货物都处于流动状态，存、取迅速，保证先进先出，有利于存储不宜长期积压的货物。重力式货架能充分利用仓库的面积。高大仓库的利用率则更高。缺点是仓库容量不能充分利用，滑道越长货架上下“死角”越大，所以，必须经综合分析后，再确定货架每个货格坡道的长度。为了防止滑行速度过高，有的货架每间隔 2～3m 设一根限速制动器。

5. 阁楼式货架

图 6.9 所示为阁楼式货架，把空间设计成双层以上。在厂房地板面积有限的情况下进行立体规划，提高储存高度，增加空间利用率。设计时利用钢梁和金属板把原有储区按楼层分隔，每个楼层可存放不同种类的货架。阁楼楼板上一般可放轻量及中小件货物或储存期长的货物，下层存放托盘。可用叉车、输送带、提升机、电动葫芦或升降台提升货物。

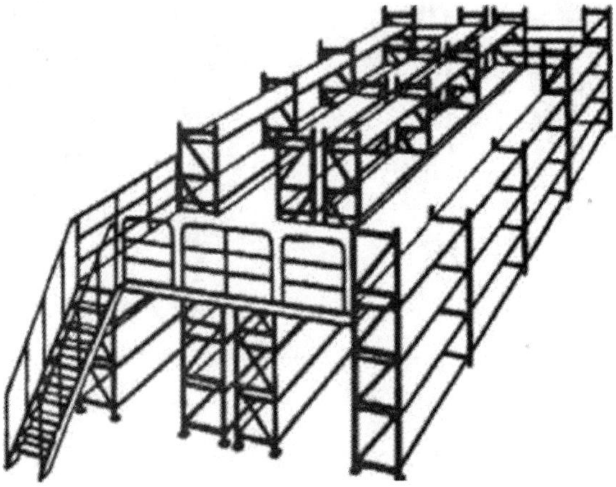

图 6.9　阁楼式货架

6. 移动式货架

这种货架又叫动力式货架，通过货架底部的电机驱动装置，可在水平直线导轨上移动。移动式货架一般设有控制装置和开关，在 30s 内使货架移动，叉车可进入存取货物，如图 6.10 所示。

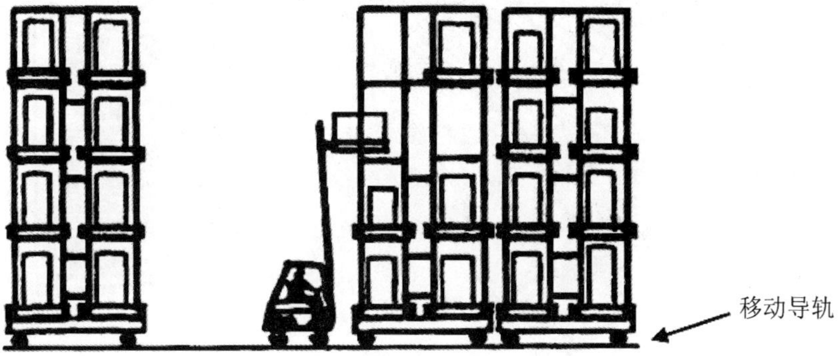

图 6.10　移动式货架

移动式货架易控制，安全可靠。其突出的优点是提高了空间利用率，一组货架只需一条通道，而固定型托盘货架的一条通道只服务于通道内两侧的两排货架，所以在相同的空间内，移动式货架的储存能力比一般固定式货架高得多。其他动力机构设置于货架底座内，操作盘设于货架端部，外形简洁、操作方便。货架的前后设有安全分线开关，一遇障碍物整个货架立即停止。当不需要存取货物时，各货架移动到一起后，全部封闭，并可全部锁住。在各货架接口处装有橡皮封口，也称为封闭式货架，它的最大优点是在封闭时能确保货物安全，同时又可防尘、防光。一般情况下把一端货架固定，其他货架都可移动。它的移动方式有电动的，也有手动的，或者电动和手动两用。移动式货架在存取货物时需移动货架，所以存取货物时间要比一般货架长，还需要有移动和驱动装置。

7. 旋转式货架

旋转式货架设有电力驱动装置(驱动部分可设于货架上部，也可设于货架底座内)。货架沿着由两个直线段和两个曲线段组成的环形轨道运行，由开关或用小型电子计算机操纵。存取货物时，把货物所在货格编号由控制盘按钮输入，该货格则以最近的距离自动旋转至拣货点停止。旋转式货架操作简单，存取作业迅速，适用于电子元件、精密机械等少批量多品种小物品的储存及管理。货架转动很快，可达 30m/mm 的速度。存取效率很高，通过计算机控制，可实现自动存取和自动管理。此外，旋转式货架的空间利用率较高。旋转式货架的种类较多，图 6.11 所示为水平和垂直旋转式货架立体图。

由于自动化立体仓库的规模不同，旋转货架的种类也不一样，介绍如下：

(1) 水平旋转式货架。如图 6.11(a)所示，这种货架又分为一台马达驱动和多台马达驱动两种形式。用一台马达驱动的方式是把上下各层货物连在一起，实现自动化立体仓库按水平方向旋转。另外一种水平方向旋转的自动化立体仓库是各层均有一台马达启动，可实现各层独立转动。

(2) 垂直旋转式货架。如图 6.11(b)所示，这种货架的原理与水平旋转式货架大致相同，只是旋转方向垂直于水平面，充分利用了上部空间。这是一种节省空间的仓储设备，比一般传统式平置轻型货架节省 1/2 以上的货架摆放面积，但旋转速度比水平旋转式货架慢，每分钟为 5～10m。垂直旋转式货架可以设计成独立式的，根据用户需要可任意组合。

(a) 水平旋转式货架　　(b) 垂直旋转式货架

图 6.11　旋转式货架

6.3.2　输送设备

自动输送机是输送多种物品、短暂存储或分拣的一种理想设备，可输送各种板材、袋装件、箱装件、部件总成和各种集装单元货物，是仓储自动化系统的主要组成部分。按输送货物的类型分，自动输送设备可以分为单元物品输送设备和散碎物料输送设备两类。

1. 单元物品输送设备

(1) 辊道式输送机。这是结构比较简单，使用最广泛的一种输送机械，如图 6.12 所示，它由一系列以一定的间距排列的辊子组成，用于输送成件货物或托盘货物。为保证货物在辊子上移动时的稳定性，该支承面至少应该接触 4 根辊子，即辊子间距应小于货物支承面长度的 1/4。

图 6.12　辊道式输送机

(2) 链式输送机。链式输送机有多种形式，使用也非常广泛，如图 6.13 所示。最简单的链式输送机由两根套筒辊子链组成。链条由驱动链轮牵引，链条下有导轨，支承着链节上的套筒辊子，货物直接压在链条上，随着链条的移动而向前移动。

图 6.13　链式输送机

(3) 链板式垂直提升机。这是一种新颖的连续输送机械，如图 6.14 所示，托住货物的是一串互相铰接的链条，提升机有两组这样的链条。托板的第一根板条链接在一组链条上，托板的最后一根板条铰接在另一组链条上。货物先在送货输送机上等待，当第一根板条随着第一组链条运行至货物入口时，检测装置发出信号，启动送货输送机使之与提升机同步运行。货物逐渐转到由板条组成的托板上，当第一根板条随着第一组链条经过转向轮向上移动时，最后一根板条也正好随着第二组链条向上移动，于是两组链条拉着载货托盘垂直提升。

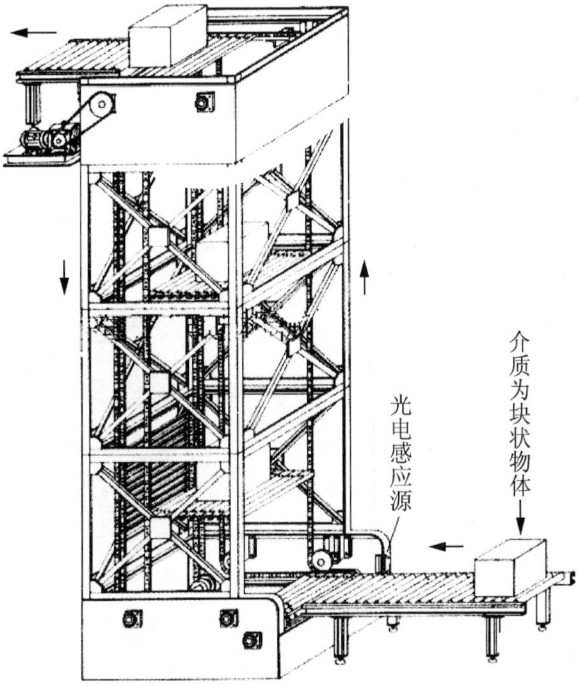

图 6.14　链板式垂直提升机示意图

(4) 悬挂输送机。如图 6.15 所示，悬挂输送机主要用于在制品的暂存，物料可以在悬挂输送系统上暂时存放一段时间，直到生产或装运为止。这就避免了在车间地面暂存所造成的劳动力和空间的浪费。安全性是在悬挂输送系统设计和实施中应考虑的重要因素。

图 6.15　悬挂输送机

(5) 单轨电动小车。小车是运输物料的主要工具，它的结构形式与所采用的轨道形式相适应。小车可以在轨道上边行驶，也可以悬挂在轨道下翼缘行驶，单轨电动小车系统可采用现有的电动葫芦作为小车，如图 6.16 所示。

(6) 搬运机器人。搬运机器人是可以进行自动化搬运作业的工业机器人。搬运机器人可安装不同的末端执行器以完成各种不同形状和状态的工件搬运工作，大大减轻了人类繁重的体力劳动，被广泛应用于机床上下料、冲压机自动化生产线、自动装配流水线、码垛搬运、集装箱等的自动搬运。

在生产线的各加工中心或加工工序之间，采用搬运机器人或上下料机械手。在带有地面存储层或带有巷道的固定仓库中采用在地面运行的搬运车辆，如叉车或堆垛机。在隧道式存储系统中，移动式货架区和高位存储系统中，采用车辆形式可升高的传送带工具。在固定巷道式存储系统中或动态存储系统中，采用空中传送带工具，如电动高架运送机或起重机。标准包装或确定规格包装货物，可以按预定指令反复作业，使用托盘自动码垛机在托盘上多层码放，如图 6.17 所示。这几个领域的物流工具都是用存取工具和搬运工具相结合，形成几种移动式机器人，这几种机器人的设计都采用铁轨、导线或光路制导工具。

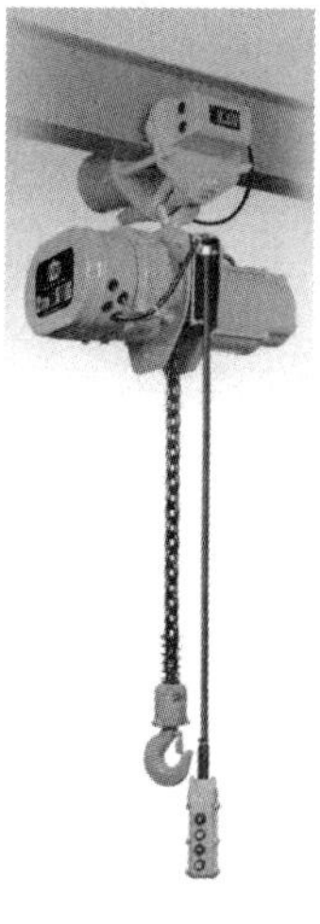

图 6.16　单轨电动小车

图 6.17　自动堆垛机

2. 散碎物料输送设备

(1) 皮带式输送机。皮带式输送机是最广泛的散料运输机械，如图 6.18 所示。运输带的上分支是用来装卸物料的，运输带由托辊支承，靠驱动滚筒出的摩擦力带动。为了保证在驱动过程中运输带不打滑，必须使运输带保持足够的张力，为此需要设置张紧装置。

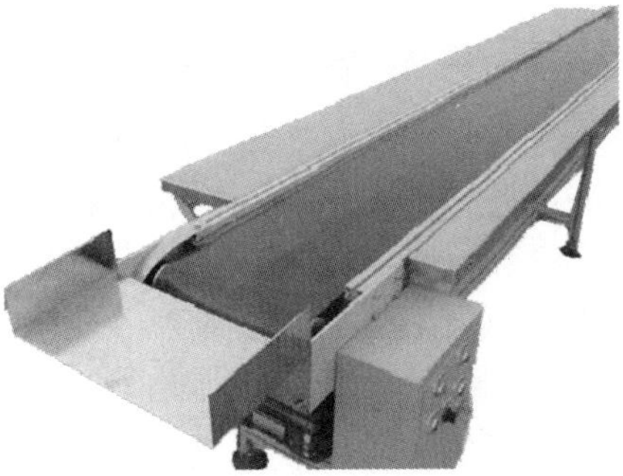

图 6.18　皮带式输送机

一般皮带输送机使用在水平输送物料和坡度不大于 16° 的斜坡段。当在坡度大于 16° 的斜坡段上使用皮带输送机时，可在输送带上设置一些挡块，阻止运件下滑。

(2) 提升机。斗式提升机是垂直散碎物料的连续运输机械。它的牵引件可以是运输带或链条。在牵引件上按一定的间距固定着很多料斗，驱动装置带动牵引件回转，料斗从提升机的底部抖起物料，随牵引件上升到顶部后，绕过链轮或者卸料滚筒，物料从料斗内卸出。

(3) 气力输送系统。气力输送系统是由具有一定速度和压力的空气带动粉粒状物料或比重较小的物品在管道内流动，实现在水平和垂直方向上的输送。它结构简单，能保护周围环境免受粉尘污染，广泛应用于装卸粮食和水泥等物料。

6.3.3　搬运设备

1. 叉车

叉车是工业搬运车辆，是指对成件托盘货物进行装卸、堆垛和短距离运输作业的各种轮式搬运车辆。叉车是仓库作业必备的设备，无论是自动化立体仓库还是普通平面仓库，都离不开叉车。由于叉车种类繁多，本节不作详细介绍，仅介绍一种在自动化立体仓库拣选作业时经常用到的高位拣选式叉车，如图 6.19 所示。

图 6.19　高位拣选式叉车

高位拣选式叉车的结构特点是操作人员可随货物一起升降，货叉可以自由提升，操纵室不动时与一般叉车相同。它以蓄电池为动力源，由串激直流电动机驱动，采用可控硅脉冲调速，操纵方便、安全可靠，适用于电子、轻工、食品工业及自动化立体和工厂内部的搬运、装卸、堆垛和拣选作业。

2. 托盘搬运车

托盘搬运车是搬运托盘的专用设备，有手动式和电动式两种。手动式托盘搬运车在使用时将其承载的货叉插入托盘孔内，由人力驱动液压系统来实现托盘货物的起升和下降，并由人力拉动完成搬运作业，适用于距离不大的托盘搬运，它是托盘运输工具中最简便、最有效、最常见的装卸、搬运工具，如图6.20所示。电动式托盘搬运车又称电动托盘车或电动搬运车，是一种在国内外应用广泛且市场潜力巨大的轻小型仓储工业车辆，适用于重载及长时间货物转运工况，可大大提高货物搬运效率，减轻劳动强度，而且电动托盘搬运车作业方便、平稳、快捷，外形小巧、操作灵活，低噪声、低污染，如图6.21所示。

图6.20 手动式托盘搬运车

图6.21 电动式托盘搬运车

3. 自动导引小车

(1) AGV的含义。AGV是Automated Guided Vehicle(自动导引车)的英文缩写，是指具有磁条、轨道或者激光等自动导引设备，沿规划好的路径行驶，以电池为动力，并且装备安全保护以及各种辅助机构(如移载、装配机构)的无人驾驶的自动化车辆，如图6.22所示。通常多台AGV与控制计算机(控制台)、导航设备、充电设备以及周边附属设备组成AGV系统，其主要工作原理表现为在控制计算机的监控及任务调度下，AGV可以准确地按照规定的路径行走，到达任务指定位置后，完成一系列的作业任务，控制计算机可根据AGV自身电量决定是否到充电区进行自动充电。

(2) AGV的构成。AGV由车体、蓄电和充电系统、驱动装置、转向装置、精确停车装置、车上控制器、通信装置、信息采样子系统、超声探障保护子系统、移载装置和车体方位计算系统11个系统组成。

(3) AGV的导引方式。AGV的导引可分为两大类：一是车外固定路径导引方式，即在行驶的路径上设置导引用的信息媒介物，AGV通过检测出它的信息而得到导引的导引方式，如电磁导引、光学导引、磁带导引(又称磁性导引)等；二是自由路径(无固定路径)导引方式，即AGV上储存着布局的尺寸坐标，通过识别车体当前方位，自主地决定路径和行驶的导引方式。

图 6.22　自动导引小车

(4) AGV 的优势。第一，自动化程度高。AGV 由计算机、电控设备、激光反射板等控制。当车间某一环节需要辅料时，由工作人员向计算机终端输入相关信息，计算机终端再将信息发送到中央控制室，由专业的技术人员向计算机发出指令，在电控设备的合作下，这一指令最终被 AGV 接受并执行——将辅料送至相应地点。第二，充电自动化。当 AGV 小车的电量即将耗尽时，它会向系统发出请求指令，请求充电(一般技术人员会事先设置好一个值)，在系统允许后自动到充电的地方“排队”充电。另外，AGV 小车的电池寿命很长(10 年以上)，并且每充电 15min 可工作 4h 左右。第三，美观，提高观赏度，从而提高企业的形象。第四，方便，减少占地面积。生产车间的 AGV 小车可以在各个车间穿梭往复。

4. 集装箱跨运车

集装箱跨运车是集装箱装卸设备中的主力机型，通常承担由码头前沿到堆场的水平运输以及堆场的集装箱堆码工作。由于集装箱跨运车具有机动灵活、效率高、稳定性好、轮压低等特点，得到了普遍的应用，从 20 世纪 60 年代问世以来，经过几十年的发展，它已经与轮胎式集装箱门式起重机一样，成为集装箱码头和堆场的关键设备。集装箱跨运车作业对提高码头前沿设备的装卸效率十分有利。

集装箱跨运车如图 6.23 所示。它的门形车架跨在集装箱上，由装有集装箱吊具的升降系统吊起集装箱，进行搬运，并且可以集装箱堆垛达四五层高。还可以用跨运车在堆垛上对集装箱挂车进行装卸。它与轮胎式和轨道式集装箱龙门起重机比较，具有更大的机动性，既可以在码头前沿和堆场之间单独进行集装箱装卸与搬运作业，也可以与龙门起重机及挂车配合使用。

图 6.23　集装箱跨运车

6.3.4 自动起重设备

1. 巷道式堆垛起重机

巷道式堆垛起重机专用于高架仓库，是自动化立体仓库内主要的作业机械，如图 6.24 所示，美国称它是“高层储藏之王”。采用这种起重机的仓库高度最高达 40m、大多数在 10～25m。起重机在货架之间的巷道内运行，主要用于搬运装在托盘上或货箱内的单元货物；也可开到相应的货格前，由机上人员按出库要求拣选货物出库。巷道式堆垛起重机起重量一般在 2t 以下，有的达 4～5t。它的主要用途是：在立体仓库的货架巷道间来回穿梭运行，将位于巷道口的货物存入货格，或者相反，取出货格内的货物运送到巷道口。这种作业工艺对巷道式堆垛起重机在结构和性能方面提出了一系列严格的要求。

2. 桥式堆垛起重机

桥式堆垛起重机是在桥式起重机的基础上结合叉车的特点发展起来的一种自动式堆货的机器，如图 6.25 所示。桥式堆垛起重机作为仓库作业机械，可以用于高层货架仓库存取作业，同时也适用于无货架堆垛，其起重量一般在 0.5～5t，个别特殊的也可以做到 10t、15t、20t。这种起重机一般都是中、小跨度，如 20m 以下主要适用于高度 12m 以下的仓库。

图 6.24 巷道式堆垛起重机

图 6.25 桥式堆垛起重机

桥式堆垛起重机主要由桥架、大车运行机构、小车、电器设置等 4 部分组成。这种起重机的桥架与桥式起重机的桥架基本相似。大车运行机构有支承式和悬挂式两种基本形式。悬挂式运行机构多用于跨度 12m 以下、起重量 2～3t 以下的起重机。支承式运行机构使用广泛。除支承在仓库的吊车梁上运行外，也可以支承在货架上运行。而小车比较复杂。小车上的吊钩用立柱和货叉代替。

3. 高架叉车

高架叉车又称作无轨巷道堆垛机，是一种变型叉车，对于作业不太频繁或临时保管，高度不太大的仓库以及为提高仓库储存能力，把现有仓库改造成中、低层货架的仓库，这种高架叉车尤为适用。高架叉车保留了叉车的一些特点，又发展了适用于在高货架中工作的性能。

4. 拣选式电动堆垛机

拣选式电动堆垛机的特点是没有货叉,人和货物同在一个有栏杆的平台上升降来完成拣选作业。它用于一般的立体仓库或普通平房仓库中，在货架上存取货物或其他搬运、堆垛作业。该机车身窄、转弯半径小、机动性强，适于在狭窄场所作业，结构简单、价格便宜，走行和升降全都采用蓄电池供电，随机带充电机。它的控制可在平台上完成，也可在地面或踏板上完成。

6.3.5　自动分拣设备

分拣是指为进行运输、配送，把很多货物按品种、不同的地点和单位分配到所设置的场地的一种物料搬运过程。按分拣的手段不同，可分为人工分拣、机械分拣和自动分拣三大类。在分拣系统中，分拣机是最主要的设备。其中，自动分拣机是自动化立体仓库及物流配送中心对物流进行分类、整理的关键设备之一。自动分拣机种类繁多，下面重点介绍具有代表性的几种。

1. 滑块式分拣机

滑块式分拣机如图 6.26 所示，它也是一种特殊形式的条板输送机。输送机的表面用金属条板或管子构成，如竹席状，而在每个条板或管子上有一枚用硬质材料制成的导向滑块，能沿条板作横向滑动。平时滑块停止在输送机的侧边，滑块的下部有销子与条板下导向杆联结，通过计算机控制，当被分拣的货物到达指定道口时，控制器使导向滑块有序地自动向输送机的对面一侧滑动，把货物推入分拣道口，从而商品就被引出主输送机。这种方式是将商品侧向逐渐推出，并不冲击商品，故商品不容易损伤，它对分拣商品的形状和大小适用范围较广，是目前国外一种最新型的高速分拣机。

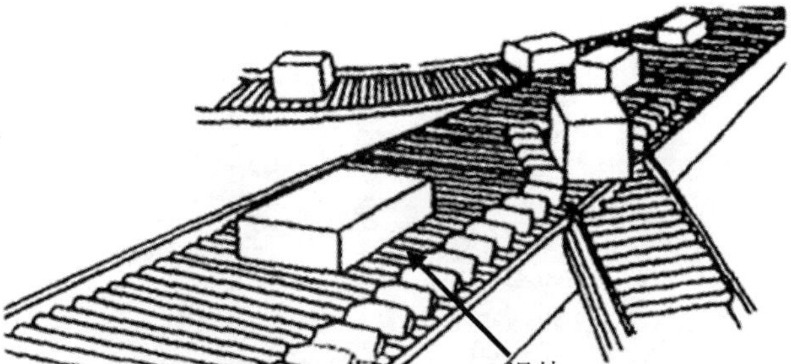

图 6.26　滑块式分拣机

2. 挡板式分拣机

挡板式分拣机是利用一个挡板(挡杆)挡住在输送机上向前移动的商品，将商品引导到一侧的滑道排出。挡板的另一种形式是挡板一端作为支点，可作旋转。挡板动作时，像一堵墙似地挡住商品向前移动，利用输送机对商品的摩擦力推动，使商品沿着挡板表面移动，从主输送机上排出至滑道。平时挡板处于主输送机一侧，可让商品继续前移；如挡板作横向移动或旋转，则商品就排向滑道，如图 6.27 所示。

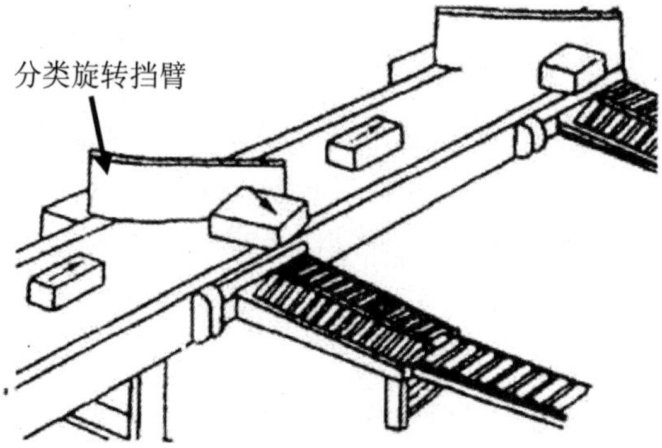

图 6.27　挡板式分拣机

挡板一般安装在输送机的两侧，和输送机上平面不相接触，即使在操作时也只接触商品而不触及输送机的输送表面，因此它对大多数形式的输送机都适用。就挡板本身而言，也有不同形式，如有直线形、曲线形，也有的在挡板工作面上装有滚筒或光滑的塑料材料，以减少摩擦阻力。

3. 浮出式分拣机

浮出式分拣机是把商品从主输送机上托起，从而将商品引导出主输送机的一种结构形式。从引离主输送机的方向看，一种是引出方向与主输送机构成直角；另一种是呈一定夹角(通常是 30°～45°)。一般是前者比后者生产率低，且对商品容易产生较大的冲击力。浮出式分拣机大致有以下几种形式：

(1) 胶带浮出式分拣机，如图 6.28 所示。这种分拣结构用于辊筒式主输送机上，将有动力驱动的两条或多条胶带或单个链条横向安装在主输送辊筒之间的下方。当分拣机结构接受指令启动时，胶带或链条向上提升，接触商品底面会把商品托起，并将其向主输送机一侧移出。

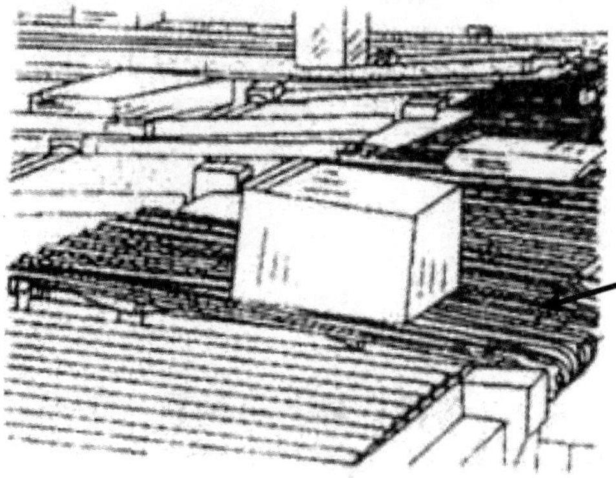

图 6.28　胶带浮出式分拣机

(2) 辊筒浮出式分拣机，如图 6.29 所示。这种分拣机构用于辊筒式或链条式的主输送机，将一个或数十个有动力的斜向辊筒安装在主输送机表面下方，分拣机构启动时，斜向辊筒向上浮起，接触商品底部，将商品斜向移出主输送机。这种上浮式分拣机有一种是采用一排能向左或向右旋转的辊筒，以气体做功提升，可将商品向左或向右排出。

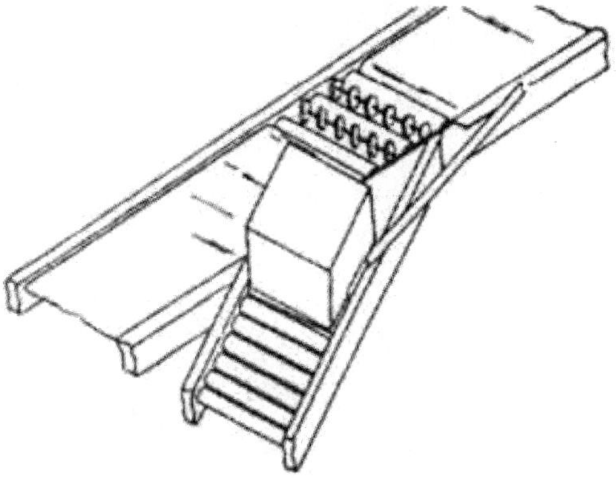

图 6.29　辊筒浮出式分拣机

4. 倾斜式分拣机

(1) 条板倾斜式分拣机，如图 6.30 所示。这是一种特殊型的条板输送机，商品装载在输送机的条板上，当商品行走到需要分拣的位置时，条板的一端自动升起，使条板倾斜，从而将商品移离主输送机。商品占用的条板数随不同商品的长度而定，经占用的条板数如同一个单元，同时倾斜，因此，这种分拣机对商品的长度在一定范围内不受限制。

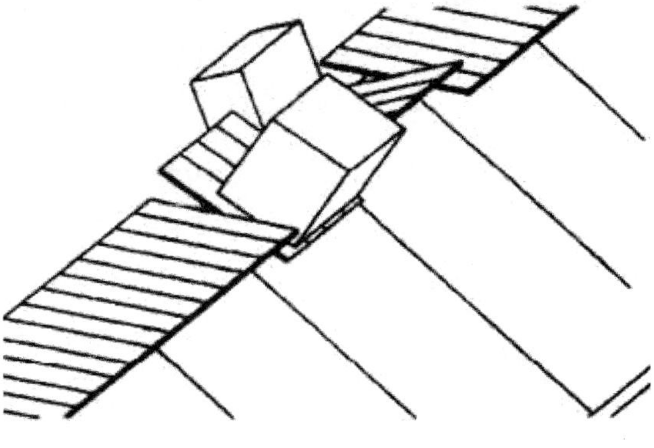

图 6.30　条板倾斜式分拣机

(2) 翻盘式分拣机，如图 6.31 所示。这种分拣机是由一系列的盘子组成，盘子为铰接式结构，向左或向右倾斜。装载商品的盘子行到一定位置时，盘子倾斜，将商品翻到旁边的滑道中，为减轻商品倾倒时的冲击力，有的分拣机能控制商品以抛物线状来倾倒出商品。这种分拣机对分拣商品的形状和大小可以不拘，但以不超出盘子为限。对于长形商品可以跨越两只盘子放置，倾倒时两只盘子同时倾斜。这种分拣机能常采用环状连续输送，其占地面积较小，又由于是水平循环，使用时可以分成数段，每段设一个分拣信号输入装置，以便商品输入，而分拣排出的商品在同一滑道排出，这样就可提高分拣能力。

5. 托盘式分拣机

托盘式分拣机是一种应用十分广泛的机型，它主要由托盘小车、驱动装置、牵引装置等组成。其中托盘小车形式多种多样，有平托盘小车、U 形托盘小车、交叉带式托盘小车等。

传统的平托盘小车利用盘面倾翻，重力卸载货物，结构简单，但存在着上货位置不稳、卸货时间过长的缺点，从而造成高速分拣时不稳定以及格口宽度尺寸过大。

交叉带式托盘小车的特点是取消了传统的盘面倾翻、利用重力卸落货物的结构，而在车体下设置了一条可以双向运转的短传送带(又称交叉带)，用它来承接上货机，并由牵引链牵引运行到格口，再由交叉带运送，将货物强制卸落到左侧或右侧的格口中。交叉带式托盘分拣机如图 6.32 所示。

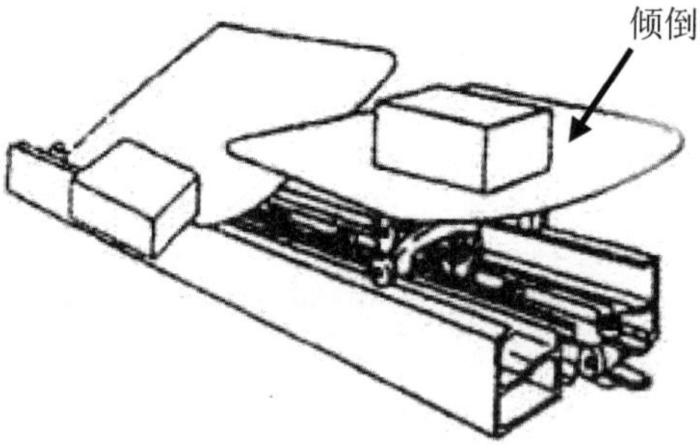

图 6.31　翻盘式分拣机

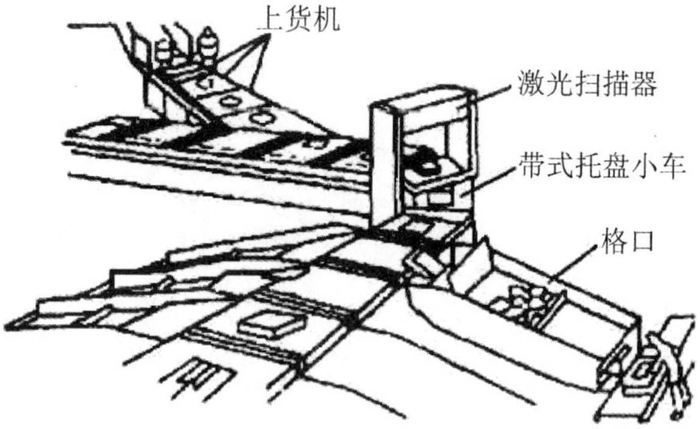

图 6.32　交叉带式托盘分拣机

6.3.6　集装单元化设备

在物流自动作业中，为了提高效率，必须采用集装单元化作业。所谓集装单元，就是采用各种不同的方法和器具，把具有包装或无包装的物品整齐地汇集成为一个扩大了的、便于装卸搬运的、并在整个物流过程中保持一定形状的作业单元，称为集装单元。以这样的集装单元或集装货件来组织物资装卸、搬运、存储、运输等物流活动的作业方式，称为集装单元化作业，简称集装单元化。

以集装单元化作业方式，从供给者到需要者组织物资的装卸、搬运、存储、运输等一系列物流活动。把一个标准的货物或容器称作单元负载，货物的载体可以是托盘、托板、滑板、集装箱、专用堆放架、硬纸板箱等。下面重点介绍集装箱和托盘设备。

1. 集装箱

集装箱是指具有一定强度、刚度和规格，专供周转使用的大型装货容器。使用集装箱转运货物时，可直接在发货人的仓库装货，运到收货人的仓库卸货，中途更换车、船时，无须将货物从箱内取出换装。集装箱最大的成功在于其产品的标准化以及由此建立的一整套运输体系，能够让一个载重几十吨的庞然大物实现标准化，并且以此为基础逐步实现全球范围内的船舶、港口、航线、公路、中转站、桥梁、隧道、多式联运相配套的物流系统。

集装箱不同于公路和铁路货车的车厢，也不同于反复使用的大型包装箱。它的主要特点是有 8 个角件，依靠这 8 个十分简单，但结构尺寸和定位尺寸都很精确的角件，可以完成集装箱的装卸、栓固、堆码、支承等作业。图 6.33 是通用集装箱的结构及部分名称简图。

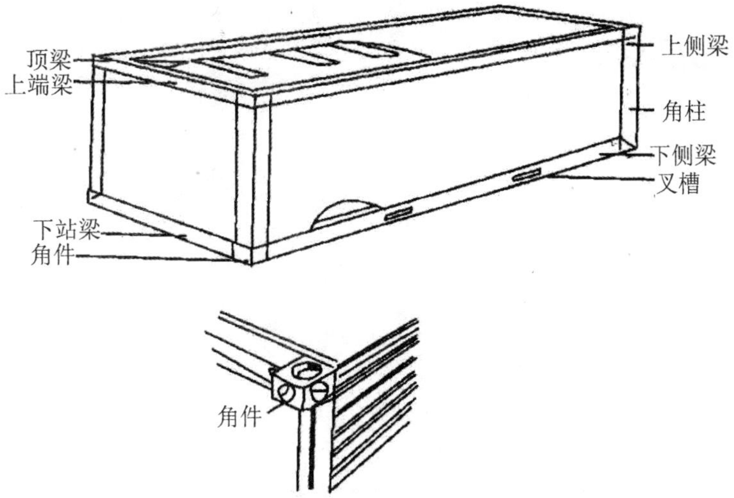

图 6.33　集装箱的结构简图

一般按用途和货物的特点，集装箱可分为两大类：一类是普通货物集装箱(包括通用集装箱和专用集装箱)；另一类是特种货物集装箱。普通货物集装箱以装运货物为主，包括五金、机电产品、零部件等。其中通用集装箱要求结构尺寸符合国际或国内尺寸标准，便于流通和周转；而专用集装箱主要是作为专门用途或单一品种规格的普通货物流通之用，对结构尺寸标准要求不严格。

(1) 普通货物集装箱。其结构有内柱式、外柱式、折叠式和薄壳式等。

① 内柱式集装箱。如图 6.34(a)所示，它的侧柱或端柱位于侧壁或端壁之内，优点是外表平滑，受斜向外力不易损伤，印刷标志也比较方便，外板与内衬板之间留有空隙，故防热效果好，并能减少货物的湿损率，在修理和更换外板时，箱内衬不需要取下。

② 外柱式集装箱。如图 6.34(b)所示，它的侧柱或端柱是在侧壁或端壁之外，故受外力时，对外板不易损伤，有时可以不要内衬板。

③ 折叠式集装箱。如图 6.34(c)所示，它的主要部件(指侧壁、端壁和箱顶)能简单地折叠或分解，再次使用时可以方便地再组合起来。优点是在回收和保管时能缩小箱的体积，提高运输的经济效果。但由于各主要部件是用铰链连接的，故其强度受影响。

④ 薄壳式集装箱。薄壳式集装箱是一种整体型的集装箱，是由薄钢板组成的一个钢体状的箱子。薄壳式集装箱和普通钢制集装箱比，重量要轻，但具有钢制集装箱的特点，如结构扎实，可以承载重型货物，材料本身可以再利用。但由于薄壳式集装箱的箱体是由薄钢板制成的，所以承载货物的能力和钢制集装箱相比，还是要略微差点。

(a) 内柱式

(b) 外柱式

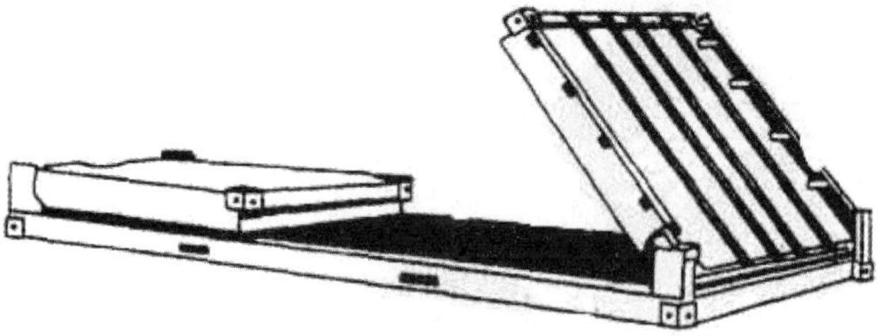

(c) 折叠式

图 6.34　集装箱的分类

(2) 特种货物集装箱。

① 干货类集装箱。干货类集装箱一般也是通用集装箱，以装运文化用品、日用百货、医药、纺织品、工艺品、化工制品、电子机械、仪器、机械零件等杂货为主。其使用数量占全部集装箱的 70%～80%。各国制造的干货集装箱，其外部尺寸都按国际标准制造，而内部尺寸和其他技术参数根据所采用的材料和结构略有差异。为防止货物在箱内摇动，在箱内设有确保货物稳定的附属设备。这类集装箱大部分为端开门式，端门闭锁后即成永闭状态。根据货物的装卸要求，这类集装箱还可分为侧开门式、侧壁全开式和开顶式。

② 通风类集装箱。为适于装载初加工皮货、带根的植物或蔬菜、食品及其他需要一定程度通风和防止潮湿的一般杂货，能有效地保证新鲜货物在运输途中不腐烂损坏，通风类集装箱的侧壁或端壁设有 4～6 个通风窗口。如将通风窗口关闭，就和干货集装箱一样。为强调通风作用，有时也称为通风集装箱，如图 6.35 所示。该箱内装载潮湿货物时，为防止其渗出物对箱内污染和便于洗涤，在箱的内壁涂一层玻璃纤维加强塑料。为了排除集装箱内部的渗水，箱底必须设有放排水旋塞。

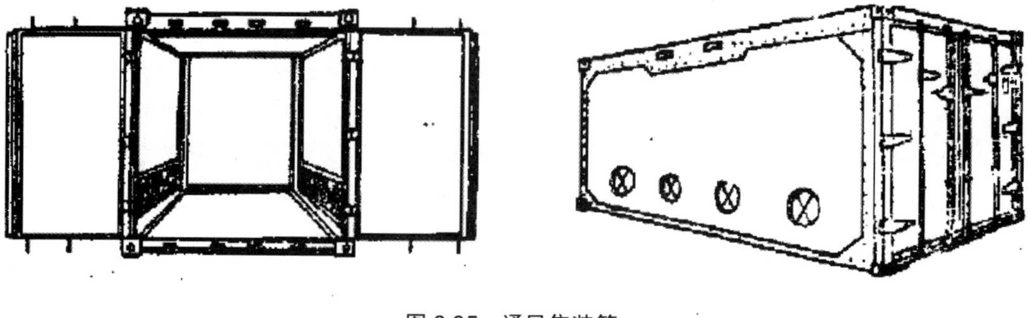

图 6.35　通风集装箱

③ 保湿类集装箱。它可分为冷藏集装箱和保温集装箱两种。

冷藏集装箱是专门为运输那些要求一定低温的新鲜水果、鱼、肉、水产品等食品的，如图 6.26 所示。目前国际上采用的冷藏箱有内藏式和外置式两种。内藏式集装箱的箱内装备有冷冻机。外置式集装箱的箱内没有冷冻机，而只有隔热结构，在箱的前壁设有冷气吸入口和排气口，由专门的冷藏装置供给冷气。两种冷藏集装箱各有缺点，若集装箱运输时间较长，采用外置式较为合适，反之，若集装箱运输期较短，则采用内藏式较好。

图 6.36　冷藏集装箱

保温集装箱适于装载对温度变化十分敏感的货物，如精密仪器、油漆、石蜡等，也适于装载在运输途中不允许温度上升而需要通风的货物，如水果罐头、糖果、葱头等蔬菜类食品，其特点是能隔绝外部温度变化的影响。在一般情况下，箱内温度保持不变。集装箱前壁和箱门上各有几个通风窗口，一般直径为 215mm，并装有百叶窗以供开闭。

④ 框架类集装箱。这类集装箱包括板架集装箱、汽车集装箱和牲畜集装箱。

板架集装箱用以装载不适于用干货集装箱或开顶集装箱装运的长大件、超重件和轻泡货，如重型机械、钢管、钢锭、裸装机械和设备等。它没有箱顶和侧壁，箱端壁也可以卸掉，只靠箱底和四角柱来承受载荷，故又叫平台或平板集装箱，如图 6.37 所示。汽车集装箱用于专门装载某类车型汽车的专用集装箱。牲畜集装箱是一种特殊的框架式集装箱，便于装载牲畜。

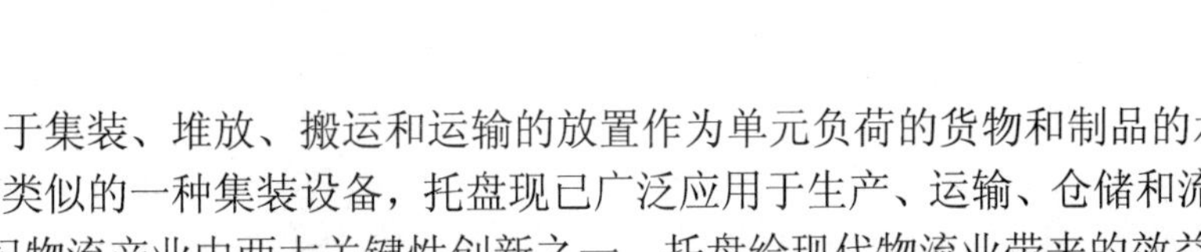

图 6.37　平板集装箱

2. 托盘

托盘是用于集装、堆放、搬运和运输的放置作为单元负荷的货物和制品的水平平台装置。作为与集装箱类似的一种集装设备，托盘现已广泛应用于生产、运输、仓储和流通等领域，被认为是 20 世纪物流产业中两大关键性创新之一。托盘给现代物流业带来的效益主要体现在：可以实现物品包装的单元化、规范化和标准化，保护物品，方便物流和商流。

1) 托盘的尺寸

托盘虽然只是一个小小的器具，但由于托盘具有重要的衔接功能、大泛围的应用性和举足轻重的连带性，在装卸搬运、保管、运输和包装等各个物流环节的效率化中，都处于中心位置，所以托盘的规格尺寸是包装尺寸、车厢尺寸、集装单元尺寸的核心。只有以托盘尺寸为标准决定包装、卡车车厢、火车车厢、集装箱箱体等配套规格尺寸和系列化规格标准，才最能体现装卸搬运、保管、运输和包装作业的合理性和效率性。除此之外，托盘的规格尺寸还涉及集装单元货物尺寸，集装单元货物尺寸又涉及包装单元尺寸，卡车车厢、铁路货车车厢、仓库通道及货格尺寸，甚至关系到物流的基础设施，火车站、港口、码头等货物装卸搬运场所的构造结构、装卸搬运机具的标准尺寸。从某种意义上讲，托盘的标准化不单单是托盘租赁、托盘流通和循环使用的前提，也是实现装卸搬运、包装、运输和保管作业机械化、自动化的决定因素，没有托盘规格尺寸的统一和以托盘为基础的相关设施、设备、装置、工具等的系列化标准，只能做到局部物流的合理化，难以达到整体物流的合理化。

在托盘尺寸国际标准化方面，早在1947年瑞典就率先推出了托盘标准，1961年国际标准化组织颁布了ISO/R 198托盘标准，建议采用800mm×1200mm、800mm×1000mm、1000mm×1200mm三种尺寸；1963年颁布了ISO/R 329托盘标准，增加了1200mm×1600mm、1200mm×1800mm两种尺寸；1971年又颁布了ISO/TC 51托盘标准，增加了800mm×1100mm、900mm×1100mm、1100mm×1100mm三种尺寸，后来，ISO/TC 51又决定取消ISO/R 198和ISO/R 329，建议由800mm×1200mm、1000mm×1200mm、1016mm×1219mm三种尺寸替代。截至1997年，1140mm×1140mm、800mm×1200mm、1000mm×1200mm、1100mm×1100mm、1016mm×1219mm、1140mm×1140mm尺寸均被ISO所认可。关于托盘的国际标准，目前国际标准化组织还在讨论修改之中。

由于托盘的尺寸涉及的面太广，关联因素太复杂，做到真正的一致和统一实在不容易，必须有一个过程。目前自然形成了三大地区核心尺寸。美国的国家标准托盘尺寸为1219mm×1016mm(48英寸×40英寸)，周边国家加拿大和墨西哥为1000mm×1000mm，澳大利亚为1165mm×1165mm和1100mm×1100mm。欧洲国家采用800mm×1200mm尺寸的较多，而德国、英国和荷兰都采用800mm×1200mm和1000mm×1200mm两种尺寸，北欧各国拥有800mm×1200mm的统一型托盘。在亚洲，以日本、韩国、新加坡和中国台湾地区为核心，采用1100mm×1100mm的尺寸的比例较大，普及率在逐年升高，并逐渐影响我国，出现应用范围扩大至整个亚洲之势。

等效采用国际标准历来是我国标准制定的原则和首选方式。1996年，交通部科研院提出将根据《联运通用平托盘主要尺寸及公差》(ISO 6780：1988)对《联运平托盘外部尺寸系列》(GB 2934—82)进行修订，在技术内容上与该国际标准等效。原国家技术监督局以《联运通用平托盘主要尺寸及公差》(GB/T 2934—1996)标准系列文号批准并发布了这个等效采用标准。《联运通用平托盘主要尺寸及公差》中规定了4种托盘尺寸规格，即1200mm×800mm、1200mm×1000mm、1219mm×1016mm和1140mm×1140mm。2005年6月，成立了由全国物流标准化技术委员会牵头，中国物流与采购联合会托盘专业委员会、交通部、原铁道部、全国包装标委会等有关专家以及托盘生产及使用企业参加的修订工作课题组。在充分考虑了目前在我国1200mm×1000mm规格托盘使用最为普遍、而近年来1100mm×1100mm规格托盘生产量及占有率提升幅度最大的现状，该课题组制定了《联运通用平托盘主要尺寸及公差》(GB/T 2934—2007)，新的国家标准中最终确定了1200mm×1000mm和1100mm×1100mm两种托盘规格，且特别注明1200mm×1000mm为优先推荐规格。

2) 托盘的分类

托盘的结构是两层铺板之间夹以纵梁，或一层铺板加装支腿，或其上面加装立柱、挡板而构成货箱。托盘的最小高度以能够使用叉车和搬运车进行作业为宜。一般按结构分为平托盘、箱式托盘、轮式托盘、柱式托盘、特种专用托盘、滑板托盘和植绒内托等。

(1) 平托盘，如图 6.38(a)所示。平托盘几乎是托盘的代名词，只要一提托盘，一般都是指平托盘而言，因为平托盘使用范围最广，利用数量最大，通用性最好。平托盘又可细分为 3 种类型。

① 根据台面分类，有单面型、单面使用型、双面使用型和翼型等 4 种。

② 根据叉车叉入方式分类，有单向叉入型、双向叉入型、四向叉入型等 3 种。

③ 根据材料分类，有木制平托盘、钢制平托盘、塑料制平托盘、复合材料平托盘以及纸制托盘等 5 种。据中国物流与采购联合会托盘专业委员会 2011 年对国内多家托盘生产企业、托盘使用及销售企业进行初步调查的结果，目前中国拥有的各种类型托盘总数为 16 000～20 000 万片，每年产量递增 2000 万片左右。其中木制平托盘约占 85%、塑料平托盘占 12%、钢制托盘、复合材料托盘以及纸制托盘合计占 3%。复合材料平托盘和塑料托盘上升比例较大。

(2) 箱式托盘，如图 6.38(b)所示。箱式托盘是四面有侧板的托盘，有的箱体上有顶板，有的没有顶板。箱板有固定式、折叠式、可卸下式 3 种。四周栏板有板式、栅式和网式，因此，四周栏板为栅栏式的箱式托盘也称笼式托盘或仓库笼。箱式托盘防护能力强，可防止塌垛和货损；可装载异型不能稳定堆码的货物，应用范围广。

(3) 轮式托盘，如图 6.38(c)所示。轮式托盘与柱式托盘和箱式托盘相比，多了下部的小型轮子。因而，轮式托盘显示出能短距离移动、自行搬运或滚上滚下式的装卸等优势，用途广泛，适用性强。

(4) 柱式托盘，如图 6.38(d)所示。柱式托盘分为固定式和可卸式两种，其基本结构是托盘的 4 个角有钢制立柱，柱子上端可用横梁连接，形成框架型。柱式托盘的主要作用：一是利用立柱支撑重量物，往高叠放；二是可防止托盘上放置的货物在运输和装卸过程中发生塌垛现象。

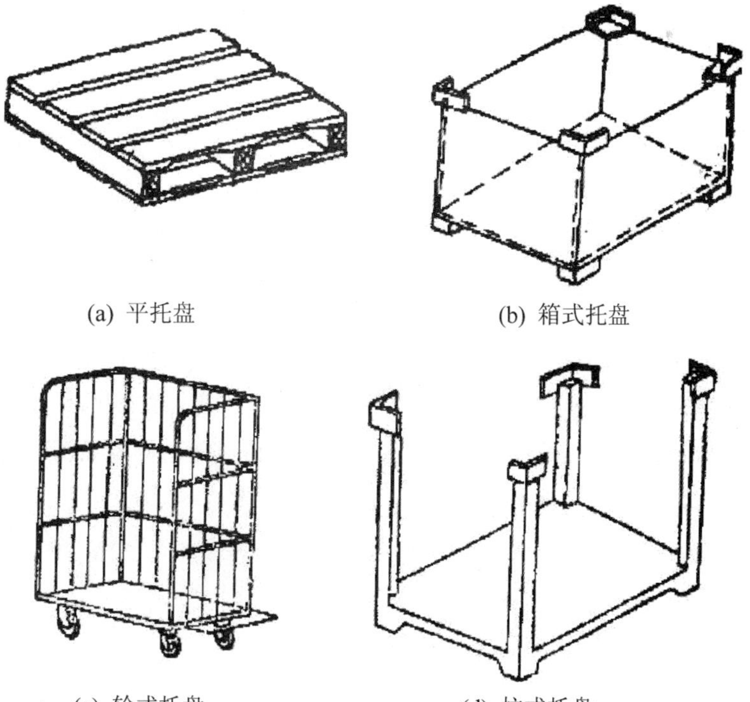

(a) 平托盘　(b) 箱式托盘

(c) 轮式托盘　(d) 柱式托盘

图 6.38　托盘的种类

(5) 特种专用托盘。由于托盘作业效率高、安全稳定，尤其在一些要求快速作业的场合，突出利用托盘的重要性，所以各国纷纷研制了多种多样的专用托盘，这里仅举几个例子。

① 平板玻璃集装托盘。也称平板玻璃集装架，分许多种类。有L形单面装放平板玻璃单面进叉式，有A形双面装放平板玻璃双向进叉式，还有吊叉结合式和框架式等。运输过程中托盘起支撑和固定作用，平板玻璃一般都立放在托盘上，并且玻璃还要顺着车辆的前进方向，以保持托盘和玻璃的稳固。

② 轮胎专用托盘。轮胎的特点是耐水、耐蚀，但怕挤、怕压，轮胎专用托盘较好地解决了这个矛盾。利用轮胎专用托盘，可多层码放，不挤不压，大大地提高装卸和储存效率。

③ 长尺寸物托盘。这是一种专门用来码放长尺寸物品的托盘，有的呈多层结构。物品堆码后，就形成了长尺寸货架。

④ 油桶专用托盘。它是专门存放、装运标准油桶的异型平托盘。双面均有波形沟槽或侧板，以稳定油桶，防止滚落。优点是可多层堆码，提高仓储和运输能力。

(6) 滑板托盘。它是在一个或多个边上设有翼板的平板，用于搬运、存储或运输单元载荷形式的货物或产品的底板。

(7) 植绒内托。它是一种采用特殊材料的吸塑托盘，使普通的塑料硬片表面粘上一层绒质材料，从而使托盘表面有种绒质的手感，用来提高包装品档次。

第三部分　课题实践部分

一、课题实训

1. 国泰安3D仓储管理系统实训

国泰安开发的3D仓储管理系统是以仓库日常业务流程为主线，通过3D场景仿真模拟及游戏互动的方式，让学生真实体验相关的仓储业务操作环节，并能与教学和实训紧密结合的物流实训产品。

3D仓储管理系统功能包括后台数据管理、城市场景、仓库场景、门店场景。本软件包括后台数据初始化和用户模拟物流操作两大功能，在后台实验情境数据初始化完成后，用户通过完成仓库业务各环节调度和操作的方式进行物流实验，体验入库调度、货物运输、卸货、验货、上架、盘点、补货、配送调度、拣货、出库、配送等部分，以完成游戏的全部流程。每一关都会记录用户的操作和数据，系统记录指标的完成情况，可以随时中断游戏再次进入，已完成的数据将会对后面的操作产生影响。

2. 实训目的和内容

(1) 掌握国泰安3D仓储管理系统的基本功能。

(2) 掌握国泰安3D仓储管理系统的操作流程。

3. 实训操作指导

1) 启动程序

双击游戏开始图标即可启动游戏系统。

2) 注册

系统启动后会出现登录页面，用户需要单击【注册】按钮，根据学号注册自己的账号，才能登录开始游戏。

3) 登录

注册完成后返回登录页面，用户输入匹配的账号密码即可登录游戏系统。

4) 欢迎界面

登录游戏正式开始流程，用户可以选择【新建游戏】或是【继续游戏】命令，如果用户是第一次进入，单击【继续】按钮默认会开启新游戏流程。

用户可以查看主要业务知识的介绍，并选择开始游戏，因为数据流向的关系，请选择默认的【入库调度】选项卡开始体验，如图 6.39 所示。如选择后面的环节，可能因为没有数据输入导致游戏无法完成。正式开始前有任务介绍，单击【开始】按钮就可以进入流程操作，如图 6.40 所示。

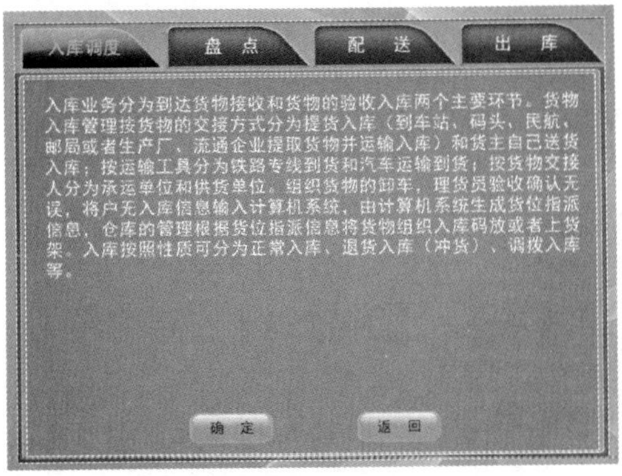

图 6.39　业务知识介绍

图 6.40　选择入库调度任务

5) 入库调度

玩家进入游戏后，控制调度员到电脑前，单击下方的按钮会弹出货主提交的入库申请，玩家要根据该申请和仓库月台、暂存区、货位等情况进行调度，约定到货时间和货位，并将结果形成单据反馈给客户。相关流程如图 6.41～图 6.46 所示。

图 6.41　入库申请汇总

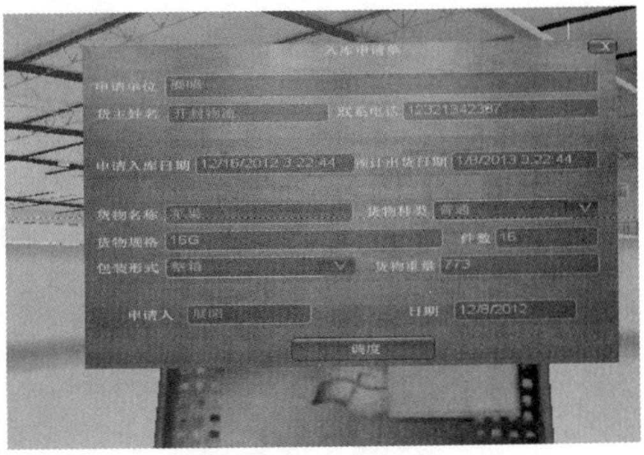

图 6.42　入库单明细

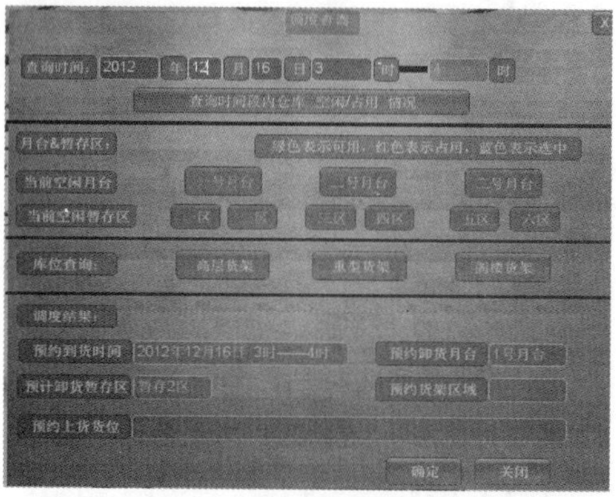

图 6.43　调度查询窗口

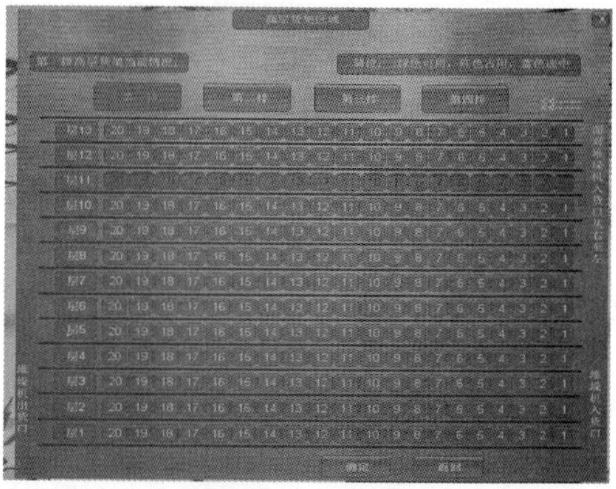

图 6.44　高层货架预约

图 6.45　重型货架预约

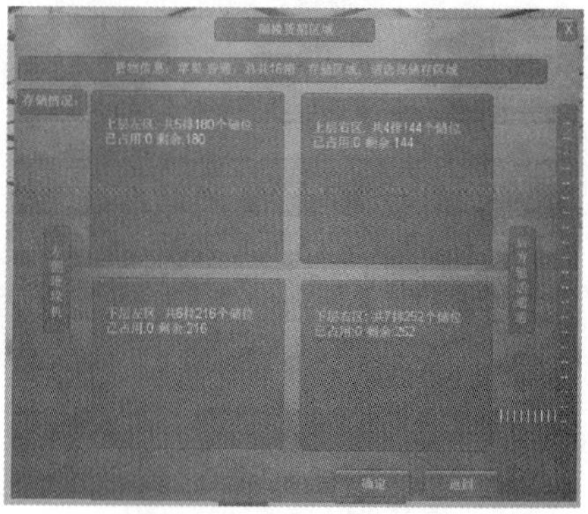

图 6.46　阁楼货架预约

6) 运输货物

完成入库调度后，玩家可以控制车辆将货物运送到仓库，与门卫交验到货单，核对无误后将车辆停靠到月台等待卸货。相关流程如图 6.47～图 6.50 所示。

图 6.47　车辆控制

图 6.48　仓库大门

图 6.49　到货单

图 6.50　停靠月台

7) 入库上架

玩家将车辆停靠月台，与调度员接触，进入仓库操作的环节，经历卸货、验货、上架等环节，最终完成货物入库。相关流程如图 6.51～图 6.57 所示。

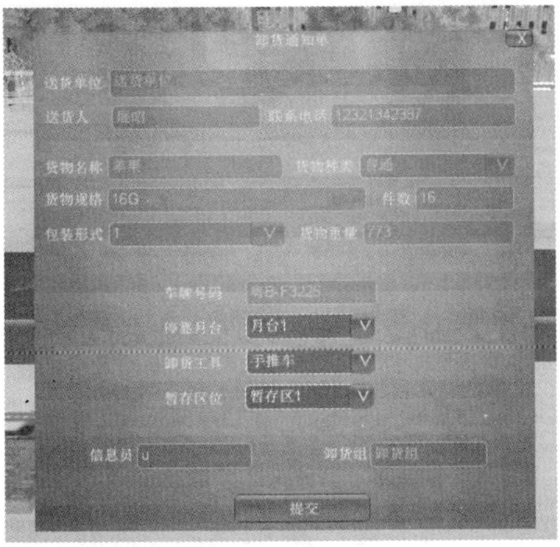

图 6.51　卸货通知单

图 6.52　手动叉车卸货

图 6.53　检验货物

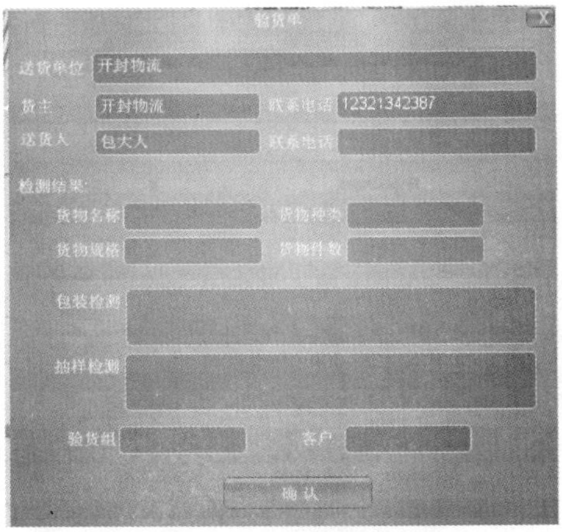

图 6.54　填写验货结果

图 6.55　机械叉车运货

图 6.56　堆垛机上货

图 6.57　货物上架完成

8) 盘点

完成货物的入库，有库存之后，玩家在游戏中可以随时进行盘点(未入库前的盘点可以完成，只是没有货物库存显示)，对库存商品的实际数量进行清查、清点，掌握货物的流动情况(入库、在库、出库的流动状况)，对仓库现有物品的实际数量与保管账上记录的数量相核对，以便准确地掌握库存数量。全部库存区域盘点完成后会有盘点结果显示，玩家可以查看详细内容。相关流程如图 6.58～图 6.63 所示。

图 6.58　阁楼区下层

图 6.59　阁楼区上层

图 6.60　高层货架区

图 6.61　重型货架区

图 6.62　货物分拣区

图 6.63　盘点结果

9) 补货

这里提到的“补货”的概念是指销售终端因货物数量不足向仓库发出的补货请求，玩家需要根据库存情况对这些请求进行审核，决定是否可以补货。相关流程如图 6.64 和图 6.65 所示。

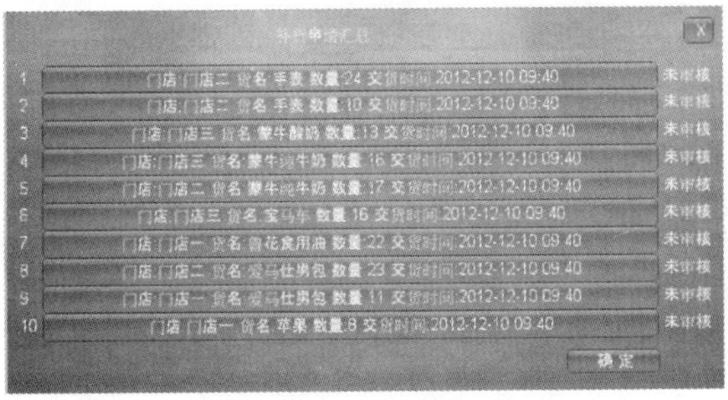

图 6.64　补货申请汇总

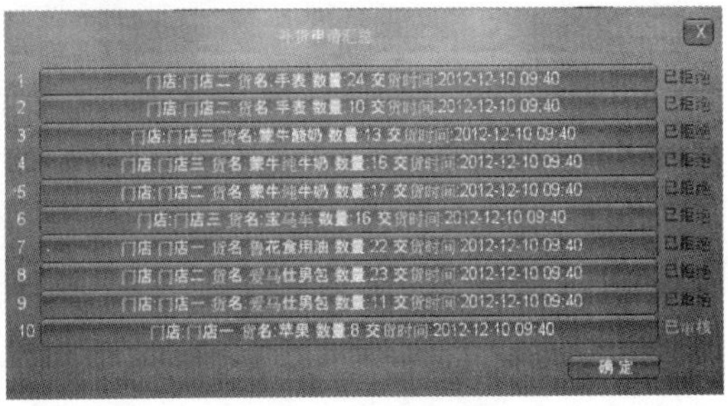

图 6.65　审核结果

10) 配送调度

配送调度主要是指调度出库月台、车辆、线路等方面，通过合理配送以降低成本。相关流程如图 6.66～图 6.68 所示。

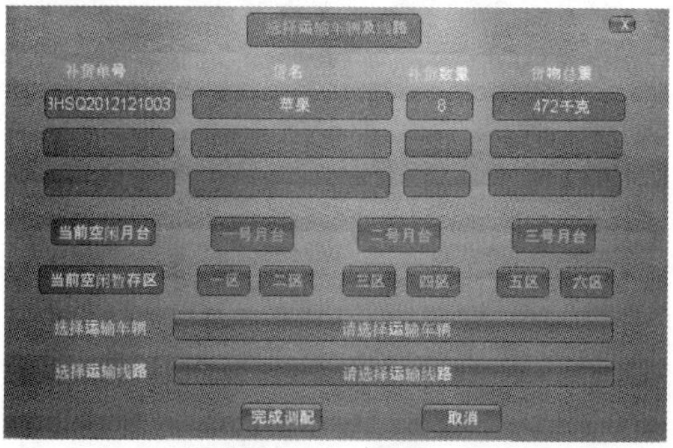

图 6.66　配送调度界面

图 6.67　车辆调度

图 6.68　线路调度

11) 拣货

调度完成后，按照结果到对应的货架开始拣货，所有货物拣完后在出库暂存区合流并由专人复核，等待装车。相关流程如图 6.69～图 6.73 所示。

图 6.69　取出货物

图 6.70　货物传输

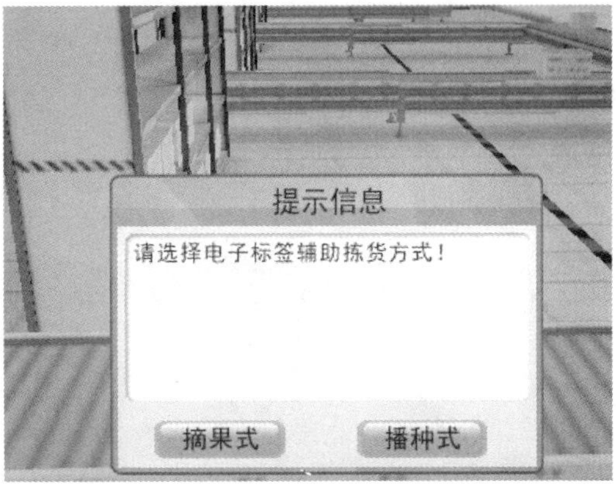

图 6.71　选择分拣方式

图 6.72　播种式分拣

图 6.73　货物复核

12) 出库

复核员、装车员与司机核对单据无误，货物装车，按照配送调度的结果进行配送，全部流程完结。相关流程如图 6.74～图 6.77 所示。

图 6.74　装车

图 6.75　到达门店

图 6.76　卸下货物

图 6.77　配送完成

二、思考练习题

1. 填空题

(1) 从功能层次上看，可以将自动化物流系统分为 3 个层次：管理层、控制层和________。

(2) 自动化立体仓库作为自动化仓库的____________阶段，代表着仓储业未来的发展方向。

(3) 自动化技术在仓储领域中的发展可分为 5 个阶段：人工仓储阶段、机械化仓储阶段、自动化仓储阶段、集成化仓储阶段和____________仓储阶段。

(4) 重力式货架又称为____________货架。

(5) ____________是指为进行运输、配送，把很多货物按品种、不同的地点和单位分配到所设置的场地的一种物料搬运过程。

(6) ____________分拣机是把商品从主输送机上托起，从而将商品引导出主输送机的一种结构形式。

(7) ____________是用于集装、堆放、搬运和运输的放置作为单元负荷的货物和制品的水平平台装置。

2. 选择题

(1) 为加速出入库而采用托盘堆叠储存时，一般用(　　)存取。

A．人工　　B．叉车　　C．吊车　　D．堆垛机

(2) 为便于叉车、货架、仓库的标准化，联运托盘都采用(　　)。

A．平托盘　　B．柱式托盘　　C．箱式托盘　　D．货架式托盘

(3) 属于专用分拣机类型的是(　　)。

A．链式分拣机　　B．胶带分拣机

C．悬挂式分拣机　　D．辊道分拣机

(4) 属于通道式货架类型的是(　　)。

A．旋转式货架　　B．重力式货架　　C．移动式货架　　D．货柜式货架

(5) 下列仓储技术装备属于按作业方式分的有(　　)。

A．搬运机械设备　　B．分拣设备

C．移动式货架　　D．计量设备

(6) 现行的国际标准集装箱共有(　　)种。

A. 10　　B. 12　　C. 16　　D. 13

(7) 物流技术装备配置遵循的原则是(　　)。(多选)

A. 合理性原则　　B. 高技术原则
C. 经济性原则　　D. 标准化原则
E. 灵活性原则

(8) 企业自动化物流系统主要包括(　　)。(多选)

A. 自动化仓库　　B. 自动输送系统
C. 自动导引搬运车系统　　D. 流通加工作业系统
E. 自动控制系统

(9) 在物流各项活动中装卸搬运的特点有(　　)。(多选)

A. 安全性要求高　　B. 安全性要求低
C. 作业量大　　D. 作业量小
E. 机动性较差

(10) 仓储技术装备按作业方式分为(　　)。(多选)

A. 搬运机械设备　　B. 起重吊装机械设备
C. 存取设备　　D. 分拣设备
E. 计量设备

(11) 我国联运托盘的规格尺寸主要有(　　)。(多选)

A. 800mm×1100mm　　B. 800mm×1000mm
C. 800mm×1200mm　　D. 1000mm×1200mm
E. 900mm×1200mm

(12) 分拣方式有(　　)。(多选)

A. 人工分拣　　B. 机械分拣
C. 半自动分拣　　D. 自动分拣
E. 半机械分拣

(13) 集装单元化原则有(　　)。(多选)

A. 集装单元器具标准化原则　　B. 通用化、系统化、配套化原则
C. 集散化、直达化、装满化原则　　D. 效益化原则
E. 高科技原则

3. 判断题

(1) 物流技术及其装备是构筑物流系统的主要成本因素。(　　)

(2) 企业自动化物流系统可使各种物料最合理、最经济、最有效地流动，最终实现商流物流合一。(　　)

(3) 装卸搬运技术装备用于生产企业内部物料的起重输送和搬运、船舶与车辆货物的装卸以及库场货物的堆垛等。(　　)

(4) 起重机械只能用于垂直升降货物，以满足货物的装卸作业要求。(　　)

(5) 自动导向搬运车系统是一种使车辆按照给定的路线自动运行到指定场所，完成物料搬运作业的系统。(　　)

(6) 仓储技术设备能调节物资的供需，实现物资的配送功能和节约物资的功能。 (　　)

(7) 货架可充分利用仓库空间，提高库容利用率，并可做到先进先出。 (　　)

(8) 分拣是把货物按不同品种、不同单位和不同储位分配到所设置的场所的一种搬运过程。 (　　)

(9) 集装单元化就是把一定的物料整齐地集结成一个便于储放、搬运和运输的单元。 (　　)

(10) 集装单元化技术是适合于小批量、长距离输送和机械化大生产，便于采用自动控制管理的一种现代科学技术。 (　　)

(11) 集装单元化技术是指物流管理中物流设备如集装箱、托盘等硬技术。 (　　)

(12) 集装单元化系统是由货物单元、集装器具、物料搬运装备设备和输送设备等组成的具有物流功能的运作系统。 (　　)

4. 名词解释

(1) 物流自动化
(2) 自动化仓库系统
(3) 重力式货架
(4) 叉车
(5) 自动导引小车
(6) 滑块式分拣机
(7) 集装箱
(8) 托盘

5. 简答题

(1) 简述物流自动化系统的结构和层次。
(2) 简述自动化立体仓库的优缺点。
(3) 简述各种托盘的优缺点。
(4) 简述 AGV 的优势。
(5) 简述自动分拣机的几种典型类型。
(6) 简述托盘尺寸国际相关标准。

参考文献

[1] 邓之宏．电子商务物流基础与实务[M]．北京：北京大学出版社，2008．

[2] 魏修建．电子商务物流管理[M]．2 版．重庆：重庆大学出版社，2008．

[3] 王子建．电子商务物流应用[M]．北京：机械工业出版社，2006．

[4] 屈冠银．电子商务物流管理[M]．3 版．北京：机械工业出版社，2012．

[5] 罗闻泉．电子商务与物流[M]．北京：机械工业出版社，2005．

[6] 田原，等．电子商务下的物流管理(修订本)[M]．北京：清华大学出版社，北方交通大学出版社，2010．

[7] [美]Ronald H.Ballou．企业物流管理[M]．王晓东，译．北京：机械工业出版社，2003．

[8] 汝宜红．物流学导论[M]．北京：清华大学出版社，北方交通大学出版社，2004．

[9] 纪寿文，缪立新，李克强．现代物流装备与技术实务[M]．深圳：海天出版社，2004．

[10] 骆温平．物流与供应链管理[M]．2 版．北京：电子工业出版社，2008．

[11] 王子建．电子商务物流应用[M]．北京：机械工业出版社，2006．

[12] [美]唐纳得 • J. 鲍尔索克斯．物流管理——供应链过程一体化[M]．林国龙，译．北京：机械工业出版社，1999．

[13] 吴清一．现代物流概论[M]．2 版．北京：中国物资出版社，2012．

[14] 鲍吉龙，江锦祥．物流信息技术[M]．3 版．北京：机械工业出版社，2010．

[15] 翁心刚．物流管理基础[M]．3 版．北京：中国物资出版社，2009．

[16] 魏修建，严建援．王焰．电子商务物流[M]．2 版．北京：人民邮电出版社，2008．

[17] 王之泰．现代物流学[M]．北京：中国物资出版社，2004．

[18] 邵兵家．电子商务概论[M]．3 版．北京：高等教育出版社，2011．

[19] 唐四元，鲁艳霞．现代物流技术与装备[M]．北京：清华大学出版社，2008．

[20] 王金萍．物流设施与设备[M]．大连：东北财经大学出版社，2006．

[21] 姚国章，邓攀．电子化物流发展对策探析[J]．科技进步与对策，2006，23(9)：173-175．

[22] 马绝尘．沃尔玛的配送中心[J]．物流技术，2004(5)：115-115．

[23] 陈亚绒，施国洪．江苏现代物流系统动力学分析[J]．物流技术，2003(3)．

[24] 徐琳艳．浅谈对第三方物流的认识[J]．广西民族学院学报(哲学社会科学版)．2001，23(2)：97-100．

[25] 高本河，魏际刚．绿色物流在国外的发展及我国的差距[J]．中国物流与采购．2003(12)：32-33．

[26] 姚薇．智能交通系统效益评估[J]．现代经济信息，2012(7)：256-257．

[27] 胡卉．智能交通系统及其关键技术在物流运作中的应用[J]．铁道运输与经济，2009(11)：75-77．

[28] 赵德平．自动化立体仓库货架设备(一)[J]．物流技术：装备版．2012(6)：74-76．

[29] 赵德平．自动化立体仓库货架设备(二)[J]．物流技术：装备版．2012(7)：76-79．

[30] 徐正林．自动化立体仓库货架设备(三)[J]．物流技术：装备版．2012(8)：82-84．

[31] 徐正林．自动化立体仓库货架设备(四)[J]．物流技术：装备版．2012(9)：78-84．

[32] 崔峻．偷师亚马逊．为何物流促销纵横天下，http://info.jctrans.com/xueyuan/czal/201210181576601.shtml．

[33] 尚召．RFID 白皮书解读：RFID 发展技术战略初定，http://www.rfidworld.com.cn/news/200661381863914.htm．

[34] 王阳发．新加坡物流业紧跟贸易国际化步伐，http://www.gx.xinhuanet.com/ca/2007-05/27/content_10133759.htm．

北京大学出版社第六事业部高职高专经管教材书目

本系列教材的特色：

1．能力本位。以学生为主体，让学生看了就能会，学了就能用；以教师为主导，授人以渔；以项目为载体，将技能与知识充分结合。

2．内容创新。内容选取机动、灵活，适当融入新技术、新规范、新理念；既体现自我教改成果，又吸收他人先进经验；保持一定前瞻性，又避免盲目超前。

3．精编案例。案例短小精悍，能佐证知识内容；案例内容新颖，表达当前信息；案例以国内中小企业典型事实为主，适合高职学生阅读。

4．巧设实训。实训环节真实可行，实训任务明确，实训目标清晰，实训内容详细，实训考核全面，切实提高能力。

5．注重立体化。既强调教材内在的立体化，从方便学生学习的角度考虑，搭建易学易教的优质的纸质平台，又强调教材外在的立体化，以立体化精品教材为构建目标，网上提供完备的教学资源。

物流管理系列

序号	书　名	标准书号	编著者	定价	出版时间
1	现代物流概论	978-7-81117-803-6	傅莉萍	40	201010 第 2 次印刷
2	现代物流管理	978-7-301-17374-9	申纲领	30	201205 第 2 次印刷
3	现代物流管理	978-7-5038-4854-4	沈　默	37	201107 第 4 第印刷
4	现代物流概论	978-7-301-20922-6	钮立新	38	201207
5	企业物流管理	978-7-81117-804-3	傅莉萍	32	201308 第 4 次印刷
6	物流专业英语	978-7-5655-0210-1	仲　颖	24	201205 第 2 次印刷
7	现代生产运作管理实务	978-7-301-17980-2	李陶然	39	201211 第 2 次印刷
8	物流案例与实训	978-7-301-17521-7	申纲领	28	201307 第 3 次印刷
9	物流市场调研	978-7-81117-805-0	覃　逢	22	201309 第 3 次印刷
10	物流营销管理	978-7-81117-949-1	李小叶	36	201205 第 2 次印刷
11	采购管理实务	978-7-301-17917-8	李方峻	28	201402 第 3 次印刷
12	采购实务	978-7-301-19314-3	罗振华	33	201306 第 2 次印刷
13	供应链管理	978-7-301-20639-3	杨　华	33	201205
14	采购与供应管理实务	978-7-301-19968-8	熊　伟	36	201308 第 2 次印刷
15	采购作业与管理实务	978-7-301-22035-1	李陶然	30	201301
16	仓储管理技术	978-7-301-17522-4	王　冬	26	201306 第 2 次印刷
17	仓储管理实务	978-7-301-18612-1	李怀湘	30	201209 第 2 次印刷
18	仓储与配送管理	978-7-81117-995-8	吉　亮	38	201207 第 4 次印刷
19	仓储与配送管理实训教程	978-7-81117-886-9	杨叶勇	24	201209 第 2 次印刷
20	仓储与配送管理实务	978-7-5038-4857-5	郭曙光	44	201009 第 2 次印刷
21	仓储与配送管理实务	978-7-301-20182-4	李陶然	35	201203
22	仓储与配送管理项目式教程	978-7-301-20656-0	王　瑜	38	201205
23	仓储配送技术与实务	978-7-301-22673-5	张建奇	38	201307
24	物流运输管理	978-7-301-17506-4	申纲领	29	201109 第 3 次印刷
25	物流运输实务	978-7-301-20286-9	黄　河	40	201203
26	运输管理项目式教程	978-7-301-19323-5	钮立新	30	201108
27	物流信息系统	978-7-81117-827-2	傅莉萍	40	201205 第 2 次印刷
28	物流信息系统案例与实训	978-7-81117-830-2	傅莉萍	26	200908
29	物流信息技术与应用	978-7-301-17212-4	谢金龙	30	201211 第 3 次印刷
30	物流成本管理	978-7-301-20891-5	傅莉萍	28	201207
31	第三方物流综合运营	978-7-301-21213-4	施学良	32	201209
32	物流市场营销	978-7-301-21249-3	张　勤	36	201209
33	国际货运代理实务	978-7-301-21968-3	张建奇	38	201301